프로그래밍 **루비**
PROGRAMMING RUBY

프로그래밍 루비 (개정판)

초판 1쇄 발행 2007년 2월 4일 **개정판 1쇄 발행** 2015년 11월 9일 **개정판 2쇄 발행** 2023년 2월 27일 **지은이** 데이브 토머스, 채드 파울러, 앤디 헌트 **옮긴이** 김대권 **펴낸이** 한기성 **펴낸곳** (주)도서출판인사이트 **편집** 송우일 **본문 디자인** 윤영준 **제작·관리** 이유현, 박미경 **용지** 월드페이퍼 **인쇄·제본** 에스제이피앤비 **후가공** 이지앤비 **등록번호** 제2002-000049호 **등록일자** 2002년 2월 19일 **주소** 서울시 마포구 연남로5길 19-5 **전화** 02-322-5143 **팩스** 02-3143-5579 **이메일** insight@insightbook.co.kr **ISBN** 978-89-6626-167-3 책값은 뒤표지에 있습니다. 잘못 만들어진 책은 바꾸어 드립니다. 이 책의 정오표는 https://blog.insightbook.co.kr/ 에서 확인하실 수 있습니다.

프로그래밍
루비
개정판

데이브 토머스 · 채드 파울러 · 앤디 헌트 지음 | 김대권 옮김

인사이트

차례

별책 —————————————————————————————

옮긴이의 글

루비를 처음 공부할 때가 여전히 생생하게 기억난다. 익숙한 것들을 제쳐두고 루비를 새로 공부했던 건, 그동안 가지고 있었던 목마름을 채워줄 언어를 발견했다고 느꼈기 때문이었다. 루비는 충분히 매력적으로 보였다. 그리고 『프로그래밍 루비』는 겉으로 보이는 매력과 루비라는 언어의 실질적인 강력함 사이를 메워주기에 충분한 책이었다. 한 장 한 장 정성스럽게 읽었고 모르는 부분은 이해가 될 때까지 다시 읽었다. 루비의 강력함은 그간의 갈증을 해소하기에 충분했다.

그리고 시간이 흘러 이번엔 번역자로서 이 책을 다시 만나게 되었다. 이 책은 『프로그래밍 루비』 4판을 번역한 책이다. 특히 2.0에서 변경된 사항도 반영되어 있다. 재미있게도 루비 2.0은 루비가 20주년 되는 해에 릴리스되었다. 루비라는 언어를 아직도 신생 언어라고 말하기엔 상상하는 것 이상으로 널리 쓰이고 있으며 그와 더불어 충분히 성숙한 언어가 되었다. 하지만 여전히 빠르게 변화하고 있고 더 나은 방향으로 발전해 나가고 있다. 특히 2판에서 다룬 1.8 버전은 2014년을 기점으로 지원이 완전히 종료되었다. 루비뿐 아니라 젬을 비롯한 루비 생태계 역시 많은 변화를 겪었다. 안타깝게도 이러한 흐름을 쫓아가고 있는 책이나 자료는 많지 않다. 그래서 『프로그래밍 루비』 4판은 꼭 필요했다.

책을 번역하면서 많은 것을 느꼈다. 열심히 공부했었지만 여전히 많은 것을 잘못 이해하거나 이해하고 있지 못했음을 깨달았다. 여전히 많은 것을 배웠고 그만큼 깊이 있는 책을 써낸 저자들의 탐구심과 인내심에 다시 한 번 경탄했다. 이 책은 결코 쉬운 책이 아니다. 이 책은 루비라는 새로운 언어를 배우고자 하는 프로그래머들과 루비를 더 깊이 공부하고자 루비 프로그래머들을 대상으로 쓰인 책이다. 루비라는 언어에 대한 많은 탐구와 지혜가 담겨 있고 그 안에서 어떤 주제라도 저자들은 기꺼이 함께 탐험해 줄 것이다. 루비에 관심 있는 사람들 누구라도, 그리고 루비를 사랑하는 누구라도 이 책을 읽으며 나와 같은 마음을 느낄 것이다.

『프로그래밍 루비』는 훌륭하지만 루비와 관련된 모든 것을 다루고 있지는 않다. 그 모든 것을 다루기에는 1000쪽이라는 지면도 부족하다. 루비는 이 책이 출간된 이후 2015년 9월 현재 2.2.3까지 릴리스되었다. 그 변화는 1.8에서 2.0까지의 변화에 비하면 작은 편이지만 무시할 수는 없다. 루비의 실행 환경이나 패키지 관리에 관한 부분에도 변화가 있었다. 책에서 다뤄지지 않은 부분에 대해서는 역자의 블로그(blog.nacyot.com/tags/ruby)에서 더 보충할 예정이다. 또한 루비에 대해 궁금한 점이 있다면 역자(propellerheaven@gmail.com)는 물론이고, 한국의 루비 커뮤니티인 루비 코리아(https://www.facebook.com/groups/rubykr/)와 루비 사용자 모임 메일링 리스트(https://groups.google.com/forum/#!forum/rubykr), 루비 온 레일스 커뮤니티인 RORLab(https://www.facebook.com/groups/rubyonrailskorea/)에서도 도움을 받을 수 있을 것이다. 또한 루비 코리아에서는 루비를 주제로 한 한글 문서들을 틈틈이 정리하고 있다(http://ruby-korea.github.io/).

마지막으로 번역을 제안하고 믿고 맡겨주신 한기성 사장님께 감사를 드린다. 4판 번역은 강문식 님, 박지인 님, 양석호 님이 공동 번역했던 2판 번역에 많은 빚을 지고 있다. 많은 부분이 개선되고 추가되었지만 여전히 큰 기조는 달라지지 않았다. 번역을 하는 내내 앞선 번역자들과 함께 번역을 하고 있다고 느꼈다. 많은 도움을 받았으나 여전히 오역이 있거나 잘못된 부분이 있다면 모두 이번 판을 옮긴 본인이 부족한 탓이다. 함께 일하는 동료들과 출판에 대해 많은 이야기를 나눠준 김승호 님께 특별히 감사를 전한다. 지금은 루비를 많이 사용하지 못하고 있지만, 루비에 대한 많은 이야기를 함께해준 Remotty 모임의 김충섭 님, 김한기 님, 서준석 님, 장재휴 님, 최효성 님께도 감사를 드린다. 그리고 많은 시간을 기다리고 이해해 준 아내에게 이 자리를 빌려 고마움을 전하고자 한다.

김대권

추천사

저는 이 책의 지난 1, 2판에 추천사를 썼습니다. 1판에서는 동기에 대해, 2판에서는 기적에 대해 이야기했습니다.

그리고 이번 개정판에서는 용기에 대해 이야기하고자 합니다. 저는 언제나 용기 있는 사람들을 존경해 왔습니다. 루비를 사용하고 커뮤니티에 참여하는 사람들은 이 책의 지은이들과 같이 용감한 사람들입니다. 그들은 루비와 같이 덜 유명한 언어에 뛰어드는 용기를 지니고 있습니다. 그들은 새로운 기술을 두려워하지 않고 용기 내어 먼저 시도해 봅니다. 오래된 기술에 머물며 만족할 수도 있었지만 그러지 않았습니다. 그들은 새로운 벽돌과 회반죽으로 자신들의 세계를 만들어 나갑니다. 그들은 선구자이고 모험가이자 개척자입니다. 그런 사람들의 노력이 루비라는 성숙한 결과를 낳았습니다.

이런 용감한 사람들의 도움으로 제 우주를 만들어 낼 수 있었다고 느낍니다. 저는 루비가 페센덴의 세계들(Fessenden's Worlds)과 같은 미니어처 우주라고 생각합니다. 하지만 루비는 실재하는 우주입니다. 무수히 많은 용기 있는 사람들이 루비를 사용하고 있습니다. 그들은 매일 새로운 것에 도전하고 이 세계를 개선하고 확장하기 위해 노력합니다. 제 자신이 이런 루비 세계의 일원이라는 것을 자랑스럽게 생각합니다.

이 세상으로도 담을 수 없을 만큼 책은 많습니다. 하지만 우리에겐 최신 내용으로 업데이트된 첫 번째 책이 있습니다. 즐기세요.

'마츠'라고 알려진 마츠모토 유키히로
2009년 2월 일본에서

머리말

이 책은 루비 프로그래머 사이에서 곡괭이(PickAxe) 책으로 알려진 『프로그래밍 루비』의 개정판이다. 이 책은 루비 1.9와 2.0의 튜토리얼과 레퍼런스 매뉴얼을 담고 있다.

루비 1.9는 중요하고 새로운 출발점이다. 루비 1.9에선 문자열 조작, 블록 변수의 유효 범위, 스레드 모델에서 큰 변화가 있었다. 이제 루비는 새로운 가상 머신에서 작동한다. 내장 라이브러리는 확장되었고 수십 개의 클래스와 수백 개의 메서드가 새로 추가되었다. 루비는 현재 수많은 문자 인코딩을 지원하고 있으며, 이를 통해 전 세계에서 사용하는 프로그래밍 언어가 되었다.

루비 2.0은 루비 1.9에 비해서는 변화가 비교적 적은 편이다.

왜 루비인가

앤디와 내가 초판을 쓸 당시만 해도 배경 지식을 설명하고, 루비를 써 달라고 애원해야 했다. 무엇보다 이렇게 썼던 것이 기억에 남는다. "처음 루비를 발견했을 때, 우리가 원하는 것을 찾았음을 알았다. 지금까지 사용한 그 어떤 언어보다도, 내가 해야 하는 일에 집중할 수 있도록 도와주는 언어였다. 따라서 컴파일러와 언어에 대한 이슈와 싸우는 대신 문제를 푸는 데 집중할 수 있었다. 그것이 루비가 여러분을 더 나은 프로그래머로 만드는 방식이다. 즉, 컴파일러를 위해서가 아니라, 사용자를 위한 해결책을 만드는 데 시간을 쓰도록 하는 것이다."

이 믿음은 이제 더욱 강해졌다. 그 후로 13년이 넘는 시간이 흘렀다. 나는 여전히 루비를 사용하고, 루비를 사용해 클라이언트 애플리케이션과 웹 애플리케이션을 만들고 있다. 나는 루비를 출판사 웹 사이트를 운영하는 데 사용하고 있으며(온라인 서점 http://pragprog.com은 4만 줄 이상의 레일스 코드로 이루어져 있다) 온갖 작은 프로그램을 만드는 데 활용하고 있다.

오랜 시간에 걸쳐 루비는 멋지게 발전해 나가고 있다. 내장 클래스와 모듈에는 많은 메서드가 추가되었고 표준 라이브러리(루비 배포판에 포함된 라이브러리) 또한 엄청나게 커졌다. 커뮤니티는 이제 표준화된 문서화 시스템(RDoc)

을 갖고 있으며, 루비젬은 루비 코드를 배포용으로 패키징하기 위한 훌륭한 시스템이 되었다. 우리는 지금 당장 사용할 수 있는 최고의 웹 애플리케이션 프레임워크라고 할 수 있는 루비 온 레일스를 가지고 있다. 우리는 RSpec과 큐컴버(Cucumber)를 선두로 테스트 세계를 주도하고 있다. 패키징과 의존성 관리 시스템도 가지고 있다. 우리는 멋지게 성숙해 가고 있다.

하지만 그 이상으로 루비는 오래되었다. 이번 판의 첫 번째 출간은 루비 20주년(루비는 1993년 2월 24일에 처음 만들어졌다)에 맞춰서 이루어졌다. 루비 2.0 릴리스는 루비의 생일을 기념한다.

루비 버전

이 책에서는 루비 2.0과 1.9.3을 다룬다.[1]

이 책을 쓰는 데 정확히 어떤 버전을 사용했을까? 루비에게 물어보자.

```
$ ruby -v
ruby 2.0.0p195 (2013-05-14 revision 40734) [x86_64-darwin12.4.1]
```

앞선 예제가 시사하는 바가 있다. 이 책에서 보게 될 코드 샘플들은, 책을 새로 집필할 때마다 매번 실제로 실행되었다. 책에 프로그램의 실행 결과를 표시한 부분은 모두 코드를 직접 실행하고 그 결과를 수록해 만든 것이다.

루비 2.0에서 달라진 점

루비 1.8과 1.9 사이의 변화에 비하면 루비 2.0에서 달라진 부분은 비교적 적은 편이다. 이 책에서는 내장 클래스의 모든 변경 사항과 새롭게 추가된 문법인 키워드 인자에 대해 다루고 있다. 게으른 열거자와 정규 표현식 엔진에 대한 정보도 추가했다. 여러 변화가 있었지만 루비 1.9 사용자라면 2.0이 어색하지 않을 것이고, 아직 1.8을 사용하고 있다면 바로 2.0으로 넘어가는 게 어렵다고 느껴지지 않을 것이다.

참고 자료

새로운 정보를 확인하려면 루비 웹 사이트 http://www.ruby-lang.org에 방문하기 바란다. 뉴스그룹이나 메일링 리스트에서 다른 루비 사용자와 대화를 나눌 수 있다('부록 A. 지원' 참조).

---

1 https://www.ruby-lang.org/en/news/2013/12/21/ruby-version-policy-changes-with-2-1-0/

그리고 독자들의 피드백도 환영한다. 의견, 제안, 책의 오류, 예제 코드의 문제점 등 어떤 내용이라도 좋다. 우리에게 rubybook@pragprog.com으로 이메일을 보내주기 바란다.

이 책에서 오타나 오류를 발견한다면 이를 정정 사항 페이지에 직접 추가할 수 있다.[2]

마지막으로 http://www.pragprog.com/titles/ruby4 웹 페이지에서 이 책의 거의 모든 예제를 담은 소스 코드를 찾을 수 있다.

감사의 말

첫 루비 국제 콘퍼런스에는 32명이 참가했다. 우리는 작은 호텔 바에 모두 들어갈 수 있었고 밤새 루비에 대해 이야기했다. 상황은 달라졌다. 이제 수백 명이 참석하는 연례 루비 콘퍼런스는 몇 시간 만에 매진된다. 더욱이 루비와 관련된 콘퍼런스들이 RubyConf에 참석하지 못하는 사람들을 위해 열리고 있다.

커뮤니티는 성장했고 루비 또한 그렇다. 이 책의 초판이 나왔을 때보나 루비 언어의 라이브러리들은 덩치가 몇 배 더 커졌다.

언어가 성장한 만큼 이 책도 성장했다. 곡괭이 책은 이제 매우 두꺼운 책이 되었다. 모든 내장 클래스와 모듈, 메서드들을 일일이 문서화하고 싶은 욕심이 있기 때문이다. 이 정도 두께의 책을 결코 혼자서 만들 수는 없었다. 이번 판은 채드 파울러와 앤디 헌트가 많은 기여를 한 앞서 출간된 1, 2판을 바탕으로 집필했다. 또한 모두 루비 커뮤니티의 도움으로 완성될 수 있었다. 메일링 리스트, 포럼, 정정 사항 페이지에서 수백 명의 사람들이 자신들의 아이디어와 코드를 지원해 주었고 오타를 잡아주었다. 언제나 우리는 모든 사람들이 해 온 일들에 큰 빚을 지고 있다. 루비 커뮤니티는 여전히 활기차고 즐겁고 친절하다. 우리가 즐기면서 쌓아온 폭발적인 성장은 커다란 성과물이다.

웨인 세귄(Wayne E. Seguin)은 멋진 도구인 RVM 부분을 친절히 검토해 주었고, 루이스 라베나(Luis Lavena)는 윈도에 관련된 장들을 검토해 주었다. 나는 앤서니 번스(Anthony Burns)를 영웅이라고 부르고 싶다. 그는 이 책을 쓰는 동안 내내 이 책의 변경 사항들을 검토해 주었다.[3]

이 책을 출간하는 일은 도전이었다. 킴 윔프셋(Kim Wimpsett)은 세계 최고의

---

2 http://www.pragprog.com/titles/ruby4/errata.html
3 http://www.flickr.com/photos/pragdave/sets/72157625046498937/

출판 편집자다. 그녀는 코드에서 에러를 찾아내고 XML 마크업을 고칠 수 있는 유일한 출판 편집자다. 이 책에 오타나 잘못된 내용이 남아 있다면 그녀가 지적한 부분을 우리가 제대로 반영하지 못한 탓이다. 그리고 우리가 RubyConf X에 종이책을 출간할 수 있도록 내달리는 동안 재닛 펄로(Janet Furlow)가 끈질기게 우리를 도와주었다.

마지막으로 루비를 만든 마츠모토 유키히로('마츠')에게 큰 빚을 졌다. 성장과 변화의 시기 내내 그는 여전히 협조적이고 쾌활하게 임했으며 언어의 보석을 정제하기 위해 노력을 기울여 왔다. 루비 커뮤니티의 친근함과 열린 정신은 그 중심에 있는 마츠의 인간됨이 반영된 것이다.

모두 감사한다.

데이브 토머스

The Pragmatic Programmers

dave@pragprog.com

2013년 6월

책에서 사용한 표기법

리터럴 코드 예제는 산세리프 글꼴을 사용한다.

```
class SampleCode
  def run
    #...
  end
end
```

본문에서 Fred#do_something과 같이 쓰인 부분은 Fred 클래스의 인스턴스 메서드(이 경우에는 do_something이 메서드)에 대한 참조이며, Fred.new[4]는 클래스 메서드를 가리키며, Fred::EOF는 클래스 상수를 나타낸다. 인스턴스 메서드를 표시하기 위해 해시 문자(#)를 사용하기로 한 결정은 쉽지 않았다. 이는 올바른 루비 문법은 아니지만, 특정 클래스에 대해 인스턴스 메서드와 클래스 메서드를 구분하는 방법이 필요했다. File.read는 File 클래스의 클래스 메서드 read를 의미하는 것이다. 반면에 File#read는 파일 클래스의 인스턴스 메서드 read를 지칭하는 것이다. 이러한 관습은 이제 루비에 관한 토론이나 문서에서 표준이 되었다.

---

4 다른 루비 문서에서는 클래스 메서드를 Fred::new와 같이 나타내기도 한다. 이는 올바른 루비 문법이다. 하지만 우리는 Fred.new가 좀 더 읽기 쉬운 표기법이라고 판단했다.

이 책에는 많은 루비 코드 조각이 담겨 있다. 가능한 한 코드들의 실제 실행 결과를 보여주려고 노력했다. 간단한 경우는 표현식의 값을 같은 줄에 표시했다. 예를 들면 다음과 같다.

```
a = 1
b = 2
a + b # => 3
```

여기서 a + b를 평가한 결과가 화살표 오른편에 나온 3임을 알 수 있다. 하지만 이 프로그램을 실행했을 때 3이 출력되지는 않음을 기억하자. 화면에 출력하기 위해서는 puts와 같은 출력 메서드를 사용해야 한다.

어떤 때는 대입문의 결과에 관심이 가기도 한다.

```
a = 1 # => 1
a + 2 # => 3
```

프로그램이 좀 더 복잡한 결과를 출력한다면 코드 아래에 별도로 이를 표시했다.

```
3.times { puts "Hello!" }
```

실행 결과:
```
Hello!
Hello!
Hello!
```

라이브러리 문서 중에는 어느 부분이 공백인지 표시해야 할 필요가 있었다. 이 경우 공백을 ⌴ 문자로 나타냈다.

명령어 실행은 다음과 같이 나타냈으며 선택적인 요소들은 괄호를 통해 표시했다.

```
ruby ‹flags›* progname ‹arguments›*
```

로드맵

이 책의 본문은 크게 네 부분으로 나뉘어 있다. 각 부분은 저마다 성격이 있으며 루비 언어의 서로 다른 면에 대해 설명한다.

먼저 '1부 루비 기본 다지기'에서는 루비 튜토리얼을 만날 수 있다. 1부는 다양한 시스템에서 루비를 설치하고 실행하는 것부터 시작해 루비의 독특한 용어와 개념들을 짧게 설명해 나간다. 나머지 장들을 이해하기 위한 루비 기본 문법들을 설명한다. 튜토리얼의 나머지 부분에서는 하향식으로 루비 언어에 대해 살펴본다. 여기서는 클래스, 객체, 타입, 표현식을 비롯해 언어를 구성하고 있는 모든 요소를 다룬다. 나머지 장에서는 단위 테스트와 문제가 발생했을 때 대처하는 법을 다루고 1부를 마무리한다.

루비가 대단한 이유 중 하나는 자신이 돌아가는 환경과 통합이 매우 잘된다는 점이다. '2부 루비 세팅하기'에서는 이 부분을 자세히 다룬다. 여기서는 루비를 사용하는 데 필요한 실용적인 정보를 찾을 수 있다. 인터프리터 옵션, irb 사용법, 루비 코드 문서화, 다른 사람들과 루비 프로그램을 공유하기 위한 루비젬 패키징 등을 다룬다. 이외에도 웹 프로그래밍과 윈도 환경 지원(네이티브 API 호출, COM 통합, 윈도 자동화) 등과 같이 루비에서 자주 하는 작업들을 다룬다. 또한 루비를 통해 인터넷에 접근하는 법을 다룬다.

'3부 루비 완성하기'에서는 좀 더 심화된 주제를 다룬다. 여기서는 오리 타입, 객체 모델, 메타프로그래밍, 객체 오염, 리플렉션, 마샬링 등 루비 언어에 대한 아주 상세한 주제를 찾을 수 있다. 아마 3부를 읽을 때는 처음엔 빠르게 읽고, 루비를 본격적으로 사용하고자 할 때 다시 읽는 것도 좋을 것이다.

4부에는 루비 라이브러리 레퍼런스를 담았다. 분량도 상당하다. 우리는 57개 내장 클래스의 1300개 메서드를 문서화했다(이전 판에서는 40개 클래스 800개 메서드를 다뤘다). 그 밖에도 표준 루비 배포본에 포함된 표준 라이브러리(98개)에 대한 문서를 제공한다.

이 책을 어떻게 읽어야 할까? 프로그래밍 숙련도와 객체 지향에 대한 이해도에 따라 처음에는 이 책의 일부분만 읽는 것이 좋을 수도 있다. 우리가 추천하는 방법은 이렇다.

루비를 처음 시작한다면 1부부터 시작하는 것이 좋다. 그리고 프로그램을 작성하려 할 때는 라이브러리 레퍼런스를 가까운 곳에 두는 것이 좋다. 처음에는 Array, Hash, String 같은 기본적인 클래스에 익숙해져야 한다. 그리고 루비가 좀 더 편안하게 느껴지기 시작했다면 3부에서 다루는 심화 주제를 읽어보는 게 좋다.

이미 펄, 파이썬, 자바, 스몰토크 등의 언어를 자유자재로 사용하는 프로그래머라면 루비 설치와 실행을 다룬 1장을 읽고 잇따르는 2장을 읽는다. 튜토리얼을 천천히 읽으며 하나하나 따라해 보길 바란다. 아니면 3부의 심화된 주제를 시작으로 바로 4부의 라이브러리 레퍼런스를 활용해도 좋다.

"나는 튜토리얼 같은 건 필요 없어"라고 외치는 전문가 유형이라면 22장으로 바로 넘어가도 좋다. 그리고 라이브러리 레퍼런스를 훑어본 다음, 이 책을 커피 잔 받침으로 사용해도 상관없다(매력적인 밑받침이 될 것이다).

물론 처음부터 천천히 한 쪽씩 탐독해 나가는 것도 절대 틀린 방법이 아니다.

그리고 알 수 없는 문제를 만났을 때 도움을 받을 수 있다는 사실을 잊지 말자. 자세한 정보는 '부록 A. 지원'을 참조하길 바란다.

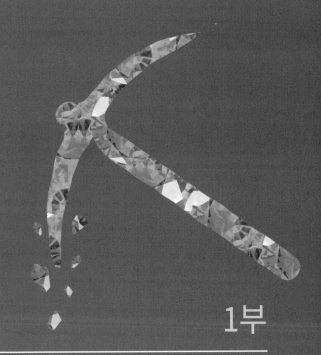

1부

루비 기본 다지기

1장

루비 시작하기

본격적으로 루비 언어에 대해 이야기하기에 앞서 자신의 컴퓨터에서 루비를 실행해 보자. 루비를 실행할 수 있어야 책을 읽어가면서 예제 코드를 실행해 보고, 직접 여러 가지 시도를 해 볼 수 있다. 루비를 배우기 가장 좋은 방법은 직접 실행해 보는 것이다. 책을 읽어가며 코드를 작성하는 습관을 들이도록 하자. 나아가 루비를 실행하는 다른 방법들도 소개할 것이다.

1.1 명령행 프롬프트

(자신이 사용하는 환경의 명령행에 익숙한 독자라면 이 절은 넘겨도 좋다.)

루비를 지원하는 통합 개발 환경(IDE)이 많아지고 있지만, 명령행(셸 프롬프트나 프롬프트라고도 불린다)을 전혀 사용하지 않을 수는 없다. 리눅스 사용자라면 이미 셸 프롬프트에 익숙할 것이다. 바탕화면에서 명령행 아이콘을 찾을 수 없다면 설치된 프로그램 중에 터미널이나 xterm이라는 애플리케이션이 있는지 찾아본다(우분투에서는 프로그램 → 보조 프로그램 → 터미널에서 찾을 수 있다). 윈도에서는 cmd.exe 파일을 실행해야 한다. 이를 위해 시작 → 실행을 선택하면 나타나는 실행창에 cmd 명령어를 넣고 실행한다. OS X에서는 파인더(Finder) → 응용 프로그램(Applications) → 유틸리티(Utilities) → 터미널(Terminal.app)을 실행한다.

어떤 운영 체제건, 텅 비어 있는 창이 하나 뜰 것이다. 이 창에는 짧은 안내문과 프롬프트가 있다. 프롬프트에 echo hello를 입력하고 엔터(리턴키)를 쳐 보자. 화면에는 hello라는 출력이 나타나고 새로운 줄에서 프롬프트를 찾을 수 있을 것이다.

1.1.1 디렉터리, 폴더, 내비게이션

프롬프트에서 사용 가능한 명령어들을 다루는 것이 이 책의 주제는 아니지만, 앞으로 함께하게 될 이 생소한 환경에서 길을 잃지 않도록 기본적인 명령어들을 익혀둘 필요가 있다.

먼저 폴더란 하드 드라이브에서 파일이나 다른 폴더를 저장할 수 있는 특정한 장소다. 윈도의 탐색기(Explorer)나 OS X의 파인더를 사용해 파일을 찾을 줄 안다면 이미 폴더라는 개념이 익숙할 것이다.

프롬프트에서도 탐색기나 파인더로 찾을 수 있는 바로 그 폴더를 찾아갈 수 있다. 그런데 프롬프트에서는 탐색기의 폴더를 디렉터리라고 부른다(이는 디렉터리가 다른 디렉터리와 파일 리스트를 포함하고 있기 때문이다). 디렉터리들은 엄격한 계층 구조로 구성된다. OS X을 비롯해 유닉스를 기반으로 하는 시스템에서는 최상위 디렉터리를 /(슬래시)로 표시한다. 윈도에는 각 드라이브마다 최상위 디렉터리가 있다. 따라서 C: 드라이브의 최상위 디렉터리는 C:\가 된다(C는 드라이브 이름이고 콜론과 역슬래시가 뒤따른다).

파일이나 디렉터리의 경로는 최상위 디렉터리에서 해당하는 파일에 이르는 디렉터리들을 포함하고 있으며 맨 뒤에 파일 이름이나 디렉터리 이름이 따라온다. 이름의 각 요소들은 유닉스 기반 시스템에서는 슬래시(/), 윈도 기반 시스템에서는 역슬래시(\)로 구분된다. 따라서 최상위 디렉터리에 projects라는 디렉터리가 있고, 그 아래로 time_planner라는 프로젝트 디렉터리에 README 파일이 있다면, 그 경로는 유닉스 기반 시스템에서는 /projects/time_planner/readme.txt가 되고, 윈도에서는 c:\projects\time_planner\readme.txt가 된다.

> **디렉터리 이름과 파일 이름의 공백들**
>
> 대부분의 운영 체제에서는 폴더 이름에 공백 문자를 사용할 수 있다. 이는 GUI 인터페이스에서는 매우 유용한 기능이지만 명령행에서 공백 문자는 실수를 유발하기 쉽다. 명령행에서는 공백 문자가 기본적으로 매개 변수들을 구분해 주는 문자열로 쓰이기 때문에 폴더나 파일 이름에 포함된 공백 문자를 제대로 인식하지 못한다. 공백 문자를 사용하기 위한 특별한 방법이 있지만 그렇게까지 해서 사용할 만한 가치는 없다. 이러한 문제를 피하는 가장 쉬운 방법은 새로운 파일이나 폴더를 만들 때 공백 문자를 사용하지 않는 것이다.

디렉터리를 이동할 때는 cd 명령어를 사용한다(유닉스에서 셸 프롬프트를 나타내는 기호는 시스템에 따라 다르다. 우리는 이 책에서 프롬프트를 나타낼 때 달러 문자($) 하나만을 사용한다).

```
$ cd /projects/time_planner    (유닉스)
C:\> cd \projects\time_planner (윈도)
```

유닉스 사용자라면 최상위 디렉터리에 무언가를 만들고 싶진 않을 것이다. 최상위 디렉터리 대신에 각 사용자는 자신만의 홈 디렉터리를 가지고 있다. 사용자 이름이 dave라면 일반적으로 홈 디렉터리는 /usr/dave, /home/dave, /Users/dave 중 하나가 될 것이다. 유닉스 셸 프롬프트에서 ~(물결 문자 하나)는 자신의 홈 디렉터리를 나타내는 특별한 의미를 지닌 문자다. 어느 작업 디렉터리에 있더라도 cd ~ 명령어나 인자 없이 cd 명령어를 실행해 홈 디렉터리로 이동할 수 있다.

현재 작업 디렉터리를 확인하기 위한 명령어로 유닉스에서는 pwd, 윈도에서는 cd를 사용한다. 유닉스 시스템을 사용한다면 다음 명령어들을 입력해 보자.

```
$ cd /projects/time_planner
$ pwd
/projects/time_planner
$ cd
$ pwd
/Users/dave
```

윈도를 사용한다면 다음과 같이 입력해 보자.

```
C:\> cd \projects\time_planner
C:\projects\time_planner> cd \projects
C:\projects> cd %userprofile%
```

현재 작업 디렉터리에서 새로운 디렉터리를 생성할 때는 mkdir 명령어를 사용한다.

```
$ cd /projects
$ mkdir expense_tracker
$ cd expense_tracker
$ pwd
/projects/expense_tracker
```

앞선 예제에서 새로 만든 디렉터리로 이동할 때 cd에 새로운 디렉터리의 전체 경로(/project/expense_tracker)가 아닌 현재 경로로부터 상대 경로(expense_tracker)를 입력하는 것을 알 수 있다.

독자들이 이 책을 읽으면서 작성한 코드는 pickaxe(곡괭이) 폴더에 담아두면 관리가 수월할 것이다.

```
$ mkdir ~/pickaxe    (유닉스)
C:\> mkdir \pickaxe (윈도)
```

예제를 따라 하기 전에 pickaxe 디렉터리로 작업 디렉터리를 바꾸는 버릇을 들이자.

```
$ cd ~/pickaxe    (유닉스)
C:\> cd \pickaxe (윈도)
```

1.2 루비 설치하기

여러 리눅스 배포판과 맥 OS X에는 루비가 미리 설치되어 있다(OS X에도 루비가 설치되어 있지만 최신판에 비해서는 조금 뒤쳐져 있는 편이다). 명령행에서 ruby -v를 입력해 보자. 아마 기쁨에 탄성을 지르게 될 것이다.

루비가 설치되어 있지 않다면 새로 설치하거나 최신판으로 업그레이드하는 것도(이 책은 루비 1.9와 2.0을 다루고 있다는 점을 기억하자) 그리 어렵지 않다. 사용하는 시스템에 따라 다음 절차를 따라 루비를 설치하거나 업그레이드할 수 있다.

1.2.1 윈도에 설치하기

윈도에서 루비를 설치하는 방법은 두 가지가 있다. 인스톨러 패키지로 단 몇 분 만에 루비를 사용할 수 있다. 두 번째 방법을 쓰면 좀 더 복잡하지만 하나의 컴퓨터에서 다중 루비 환경을 구축할 수 있다. 먼저 루비를 다운로드하고 설치해 보자.

RubyInstaller로 루비 설치하기

여러 버전의 루비를 동시에 사용할 계획이 없다면, 가장 간단히 루비를 설치하는 방법은 루이스 라베나의 RubyInstaller.org를 이용하는 것이다.

http://rubyinstaller.org에 접속해 커다란 DOWNLOAD 버튼을 클릭하고 원하는 루비 버전을 선택하자. 파일을 저장할 다운로드 폴더를 선택하고, 다운로드가 완료되면 설치 파일을 실행한다. 윈도의 보안 경고를 넘어가면 일반적인 설치 프로그램이 실행된다. 기본 설정대로 설치를 진행하면, 루비가 설치되고 시작 메뉴의 모든 프로그램에서 루비를 찾을 수 있다.

Start Command Prompt with Ruby를 실행하면 새로운 루비를 사용할 수 있는 윈도 명령행이 실행된다.

pik: 다중 루비 환경 설치하기

고든 시스펠드(Gordon Thiesfeld)가 개발한 pik[1]를 사용하면 한 컴퓨터에서 여러 버전의 루비 인터프리터를 관리할 수 있다. 여러 버전의 루비를 사용하지 않는다면, 바로 '이 책에 실린 소스 코드'(11쪽)로 넘어가도 무방하다.

pik를 설치하기 전에 먼저 현재 시스템에 루비가 설치되어 있는지 확인할 필요가 있다. 필요하다면 앞 절의 내용을 참고해 루비를 다운로드하고 설치한다.

그리고 pik를 설치하자. 웹 브라우저로 http://github.com/vertiginous/pik/downloads에 접속한다. msi 파일 중에서 제일 위쪽에 있는 최신판(latest)을 선택한다. 파일을 다운로드하고 설치를 위해 파일을 더블클릭한다.

몇 초가 지나면 pik 설치창이 나타난다. 기본 설정에 따라 설치를 진행한다.

pik 설치 후 정상적인 실행을 위해 윈도에서 로그아웃했다가 다시 로그인하거나 재부팅을 해야만 한다.

설치가 완료되면 루비 명령 프롬프트(Start Command Prompt with Ruby)를 열고 다음 명령어를 실행해 보자.

```
C:\Users\dave> pik add
** Adding: 193: ruby 1.9.3p0 (2011-10-30) [i386-mingw32]
```

루비 인터프리터가 pik에 등록된 것을 확인할 수 있다. 이제 다른 명령 프롬프트에서 pik 명령어를 사용할 수 있다. pik 명령어를 통해 사용 가능한 루비 인터프리터를 변경하거나 어떤 버전의 인터프리터를 사용할지 명시적으로 지정할 수 있다.

```
C:\>pik list
  193: ruby 1.9.3p0 (2011-10-30) [i386-mingw32]

C:\>pik use 193

C:\>ruby -v
ruby 1.9.3p0 (2011-10-30) [i386-mingw32]
```

pik에 루비 인터프리터를 등록해 봤으니 다른 버전도 설치해 보자. 이번에는 자바로 만들어진 루비 구현인 JRuby를 설치한다. JRuby를 사용하려면 먼저 자

---

1   (옮긴이) pik는 더 이상 관리되지 않는다. 라이브러리 제작자는 uru(http://bitbucket.org/jonforums/uru)를 사용할 것을 권하고 있다.

바 런타임을 설치해야 한다(구글을 검색해 보자). 자바를 설치하고 pik를 통해
JRuby를 설치한다.

```
C:\> pik install jruby
** Downloading: http://jruby.org.....downloads/1.5.2/jruby-bin-1.5.2.zip
to:  C:\Users\dave\.pik\downloads\jruby-bin-1.5.2.zip
** Extracting: C:\Users\dave\.pik\downloads\jruby-bin-1.5.2.zip
to:  C:\Users\dave\.pik\rubies\JRuby-152
done

** Adding: 152: jruby 1.5.2 (ruby 1.8.7 patchlevel 249) (2010-08-20 1c5e29d)
(Java HotSpot(TM) Client VM 1.6.0_21) [x86-java]
Located at: C:\Users\dave\.pik\rubies\JRuby-152\bin
```

이제 pik를 통해 두 가지 루비 인터프리터를 사용할 수 있다. 다음 명령으로 사
용 가능한 루비 인터프리터를 확인하고 변경할 수 있다.

```
C:\>pik list
  152: jruby 1.5.2 (ruby 1.8.7 patchlevel 249) (2010-08-20 1c5e29d) (Java H...
  193: ruby 1.9.3p0 (2011-10-30) [i386-mingw32]

C:\>pik use 152
C:\>jruby -v
jruby 1.5.2 (ruby 1.8.7 patchlevel 249) (2010-08-20 1c5e29d)
(Java HotSpot(TM) Client VM 1.6.0_21) [x86-java]

C:\>pik use 193
C:\>ruby -v
ruby 1.9.3p0 (2011-10-30) [i386-mingw32]
```

네이티브 코드 컴포넌트(C 라이브러리를 사용하는 윈도 라이브러리에 연결된
컴포넌트)를 포함하는 젬을 설치하고자 할 때는 C 개발 환경이 로컬 시스템에
갖추어져 있어야 하며 pik 개발 킷(Pik development kit)을 다운로드해서 설치
해야 한다.

　윈도에선 이걸로 루비 설치가 끝났으니 '이 책에 실린 소스 코드'(11쪽)로 넘어
가도 좋다.

1.2.2 리눅스와 맥 OS X에 설치하기

유닉스를 기반으로 한 다양한 시스템의 흥미로운 점은 각 운영 체제의 메인테이
너들이 루비와 같은 도구들을 어떻게 패키지화할 것인지에 대한 고민을 하고 있
다는 점이다. 그 고민에서 나온 패키지들을 사용해 좀 더 쉽게 루비를 설치할 수
있지만, 거꾸로 이러한 방식을 따르려면 그들의 방식을 이해해야만 한다는 의미
이기도 하다. 무엇보다 패키지로 제공되는 것들에는 제약이 따른다. 그래서 여
기서는 다른 접근 방법을 사용한다. 우리는 이 절에서 웨인 세귄이 만든 RVM

(Ruby Version Manager)을 사용한 루비 설치법을 소개한다. RVM은 여러 루비 환경을 하나의 시스템에서 사용할 수 있도록 도와주는 도구다. 이를 통해 명령어 하나로 사용하는 루비 버전을 바꿀 수 있다. 이 놀라운 기능을 사용하면 새로운 루비 버전이 나왔을 때 이전 루비 환경을 그대로 유지하면서 별도의 환경에서 새로 나온 기능들을 사용해 볼 수 있다. 이 책에서는 RVM을 사용해 이 책을 읽는 동안에만 사용할 수 있는 독립적인 루비 환경을 만들어 기존 시스템에서 사용하는 루비 환경에 영향을 주지 않도록 할 것이다.[2]

RVM 설치하기

여러분의 시스템에 이미 루비가 설치되어 있다면 루비젬을 통해 RVM을 설치할수도 있지만, RVM은 기존 루비 환경과 별도로 직접 설치하는 게 좋다.

대부분의 유닉스 기반 시스템에는 이미 RVM을 사용하는 데 필요한 패키지들이 설치되어 있다.[3] 우분투에 옥의 티가 있다면 curl이 기본적으로 설치되어 있지 않다는 점이다. RVM을 설치하기에 앞서 curl을 설치한다.

```
$ sudo apt-get update
$ sudo apt-get install curl
```

RVM에서 제공하는 설치 스크립트를 통해 깃허브 저장소로부터 RVM을 다운로드한다.

```
$ curl -L https://get.rvm.io | bash -s stable
```

외부에서 받은 스크립트를 내용도 확인하지 않고 곧바로 실행하는 부분이 맘에 들지 않는다면, 스크립트를 따로 다운로드하고 내용을 확인한 다음 실행해도 무방하다.

```
$ curl -L get.rvm.io >rvm-installer
$ less rvm-installer
$ bash rvm-installer
```

어떤 방법을 선택하건 스크립트는 RVM을 저장소에서 내려 받고 시스템에 설치한다. RVM은 사용자의 홈 디렉터리 아래의 .rvm에 설치된다. 설치가 끝나면 RVM은 관련된 정보를 출력할 것이다. 이 내용을 반드시 읽어야 한다.

이 내용에는 RVM과 시스템을 연동하는 방법이 포함되어 있다. 먼저 ~/.bashrc

---

2 RVM이 유일한 루비 버전 관리 도구는 아니다. rbenv(https://github.com/sstephenson/rbenv/)나 chruby (https://github.com/postmodern/chruby)도 참조하라.
3 http://rvm.io/rvm/prerequisites/

파일의 마지막 부분을 살펴보고 RVM과 관련된 내용이 없다면 아래 내용을 추가한다.

```
source $HOME/.rvm/scripts/rvm
```

RVM은 이 내용이 포함된 .bashrc 파일이 실행된 후에만 사용할 수 있기 때문에, 먼저 새로운 터미널 창을 실행해야 한다. 이 창에서 rvm help 명령어를 입력하면 RVM 사용 방법이 출력된다.[4]

RVM으로 루비를 설치하기 전에 먼저 몇 가지 설치해야 하는 것들이 있다. 먼저 RVM을 통해 루비 빌드에 필요한 시스템 라이브러리와 유틸리티를 설치한다. 그리고 다음 명령어를 실행한다.

```
dave@ubuntu:~$ rvm autolibs packages
```

설치 중에 문제가 생기면 웨인이 작성한 RVM 설치 페이지[5]가 큰 도움이 될 것이다.

RVM에서 루비 2.0 설치하기

결실의 때가 왔다. 루비 2.0을 설치하자(다음 명령어를 실행할 때 sudo를 사용하지 않아야 한다. RVM의 매력 포인트 중 하나는 모든 작업이 사용자의 홈 디렉터리 안에서 이루어진다는 점이다. 따라서 사용자는 새로운 루비 버전을 사용하거나 설치할 때 어떠한 관리자 권한도 필요로 하지 않는다).

```
$ rvm install 2.0.0
```

RVM은 먼저 필요한 시스템 패키지를 설치한다. 이 과정에서 시스템 관리자 권한이 필요하므로 패스워드를 입력하는 프롬프트가 뜨는 경우도 있다.[6]

RVM은 적절한 루비 소스 코드를 다운로드하고 루비 2.0을 빌드한다. 이때 irb, RDoc, ri, 루비젬 같은 루비 보조 도구들도 함께 설치한다. 빌드 시간이 5분 넘게 걸릴 수 있으므로 인내심을 가지고 기다리자. 빌드가 끝나면 이제 루비 2.0을 사용할 수 있다. 루비 2.0을 사용하기 위해 다음 명령어를 실행한다.

```
dave@ubuntu:~$ rvm use 2.0.0
info: Using ruby 2.0.0
dave@ubuntu:~$ ruby -v
ruby 2.0.0p0 (2013-02-24 revision 39474) [i686-linux]
```

---

4 RVM 공식 사이트에서 http://rvm.io/에 대한 더 많은 정보를 얻을 수 있다.
5 http://rvm.io/rvm/install/
6 오직 여기서만 관리자 권한이 필요하다. 필요한 도구들을 설치하고 나면 RVM은 나머지 작업을 일반 사용자 권한으로 실행한다.

RVM은 우리가 기대하는 것보다 많은 역할을 해 준다. 미리 빌드된 루비 패키지를 설치해 봤다면, 분명 이 얘기에 공감이 갈 것이다. 루비 패키지를 설치하는 대신 RVM을 사용하면 시스템이 놀라우리만치 유연해진다. 어쩌면 나중에 루비 1.8.7을 사용해서 프로젝트를 진행할 일이 생길지도 모른다. RVM을 사용하고 있다면 이러한 상황은 아무런 문제가 되지 않는다. rvm install 1.8.7 명령어를 통해 루비 1.8.7을 설치하고 rvm use 1.8.7 명령어를 실행해 루비 실행 환경만 바꿔주면 된다.

rvm use 명령어는 오직 현재 터미널 세션에만 적용된다. 항상 특정 버전을 사용하고 싶다면 다음 명령어를 실행하면 된다.

```
$ rvm use --default 2.0.0
```

이제 RVM으로 설치한 루비에서 루비젬을 통해 패키지를 설치하면 시스템에 설치된 루비가 아니라 RVM 위에서 사용 중인 버전에만 젬이 설치된다. 따라서 젬을 설치할 때 절대 sudo 명령어를 사용하지 않아야 하다.

루비 최신판 사용하기

공식적인 마츠 루비 인터프리터의 안정판을 비롯해, RVM은 이외에도 여러 소스로부터 다양한 루비 인터프리터(JRuby, 루비니우스(Rubinius), 루비 엔터프라이즈 에디션(Ruby Enterprise Edition) 등 rvm list 명령어를 통해 전체 리스트를 확인할 수 있다)를 설치할 수 있도록 도와준다. 설치 가능한 루비 버전 중에는 개발자용 저장소의 공식 릴리스되지 않은 버전도 있다.

루비 프로젝트는 버전 관리 시스템으로 서브버전(Subversion, 줄여서 SVN이라고도 한다)을 사용하고 있으며, 개발 중인 루비 버전을 설치하려면 서브버전 클라이언트가 필요하다. 서브버전을 설치하면 최신판 루비는 rvm install ruby-head 명령어로 설치할 수 있으며, 2.0 브랜치의 최신판은 rvm install 2.0-head 명령어로 설치할 수 있다.

이 책에 실린 소스 코드

파일 이름이 있는 소스 코드들은 다운로드할 수 있다.[7] 소스 코드의 내용은 전체 파일일 수도 있고, 일부분만 실려 있을 수도 있다. 소스 코드가 일부분만 실려 있는 경우 다운로드할 수 있는 소스 코드에 파일을 실제로 실행할 수 있는 발판(scaffolding) 코드가 함께 포함되어 있다.

---

[7] http://pragprog.com/titles/ruby4/code

1.3 루비 실행하기

루비를 설치했으니 프로그램을 실행해 보자. 루비는 컴파일 언어와는 달리 두 가지 방법으로 실행할 수 있다. 첫 번째 방법은 대화식으로 사용하는 방법이고 두 번째 방법은 별도의 소스 파일을 작성해서 실행하는 방법이다. 대화식은 프로그래밍 언어를 실험해 보는 좋은 방법이지만 코드가 복잡해지거나 반복적으로 사용하는 스크립트를 작성할 때는 프로그램 파일을 별도로 작성하는 편이 좋다. 더 깊게 들어가기 전에 우선 설치된 루비 버전을 확인해 보자. 새로운 명령 프롬프트를 열고 다음 명령어를 실행한다.[8]

```
$ ruby -v
ruby 2.0.0p195 (2013-05-14 revision 40734) [x86_64-darwin12.4.1]
```

분명히 루비를 설치했는데도 "ruby: command not found" 같은 에러 메시지가 출력된다면 루비 프로그램이 패스(path: 셸에서 명령어를 실행할 때 탐색하는 경로)에 등록되어 있지 않을 가능성이 있다. 윈도에서 원클릭 인스톨러로 루비를 설치했다면 새로운 패스가 적용되도록 재부팅해야 한다. 리눅스나 OS X에서 RVM을 사용 중이라면 먼저 rvm use 2.0 명령어를 실행해 2.0을 사용하도록 설정한다.

대화형 루비 셸

루비를 대화형으로 실행하는 가장 간단한 방법은 명령행에서 ruby를 실행하는 것이다. 다음 예제에서는 하나의 puts 표현식을 입력하고 end-of-file 문자(EOF 문자, 우리 시스템에서는 Ctrl+D였다)를 입력한다. 이러한 방법도 잘 작동하지만 오타가 발생했을 때 고치기가 어렵고, 입력하고 있는 상태를 볼 수 없다는 문제가 있다.

```
$ ruby
puts "Hello, world!"
^D
Hello, world!
```

따라서 대화형으로 사용하고자 한다면 irb(Interactive Ruby)가 제격이다. irb는 루비 전용 셸로 명령행 히스토리, 줄 편집, 작업 제어 같은 기능을 포함하고 있다('18장 대화형 루비 셸'에서 irb에 대해 자세하게 다룬다). irb는 명령행에서 실행할 수 있으며, 일단 실행되면 루비 코드를 입력하기만 하면 된다. 코드를 입력하

---

8 시스템 패키지 관리 프로그램으로 설치한 ruby를 실행하려면 ruby1.9 명령어를 사용한다.

면 각 표현식의 평가 결과를 바로 확인할 수 있다. irb 세션을 종료할 때는 exit나 Ctrl+D(EOF 문자)를 입력한다.

```
$ irb
2.0.0 :001 > def sum(n1, n2)
2.0.0 :002?>     n1 + n2
2.0.0 :003?>   end
=> nil
2.0.0 :004 > sum(3,4)
=> 7
2.0.0 :005 > sum("cat", "dog")
=> "catdog"
2.0.0 :006 > exit
```

irb에 익숙해질 필요가 있다. 그래야 이 책의 예제 코드를 편하게 실행해 볼 수 있을 것이다.

루비 프로그램

일반적으로 루비 프로그램은 소스 코드를 하나의 파일이나 여러 개의 파일에 저장하는 방법으로 작성된다. 프로그램 작성에는 텍스트 편집기(이맥스, vim, 서브라임 등)나 통합 개발 환경(넷빈즈 등)을 사용할 수 있다. 파일을 편집기나 통합 개발 환경에서 실행할 수도 있고 명령행에서 실행할 수도 있다. 나는 두 가지 기법을 모두 사용하는데, 보통 파일 하나로 된 프로그램은 편집기에서 실행하고, 복잡한 것은 명령행에서 실행한다.

간단한 루비 프로그램을 만들고 실행하는 것부터 시작해 보자. 먼저 명령행을 실행하고 미리 만들어둔 pickaxe 디렉터리로 이동한다.

```
$ cd ~/pickaxe    (유닉스)
C:\> cd \pickaxe (윈도)
```

그런 다음 사용하는 편집기를 사용해 myprog.rb 파일을 만들고 아래 내용을 입력한다.

gettingstarted/myprog.rb

```
puts "Hello, Ruby Programmer"
puts "It is now #{Time.now}"
```

(두 번째 문자열에서 Time.now를 감쌀 때 소괄호가 아닌 중괄호를 사용하고 있다는 점에 주의가 필요하다.)

다른 셸 스크립트나 펄, 파이썬 프로그램과 마찬가지로 루비 프로그램도 파일로 실행할 수 있다. 루비 인터프리터를 실행할 때 인자로 스크립트 이름을 넘겨주면 된다.

```
$ ruby myprog.rb
Hello, Ruby Programmer
It is now 2013-11-14 16:30:50 -0600
```

유닉스 시스템에서는 프로그램 파일의 첫 번째 줄에 '쉬뱅(shebang)' 표기법을 사용할 수도 있다.[9]

```
#!/usr/bin/ruby
puts "Hello, Ruby Programmer"
puts "It is now #{Time.now}"
```

이 소스 파일을 실행 파일로 만들면(예를 들어 chmod +x myprog.rb 명령어로 권한 변경) 유닉스 기반 시스템에서는 소스 파일을 프로그램으로 실행할 수 있다.

```
$ ./myprog.rb
Hello, Ruby Programmer
It is now 2013-11-14 16:30:50 -0600
```

마이크로소프트 윈도에서도 특정 확장자에 연결 프로그램을 설정해서 루비 GUI 프로그램을 탐색기에서 더블클릭해 실행할 수 있다.

1.4 루비 문서화: RDoc과 ri

루비 라이브러리가 많아질수록 라이브러리 전체를 책 한 권에 담기 어려워지고 있다. 현재 루비 표준 라이브러리에는 9000개 이상의 메서드가 있다. 다행히도 현존하는 모든 메서드와 클래스, 모듈을 설명하는 데 종이 문서를 대신할 방법이 있다. 많은 부분이 이미 RDoc을 통해 내부적으로 문서화되어 있다.

소스 파일이 RDoc으로 문서화되어 있다면 이 파일의 문서 부분을 추출하여 HTML과 ri 형식으로 변환할 수 있다.

몇몇 웹 사이트는 루비의 모든 RDoc 문서를 포함하고 있다.[10] 새로운 문서가 늘 업데이트되는 이러한 사이트들을 통해 모든 루비 라이브러리에 대한 정보를 얻을 수 있다.

ri는 같은 문서를 로컬에서 볼 수 있는 명령행 뷰어 프로그램이다. 현재 대부분의 루비 배포판은 ri에서 사용하는 리소스들을 함께 설치한다.[11]

---

9 현재 사용하는 시스템에서 /usr/bin/env를 지원한다면 #!(쉬뱅)에 루비의 전체 경로를 하드 코딩하지 않고 #!/usr/bin/env ruby와 같이 지정할 수 있다. 이를 사용하면 자동으로 루비 경로를 찾아서 루비를 실행해 준다.

10 대표적으로 http://www.ruby-doc.org와 http://rubydoc.info가 있다.

11 rvm을 통해 루비를 설치한 경우, ri로 문서를 보고 싶다면 한 가지 더 해야 할 작업이 있다. 명령행에서 rvm docs generate를 실행해 문서를 생성하는 것이다.

클래스에 대한 문서를 찾고자 한다면 ri ClassName을 실행하면 된다. 예를 들어 ri GC 명령어를 실행해 GC 클래스에 대한 요약 정보를 볼 수 있다(ri로 클래스 목록을 보고자 할 때는 인자 없이 ri를 실행하면 된다).

```
$ ri GC
--------------------------------------------------------------------------------
The GC module provides an interface to Ruby's garbage collection mechanism.
Some of the underlying methods are also available via the ObjectSpace module.

You may obtain information about the operation of the GC through GC::Profiler.
--------------------------------------------------------------------------------
Class methods:
  count, disable, enable, malloc_allocated_size, malloc_allocations,
  start, stat, stress, stress=

Instance methods:
  garbage_collect
```

특정 메서드에 대한 정보를 얻고자 한다면 메서드의 이름을 인자로 넘겨준다.

```
$ ri GC::enable
--------------------------------------------------------------- GC::enable
GC.enable => true or false
--------------------------------------------------------------------------------
Enables garbage collection, returning true if garbage collection was disabled.

GC.disable #=> false
GC.enable  #=> true
GC.enable  #=> false
```

입력한 메서드 이름이 다수의 클래스나 모듈에 있다면 ri는 모든 결과를 리스트로 제공한다.

```
$ ri assoc
Implementation from Array
--------------------------------------------------------------------------------
  ary.assoc(obj)   -> new_ary or nil
--------------------------------------------------------------------------------
Searches through an array whose elements are also arrays comparing obj
with the first element of each contained array using obj.==.

Returns the first contained array that matches (that is, the first associated
array), or nil if no match is found.

See also Array#rassoc

  s1 = [ "colors", "red", "blue", "green" ]
  s2 = [ "letters", "a", "b", "c" ]
  s3 = "foo"
  a = [ s1, s2, s3 ]
  a.assoc("letters") #=> [ "letters", "a", "b", "c" ]
  a.assoc("foo")     #=> nil

(from ruby site)
Implementation from ENV
--------------------------------------------------------------------------------
  ENV.assoc(name) -> Array or nil
```

```
---------------------------------------------------------------
Returns an Array of the name and value of the environment variable with
name or nil if the name cannot be found.

(from ruby site)
Implementation from Hash
---------------------------------------------------------------
    hash.assoc(obj) -> an_array or nil
---------------------------------------------------------------
Searches through the hash comparing obj with the key using ==.
Returns the key-value pair (two elements array) or nil if no match is
found. See Array#assoc.

    h = {"colors"  => ["red", "blue", "green"],
         "letters" => ["a", "b", "c" ]}
    h.assoc("letters") #=> ["letters", ["a", "b", "c"]]
    h.assoc("foo")     #=> nil
```

ri에 대한 일반적인 도움말을 보고 싶다면 ri --help를 입력한다. 제목 부분과 같이 꾸며진 부분이 어떻게 보일지를 결정하는 --format 옵션을 실험해 보는 것도 좋다. 예를 들어 안시(ANSI) 이스케이프 시퀀스를 지원하는 터미널을 사용한다면 --format=ansi 옵션을 사용해 다양한 색상의 출력 결과를 볼 수 있다. 맘에 드는 설정 값을 RI 환경 변수 값에 저장해 둘 수도 있다. 우리가 사용하는 셸(zsh)에서는 다음 명령어로 환경 변수를 저장할 수 있다.

```
$ export RI="--format ansi --width 70"
```

클래스나 모듈이 아직 RDoc으로 문서화되어 있지 않다면 suggestion@ruby-doc.org의 친절한 친구들에게 추가를 요청해 보는 방법도 있다.

셸 프롬프트를 자주 접하는 사람이 아니라면 이러한 명령행 도구들이 구닥다리로 느껴질 수도 있다. 하지만 실제로는 어렵지 않을 뿐더러, 문자열을 조합해 직접 명령을 내리는 데서 오는 강력함은 때때로 매우 놀라울 정도다. 직접 시도해 보면 루비와 컴퓨터를 마스터하는 데 많은 도움이 된다.

2장

Ruby.new

프로그래밍 언어를 다루는 책은 대개 비슷한 구성을 취하고 있다. 먼저 언어에서 사용할 수 있는 정수나 문자열 같은 기본적인 타입들을 다룬다. 그리고 if 문과 while 문을 설명하기에 앞서 표현식(expression)에 대해 살펴본다. 그렇게 7장이나 8장쯤에 다다르면 그제야 클래스가 무엇인지에 대해 이야기한다. 우리는 이러한 구성이 지루하다고 느꼈다.

이 책을 구상할 때 거창한 계획을 세웠다(그땐 지금보다 젊었으니까). 그 전략이란 클래스와 객체로 시작해서 세세한 문법을 설명하는 것으로 끝을 맺는 이른바 하향식(top-down) 방법을 책 쓰기에 도입하는 것이었다. 당시만 해도 이 방법이 그럴듯한 아이디어로 보였다. 결국 루비의 모든 것은 객체이기 때문에 객체에서 이야기를 시작하는 것이 타당해 보인다.

적어도 우리는 그렇게 생각했다.

불행히도 이 방법으로 언어를 설명하는 것은 매우 어려운 일이었다. 문자열, if문, 대입문 등 기본적인 내용을 설명하지 않은 채, 클래스 예제를 보여주고 코드를 이야기하는 것은 쉽지 않았다. 하향식 글쓰기를 하는 내내 예제를 이해시키기 위해 세세한 문법 설명이 끼어들었다.

그래서 우리는 또 다른 웅장한 계획을 세웠다(사람들이 괜히 우리를 실용주의자라고 부르는 게 아니다). 우리는 여전히 루비를 하향식으로 설명하기로 했다. 하지만 그 전에 예제에서 사용되는 일반적인 언어적 특성들과 루비에서 사용되는 용어들에 대해 설명하는 짧은 장을 추가하기로 결정했다. 이 내용은 책의 나머지 부분을 이해하기 쉽게 도와주는 작은 지침서가 될 것이다.

2.1 객체 지향 언어 루비

다시 한 번 말하지만, 루비는 진정한 객체 지향 언어다. 루비에서 프로그래머가 다루는 모든 것은 객체이고 이러한 작업의 결과 또한 객체다. 많은 다른 프로그래밍 언어들도 같은 주장을 하고 있지만, '객체 지향'이라는 말에 대한 해석이나 거기서 쓰는 개념에 대한 용어가 다른 경우도 있다.

따라서 더 자세한 내용을 설명하기에 앞서, 이 책에서 사용할 용어와 표기법에 대해 미리 간단하게 살펴보는 것이 좋겠다.

객체 지향 코드를 작성할 때 일반적으로 실생활에 있는 사물에서 모델 개념을 찾아 코드로 표현하려고 노력한다. 이러한 모델링 단계에서는 코드로 옮기고자 하는 것들을 성질이 비슷한 것으로 분류하는 작업이 필요하다. 주크박스를 예로 들자면 '노래'가 하나의 분류가 될 것이다. 루비에서는 이러한 독립적인 분류를 표현하기 위해 클래스를 정의한다. 클래스는 상태(예를 들어 노래의 제목)와 상태를 사용하는 메서드(예를 들어 노래를 재생하는 메서드)로 이루어진다.

클래스를 정의했다면 다음으로 인스턴스들을 만든다. 주크박스에는 Song 이라는 클래스가 있고 이 클래스로 "Ruby Tuesday," "Enveloped in Python," "String of Pearls," "Small Talk" 같은 히트곡들을 인스턴스로 만들 수 있다. 객체 라는 단어는 클래스 인스턴스와 같은 의미로 사용한다(우리는 긴 낱말을 입력하기 귀찮아서 객체라는 단어를 더 선호한다).

루비에서는 클래스에 있는 생성자(constructor)라고 불리는 특별한 메서드를 호출해 객체를 생성한다. 가장 일반적인 방법은 new 메서드를 호출하는 것이다.

```
song1 = Song.new("Ruby Tuesday")
song2 = Song.new("Enveloped in Python")
# 다른 노래들도 생성한다.
```

이 인스턴스들은 같은 클래스에서 생성되었지만 서로 다른 고유한 특징들을 가지고 있다. 먼저 모든 객체는 고유한 객체 아이디(object identifier, 줄여서 object ID)를 가진다. 다음으로 각 객체에는 객체별로 고유한 값을 가질 수 있는 인스턴스 변수를 정의할 수 있다. 이 인스턴스 변수에는 객체의 상태가 저장된다. 예를 들어 각 노래 인스턴스들은 자신의 인스턴스 변수에 노래 제목을 담게 된다.

클래스 정의 안에서 인스턴스 메서드를 정의할 수도 있다. 이 메서드는 클래스 내부적으로 호출하거나 (접근 제한자에 따라) 외부에서 사용할 수 있는 코드

묶음이다. 인스턴스 메서드들은 객체의 인스턴스 변수, 즉 객체의 상태에 접근할 수 있다. 예를 들어 Song 클래스에 play라는 인스턴스 메서드를 정의한다고 해 보자. 이때 변수 my_way가 특정한 Song의 인스턴스를 참조하고 있다면 이 인스턴스의 play 메서드를 호출해서 이 곡을 연주할 수 있다.

메서드는 객체에 메시지를 보내 호출할 수 있다. 메시지에는 메서드 이름과 메서드에 필요한 매개 변수들이 포함된다.[1] 객체가 메시지를 받으면, 자신의 클래스에서 해당 메서드를 찾는다. 메서드를 찾으면 그 메서드를 실행한다. 메서드를 찾지 못하면... 음, 여기에 대해서는 뒤에서 다시 다룬다.

메서드와 메시지의 관계에 대한 설명이 복잡하게 들릴지도 모르겠지만, 이는 매우 자연스러운 일이다. 몇 가지 메서드 호출 예제를 살펴보자. 다음 코드에서는 puts 메서드를 호출한다. puts는 루비 표준 메서드이며, 인자들을 콘솔에 출력하고 마지막에 줄바꿈을 추가한다.

```
puts "gin joint".length
puts "Rick".index("c")
puts 42.even?
puts sam.play(song)
```

실행 결과:
```
9
2
true
duh dum, da dum de dum ...
```

각 행에서는 puts의 매개 변수로 메서드를 실행한 결과가 넘겨진다. 메서드 호출은 마침표 문자로 구분되는데 앞부분에 있는 것은 수신자(receiver)이고, 뒷부분에 있는 것은 실행될 메서드다. 첫 번째 줄은 문자열의 길이를 요청한다. 두 번째 줄은 문자열에서 알파벳 c의 위치를 찾을 것을 요청한다. 세 번째 줄은 42가 짝수인지 질문한다(물음표는 even? 메서드의 일부다). 마지막으로 sam 객체에 song을 play하도록 메서드를 호출한다(적절한 객체를 참조하는 sam이라는 변수가 미리 정의되어 있다고 가정한다).

이쯤에서 루비를 다른 대부분의 프로그래밍 언어와 구분해 주는 큰 차이점 하나를 언급하는 것이 좋겠다. 어떤 숫자의 절댓값을 구하는 코드를 생각해 보자. 자바에서는 별도의 함수를 호출하며 숫자를 매개 변수로 넘겨주어야 한다. 다음과 같은 코드를 작성할 것이다.

```
num = Math.abs(num) // 자바 코드
```

---

1 메서드 호출을 메시지라고 표현하는 사고방식은 스몰토크(Smalltalk)에서 왔다.

자바와 달리 루비에는 숫자 객체가 절댓값을 구하는 기능을 가지고 있다. 우리는 abs 메시지를 숫자 객체에 보내서 이를 처리하도록 요청하면 된다.

```
num = -1234        # => -1234
positive = num.abs # => 1234
```

이 방식은 모든 루비 객체에 적용된다. C에서는 문자열의 길이를 얻기 위해서는 strlen(name)이라고 작성해야 하지만, 루비에서는 name.length와 같이 사용한다. 이 점이 바로 루비가 진정한 객체 지향 언어라고 하는 말에 담긴 의미다.

2.2 루비 기초

새로운 언어를 배우는 데 지루하기만 한 문법 더미를 읽어야 한다는 사실은 큰 걸림돌이 되기도 한다. 이를 피하기 위해 여기서는 루비 프로그램을 작성하는 데 반드시 알아야 하는 몇 가지 주요 문법만 설명하겠다. 더 자세한 내용은 '22장 루비 언어'에서 다룰 것이다.

간단한 루비 프로그램으로 시작해 보자. 사람 이름과 함께 친근한 인사말을 건네는 메서드를 작성할 것이다. 그리고 이 메서드를 몇 번 호출해 보자.

```
def say_goodnight(name)
  result = "Good night, " + name
  return result
end

# 잠잘 시간입니다.
puts say_goodnight("John-Boy")
puts say_goodnight("Mary-Ellen")
```

실행 결과:

```
Good night, John-Boy
Good night, Mary-Ellen
```

예제가 보여주듯이 루비 문법은 간결하다. 한 줄에 하나의 표현식만 쓴다면 행 맨 뒤에 세미콜론을 꼬박꼬박 넣을 필요도 없다. 루비의 주석문은 # 문자로 시작해서 그 줄의 끝까지 적용된다. 코드 레이아웃은 많은 부분이 프로그래머의 몫이다. 따라서 들여쓰기를 하고 하지 않고는 중요하지 않다(하지만 코드를 배포할 생각이라면, 이 코드를 읽게 될 커뮤니티 동료를 위해서라도 두 글자씩 들여쓰기를 하는 게 좋다).

메서드 정의에는 def 키워드를 사용한다. def 다음에 메서드 이름을 쓰고(이 예제에서는 say_goodnight이다) 그다음에는 괄호로 싸인 메서드 매개 변수를 쓴다(사실 괄호는 생략해도 상관없지만 있는 편을 선호한다). 루비에서는 메서드의 선언부와 본문을 구분하기 위해 중괄호({})를 사용하지 않는다. 중괄호 대신 메서드 끝 부분에 end 키워드가 필요하다. say_goodnight 메서드는 아주 간단한다. 첫 번째 줄에서는 매개 변수 name의 앞에 리터럴 문자열 "Good night,␣"을 붙인 후 결과를 지역 변수 result에 저장한다. 다음 줄에서는 result를 호출자(caller)에게 반환한다. 여기서 변수 result를 선언할 필요가 없음에 주목하자. 변수는 우리가 대입을 하면 자동으로 만들어진다.

메서드를 정의한 다음, 이것을 두 번 호출했다. 두 번 모두 결과를 puts에 넘겨줬는데, 이 메서드는 매개 변수를 출력할 때 위치를 다음 줄로 옮겨주는 줄 바꿈을 붙여서 출력한다.

```
Good night, John-Boy
Good night, Mary-Ellen
```

다음 코드를 보자.

```
puts say_goodnight("John-Boy")
```

두 개의 메서드 호출로 이루어졌는데 하나는 say_goodnight 메서드고, 다른 하나는 puts 메서드다. 왜 하나의 호출은 매개 변수를 괄호로 둘러싸고 있는데, 다른 하나는 그렇지 않을까? 이는 단지 취향의 문제다. 루비에서 다음 두 표현식이 뜻하는 바는 같다.

```
puts say_goodnight("John-Boy")
puts(say_goodnight("John-Boy"))
```

하지만 모든 문제가 그리 간단치만은 않다. 우선순위에 대한 규칙은 특정 매개 변수를 어떤 메서드의 호출에 보내야 할지 판단을 어렵게 만들 수 있다. 그러므로 아주 간단한 경우를 제외하고는 괄호를 사용할 것을 권장한다.

앞선 예제는 루비 문자열 객체도 사용하고 있다. 문자열 객체를 만드는 방법은 여러 가지가 있는데, 그중 가장 일반적인 것이 문자열 리터럴을 사용하는 것이다. 문자열 리터럴이란 작은따옴표나 큰따옴표로 묶인 문자의 시퀀스를 말한다. 작은따옴표와 큰따옴표의 차이는 문자열을 처리하는 방법에 달려 있다. 작은따옴표를 사용할 때 루비는 이 문자열을 거의 그대로 사용한다. 몇 가지 예외를 제외하고는 문자열 리터럴에 입력한 값이 그대로 문자열의 값이 된다.

큰따옴표를 사용하면 루비는 더 많은 처리를 한다. 먼저 역슬래시로 시작하는 문자를 찾아서 특정한 이진 값으로 바꾸는 치환 작업을 한다. 가장 대표적인 예로 \n은 줄 바꿈 문자로 변경된다. 줄 바꿈 문자가 포함되는 문자열을 출력하면 해당 위치에서 줄이 바뀐다.

```
puts "And good night,\nGrandma"
```

실행 결과:

```
And good night,
Grandma
```

루비가 큰따옴표 문자열을 사용할 때 두 번째로 하는 처리는 표현식 보간 (expression interpolation)이다. 문자열 안에 #{expression} 같은 형태가 있으면 이는 expression을 평가한 값으로 변환된다. 앞에서 작성했던 예제를 표현식 보간으로 바꿔 보자.

```
def say_goodnight(name)
  result = "Good night, #{name}"
  return result
end
puts say_goodnight('Pa')
```

실행 결과:

```
Good night, Pa
```

루비가 문자열 객체를 생성할 때, 변수 name의 현재 값을 찾아서 그 값을 문자열에 삽입해 주는 것이다. #{...} 안에서 복잡한 표현식을 사용할 수도 있다. 다음 예제에서는 매개 변수의 첫 번째 글자를 대문자로 바꿔서 출력하기 위해 capitalize 메서드(모든 문자열 객체가 갖고 있는 메서드)를 호출하고 있다.

```
def say_goodnight(name)
  result = "Good night, #{name.capitalize}"
  return result
end
puts say_goodnight('uncle')
```

실행 결과:

```
Good night, Uncle
```

문자열에 대한 자세한 내용뿐 아니라, 루비의 다른 표준 타입에 대한 내용은 '6장 표준 타입'에서 다룬다.

마지막으로 이 메서드를 좀 더 간결하게 표현해 보자. 루비 메서드에서 반환하는 값은 마지막으로 실행된 표현식의 결괏값이다. 이를 이용하면 앞선 예제에서 임시 변수와 return 문을 함께 제거할 수 있다. 이러한 방법은 루비에서 관용구처럼 사용된다.

```
def say_goodnight(name)
  "Good night, #{name.capitalize}"
end
puts say_goodnight('ma')
```

실행 결과:

```
Good night, Ma
```

시작하기 전에 이번 장에서는 간단한 설명만 다루리라고 약속한 바 있다. 마지막으로 한 가지만 더 이야기하겠다. 루비에서 사용하는 이름에 대해서다. 간결한 설명을 위해 아직 정의하지 않은 용어(예를 들면 클래스 변수)도 사용할 것이다. 하지만 여기서 규칙에 대해 미리 설명했기에 클래스 변수 등을 다루게 될 때는 한발 앞서나가 있을 것이다.

루비에서는 이름으로 용도를 구분할 수 있도록 한 가지 약속을 한다. 이름의 첫 번째 글자가 이 이름이 어떻게 사용될지를 결정한다는 것이다. 지역 변수, 메서드 매개 변수, 메서드 이름은 모두 소문자[2]나 밑줄(_)로 시작해야 한다. 전역 변수는 달러 표시($)로 시작하고, 인스턴스 변수는 앳(@)으로 시작한다. 클래스 변수는 두 개의 앳 표시(@@)로 시작한다.[3] 마지막으로 클래스 이름, 모듈 이름, 상수는 대문자로 시작한다. 여러 가지 이름의 예는 표 1에서 확인할 수 있다.

지역 변수:	name fish_and_chips x_axis thx1138 _x _26
인스턴스 변수:	@name @point_1 @X @_ @plan9
클래스 변수:	@@total @@symtab @@N @@x_pos @@SINGLE
전역 변수:	$debug $CUSTOMER $_ $plan9 $Global
클래스 이름:	String ActiveRecord MyClass
상수 이름:	FEET_PER_MILE DEBUG

표 1. 변수, 클래스, 상수 이름 예제

의미를 갖는 첫 번째 문자 이후에는 알파벳과 숫자 그리고 밑줄(_)을 이용한 어떠한 조합이 와도 상관없다(단, @ 다음에는 숫자가 올 수 없다). 하지만 여러 단어로 이루어진 이름은 예외인데, 인스턴스 변수는 단어 사이에 밑줄을 넣어서 구분하고(instance_var), 클래스 이름의 경우에는 MixedCase와 같이 각 단어의 첫 글자를 대문자로 한다. 또한 메서드 이름은 ?, !, = 기호로 끝날 수 있다.

2.3 배열과 해시

루비의 배열과 해시는 색인된 컬렉션(indexed collection)이다. 둘 다 키(key)를 이용해서 접근할 수 있는 객체 모음이다. 하지만 해시에서는 키값으로 어떠한

---

[2] 소스 파일에 아스키(ASCII) 문자가 아닌 문자(예를 들어 UTF-8로 인코딩된)가 있는 경우, 모든 아스키 문자가 아닌 문자들은 소문자로 인식된다.

[3] 가능한 모든 것을 다루기 위해 여기서는 전역 변수와 클래스 변수를 언급했지만, 이것들은 실제 루비 프로그램에서는 거의 사용되지 않는다. 전역 변수가 프로그램을 관리하기 힘들게 만든다는 수많은 증거가 있다. 클래스 변수는 전역 변수만큼 위험한 것은 아니지만, 그저 사람들이 많이 사용하지 않을 뿐이다.

객체를 사용해도 무방하지만, 배열은 정수만 사용할 수 있다는 차이점이 있다. 배열과 해시 모두 새로운 요소를 담기 위해 공간이 더 필요하면 필요한 만큼 스스로 확장한다. 일반적으로 배열에 접근하는 것이 더 효율적이지만, 해시는 배열보다 좀 더 유연하다는 장점이 있다. 둘 다 어떤 타입의 객체라도 함께 저장할 수 있다. 곧 예제로 살펴보겠지만 정수, 문자열, 부동소수점으로 표현된 실수를 모두 구성 요소로 갖는 배열을 생성하는 것도 가능하다.

대괄호 사이에 객체들을 나열하는 방식(배열 리터럴)을 이용해서 새로운 배열을 생성하고, 초기화할 수 있다. 다음 예제에서 볼 수 있듯이 특정 배열이 포함하는 각 객체에 접근하기 위해서는 대괄호 사이에 인덱스를 적어준다. 루비 배열의 인덱스는 0에서 시작함을 기억하자.

```ruby
a = [ 1, 'cat', 3.14 ] # 세 개의 요소를 가지는 배열을 만든다.
puts "The first element is #{a[0]}"
# 세 번째 요소 초기화하기
a[2] = nil
puts "The array is now #{a.inspect}"
```

실행 결과:

```
The first element is 1
The array is now [1, "cat", nil]
```

예제에서는 nil이라는 특별한 값을 사용하고 있음에 주목하자. 많은 언어에서 nil(또는 null)은 아무 객체도 아님을 의미한다. 하지만 루비에서는 다르다. nil은 '아무것도 아님'을 표현하는 하나의 객체일 뿐이다. 어쨌건 다시 배열과 해시 이야기로 돌아가자.

단어의 배열을 만들 때, 모든 단어를 따옴표로 묶고 사이사이에 쉼표를 넣는 것은 고역일 수도 있다. 다행히도 루비에서는 단축 문법인 %w를 사용해 이런 반복 작업을 피할 수 있다.

```ruby
a = [ 'ant', 'bee', 'cat', 'dog', 'elk' ]
a[0]      # => "ant"
a[3]      # => "dog"
# 다음과 같다.
a = %w{ ant bee cat dog elk }
a[0]      # => "ant"
a[3]      # => "dog"
```

루비 해시도 배열과 비슷하다. 해시 리터럴은 대괄호 대신 중괄호를 사용한다. 단 해시에서는 중괄호 안의 구성 요소 하나당 두 개의 객체를 포함해야 하는데, 하나는 키이고 다른 하나는 값이다. 키와 값은 일반적으로 =>를 통해 구분된다.

예를 들어 악기와 해당하는 오케스트라 섹션을 연결하는 데이터 구조를 만들고 싶다고 하자.

```
inst_section = {
  'cello'    => 'string',
  'clarinet' => 'woodwind',
  'drum'     => 'percussion',
  'oboe'     => 'woodwind',
  'trumpet'  => 'brass',
  'violin'   => 'string'
}
```

=> 왼쪽에 있는 것이 키이고, 오른쪽에 있는 것이 키가 가리키는 값이다. 특정 해시 안에서 키는 유일한 값이어야만 한다. 즉, 'drum'에 관련된 두 개의 값을 가질 수는 없다. 해시에서 키와 값에는 어떠한 객체가 와도 상관없다. 물론 값이 배열이거나 심지어는 키가 해시인 해시를 만드는 것도 가능하다.

해시에 담긴 객체를 얻기 위해서는 배열과 마찬가지로 대괄호를 사용한다. 다음 예제에서 보듯이 p 메서드는 객체의 값을 화면에 출력한다. 이는 puts와 비슷하게 작동하지만 nil과 같은 객체도 명시적으로 출력한다.

```
p inst_section['oboe']
p inst_section['cello']
p inst_section['bassoon']
```

실행 결과:

```
"woodwind"
"string"
nil
```

앞선 예제에서 보듯 해시는 주어진 키에 해당하는 객체가 없을 때는 기본적으로 nil을 반환한다. 이런 특성은 조건문에서 꽤 유용한데, nil이 거짓을 의미하기 때문이다. 하지만 때로는 기본값을 바꾸고 싶을 수도 있다. 예를 들어 파일에서 각 단어들이 몇 번 나타나는지 기록하는 해시를 만든다고 하면, nil보다는 0을 기본값으로 사용하는 것이 유용하다. 해시의 기본값을 0으로 설정할 수 있다면, 특정한 단어가 등장했을 때 이 단어에 대한 키가 있는지 없는지 확인하지 않아도, 단지 단어(키)에 대한 값을 1씩 올려주기만 하면 된다. 이를 위해서는 해시 객체를 생성할 때 기본값을 넘겨주기만 하면 된다(단어를 세는 프로그램 예제는 61쪽에서 다시 다룬다).

```
histogram = Hash.new(0)     # 기본값은 0이다
histogram['ruby'] # => 0
histogram['ruby'] = histogram['ruby'] + 1
histogram['ruby'] # => 1
```

배열 객체와 해시 객체에는 많은 유용한 메서드들이 정의되어 있다(55쪽). 자세한 내용은 배열(521쪽)과 해시(622쪽)의 레퍼런스 문서에서 다룬다.

2.4 심벌

프로그래밍을 하다 보면 어떤 중요한 것에 대한 이름을 지어야만 할 때가 있다. 예를 들어 나침반의 4방향을 나타내는 이름에 대해 다음과 같이 상수를 정의할 수 있다.

```
NORTH = 1
EAST  = 2
SOUTH = 3
WEST  = 4
```

이를 통해 다음과 같이 특정한 값 대신에 미리 정의한 상수를 사용할 수 있다.

```
walk(NORTH)
look(EAST)
```

대부분의 경우 이렇게 상수에 특정한 값을 대입하는 방법은 (값이 유일하기만 하다면) 특별히 문제가 되지 않는다. 네 개의 방향만 구분된다면 그걸로 충분하다.

루비에는 이에 대한 좀 더 깔끔한 대안이 있다. 심벌은 미리 정의할 필요가 없는 동시에 유일한 값이 보장되는 상수 이름이다. 심벌 리터럴은 콜론(:)으로 시작하며 그다음에 이름이 온다.

```
walk(:north)
look(:east)
```

심벌에는 값을 직접 부여하지 않아도 된다. 루비가 직접 고유한 값을 부여한다. 또한 프로그램의 어디에서 사용하더라도 특정한 이름의 심벌은 항상 같은 값을 가진다. 따라서 다음과 같은 코드를 작성할 수도 있다.

```
def walk(direction)
  if direction == :north
    # ...
  end
end
```

심벌은 해시의 키로 자주 사용된다. 앞선 예제는 다음과 같이 다시 작성할 수 있다.

```
inst_section = {
  :cello   => 'string',
  :clarinet => 'woodwind',
  :drum    => 'percussion',
  :oboe    => 'woodwind',
  :trumpet => 'brass',
  :violin  => 'string'
}
inst_section[:oboe]  # => "woodwind"
inst_section[:cello]  # => "string"
# 문자열과 심벌이 다르다는 점에 주의하라.
inst_section['cello'] # => nil
```

루비에서는 해시의 키로 심벌을 사용하는 경우가 많으므로 이를 위한 축약 표현이 준비되어 있다. 키가 심벌인 경우에는 name: value와 같이 줄여 쓸 수 있다.

```ruby
inst_section = {
  cello: 'string',
  clarinet: 'woodwind',
  drum: 'percussion',
  oboe: 'woodwind',
  trumpet: 'brass',
  violin: 'string'
}
puts "An oboe is a #{inst_section[:oboe]} instrument"
```

실행 결과:

```
An oboe is a woodwind instrument
```

2.5 제어 구조

루비는 if 문과 while 반복문 같은 보편적인 제어문을 모두 지원한다. 자바, C, 펄에 익숙한 개발자는 제어문에 중괄호가 없다는 사실에 어색함을 느낄지도 모르겠다. 대신 루비에서는 제어문의 마지막을 나타내기 위해 end 키워드를 사용한다.

```ruby
today = Time.now

if today.saturday?
  puts "Do chores around the house"
elsif today.sunday?
  puts "Relax"
else
  puts "Go to work"
end
```

실행 결과:

```
Go to work
```

마찬가지로 while 문도 end로 끝이 난다.

```ruby
num_pallets = 0
weight      = 0
while weight < 100 and num_pallets <= 5
  pallet  = next_pallet()
  weight += pallet.weight
  num_pallets += 1
end
```

루비에서 대부분의 구문이 값을 반환하므로, 제어문의 조건절에 이런 구문을 직접 써 줘도 된다. 예를 들어 gets 메서드는 표준 입력 스트림의 다음 줄을 반환하는데, 파일의 끝에 도달한 경우 특별히 nil을 반환한다. 루비는 조건문에서 nil을 거짓값으로 간주하기 때문에, 다음 코드가 파일의 모든 줄을 처리할 수 있다.

```
while line = gets
  puts line.downcase
end
```

예제에서 첫 줄의 대입문은 line 변수에 다음 줄의 텍스트나 nil을 넣는다. 그다음 while 문이 대입문의 결괏값을 검사하여, 이 값이 nil이 되면 루프를 끝낸다.

if나 while 문 안의 내용이 코드 한 줄이라면, 이를 짧게 줄여 쓸 수 있는 유용한 방법이 있다. 바로 구문 변경자(statement modifier)다. 실행될 코드를 쓰고, 그 뒤에 if나 while과 조건문을 써주면 된다. 예를 들어 다음 간단한 if 문을 살펴보자.

```
if radiation > 3000
  puts "Danger, Will Robinson"
end
```

앞선 예제를 한 줄로 줄여 쓰면 다음과 같다.

```
puts "Danger, Will Robinson" if radiation > 3000
```

while 문에도 사용할 수 있다.

```
square = 4
while square < 1000
  square = square*square
end
```

여기에 구문 변경자를 사용하면 다음과 같이 작성할 수 있다.

```
square = 4
square = square*square while square < 1000
```

구문 변경자는 아마도 펄 프로그래머에게는 친숙한 개념일 것이다.

2.6 정규 표현식

루비의 내장 타입은 대부분 개발자에게 익숙할 것이다. 대다수 언어들이 문자열, 정수, 실수, 배열 등을 지원하기 때문이다. 하지만 정규 표현식 지원은 주로 루비, 펄, awk 같은 스크립트 언어에서만 기본으로 제공된다. 부끄러운 일이다. 정규 표현식이 난해해 보이기는 하지만, 문자열을 다루는 데는 매우 강력한 도구이기 때문이다. 무엇보다 외부 라이브러리를 통해 지원하는 것과 내장형으로 직접 지원하는 것은 큰 차이가 있다.

정규 표현식만을 설명하는 책(예를 들면 『Mastering Regular Expression』 [Fri97])이 있을 정도니, 이 짧은 글에서 모든 내용을 설명하려고 시도하지는 않을 것이다. 그 대신 여기에서는 실제 동작하는 정규 표현식 예제를 몇 가지 살펴보자. 정규 표현식에 대해서는 7장에서 좀 더 자세히 설명한다.

정규 표현식은 간단히 말해 문자열에 매치(match)되는 패턴을 기술하는 방법이다. 루비에서는 슬래시 사이에 패턴을 적으면 정규 표현식을 의미한다(/pattern/). 루비이기 때문에 정규 표현식 또한 객체이고, 사용법도 다른 객체와 별반 다르지 않다.

예를 들어 Perl이나 Python을 포함하는 문자열을 찾는 패턴을 만들기 위해서는 다음과 같은 정규 표현식을 사용한다.

```
/Perl|Python/
```

슬래시 문자로 패턴임을 표시했고, 찾고자 하는 두 개의 문자열을 파이프(|)를 이용하여 나열했다. 파이프는 '오른쪽의 값이거나 왼쪽의 값'이라는 의미로 위의 경우에는 Perl이나 Python 중 하나가 된다. 그리고 산수 계산에서처럼 패턴을 괄호로 묶어줄 수도 있다. 다음 예제를 보자.

```
/P(erl|ython)/
```

패턴에서는 문자 반복을 표현할 수도 있다. /ab+c/는 a가 하나 오고, 그 뒤에 1개 이상의 b가 오고, 이어서 c가 오는 문자열을 나타낸다. 이 패턴에서 더하기를 별표로 바꾼 /ab*c/는 a가 하나 오고, b가 없거나 여러 개, 이어서 c 하나가 오는 문자열을 나타낸다.

문자 그룹 중 하나와 매치하는 것도 가능하다. 가장 많이 쓰이는 것으로 \s는 공백 문자(space, tab, newline 등)를 나타내고, \d는 숫자, \w는 일반적인 단어에서 쓰이는 문자를 나타낸다. 그리고 마침표(.)는 아무 글자나 한 글자를 의미한다. 이러한 문자 클래스들은 표 2(125쪽)에서 다룬다.

앞의 내용을 모두 응용해서 유용한 정규 표현식을 몇 가지 만들어 보자.

```
/\d\d:\d\d:\d\d/        # 12:34:56 형태의 시간
/Perl.*Python/          # Perl, 0개 이상의 문자들, 그리고 Python
/Perl Python/           # Perl, 공백, Python
/Perl *Python/          # Perl, 0개 이상의 공백, 그리고 Python
/Perl +Python/          # Perl, 1개 이상의 공백, 그리고 Python
/Perl\s+Python/         # Perl, 1개 이상의 공백 문자, 그리고 Python
/Ruby (Perl|Python)/    # Ruby, 공백, 그리고 Perl이나 Python
```

이렇게 유용한 패턴을 만들었는데, 사용하지 않을 이유가 있을까? 매치 연산자 =~는 특정 문자열이 정규 표현식과 매치되는지 검사하는 데 사용한다. 이 연산자는 문자열에서 패턴이 발견되면 발견된 첫 위치를 반환하고, 그렇지 않으면 nil을 반환한다. 이 말은 정규 표현식도 if 문이나 while 문 등에서 조건식으로 사

용할 수 있다는 의미다. 예를 들어 다음 예제는 문자열이 Perl이나 Python을 포함하고 있으면 메시지를 출력한다.

```
line = gets
if line =~ /Perl|Python/
  puts "Scripting language mentioned: #{line}"
end
```

루비의 치환 메서드를 이용하면 정규 표현식으로 찾아낸 문자열의 일부를 다른 문자열로 바꿀 수 있다.

```
line = gets
newline = line.sub(/Perl/, 'Ruby')       # 처음 나오는 'Perl'을 'Ruby'로 바꾼다.
newerline = newline.gsub(/Python/, 'Ruby') # 모든 'Python'을 'Ruby'로 바꾼다.
```

문자열에서 Perl과 Python을 모두 Ruby로 바꾸려면 다음과 같이 쓰면 된다.

```
line = gets
newline = line.gsub(/Perl|Python/, 'Ruby')
```

앞으로 책 전반에 걸쳐 정규 표현식에 대해 더 많이 다루게 될 것이다.

2.7 블록과 반복자

이번 절에서는 루비만의 강력한 기능 중 한 가지를 간략하게 설명할 것이다. 바로 코드 블록(code block)이다. 코드 블록은 마치 매개 변수처럼 메서드 호출과 결합할 수 있는 코드다. 이것은 루비가 가진 놀랄 만큼 강력한 기능이다. 리뷰어 중 한 명은 이 기능에 대해 "이것은 매우 흥미롭고 중요한 기능입니다. 지금까지 여기에 관심이 없었다면 지금 당장 시작해야 합니다"라고 말하기도 했다. 우리는 이 말에 동의한다.

코드 블록을 이용해 콜백을 구현할 수도 있고(자바의 익명 이너 클래스(anonymous inner class)보다 간단하다) 코드의 일부를 함수에 넘길 수 있고(C의 함수 포인터보다 유연하다), 반복자를 구현할 수도 있다.

코드 블록은 중괄호나 do와 end로 묶인 코드다. 다음은 코드 블록의 예제다.

```
{ puts "Hello" }
```

다음 역시 코드 블록이다.

```
do
  club.enroll(person)
  person.socialize
end
```

왜 두 가지 방법이 모두 필요할까? 그 이유는 상황에 따라 더 자연스럽게 어울리는 방식이 있기 때문이다. 그리고 연산자 우선순위가 서로 다르다. 중괄호는 do/end 쌍보다 연산자 우선순위가 높다. 이 책에서는 되도록 루비의 표준 코드 양식을 따르려고 노력하는데, 이에 따라 한 줄의 코드 블록은 중괄호로, 여러 줄의 블록은 do/end를 사용한다.

블록을 만들었으니 이제 메서드 호출과 결합해 보자. 메서드를 호출하는 소스 코드의 맨 뒷부분에 코드 블록을 적어주기만 하면 된다.

예를 들어 다음 코드는 puts "Hi"를 실행하는 블록을 greet 메서드 호출과 결합하고 있다.

```
greet { puts "Hi" }
```

메서드에 매개 변수가 있다면, 블록보다 앞에 써 준다.

```
verbose_greet("Dave", "loyal customer") { puts "Hi" }
```

메서드에서는 루비의 yield 문을 이용해서 결합된 코드 블록을 여러 차례 실행할 수 있다. yield 문은 yield를 포함하는 메서드에 연관된 블록을 호출하는 메서드 호출로 생각해도 무방하다.

다음 예제를 보면 이해가 빠를 것이다. 예제에서는 yield를 두 번 호출하는 메서드를 정의하고 있다. 다음으로 이 메서드를 호출하고, 그리고 같은 줄에 블록을 넘겨준다(메서드에 매개 변수가 있다면 그다음에).[4]

```
def call_block
  puts "Start of method"
  yield
  yield
  puts "End of method"
end

call_block { puts "In the block" }
```

실행 결과:
```
Start of method
In the block
In the block
End of method
```

블록 안에 있는 코드(puts "In the block")는 yield가 불릴 때마다 한 번씩 실행되어 총 두 번 실행된다.

---

4 사람에 따라서는 메서드와 블록을 결합시키는 것을 그저 인자를 넘겨주는 한 가지 방식으로 생각하기도 한다. 이는 틀린 말은 아니지만, 블록의 모든 것을 의미하지도 않는다. 블록을 메서드에 결합시키는 것은 단순히 인자를 넘겨주는 것보다, 블록과 메서드 사이에서 제어권을 주고받는 코루틴이라고 보는 편이 좀 더 나을 것이다.

yield 문에 인자를 적으면 코드 블록에 이 값이 매개 변수로 전달된다. 블록 안에서 이러한 매개 변수를 넘겨받기 위해 |params|와 같이 세로 막대 사이에 매개 변수 이름들을 정의한다. 다음 예제에서는 메서드가 넘겨받은 블록을 2회 호출하고, 이때 블록에 인자를 넘겨준다.

```ruby
def who_says_what
  yield("Dave", "hello")
  yield("Andy", "goodbye")
end

who_says_what {|person, phrase| puts "#{person} says #{phrase}"}
```

실행 결과:

```
Dave says hello
Andy says goodbye
```

루비 라이브러리에서는 코드 블록을 반복자(iterator) 구현에 사용하기도 한다. 반복자란 배열 등의 집합에서 구성 요소를 하나씩 반환해 주는 함수를 의미한다.

```ruby
animals = %w( ant bee cat dog )        # 배열을 하나 만든다.
animals.each {|animal| puts animal } # 배열의 내용을 반복한다.
```

실행 결과:

```
ant
bee
cat
dog
```

C나 자바에서 기본으로 지원하는 반복(제어)문은 루비에서는 단순히 메서드 호출일 뿐이다. 이 메서드는 결합된 블록을 여러 차례 반복 수행한다.

```ruby
[ 'cat', 'dog', 'horse' ].each {|name| print name, " " }
5.times { print "*" }
3.upto(6) {|i| print i }
('a'..'e').each {|char| print char }
puts
```

실행 결과:

```
cat dog horse *****3456abcde
```

첫 번째 예제에서는 배열에 대해 각 요소를 블록에 넘겨준다. 두 번째 예제에서는 숫자 객체 5에 대해 블록을 다섯 번 호출한다. 세 번째 예제에서는 for 반복문을 사용하지 않고 숫자 3 객체가 6이 될 때까지 증가하면서 코드 블록을 수행하라고 메시지를 보낸다. 마지막으로 a에서 e까지의 범위(range) 각각에 대해 블록을 실행한다.

2.8 읽기와 쓰기

루비는 포괄적인 I/O 라이브러리를 제공한다. 하지만 이 책에 나오는 예제들에서는 일부 간단한 메서드만을 사용한다. 우리는 벌써 화면에 출력을 하는 두 가지 메서드를 알고 있다. puts는 줄 바꿈 문자를 문자열의 끝 부분에 더해서 출력을 해 주고, print는 줄 바꿈 문자 없이 문자열만을 출력해 준다. 둘 다 어떤 I/O 객체에든 쓸 수 있도록 되어 있지만, 기본적으로는 표준 출력에 출력한다.

printf는 자주 접할 또 다른 출력 함수다. printf는 매개 변수를 특정 형식 문자열에 따라서 제어하여 출력해 준다(C나 펄의 printf와 같다).

```
printf("Number: %5.2f,\nString: %s\n", 1.23, "hello")
```

실행 결과:

```
Number:  1.23,
String: hello
```

앞선 예제에서 printf에 사용한 형식 문자열 "Number: %5.2f,\nString: %s\n"은 부동소수점(전체적으로 다섯 글자로 맞추고, 소수점 아래 두 자리만 표시한다)과 문자열로 치환된다. 형식 문자열에 포함된 줄 바꿈 문자(\n)는 출력할 위치를 다음 줄로 이동시킨다.

프로그램이 입력을 받는 방법은 여러 가지가 있겠지만, 그중 가장 고전적인 것은 gets 메서드를 사용하는 방법이다. gets 메서드는 프로그램의 표준 입력 스트림에서 다음 줄을 반환한다.

```
line = gets
print line
```

gets는 입력이 종료되면 nil을 반환하기 때문에 반복 조건으로 직접 사용할 수도 있다. 다음 예제에서 while의 종료 조건이 대입문이라는 점에 주목하자. 즉 gets의 값이 변수 line에 저장되고, 그 값이 nil이나 false이면 반복문은 종료된다.

```
while line = gets
  print line
end
```

2.9 명령행 인자

루비 프로그램을 명령행에서 실행할 때 인자를 넘겨줄 수 있다. 이렇게 넘겨받은 인자에 접근하는 방법은 두 가지가 있다.

첫 번째는 ARGV 배열을 사용하는 방법이다. ARGV 배열에는 프로그램에 넘겨진 각 인자가 저장된다. cmd_line.rb라는 파일을 만들고 다음과 같이 작성한다.

```
puts "You gave #{ARGV.size} arguments"
p ARGV
```

인자를 지정해 이 프로그램을 실행하면 프로그램에 넘겨진 인자가 출력된다.

```
$ ruby cmd_line.rb ant bee cat dog
You gave 4 arguments
["ant", "bee", "cat", "dog"]
```

대부분의 경우 프로그램에 넘겨지는 인자는 처리하고자 하는 파일들의 이름이 된다. 그럴 때는 명령행 인자를 참조하는 두 번째 방법인 ARGF를 사용할 수 있다. ARGF는 명령행에서 넘겨진 이름을 가진 모든 파일의 내용을 가지고 있는 특수한 I/O 객체다(단, 파일 이름을 넘기지 않았다면, 표준 입력을 사용한다). ARGF에 대해서는 261쪽에서 더 자세히 다룬다.

2.10 루비 시작하기

이게 바로 루비다. 여기까지 매우 빠르고 간략하게 루비의 기본적인 기능들을 살펴보았다. 간단하게나마 객체, 메서드, 문자열, 컨테이너, 정규 표현식, 일부 제어문, 그리고 아주 매력적인 반복자에 대해 알아보았다. 이번 장의 내용이 이 책의 나머지 부분을 공략할 수 있는 무기가 되길 바란다.

이제는 더 높은 수준의 윗 단계로 넘어갈 시간이다. 다음 장에서는 클래스와 객체에 대해 살펴본다. 둘 다 루비에서 최고 수준의 구문인 동시에 루비 언어 전체에 있어서 버팀목이 되는 개념이다.

3장

클래스, 객체, 변수

지금까지 살펴본 예제들만 가지고는, 우리가 처음부터 단언했던 '루비는 객체 지향 언어'라는 사실에 확신이 서지 않을 것이다. 이번 장은 그 주장에 대한 설명이다. 이제부터 루비에서 어떻게 클래스를 만들고 객체를 만드는지, 그리고 다른 객체 지향 언어들보다 루비가 뛰어난 점이 무엇인지 살펴본다.

이미 살펴보았듯이 루비에서 다루는 모든 것은 객체다. 루비의 객체는 클래스에서 직간접적으로 생성할 수 있다. 이번 장에서는 이러한 객체를 생성하는 클래스를 만들고 다루는 법을 자세히 살펴본다.

이를 이해하기 위해 간단한 문제를 생각해 보자. 당신은 헌책방을 운영하고 있고, 매주 재고를 정리한다. 직원들은 휴대용 바코드 스캐너를 들고 다니며 책장에 꽂혀 있는 모든 책을 기록한다. 각각의 바코드 스캐너는 책 내용을 쉼표로 구분된 CSV 형식으로 한 권의 책을 한 줄에 저장한다. 한 줄, 즉 한 권의 책에 대한 기록에는 ISBN과 가격이 포함되어 있다. 따라서 파일은 다음과 같은 형식으로 저장되어 있을 것이다.

tut_classes/stock_stats/data.csv

```
"Date","ISBN","Price"
"2013-04-12","978-1-9343561-0-4",39.45
"2013-04-13","978-1-9343561-6-6",45.67
"2013-04-14","978-1-9343560-7-4",36.95
```

이 데이터로 분석하고자 하는 일은, CSV 파일을 읽어 들여 같은 종류의 책이 몇 권씩 있는지 파악하고 책 가격의 합계를 구하는 일이다.

객체 지향 시스템을 설계할 때 항상 제일 먼저 해야 하는 일은 다루고자 하는 대상들의 특징을 파악하는 것이다. 일반적으로 다루고자 하는 대상들이 속하는 형식(type)은 완성된 프로그램에서 클래스로 만들어진다. 그리고 각 대상은 이 클래스의 인스턴스가 된다.

이 문제를 푸는 데 있어 분명한 것은, 스캐너에서 읽어 들인 데이터를 나타내 줄 무언가가 필요하다는 것이다. 이 무언가의 각 인스턴스는 원본 데이터의 한 줄에 담긴 데이터를 가지고 있으며, 이 인스턴스들 전체를 모으면 스캔해서 수집한 데이터 전체가 된다.

이 클래스를 BookInStock이라고 이름 짓자(루비에선 클래스 이름은 대문자로 시작해야 하며, 메서드 이름은 소문자로 시작해야 한다).

```
class BookInStock
end
```

앞선 장에서 설명했듯이 클래스의 인스턴스를 생성할 때는 new 메서드를 사용한다.

```
a_book = BookInStock.new
another_book = BookInStock.new
```

앞의 코드를 실행하면 BookInStock 클래스를 기반으로 하는 두 개의 서로 다른 객체가 생성된다. 하지만 아직까지 두 객체가 저장된 변수 이름이 다르다는 것 외에 두 객체를 구분할 수 있는 차이는 없다. 더 심각한 것은 이 객체들에는 분석하고자 하는 어떠한 데이터도 저장되어 있지 않다는 점이다.

이러한 문제를 해결하는 가장 좋은 방법은 생성자 메서드를 정의하는 일이다. 이를 통해 객체가 생성되는 시점에 생성하고자 하는 객체에 특정한 상태를 저장할 수 있다. 이러한 상태는 객체의 인스턴스 변수로 저장된다(인스턴스 변수는 @로 시작한다는 점을 잊지 말자). 루비에서 각 객체는 자신만의 인스턴스 변수들을 가지고 있으며 이를 통해 객체 고유의 상태를 저장한다.

앞서 정의한 BookInStock 클래스를 개선해 보자.

```
class BookInStock
  def initialize(isbn, price)
    @isbn  = isbn
    @price = Float(price)
  end
end
```

루비에서 initialize 메서드는 생성자를 의미하는 특별한 메서드다. 새로운 객체를 만들기 위해 BookInStock.new를 호출하면 루비는 초기화되지 않은 객체를 메모리에 할당하고 new의 매개 변수를 이용해 그 객체의 initialize 메서드를 호출한다. 객체의 상태를 초기화하기에 가장 적당한 곳이다.

BookInStock 클래스의 initialize 메서드에는 두 개의 매개 변수가 필요하다. 이 매개 변수들은 메서드 안에서 지역 변수로 사용된다. 따라서 매개 변수는 지역 변수 명명 규칙을 따른다. 주의해야 할 점이 하나 있다. 매개 변수는 지역 변수와 같은 스코프를 가지므로 initialize 메서드가 끝나면 함께 사라져 버린다. 따라서 필요한 정보를 인스턴스 변수에 저장해야 한다. 이러한 방식이 initialize를 사용한 일반적인 초기화 방법이다. initialize 메서드가 끝나는 시점에 객체는 사용 가능한 상태여야 한다.

루비를 처음 사용하는 사람이라면 initialize가 혼란스러울지도 모른다. 앞선 예제에는 @isbn = isbn이라는 대입문이 있다. @isbn과 isbn은 분명 관련이 있어 보인다. 심지어 이름도 거의 같다. 하지만 실제로는 아무런 연관도 없다. 전자는 인스턴스 변수로 @이 이름의 일부다.

마지막으로 앞선 예제에는 간단한 검증 코드가 포함되어 있다. Float 메서드는 인자를 받아 이 값을 부동소수점[1]으로 변환한다. 이때 형 변환에 실패하면 예외를 발생시키며 프로그램을 종료한다(이러한 예외 처리 방법에 대해서는 뒤에서 다룬다). 여기서는 price를 매개 변수로 넘겨주며, price가 부동소수점으로 변환 가능한 객체라면 무엇이든 사용할 수 있다. price는 부동소수점(float)이나 정수(integer)가 될 수 있고, 부동소수점을 나타내는 문자열도 정상적으로 처리된다. 이제 이 클래스를 실제로 사용해 보자. 이어지는 예제에서는 서로 다른 상태로 초기화된 객체 세 개를 만든다. p 메서드는 객체의 내부 상태를 출력한다. 이를 사용해 각 매개 변수를 넘겼을 때 내부적으로 변경된 객체의 상태가 인스턴스 변수에 어떻게 저장되어 있는지 알 수 있다.

```ruby
class BookInStock
  def initialize(isbn, price)
    @isbn = isbn
    @price = Float(price)
  end
end

b1 = BookInStock.new("isbn1", 3)
p b1

b2 = BookInStock.new("isbn2", 3.14)
p b2

b3 = BookInStock.new("isbn3", "5.67")
p b3
```

---

[1] 맞다. 우리도 알고 있다. 정확성을 보장하지 않는 오래된 방식의 부동소수점에 가치를 부여할 수는 없다. 루비에는 고정 소수점의 정확성을 보장하는 클래스가 준비되어 있지만, 여기서는 산술 연산이 아니라 클래스에 대한 이야기를 하고자 한다.

실행 결과:

```
#<BookInStock:0x007fbd41900208 @isbn="isbn1", @price=3.0>
#<BookInStock:0x007fbd42863ec0 @isbn="isbn2", @price=3.14>
#<BookInStock:0x007fbd42863d58 @isbn="isbn3", @price=5.67>
```

왜 객체의 상태를 확인하는 데 p가 puts보다 좋을까? 그렇다면 이번엔 puts를 사용해서 객체를 출력해 보자.

```ruby
class BookInStock
  def initialize(isbn, price)
    @isbn = isbn
    @price = Float(price)
  end
end

b1 = BookInStock.new("isbn1", 3)
puts b1

b2 = BookInStock.new("isbn2", 3.14)
puts b2

b3 = BookInStock.new("isbn3", "5.67")
puts b3
```

실행 결과:

```
#<BookInStock:0x007f8b31900150>
#<BookInStock:0x007f8b3285ff10>
#<BookInStock:0x007f8b3285fe20>
```

puts는 단순히 프로그램의 표준 출력에 문자열을 출력할 뿐이다. puts에 어떤 클래스에서 생성된 객체를 인자로 넘겨주면, puts는 이를 어떻게 다뤄야 할지 모르므로 가장 간단한 방법으로 처리한다. 객체의 이름을 출력하고 콜론(:) 다음에 16진수로 된 고유 번호를 출력한다. 이 정보는 #〈...〉 사이에 출력된다.

내 경험을 비추어 볼 때 개발 과정에서 BookInStock을 몇 번이고 출력해 내부를 확인해 보게 될 것이다. 이때 puts를 통해 볼 수 있는 정보는 너무 부족하다. 다행히도 루비는 객체를 문자열로 나타내는 표준 메시지인 to_s가 준비되어 있다. puts에 BookInStock 객체가 넘겨지면 puts는 내부적으로 넘겨받은 객체에서 to_s를 호출하고 이 결과를 출력한다. 그럼 이제 더 나은 출력 결과를 보기 위해 to_s 메서드를 재정의하자.

```ruby
class BookInStock
  def initialize(isbn, price)
    @isbn = isbn
    @price = Float(price)
  end
  def to_s
    "ISBN: #{@isbn}, price: #{@price}"
  end
end
```

```
b1 = BookInStock.new("isbn1", 3)
puts b1
b2 = BookInStock.new("isbn2", 3.14)
puts b2
b3 = BookInStock.new("isbn3", "5.67")
puts b3
```

실행 결과:

```
ISBN: isbn1, price: 3.0
ISBN: isbn2, price: 3.14
ISBN: isbn3, price: 5.67
```

여기서 매우 사소하면서도 중요한 사실을 하나 짚고 넘어가자. 객체를 초기화하면서 정의한 @isbn과 @price 인스턴스 변수들은 to_s 메서드에서 참조할 수 있을까? 앞선 예제는 인스턴스 변수가 어떻게 작동하는지 보여준다. 이러한 변수들은 각 객체에 저장되며 이 객체에 정의되는 모든 인스턴스 메서드에서 참조 가능하다.

3.1 객체와 속성

지금까지 만든 BookInStock 객체는 ISBN, 가격을 포함한 객체 내부적인 상태를 가지고 있다. 이러한 객체의 내부 상태는 각 객체 내부에 저장된 정보로 다른 객체에서는 이 정보에 접근할 수 없다. 일반적으로 이는 좋은 아이디어다. 이는 객체의 일관성을 지키기 위한 책임이 하나의 객체에 전적으로 맡겨진다는 것을 의미한다.

하지만 객체의 정보가 완전히 감추어진다면 아무짝에도 쓸모없을 것이다. 객체를 만들었는데, 전혀 사용할 수가 없을 테니까 말이다. 따라서 일반적으로 객체 외부에서 객체 상태에 접근하거나 조작하는 메서드를 별도로 정의해서 외부에서도 객체 상태에 접근 가능하도록 만들어 준다. 이렇듯 객체의 내부가 외부에 노출되는 부분을 객체의 속성(attribute)이라고 부른다.

BookInStock 객체에 대해 외부에서 찾을 수 있어야 하는 내용이 바로 ISBN과 가격이다(이러한 접근이 가능해야 책이 몇 권 있는지, 책들의 가격이 모두 얼마인지 계산할 수 있다). 이를 구현하는 방법 중 하나는 접근자 메서드를 직접 구현하는 것이다.

```
class BookInStock
  def initialize(isbn, price)
    @isbn  = isbn
    @price = Float(price)
  end
  def isbn
    @isbn
```

```
  end
  def price
    @price
  end
  # ..
end

book = BookInStock.new("isbn1", 12.34)
puts "ISBN  = #{book.isbn}"
puts "Price = #{book.price}"
```

실행 결과:
```
ISBN = isbn1
Price = 12.34
```

이 예제에서는 두 인스턴스 변수에 접근할 수 있도록 해주는 두 개의 접근자 메서드를 직접 구현했다. 예를 들어 isbn 메서드는 인스턴스 변수 @isbn에 저장된 정보를 반환한다(루비에서는 기본적으로 메서드 마지막에 평가된 표현식의 평가 결과를 반환하는데, 여기서 마지막 표현식은 단순히 인스턴스 변수의 값 자체이다).

접근자 메서드는 매우 자주 사용되므로, 루비는 이를 쉽게 정의해 주는 편의 메서드를 제공한다. attr_reader 메서드는 앞에서 작성한 것과 같은 접근자 메서드를 대신 생성해 줄 것이다.

```
class BookInStock

  attr_reader :isbn, :price

  def initialize(isbn, price)
    @isbn  = isbn
    @price = Float(price)
  end

  # ..
end

book = BookInStock.new("isbn1", 12.34)
puts "ISBN  = #{book.isbn}"
puts "Price = #{book.price}"
```

실행 결과:
```
ISBN  = isbn1
Price = 12.34
```

앞선 예제에서 이번 장에서 처음으로 사용된 심벌 표현을 볼 수 있다. '2.4 심벌'에서 설명한 대로 심벌은 단순히 이름을 참조할 때 사용할 수 있는 편리한 방법이다. :isbn은 isbn이라는 이름을 지칭하며, 콜론 없이 isbn을 사용하면 이는 이 변수의 값 자체를 의미한다. 이 예제에서 접근자 메서드 이름으로 isbn과 price를 사용하고 있다. 여기에 대응하는 인스턴스 변수는 각각 @isbn과 @price다.

이렇게 생성된 접근자 메서드는 바로 앞 예제에서 직접 작성했던 인스턴스 변수를 반환하는 메서드와 완전히 같다.

자바나 C#을 사용해 왔다면 attr_reader라는 표현이 언어 차원에서 인스턴스 변수를 쉽게 선언할 수 있도록 만들어진 선언문이라고 오해할지도 모른다. 하지만 진실은 그렇지 않다. 이는 접근자 메서드를 생성하지만 변수 자체는 선언할 필요가 없다. 변수는 이를 사용하고자 할 때 알아서 나타난다. 루비에서 인스턴스 변수와 접근자 메서드는 완전히 분리된 것이다. 이에 대해서는 '가상 속성'(42쪽)을 참고하기 바란다.

쓰기 가능한 속성

객체 밖에서 속성을 설정해야 할 때도 있다. 예를 들어 책에 대한 정보를 스캔한 다음, 이 책을 할인하고자 한다면 이러한 정보를 설정하는 방법이 필요하다.

C#이나 자바 같은 언어에서는 세터(setter) 함수를 사용할 것이다.

```
class JavaBookInStock {          // 자바 코드
  private double _price;
  public double getPrice() {
    return _price;
  }
  public void setPrice(double newPrice) {
    _price = newPrice;
  }
}
b = new JavaBookInStock(....);
b.setPrice(calculate_discount(b.getPrice()));
```

루비에서는 객체의 속성에도 다른 변수와 마찬가지로 접근 가능하다. 이는 앞선 예제의 book.isbn과 같은 표현에서 확인할 수 있다. 접근 가능한 속성에 값을 대입하는 것도 매우 자연스러운 일이다. 루비에서는 메서드 이름 뒤에 = 기호를 사용해 대입 기능을 구현할 수 있다. 이렇게 만들어진 메서드는 값을 대입하는 데 사용할 수 있다.

```
class BookInStock

  attr_reader :isbn, :price

  def initialize(isbn, price)
    @isbn = isbn
    @price = Float(price)
  end

  def price=(new_price)
    @price = new_price
  end
```

```
  # ...
end

book = BookInStock.new("isbn1", 33.80)
puts "ISBN     = #{book.isbn}"
puts "Price    = #{book.price}"
book.price = book.price * 0.75        # 할인 가격
puts "New price = #{book.price}"
```

실행 결과:

```
ISBN      = isbn1
Price     = 33.8
New price = 25.349999999999998
```

book.price = book.price * 0.75라는 대입문은 book 객체의 price= 메서드를 호출하고 인자로 할인된 가격을 넘겨준다. 이름이 =로 끝나는 메서드를 정의하면 = 앞의 메서드 이름을 대입문의 좌변에 사용할 수 있게 된다.

　루비는 이러한 대입 메서드를 만드는 간단한 표현을 제공한다. 값을 대입하는 메서드만 만들고 싶다면 attr_writer를 사용하면 된다. 하지만 이런 경우는 매우 드물다. 일반적으로는 인스턴스 변수의 값을 속성으로 읽는 것과 대입하는 것을 모두 필요로 한다. 루비는 이를 위한 메서드들을 한 번에 정의해주는 attr_accessor 메서드를 제공한다.

```
class BookInStock
  attr_reader   :isbn
  attr_accessor :price

  def initialize(isbn, price)
    @isbn  = isbn
    @price = Float(price)
  end
  # ...
end

book = BookInStock.new("isbn1", 33.80)
puts "ISBN     = #{book.isbn}"
puts "Price    = #{book.price}"
book.price = book.price * 0.75        # 할인 가격
puts "New price = #{book.price}"
```

실행 결과:

```
ISBN      = isbn1
Price     = 33.8
New price = 25.349999999999998
```

가상 속성

속성에 접근하는 메서드가 단지 객체의 인스턴스 변수를 읽거나 대입하는 간단한 메서드일 필요는 없다. 예를 들어 달러 단위의 부동소수점 표현이 아니라 센

트 단위까지 좀 더 정확한 가격을 표기하고 싶을 수 있다.[2]

```ruby
class BookInStock

  attr_reader   :isbn
  attr_accessor :price

  def initialize(isbn, price)
    @isbn  = isbn
    @price = Float(price)
  end

  def price_in_cents
    Integer(price*100 + 0.5)
  end
  # ...
end

book = BookInStock.new("isbn1", 33.80)
puts "Price = #{book.price}"
puts "Price in cents = #{book.price_in_cents}"
```

실행 결과:
```
Price         = 33.8
Price in cents = 3380
```

여기서 한 걸음 더 나아가 가상 속성에 대한 대입이 가능하도록 만들 수도 있다.
이는 가상 속성값을 인스턴스 변수에 매핑하는 방법으로 이루어진다.

```ruby
class BookInStock

  attr_reader   :isbn
  attr_accessor :price

  def initialize(isbn, price)
    @isbn  = isbn
    @price = Float(price)
  end

  def price_in_cents
    Integer(price*100 + 0.5)
  end

  def price_in_cents=(cents)
    @price = cents / 100.0
  end
  # ...
end

book = BookInStock.new("isbn1", 33.80)
puts "Price         = #{book.price}"
puts "Price in cents = #{book.price_in_cents}"
```

---

2 부동소수점으로 된 가격으로부터 센트를 유추해 내기 위해 100을 곱한 다음 0.5를 더하고 정수로 변환했다.
   왜 이렇게 했을까? 이는 부동소수점이 항상 정확한 값을 내부적으로 가지고 있다는 보장이 없기 때문이다.
   예를 들어 33.8에 100을 곱하면 3379.9999999999954525265가 된다. 이를 정수로 변환하면 3379가 된다.
   이러한 이유로 정수로 변환하기 전에 0.5를 더해주면 부동소수점이 반올림되어 좀 더 실제 값에 가까운 정수
   표현을 얻을 수 있게 된다. 바로 이 때문에 금융 계산을 할 때는 Float보다 BigDecimal이 선호된다.

```
book.price_in_cents = 1234
puts "Price           = #{book.price}"
puts "Price in cents = #{book.price_in_cents}"
```

실행 결과:

```
Price           = 33.8
Price in cents = 3380
Price           = 12.34
Price in cents = 1234
```

여기서는 속성 메서드를 사용해서 가상 인스턴스 변수를 생성한다. 객체의 밖에서 price_in_cents는 다른 속성들과 마찬가지로 그저 객체의 속성으로 보인다. 하지만 내부적으로 이 속성에 대응하는 인스턴스 변수는 존재하지 않는다.

이런 시도는 단순히 호기심 차원에서만 이루어지는 것은 아니다. 버트랜드 메이어(Bertrand Meyer)의 명저『Object-Oriented Software Construction』 [Mey97]에서 버트랜드 메이어는 이를 단일 접근 원칙(Uniform Access Principle)이라는 말로 표현한 바 있다. 이를 통해 인스턴스 변수와 계산된 값의 차이점을 숨겨서, 클래스 구현에서 나머지 세상을 보호할 수 있는 방법을 제공할 수 있다. 다시 말해 우리가 만든 클래스를 사용할 수백만 줄의 코드에 영향을 주지 않고 내부 구현을 바꿀 수 있게 된 것이다. 대단한 진보다.

속성, 인스턴스 변수, 메서드

지금까지의 설명을 읽고는 속성이 단지 메서드일 뿐이라는 생각을 하게 되었을지도 모른다. 그렇다면 굳이 속성이라고 따로 부를 필요가 있을까? 어떤 면에서 보자면 이는 정확한 지적이다. 속성은 단지 메서드일 뿐이다. 속성은 때때로 단순히 인스턴스 변수의 값을 반환한다. 속성은 때때로 계산 결과를 반환하기도 한다. 그리고 이름 끝에 등호를 달고 멋을 부린 메서드를 만들어 객체의 상태를 바꾸는 용도로 사용하기도 한다. 이제 우리의 질문은 어디까지가 속성이고 어디서부터가 일반 메서드인가 하는 것이다. 속성을 일반 메서드와 구분 짓는 차이점은 무엇일까? 사실 이는 지극히 쓸데없는 논쟁이다. 적당히 취향대로 골라잡으면 된다.

클래스를 설계할 때는 내부적으로 어떤 상태를 가지고, 이 상태를 외부(그 클래스의 사용자)에 어떤 모습으로 노출할지 결정해야 한다. 여기서 내부 상태는 인스턴스 변수에 저장한다. 외부에 보이는 상태는 속성(attribute)이라고 부르는 메서드를 통해야만 한다. 그 밖에 클래스가 할 수 있는 모든 행동은 일반 메서드를 통해야만 한다. 이런 구분법이 아주 중요한 것은 아니지만, 그래도 객체의 외부 상태를 속성이라고 부른다면 클래스를 사용하는 사람이 우리가 만든 클래스를 어떻게 봐야 하는지에 대한 힌트를 줄 수 있을 것이다.

3.2 다른 클래스와 함께 사용하기

앞으로 돌아가 보자. 처음에 해결하고자 했던 문제는 다수의 CSV 파일에서 데이터를 읽어 와 간단한 여러 가지 보고서를 생성하는 일이었다. 지금까지 하나의 책을 의미하는 BookInStock 클래스를 만들었다.

객체 지향 설계에서는 외부의 대상을 파악하고 이를 코드를 통해 클래스로 만든다. 하지만 설계상에서 클래스의 대상이 되는 또 다른 대상이 있다. 이는 외부가 아닌 내부 코드 자체에 대응하는 클래스다. 예를 들어 우리가 만들고자 하는 프로그램에서는 CSV 데이터를 읽어 들여 통계를 내고 요약해야 한다. 하지만 이는 매우 소극적인 표현이다. 어떻게 통계를 내고 요약할지에 따라서 이를 어떻게 설계할지가 결정되기 때문이다. 그리고 그 답은(이 문제에 한해서) CSV 리더(reader)에 있다. 먼저 다음과 같은 클래스를 정의하자.

```ruby
class CsvReader
  def initialize
    # ...
  end

  def read_in_csv_data(csv_file_name)
    # ...
  end

  def total_value_in_stock
    # ...
  end

  def number_of_each_isbn
    # ...
  end
end
```

이 클래스는 다음과 같이 호출할 수 있다.

```ruby
reader = CsvReader.new
reader.read_in_csv_data("file1.csv")
reader.read_in_csv_data("file2.csv")
     :              :
puts "Total value in stock = #{reader.total_value_in_stock}"
```

다수의 CSV 파일을 읽어 들이기 위해 reader 객체에 넘겨 읽어 들인 값들을 축적할 필요가 있다. 이를 위해 인스턴스 변수의 값을 배열로 저장하자. 각 책들의 데이터를 나타내기 위해서는 어떻게 해야 할까? 이는 앞서 정의한 BookInStock

클래스에서 이미 해결했다. 이제 CSV 파일을 어떻게 분석할지 하는 문제가 남았다. 다행히도 루비에는 훌륭한 CSV 라이브러리(849쪽)가 있다. 주어진 CSV 파일에 헤더 라인이 있다고 가정하고 나머지 라인을 반복적으로 읽어 들여 이름으로 값을 뽑아낸다.

tut_classes/stock_stats/csv_reader.rb

```
class CsvReader
  def initialize
    @books_in_stock = []
  end

  def read_in_csv_data(csv_file_name)
    CSV.foreach(csv_file_name, headers: true) do |row|
      @books_in_stock << BookInStock.new(row["ISBN"], row["Price"])
    end
  end
end
```

어떻게 진행되는지 혼란스러울지도 모르니 read_in_csv_data 메서드를 자세히 살펴보자. 먼저 첫 번째 라인에서는 CSV 라이브러리를 통해 주어진 파일을 연다. headers: true 옵션은 파일의 첫 번째 행을 각 열의 이름으로 분석할지 여부를 나타낸다.

CSV 라이브러리는 파일의 나머지 내용을 읽어오며 각각의 줄을 블록(do와 end 사이의 코드)에 넘겨준다.[3] 블록에서는 ISBN과 Price 칼럼의 데이터를 읽어 들여 BookInStock 객체를 생성한다. 이렇게 생성한 객체를 @books_in_stock 인스턴스 변수에 더한다. 이 변수는 어디에서 온 걸까? 이 배열은 initialize 메서드에서 생성한 배열이다.

여기서도 지향해야 할 패턴을 하나 알 수 있다. initialize 메서드는 객체의 환경을 초기화해서 이를 사용 가능한 상태로 만들어 두어야 한다. 다른 메서드들에서는 이 상태를 사용한다.

그렇다면 이제 이 코드 조각들을 통해 작동하는 프로그램을 만들어 보자. 여기서는 코드를 세 개의 파일로 만든다. 첫 번째 파일은 book_in_stock.rb다. 이 파일은 BookInStock 클래스의 정의를 포함한다. 두 번째는 csv_reader.rb다. 이 파일에는 CsvReader 클래스가 정의되어 있다. 그리고 메인 프로그램을 포함하는 stock_stats.rb다. book_in_stock.rb부터 살펴보자.

---

3   이 코드를 실행했을 때 "'Float': can't convert nil into Float (TypeError)" 에러가 발생한다면 csv 파일의 헤더 라인에 의미 없는 공백 문자가 들어가 있을 가능성이 있다. CSV 라이브러리는 굉장히 엄격하다는 사실을 기억하자.

tut_classes/stock_stats/book_in_stock.rb

```ruby
class BookInStock
  attr_reader :isbn, :price

  def initialize(isbn, price)
    @isbn  = isbn
    @price = Float(price)
  end
end
```

다음은 csv_reader.rb다. CsvReader 클래스는 두 개의 외부 라이브러리에 의존한다. 첫 번째는 CSV 라이브러리이고 두 번째는 BookInStock 클래스를 포함하는 book_in_stock.rb 파일이다. 루비는 외부 파일을 읽어 들이기 위한 헬퍼 메서드를 제공한다. 이 파일에선 require를 사용해서 루비의 CSV 라이브러리를 읽어 들이고, require_relative를 사용해서 book_in_stock.rb 파일을 읽어 들인다(여기서 require_relative을 사용하는 것은 로드하려는 파일의 위치가 로드하는 파일을 기준으로 상대 위치에 있기 때문이다. 여기서 두 파일은 모두 같은 위치에 있다).

tut_classes/stock_stats/csv_reader.rb

```ruby
require 'csv'
require_relative 'book_in_stock'

class CsvReader
  def initialize
    @books_in_stock = []
  end

  def read_in_csv_data(csv_file_name)
    CSV.foreach(csv_file_name, headers: true) do |row|
      @books_in_stock << BookInStock.new(row["ISBN"], row["Price"])
    end
  end

  def total_value_in_stock # 뒤에서 inject를 통해 어떻게 합계를 구하는지 살펴본다.
    sum = 0.0
    @books_in_stock.each {|book| sum += book.price}
    sum
  end

  def number_of_each_isbn
    # ...
  end
end
```

마지막으로 메인 프로그램 stock_stats.rb는 다음과 같다.

tut_classes/stock_stats/stock_stats.rb

```ruby
require_relative 'csv_reader'

reader = CsvReader.new

ARGV.each do |csv_file_name|
```

```
    STDERR.puts "Processing #{csv_file_name}"
    reader.read_in_csv_data(csv_file_name)
end

puts "Total value = #{reader.total_value_in_stock}"
```

이 파일에서도 require_relative를 사용해서 라이브러리를 읽어 들인다(여기서는 csv_reader.rb). ARGV 변수를 사용해 프로그램의 명령행 인자들을 가져와 각 파일의 CSV 데이터를 읽어 들인다.

CSV 데이터 파일을 대상으로 이 프로그램을 실행하려면 다음과 같이 명령어를 실행한다.

```
$ ruby stock_stats.rb data.csv
Processing data.csv
Total value = 122.07000000000001
```

이 프로그램을 위해 세 개의 파일이 필요한 걸까? 결론부터 말하면 그렇진 않다. 사실 많은 루비 프로그래머들은 하나의 파일에 모든 코드를 넣고 프로그래밍을 시작한다. 이 하나의 파일에는 클래스 정의들은 물론 메인 프로그램도 포함된다. 하지만 프로그램이 커지기 시작하면서(그리고 대부분의 프로그램은 시간이 지나면서 커지게 마련이다) 하나의 파일에서 모든 걸 다루기가 어려워진다. 무엇보다 하나의 덩어리로 되어 있는 코드는 자동화된 테스트를 작성하기 어렵다. 마지막으로 모든 클래스가 하나의 파일에 포함되어 있다면 클래스 재사용이 불가능해진다.

다시 클래스 이야기로 돌아가자.

3.3 접근 제어

클래스 인터페이스를 설계할 때, 클래스를 외부에 어느 정도까지 노출할지 결정하는 것은 중요한 일이다. 클래스에 너무 깊이 접근하도록 허용하면, 우리의 애플리케이션에서 각 요소 간의 결합도(coupling)가 높아질 우려가 있다. 다시 말하면 이 클래스의 사용자 코드는 클래스 내부 구현의 세세한 부분에까지 종속적이 되기 쉽다는 것이다. 한 가지 기쁜 소식은 루비에서 객체 상태를 변경하는 방법이 메서드를 호출하는 것뿐이란 점이다. 메서드에 대한 접근을 적절히 설정하면 객체에 대한 접근을 제어할 수 있는 셈이다. 경험적으로 볼 때 객체의 상태를 망가뜨릴 수 있는 메서드는 노출해서는 안 된다.

루비에는 다음 세 가지 보호 단계가 있다.

- public 메서드는 누구나 호출할 수 있다. 아무런 접근 제어를 하지 않는다. 루비에서 메서드는 기본적으로 public이다(단, initialize는 예외적으로 항상 private이다).
- protected 메서드는 그 객체를 정의한 클래스와 하위 클래스에서만 호출할 수 있다. 접근이 가계도상으로 제한되는 것이다.
- private 메서드는 수신자를 지정해서 호출할 수 없다. 이 메서드의 수신자는 항상 self이기 때문이다. 다시 말하면 private 메서드는 오직 현재 객체의 문맥 하에서만 호출할 수 있다는 것이다. 즉, 다른 객체의 private 메서드에는 접근할 수 없다.

'protected'와 'private'의 차이는 매우 미묘하고, 또한 일반적인 객체 지향 언어와는 좀 다르기도 하다. 어떤 메서드가 protected이면 정의한 클래스나 그 하위 클래스의 어떠한 인스턴스에서도 호출할 수 있다. 하지만 메서드가 private이면 오직 그 객체 자신에서만 호출할 수 있다. 어떠한 경우에도 다른 객체의 private 메서드를 직접 호출할 수는 없다. 그 객체가 호출하는 객체와 같은 클래스인 경우에도 말이다.

루비와 다른 객체 지향 언어의 중요한 차이점이 또 하나 있다. 접근 제어가 동적으로 결정된다는 것, 즉 정적이 아니라 프로그램이 실행될 때 결정된다는 것이다. 따라서 접근 위반 예외는 제한된 메서드를 실제로 호출한 그 순간에만 발생하게 된다.

접근 제어 기술하기

클래스나 모듈을 정의할 때 public, protected, private 함수를 사용해서 접근 제어를 기술할 수 있다. 방법은 크게 두 가지가 있다.

아무 인자 없이 함수를 사용한다면, 이 세 가지 함수 다음에 오는 메서드의 기본 접근 제한 단계를 정한다. 이는 C++나 자바 프로그래머에게는 친숙한 방식일 것이다. public 등의 키워드를 사용하는 것과 같은 효과를 발휘하기 때문이다.

```
class MyClass

  def method1  # 기본값은 'public'이다.
    #...
  end

protected      # 이제부터 선언하는 메서드는 모두 'protected'가 된다.
  def method2  # 'protected'가 된다.
    #...
  end
```

```
    private        # 이제부터 선언하는 메서드는 모두 'private'이 된다.
      def method3  # 'private'이 된다.
        #...
      end

    public         # 이제부터 선언하는 모든 메서드는 'public'이 된다.
      def method4  # 'public'이 된다.
        #...
      end
  end
```

다른 방법으로는 접근 제어 함수 뒤에 인자로 메서드 이름을 써 주는 방법이 있
다. 이미 정의된 메서드의 접근 단계도 다시 정의할 수 있다.

```
class MyClass
  def method1
  end
  def method2
  end
  # 중략

  public    :method1, :method4
  protected :method2
  private   :method3
end
```

이제 예제를 살펴볼 시간이다. 모든 대변이 대응하는 차변을 가지는 잘 연결된
회계 시스템을 모델링하고 있다고 해 보자. 우리는 누구도 이 규칙을 위반하는
것을 원치 않기 때문에, 예금 대변과 차변을 다루는 메서드를 private으로 만들
고, 외부 인터페이스는 트랜잭션 방식으로 정의하고자 한다.

```
class Account
  attr_accessor :balance
  def initialize(balance)
    @balance = balance
  end
end

class Transaction

  def initialize(account_a, account_b)
    @account_a = account_a
    @account_b = account_b
  end

private

  def debit(account, amount)
    account.balance -= amount
  end
  def credit(account, amount)
    account.balance += amount
  end

public

  #...
```

```ruby
  def transfer(amount)
    debit(@account_a, amount)
    credit(@account_b, amount)
  end
  #...
end

savings = Account.new(100)
checking = Account.new(200)

trans = Transaction.new(checking, savings)
trans.transfer(50)
```

protected 접근은 객체가 같은 클래스에서 생성된 다른 객체의 상태에 접근할
필요가 있을 때 사용한다. 예를 들어 각각의 Account 객체의 결산 잔액을 비교
하고 싶은데, 잔액 자체는 (아마 다른 형식으로 보여주고자 하기 때문에) 외부에
보여주고 싶지는 않은 경우를 보자.

```ruby
class Account
  attr_reader :cleared_balance # 접근자 메서드 'cleared_balance'를 만든다.
  protected   :cleared_balance # 접근자 메서드를 protected 메서드로 설정한다.

  def greater_balance_than?(other)
    @cleared_balance > other.cleared_balance
  end
end
```

cleared_balance는 protected이므로 Account 객체에서만 접근 가능하다.

3.4 변수

객체를 만들 때 생길 수 있는 문제를 모두 설명했으니, 이제 생성한 객체를 잃어버
리지 않는 법에 대해 이야기하자. 변수는 객체의 자취를 저장하기 위해 사용된다.
각 변수는 객체에 대한 참조를 저장하고 있다. 다음 코드에서 이를 확인해 보자.

```ruby
person = "Tim"
puts "The object in 'person' is a #{person.class}"
puts "The object has an id of #{person.object_id}"
puts "and a value of '#{person}'"
```

실행 결과:

```
The object in 'person' is a String
The object has an id of 70264079641280
and a value of 'Tim'
```

첫 번째 줄에서 'Tim'이라는 값을 가진 새 문자열 객체를 생성했다. 이 객체에 대
한 참조는 지역 변수 person에 저장된다. 간단한 검사를 통해 이 변수가 객체
ID, 클래스, 값 등 문자열의 특징을 가지고 있다는 것을 알 수 있다.

그렇다면 변수는 객체인가? 루비에서 그 답은 "아니오"이다. 변수는 단순히 객

체에 대한 참조를 가지고 있을 뿐이다. 객체는 커다란 풀 어딘가(대부분의 경우 힙이다)를 떠다니고 있을 뿐이고 변수가 그것을 가리키고 있다. 조금 더 복잡한 예제를 살펴보자.

```
person1 = "Tim"
person2 = person1
person1[0] = 'J'

puts "person1 is #{person1}"
puts "person2 is #{person2}"
```

실행 결과:
```
person1 is Jim
person2 is Jim
```

무슨 일이 일어난 걸까? person1의 첫 번째 글자를 바꿨더니(루비의 문자열은 자바와 달리 변경 가능하다), person1뿐 아니라 person2도 'Tim'에서 'Jim'으로 문자열이 변경되었다.

이것으로부터 변수는 단지 객체에 대한 참조를 가지고 있을 뿐, 객체 자체를 담고 있지 않다는 사실을 확인할 수 있다. person1을 person2에 대입해도 새로운 객체는 생성되지 않는다. 단지 person1 객체에 대한 참조를 person2로 복사해서 person1과 person2가 같은 객체를 참조하도록 만들 뿐이다.

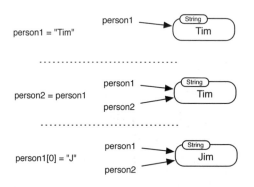

대입은 객체의 별명(alias)을 늘려서 결과적으로 여러 개의 변수가 하나의 객체를 참조하도록 한다. 그런데 이런 점이 코드에서 문제를 일으킬 수 있지 않을까? 물론 그럴 수도 있지만, 우리가 생각하는 것만큼 자주는 아니다(자바 객체도 같은 방식으로 동작한다). 예를 들어 앞선 예제에서 다음과 같이 String의 dup 메서드를 사용하면 별명이 늘어나는 것을 막을 수 있다. dup 메서드는 같은 내용을 담은 문자열 객체를 새로 생성하기 때문이다.

```
person1 = "Tim"
person2 = person1.dup
person1[0] = "J"
puts "person1 is #{person1}"
puts "person2 is #{person2}"
```

실행 결과:

```
person1 is Jim
person2 is Tim
```

객체를 동결해서 아무도 객체의 상태를 변경할 수 없도록 할 수도 있다. 동결된 객체를 수정하려고 하면 루비는 RuntimeError 예외를 발생시킨다.

```
person1 = "Tim"
person2 = person1
person1.freeze    # 객체 수정을 막는다.
person2[0] = "J"
```

실행 결과:

```
        from prog.rb:4:in `<main>'
prog.rb:4:in `[]=': can't modify frozen String (RuntimeError)
```

루비의 클래스와 객체에 대해 이야기할 주제들이 더 남아 있다. 클래스 메서드, 믹스인과 상속의 개념은 아직 설명하지 않았다. 이에 대해서는 '5장 기능 공유하기: 상속, 모듈, 믹스인'에서 자세히 다룬다. 이 시점에는 루비에서 다루는 모든 것이 객체라는 것과 객체는 클래스로부터 생성되는 인스턴스라는 것을 명심해 두자. 그리고 객체에 대해 가장 흔하게 하는 작업은 객체들의 컬렉션을 만드는 일이다. 이 이야기는 다음 장에서 계속된다.

p r o g r a m m i n g   r u b y

4장

컨테이너, 블록, 반복자

실제로 사용되는 대부분의 프로그램은 데이터 컬렉션을 처리한다. 예를 들어 강의를 듣는 사람들, 재생 목록에 등록된 노래 제목들, 서점에 있는 책 목록이 그 대상이 될 수 있다. 루비에는 이러한 컬렉션을 다루기 위한 배열과 해시라는 두 개의 내장 클래스가 준비되어 있다.[1] 이 두 클래스에 익숙해지는 것이 실력 있는 루비 프로그래머가 되는 지름길이다. 두 클래스는 매우 다양한 기능을 제공하므로 이를 전부 익히는 데는 상당한 시간을 필요로 한다.

하지만 루비에서 컬렉션을 다루기 위한 클래스가 배열과 해시만 있는 것이 아니다. 루비에는 코드 덩어리를 캡슐화할 수 있도록 도와주는 블록이라는 문법이 있다. 블록과 컬렉션을 함께 사용하면 강력한 반복자 구문이 된다. 이번 장에서는 배열과 해시를 비롯해 블록과 반복자를 다룬다.

4.1 배열

Array 클래스는 객체 참조를 컬렉션으로 저장한다. 각 객체의 참조는 배열에서 하나의 위치를 차지하며 이 위치는 음이 아닌 정수로 표현된다.

배열을 만들 때는 리터럴을 사용하거나 명시적으로 Array 객체를 생성할 수 있다. 배열 리터럴을 이용할 때는 간단히 대괄호 사이에 포함하고자 하는 객체를 나열하면 된다.[2]

---

1 다른 언어에서는 해시를 연관 배열(associative array)이나 사전(dictionary)이라고 부르기도 한다.
2 다음 코드 예제에서는 매줄마다 식을 평가한 결과를 각 행 맨 뒤에 주석으로 달아놓았다. 이 코드를 그대로 저장해서 루비에서 실행해도 이러한 결과는 출력되지 않는다. 결과를 표시하려면 puts를 사용해서 콘솔에 값을 출력해야 한다.

```
a = [ 3.14159, "pie", 99 ]
a.class   # => Array
a.length  # => 3
a[0]      # => 3.14159
a + 2     # => 3
a[1]      # => "pie"
a[2]      # => 99
a[3]      # => nil

b = Array.new
b.class   # => Array
b.length  # => 0
b[0] = "second"
b[1] = "array"
b         # => ["second", "array"]
```

배열의 [] 연산자를 이용하면 위치를 지정할 수 있다. 루비의 다른 연산자처럼 이것도 사실은 메서드이므로(정확히는 Array 클래스의 인스턴스 메서드) 하위 클래스에서 재정의할 수 있다. 앞선 예제에서 알 수 있듯이 배열의 인덱스는 0 부터 시작한다. 배열의 위치를 음이 아닌 정수로 지정하면 해당 위치의 객체를 반환하고 그 위치에 아무것도 없다면 nil을 반환한다. 음수로 위치를 지정하면 배열의 뒤에서부터 위치를 계산해 해당하는 위치의 값을 반환한다.

```
a = [ 1, 3, 5, 7, 9 ]
a = [ 1, 3, 5, 7, 9 ]
a[-1]   # => 9
a[-2]   # => 7
a[-99]  # => nil
```

다음 그림에서는 인덱스 사용법에 대해 상세하게 설명한다.

		0	1	2	3	4	5	6
positive →		0	1	2	3	4	5	6
negative →		-7	-6	-5	-4	-3	-2	-1
a =		["ant",	"bat",	"cat",	"dog",	"elk",	"fly",	"gnu"]
a[2] →				"cat"				
a[-3] →						"elk"		
a[1..3] →			["bat",	"cat",	"dog"]			
a[1...3] →			["bat",	"cat"]				
a[-3..-1] →						["elk",	"fly",	"gnu"]
a[4..-2] →						["elk",	"fly"]	

배열 인덱스를 [start, count]처럼 숫자 쌍으로 지정할 수도 있다. 이것은 시작점 (start)에서 count만큼의 객체 참조를 뽑아서 새로운 배열을 만들어 반환한다.

```
a = [ 1, 3, 5, 7, 9 ]
a[1, 3]   # => [3, 5, 7]
```

```
a[3, 1]   # => [7]
a[-3, 2]  # => [5, 7]
```

마지막으로 인덱스에서 범위를 사용할 수도 있는데, 시작 위치와 끝 위치를 점 두 개 또는 세 개로 구분해서 적어주면 된다. 점 두 개를 사용하는 형식은 마지막 경곗값을 포함하고, 세 개를 사용하는 형식에서는 포함하지 않는다.

```
a = [ 1, 3, 5, 7, 9 ]
a = [ 1, 3, 5, 7, 9 ]
a[1..3]    # => [3, 5, 7]
a[1...3]   # => [3, 5]
a[3..3]    # => [7]
a[-3..-1]  # => [5, 7, 9]
```

[] 연산자에 대응하는 []= 연산자도 있다. 이 연산자를 이용해 배열의 특정 위치에 값을 대입할 수 있다. 하나의 정수 인덱스를 사용할 때는 그 위치의 요소가 대입문의 오른쪽 편에 있는 값으로 바뀐다. 그리고 인덱스 사이에 간격이 생기면 이 사이의 값은 nil로 채워진다.

```
a = [ 1, 3, 5, 7, 9 ] #=> [1, 3, 5, 7, 9]
a[1] = 'bat'            #=> [1, "bat", 5, 7, 9]
a[-3] = 'cat'           #=> [1, "bat", "cat", 7, 9]
a[3] = [ 9, 8 ]         #=> [1, "bat", "cat", [9, 8], 9]
a[6] = 99               #=> [1, "bat", "cat", [9, 8], 9, nil, 99]
```

[]= 연산자에 쓰인 인덱스가 두 개(시작 위치와 길이)거나 범위라면, 원래 배열의 해당하는 위치에 있는 원소들이 대입문의 오른쪽 편에 있는 값(어떤 형식이든 무방하다)으로 바뀐다. 길이가 0이라면 오른편의 값이 시작 위치 바로 앞에 삽입될 것이다. 대입문 오른편에도 배열이 오면 이 배열의 원소를 이용해 값을 바꿀 것이다. 왼편에서 선택된 요소의 수와 오른편에서 지정된 원소의 수가 다른 경우에도 배열 크기는 자동으로 조절된다.

```
a = [ 1, 3, 5, 7, 9 ] #=> [1, 3, 5, 7, 9]
a[2, 2] = 'cat'        #=> [1, 3, "cat", 9]
a[2, 0] = 'dog'        #=> [1, 3, "dog", "cat", 9]
a[1, 1] = [ 9, 8, 7 ]  #=> [1, 9, 8, 7, "dog", "cat", 9]
a[0..3] = []           #=> ["dog", "cat", 9]
a[5..6] = 99, 98       #=> ["dog", "cat", 9, nil, nil, 99, 98]
```

이 외에도 배열에는 유용한 메서드가 많다. 이를 활용하여 스택, 집합, 큐, 양방향 큐, FIFO 큐로 배열을 다룰 수 있다

예를 들어 push와 pop을 사용하면 배열의 맨 뒤에 요소를 추가하거나, 맨 뒤의 요소를 제거할 수 있다. 이를 통해 배열을 스택으로 사용할 수 있다.

```
stack = []
stack.push "red"
```

```
stack.push "green"
stack.push "blue"
stack        # => ["red", "green", "blue"]

stack.pop  # => "blue"
stack.pop  # => "green"
stack.pop  # => "red"
stack      # => []
```

비슷하게 unshift와 shift를 사용하면 배열 맨 앞의 요소를 추가하거나 삭제할 수 있다. shift와 push를 조합하면 배열을 선입선출(FIFO) 큐로 사용할 수 있다.

```
queue = []
queue.push "red"
queue.push "green"
queue.shift  # => "red"
queue.shift  # => "green"
```

first와 last 메서드는 배열의 맨 앞이나 맨 뒤에서 n개의 요소들을 반환한다. 이 때 앞선 메서드들과 달리 배열의 요소를 삭제하지는 않는다.

```
array = [ 1, 2, 3, 4, 5, 6, 7 ]
array.first(4)  # => [1, 2, 3, 4]
array.last(4)   # => [4, 5, 6, 7]
```

Array 클래스의 모든 메서드들은 레퍼런스(521쪽)에서 별도로 설명한다. irb를 사용해 이러한 메서드들을 직접 사용해 보기 바란다.

4.2 해시

해시(연관 배열, 맵, 사전이라고도 불린다)는 객체 참조가 색인된 컬렉션이라는 점에서 배열과 비슷하다. 하지만 배열은 정수를 인덱스로 사용하는 반면에, 해시의 인덱스로는 심벌, 문자열, 정규 표현식, 심지어는 어떤 객체라도 사용할 수 있다. 따라서 해시에 하나의 값을 저장하고자 할 때 두 개의 객체가 필요하다. 하나는 인덱스로 흔히 키라고 불리는 것이고, 나머지 하나는 이 키에 대응하는 값 객체다. 값을 저장했을 때 사용한 키를 해시의 인덱스로 지정해 해당하는 값을 다시 불러올 수 있다.

다음 예제에서는 해시 리터럴을 사용한다. 해시 리터럴은 중괄호 사이에 키와 값을 쌍으로 입력해 사용할 수 있다.

```
h = { 'dog' => 'canine', 'cat' => 'feline', 'donkey' => 'asinine' }

h.length  # => 3
h['dog']  # => "canine"
h['cow'] = 'bovine'
h[12] = 'dodecine'
```

```
h['cat'] = 99
h          # => {"dog"=>"canine", "cat"=>99, "donkey"=>"asinine", "cow"=>"bovine",
           # .. 12=>"dodecine"}
```

앞선 예제에서는 해시의 키로 문자열을 사용했다. 또한 키와 값을 구분하기 위해 =>를 사용했다. 루비 1.9부터는 키가 심벌일 때 한해서 새로운 축약 표현을 사용할 수 있다. 다음 예제는 키를 심벌로 사용하고, 키와 값을 구분하기 위해 =>를 사용한 예다.

```
h = { :dog => 'canine', :cat => 'feline', :donkey => 'asinine' }
```

위와 같이 키가 심벌일 경우에 한해 심벌 앞의 콜론(:)을 지우고 =>를 콜론(:)으로 대체해 다음과 같이 사용할 수 있다.

```
h = { dog: 'canine', cat: 'feline', donkey: 'asinine' }
```

배열과 비교해 볼 때 해시는 큰 장점이 하나 있다. 인덱스로 어떤 객체라도 사용할 수 있다는 점이다. 한 가지 더 놀라운 사실이 있다. 루비는 해시에 요소를 추가한 순서를 기억한다. 따라서 해시를 반복할 때 루비는 요소를 추가한 순서대로 반복한다.

해시는 루비에서 가장 흔하게 사용되는 데이터 구조 중 하나다. Hash 클래스에 포함되는 전체 메서드 리스트는 레퍼런스(622쪽)에서 설명한다.

해시와 배열을 사용한 단어 출현 빈도 계산

이 절을 정리하는 의미에서 특정 텍스트에서 단어의 출현 빈도를 세는 프로그램을 작성해 보자.

문제를 두 부분으로 나누어 생각해 볼 수 있다. 먼저 텍스트가 문자열로 주어졌을 때 이를 단어 리스트로 분할할 필요가 있다. 이는 마치 배열처럼 들린다. 그리고 고유한 단어들이 몇 번 등장했는지 세어야 한다. 여기에는 해시가 어울릴 것 같다. 단어를 인덱스로 사용하고 대응하는 출현 빈도를 기록한다.

먼저 문자열을 단어 단위로 나누는 메서드부터 시작하자.

tut_containers/word_freq/words_from_string.rb

```
def words_from_string(string)
  string.downcase.scan(/[\w']+/)
end
```

이 메서드에서는 String 클래스에 정의된 유용한 downcase와 scan이라는 메서드를 사용한다. downcase 메서드는 문자열을 소문자로 변환한 결과를 반환하

고, scan 메서드는 주어진 패턴에 매치되는 부분 문자열을 배열로 반환한다. 앞
의 코드에서는 [\w']+ 패턴을 사용하고 있다. 이 패턴은 단어 문자와 작은따옴표
를 포함하는 문자열에 매치된다.

이 메서드를 실제로 사용해 보자. 결과가 배열이라는 점에 주목하자.

```
p words_from_string("But I didn't inhale, he said (emphatically)")
```

실행 결과:
```
["but", "i", "didn't", "inhale", "he", "said", "emphatically"]
```

다음으로 할 일은 단어의 출현 빈도를 계산하는 일이다. 이를 위해 리스트에서
단어로 인덱스가 되는 해시 객체를 생성해야 한다. 해시의 각 요소에는 해당하
는 단어가 등장한 횟수를 저장한다. 예를 들어 주어진 리스트의 일부를 읽어 들
인 상태에서 the라는 단어가 나타났다면, 해시는 다음과 같이 그 정보를 저장
한다.

```
{ ..., "the" => 1, ... }
```

단어 the가 next_word 변수에 대입되어 있다면 다음과 같이 the의 카운트를 더
할 수 있다.

```
counts[next_word] += 1
```

앞의 표현식을 실행하면 해시의 내용은 다음과 같아진다.

```
{ ..., "the" => 2, ... }
```

여기에는 어떤 단어를 처음 만났을 때 어떻게 처리할지에 대한 방법이 없다는
문제가 있다. 해당하는 단어를 인덱스로 가지는 해시의 값을 더하려고 시도해
도, 인덱스에 해당하는 값이 없으면 프로그램은 제대로 작동하지 않는다. 이를
해결하기 위한 몇 가지 방법이 있다. 예를 들어 카운트를 더하기 전에 해당하는
인덱스가 있는지 확인하는 것도 한 가지 방법이다.

```
if counts.has_key?(next_word)
  counts[next_word] += 1
else
  counts[next_word] = 1
end
```

이보다 더 좋은 방법이 있다. Hash.new(0)으로 해시를 생성하면 매개 변수 0이
해시의 기본값으로 사용된다. 해시에서 존재하지 않는 키를 검색하면 이 기본
값이 반환된다. 이를 사용해 count_frequency 메서드를 다음과 같이 작성할 수
있다.

tut_containers/word_freq/count_frequency.rb

```ruby
def count_frequency(word_list)
  counts = Hash.new(0)
  for word in word_list
    counts[word] += 1
  end
  counts
end

p count_frequency(["sparky", "the", "cat", "sat", "on", "the", "mat"])
```

실행 결과:

```
{"sparky"=>1, "the"=>2, "cat"=>1, "sat"=>1, "on"=>1, "mat"=>1}
```

아직 사소한 문제가 하나 남아 있다. 단어의 출현 빈도가 저장된 해시에는 먼저 나타난 단어부터 차례대로 저장된다. 하지만 최종적인 결과는 많이 출현한 단어부터 보여주는 게 더 나아 보인다. sort_by 메서드를 사용해 이를 구현할 수 있다. sort_by를 사용하면 블록을 통해 정렬을 할 때 어떤 값을 사용할지 지정할 수 있다. 여기서는 출현 횟수로 정렬해야 한다. 정렬한 결과는 요소가 두 개인 서브 배열에 대한 배열이 된다. 가 서브 배열에는 원래 해시의 키와 값의 쌍이 저장된다. 여기까지 구현된 프로그램은 다음과 같다.

```ruby
require_relative "words_from_string.rb"
require_relative "count_frequency.rb"

raw_text = %{The problem breaks down into two parts. First, given some text
as a string, return a list of words. That sounds like an array. Then, build
a count for each distinct word. That sounds like a use for a hash---we can
index it with the word and use the corresponding entry to keep a count.}

word_list = words_from_string(raw_text)
counts    = count_frequency(word_list)
sorted    = counts.sort_by {|word, count| count}
top_five  = sorted.last(5)

for i in 0...5          # (이 코드는 좀 조잡하다. 더 나은
  word = top_five[i][0]  # 버전은 나중에 나온다.)
  count = top_five[i][1]
  puts "#{word}: #{count}"
end
```

실행 결과:

```
that: 2
sounds: 2
like: 2
the: 3
a: 6
```

지금까지 구현한 내용에 대해 간단한 테스트를 해 보자. 이를 위해 표준 루비 배포판에 포함된 테스트 프레임워크인 Test::Unit을 사용한다. 아직 여기에 대해 구체적인 설명은 하지 않을 것이다. 자세한 설명은 '13장 단위 테스트'에서 다룬

다. 여기서는 assert_equal 메서드를 사용해서 두 개의 매개 변수가 같은지 비교한다. 일단 이 메서드에 대해서는 두 매개 변수가 같은지를 확인하고, 같지 않으면 예외를 발생시킨다는 정도만 알아두자. 두 메서드를 테스트하기 위해 한 메서드당 하나씩 단언(assertions)을 사용한다(메서드를 두 개로 분리한 것은 독립적으로 테스트 가능하게 만들기 위해서다).

word_from_string 메서드를 테스트하는 클래스는 다음과 같다.

```
require_relative 'words_from_string'
require 'test/unit'

class TestWordsFromString < Test::Unit::TestCase

  def test_empty_string
    assert_equal([], words_from_string(""))
    assert_equal([], words_from_string("      "))
  end

  def test_single_word
    assert_equal(["cat"], words_from_string("cat"))
    assert_equal(["cat"], words_from_string("  cat  "))
  end

  def test_many_words
    assert_equal(["the", "cat", "sat", "on", "the", "mat"],
        words_from_string("the cat sat on the mat"))
  end

  def test_ignores_punctuation
    assert_equal(["the", "cat's", "mat"],
        words_from_string("<the!> cat's, -mat-"))
  end
end
```

실행 결과:

```
Run options:
# Running tests:
....
Finished tests in 0.004066s, 983.7678 tests/s, 1475.6517 assertions/s.
4 tests, 6 assertions, 0 failures, 0 errors, 0 skips
ruby -v: ruby 2.0.0p195 (2013-05-14 revision 40734) [x86_64-darwin12.4.1]
```

test는 먼저 words_from_string 메서드를 읽어 들이는 것부터 시작하며, 그런 다음에 단위 테스트 프레임워크를 읽어 들인다. 이어서 테스트 클래스를 정의한다. 이 클래스에 정의된 메서드들 중 test로 시작하는 모든 메서드는 테스트 프레임워크에 의해 자동으로 실행된다. 실행 결과로 네 개의 메서드가 실행되었으며 여섯 개의 단언이 성공적으로 실행되었음을 알 수 있다.

다음으로 count_frequency를 테스트해 보자.

```
require_relative 'count_frequency'
require 'test/unit'
```

```
class TestCountFrequency < Test::Unit::TestCase
  def test_empty_list
    assert_equal({}, count_frequency([]))
  end
  def test_single_word
    assert_equal({"cat" => 1}, count_frequency(["cat"]))
  end
  def test_two_different_words
    assert_equal({"cat" => 1, "sat" => 1}, count_frequency(["cat", "sat"]))
  end
  def test_two_words_with_adjacent_repeat
    assert_equal({"cat" => 2, "sat" => 1}, count_frequency(["cat", "cat", "sat"]))
  end
  def test_two_words_with_non_adjacent_repeat
    assert_equal({"cat" => 2, "sat" => 1}, count_frequency(["cat", "sat", "cat"]))
  end
end
```

실행 결과:

```
Run options:
# Running tests:
.....
Finished tests in 0.002144s, 2332.0896 tests/s, 2332.0896 assertions/s.
5 tests, 5 assertions, 0 failures, 0 errors, 0 skips

ruby -v: ruby 2.0.0p195 (2013-05-14 revision 40734) [x86_64-darwin12.4.1]
```

4.3 블록과 반복자

단어의 출현 빈도를 분석하는 프로그램에는 다음과 같은 반복문이 포함되어 있었다.

```
for i in 0..4
  word = top_five[i][0]
  count = top_five[i][1]
  puts "#{word}: #{count}"
end
```

이 코드는 문제없이 작동한다. 그리고 배열을 반복하는 for 루프는 매우 익숙할 것이다. 이보다 자연스러운 코드가 있을까?

하지만 더 자연스러운 방법이 있다. 앞의 방법은 반복이 배열과 지나치게 밀접하다. 반복이 다섯 번만 일어난다는 사실을 알고 있어야 하며 배열에서 순서대로 값을 가져와야만 한다. 심지어 처리하는 대상의 구조가 요소 두 개를 가진 서브배열들의 배열이라는 사실도 알아야만 한다. 모든 것이 지나치게 결합되어 있다.

앞의 코드와 같은 일을 하는 코드를 다음과 같이 작성할 수도 있다.

```
top_five.each do |word, count|
  puts "#{word}: #{count}"
end
```

each 메서드는 반복자라고 불리며 주어진 블록의 코드를 반복적으로 호출한다. 더 나아가 다음과 같이 더 간결한 코드를 작성하는 프로그래머도 있다.

```
puts top_five.map { |word, count| "#{word}: #{count}" }
```

얼마나 간결하게 작성할지는 어디까지나 취향의 문제다. 어떤 식으로 코드를 작성하건 루비에서 반복자와 코드 블록은 매우 흥미로운 주제 중 하나이니, 여기서부터는 이에 대해 좀 더 자세히 살펴보자.

블록

블록은 중괄호나 do와 end 키워드로 둘러싸인 코드 덩어리다. 바로 앞에서 살펴본 블록을 표현하는 두 가지 방법은 연산자 우선순위를 제외하면 완전히 같다. 어느 쪽을 사용해도 결과는 같지만 루비 프로그래머들은 일반적으로 한 줄에 블록을 작성할 수 있다면 중괄호를 사용하고, 그렇지 않으면 do/end 블록을 사용한다.

```
some_array.each {|value| puts value * 3 }

sum = 0
other_array.each do |value|
  sum += value
  puts value / sum
end
```

블록은 익명 메서드의 본문과 비슷한 무언가라고 생각해도 무방하다. 메서드와 마찬가지로 블록도 매개 변수를 받을 수 있다(단, 메서드와 달리 넘겨받는 매개 변수를 표현할 때 블록의 시작 부분에 두 개의 막대(|) 사이에 이름을 넣어준다). 앞선 예제에서는 둘 다 value라는 하나의 매개 변수를 받는다. 또한 메서드와 마찬가지로 블록은 루비가 처음 이 부분을 해석하는 동안에는 실행되지 않는다. 실행하는 대신 이후에 호출할 수 있도록 블록을 저장해 둔다.

루비 소스 코드에서 블록은 반드시 메서드 호출 바로 다음에 위치해야 한다. 메서드가 매개 변수를 받는다면 블록은 이들 매개 변수에 이어진다. 다르게 생각해 보면 블록은 메서드에 넘겨지는 추가적인 매개 변수라고 봐도 무방하다. 다음 예제에서는 배열의 각 요소의 제곱의 합을 구한다.

```
sum = 0
[1, 2, 3, 4].each do |value|
  square = value * value
  sum += square
end
puts sum
```

실행 결과:
30

블록은 각 배열 요소에 대해 한 번씩 호출된다. 각 요소는 값 매개 변수로 블록에 전달된다. 여기서 주의해야 할 부분이 있다. 앞선 예제에서 sum 변수에 주목해 보자. 이 변수는 블록 밖에서 정의되어 있으며, 블록 안에서 갱신되고 each 메서드가 종료된 뒤에 puts 메서드에 넘겨진다.

이를 통해 중요한 규칙 하나를 알 수 있다. 블록 밖에서 선언되고 이와 같은 이름의 변수가 블록 내에서 사용될 때 두 변수는 같은 변수다. 따라서 앞선 예제에서 sum 이름을 가지는 변수는 단 하나밖에 없다(뒤에서 다루겠지만 이러한 작동 방식을 변경할 수도 있다).

하지만 변수가 블록 안에만 있다면 이 변수는 블록 내부에서만 사용하는 지역 변수가 된다. 따라서 앞선 예제에서 square의 값은 출력할 수 없다. square는 블록 내부에서만 사용되는 변수로 블록 밖에는 정의되어 있지 않기 때문이다.

이러한 규칙은 단순하지만 생각하지 못한 실수를 유발할 수 있다. 예를 들어 다양한 도형을 그리는 프로그램을 만들고 있다고 가정해 보자. 그 코드는 다음과 같다.

```ruby
square = Shape.new(sides: 4) # Shape는 다른 곳에 정의되어 있다.

# .. 프로그램 상세 구현 내용

sum = 0

[1, 2, 3, 4].each do |value|
  square = value * value
  sum += square
end

puts sum

square.draw # 짠!
```

이 코드는 생각한 대로 작동하지 않는다. square 변수에는 Shape 객체가 저장되어 있는데 블록에서 덮어 쓰여서 each 메서드가 끝난 시점에는 단순한 숫자 값이 저장되어 있다. 이러한 문제가 자주 발생하지는 않지만, 일단 발생하면 발견하기 힘들다.

다행히도 루비에서는 이를 해결하기 위한 몇 가지 기능이 있다.

첫 번째는 블록에 넘겨지는 매개 변수는 항상 블록의 지역 변수로 다뤄진다. 이는 블록 밖에 같은 이름을 가진 변수가 있어도 적용되는 규칙이다(단, 루비를 -w 플래그와 함께 실행한다면 경고가 발생한다).

```
value = "some shape"
[ 1, 2 ].each {|value| puts value }
puts value
```

실행 결과:

```
1
2
some shape
```

다음으로 블록 매개 변수 리스트에서 필요한 변수 앞에 세미콜론을 붙이면 명시적으로 블록의 지역 변수라는 것을 지정할 수 있다. 앞서 각 숫자의 제곱의 합을 구하는 예제에서 다음과 같이 square 변수 앞에 세미콜론을 사용해 블록에서만 사용하는 지역 변수임을 명시할 수 있다.

```
square = "some shape"

sum = 0
[1, 2, 3, 4].each do |value; square|
  square = value * value    # 앞에서 정의한 square와는 다른 변수다.
  sum += square
end
puts sum
puts square
```

실행 결과:

```
30
some shape
```

square 변수를 지역 변수로 만들어 블록 내에서 변수를 대입하더라도 블록 밖의 스코프에 존재하는 같은 이름의 변수에는 영향을 주지 않는다.

반복자 구현하기

루비에서 반복자란 코드 블록을 호출할 수 있는 메서드를 이야기한다.

앞서 소스 코드에서 블록은 메서드를 호출한 바로 다음에만 나온다는 것과 코드 블록은 루비 해석기가 이를 해석하는 순간에 실행되는 것이 아니라고 이야기했다. 대신에 루비는 지역 변수, 현재 객체 등과 같은 블록이 나타난 시점의 맥락을 저장해 두고 메서드를 실행해 나간다. 바로 여기서 마법이 시작된다.

메서드에서 yield 문을 사용해서 마치 코드 블록을 하나의 메서드인 것처럼 호출할 수 있다. yield를 사용하면 메서드 안에서 언제라도 코드 블록을 호출할 수 있다. 블록이 끝나면 yield 문 바로 다음부터 메서드가 실행된다.[3] 다음은 yield를 사용하는 간단한 예제다.

---

3 프로그래밍 언어에 통달한 사람이라면 yield라는 키워드가 반갑게 느껴질 것이다. 이 키워드는 리스코프의 CLU 언어에서 온 것이다. CLU는 30년 이상 된 오래된 언어이지만 CLU를 모르는 사람들이 놓친 다양한 기능들을 가지고 있다.

```
def two_times
  yield
  yield
end
two_times { puts "Hello" }
```

실행 결과:

```
Hello
Hello
```

블록(중괄호 사이의 코드)은 two_times 메서드의 호출에 연관 지어졌다. 이 메
서드에서 yield는 두 번 호출된다. yield가 호출될 때마다 블록의 코드가 실행되
며 Hello가 출력된다. 블록이 재미있는 점은 매개 변수를 블록에 넘겨줄 수도 있
고 블록의 실행 결과를 다시 받아올 수도 있다는 점이다. 다음은 특정 숫자까지
피보나치수열을 출력하는 간단한 예제 프로그램이다.[4]

```
def fib_up_to(max)
  i1, i2 = 1, 1        # 병렬 대입 (i1 = 1, i2 = 1)
  while i1 <= max
    yield i1
    i1, i2 = i2, i1+i2
  end
end

fib_up_to(1000) {|f| print f, " " }

puts
```

실행 결과:

```
1 1 2 3 5 8 13 21 34 55 89 144 233 377 610 987
```

이 예제에서 yield는 매개 변수를 가진다. 이 매개 변수는 연관 지어진 블록으로
넘겨진다. 블록을 정의할 때 이러한 인자 목록은 블록 첫 부분의 막대(|) 사이에
나열한다. 앞선 예제에서는 yield에 지정한 매개 변수 f가 블록에 넘겨지며, 따라
서 블록에서는 수열의 각 항목을 출력한다(이 예제에서는 병렬 대입문도 사용하
고 있다. 여기에 대해서는 162쪽에서 자세히 설명한다). 블록의 인자는 하나인
경우가 많지만 인자의 수에 제한이 있는 것은 아니다.

몇몇 반복자는 다양한 루비 컬렉션 객체에서 사용된다. each, collect, find에
대해 살펴보자.

each는 가장 간단한 반복자다. 다음과 같이 컬렉션의 각 요소에 대해 yield를
실행할 뿐이다.

```
[ 1, 3, 5, 7, 9 ].each {|i| puts i }
```

---

4   기본적인 피보나치수열은 두 개의 1로 시작하며 다음 원소는 앞의 두 원소를 더한 값으로 이어지는 수열이
    다. 이 수열은 정렬 알고리즘이나 자연 현상을 분석하는 데 사용된다.

실행 결과:

```
1
3
5
7
9
```

each 반복자는 루비에서 특별한 의미가 있다. 지금은 다루지 않지만, 뒤에서는 each를 사용해 루비의 for 루프를 구현하는 방법(175쪽)과 클래스에 each 메서드의 구현을 통해 더 많은 기능을 이용하는 법(96쪽)을 살펴볼 것이다.

또한 블록은 메서드에 자신의 평가 결과를 반환한다. 블록의 마지막 표현식을 평가한 결과는 yield의 결괏값으로 메서드에 반환된다. 이는 Array 클래스의 find 메서드가 작동하는 원리이기도 하다.[5] 그 구현은 다음과 비슷하다.

```
class Array
  def find
    each do |value|
      return value if yield(value)
    end
    nil
  end
end
```

```
[1, 3, 5, 7, 9].find {|v| v*v > 30 }  # => 7
```

여기서는 each를 사용해 다음 요소를 연관된 블록에 넘겨준다. 이때 블록이 true를 반환하면(즉, 값이 nil이나 false가 아니라면), 메서드는 이에 해당하는 요소를 즉시 반환한다. 매치하는 요소가 없다면 메서드는 nil을 반환한다. 앞선 예제는 반복자를 사용하는 장점을 보여준다. Array 클래스가 배열의 각 요소를 탐색하는 기능을 제공함으로써, 애플리케이션 코드를 통해 자신의 목적에 집중할 수 있도록 도와준다. 앞의 코드의 목적은 특정한 조건을 만족하는 요소를 찾는 일이다.

자주 사용되는 또 다른 반복자는 collect다. map이라고도 불리는 이 메서드는, 컬렉션으로부터 각 요소를 넘겨받아 이를 블록에 넘겨준다. 그리고 블록을 평가한 결괏값을 모은 새로운 배열을 만들어 반환한다. 다음 예제는 알파벳 다음 문자를 반환하는 succ 메서드를 블록에서 사용하고 있다.

```
["H", "A", "L"].collect {|x| x.succ }  # => ["I", "B", "M"]
```

반복자는 배열이나 해시 안의 데이터에만 접근 가능한 것은 아니다. 피보나치수열의 예에서 살펴보았듯이 반복자는 유도된 값을 반환할 수 있다. 이 기능은 루

---

5 find 메서드는 실제로는 Array 클래스에 믹스인된 Enumerable 모듈에 정의되어 있다.

비의 입출력 클래스에서 사용된다. 입력 클래스에는 이어지는 줄(또는 바이트)을 I/O 스트림으로 반환하는 반복자 인터페이스가 구현되어 있다.

```
f = File.open("testfile")
f.each do |line|
  puts "The line is: #{line}"
end
f.close
```

실행 결과:

```
The line is: This is line one
The line is: This is line two
The line is: This is line three
The line is: And so on...
```

블록이 몇 번 실행되었는지에 대한 정보가 필요한 경우가 있다. 이때는 with_index 메서드가 도움을 줄 것이다. with_index는 반복자 호출 다음에 연속해서 사용할 수 있으며, 반복자에 의해 반환되는 각 값에 자신의 위치를 숫자로 추가한다. 이를 통해 원래의 값과 위치를 나타내는 숫자가 같이 블록에 넘겨진다.

```
† = File.open("testfile")
f.each.with_index do |line, index|
  puts "Line #{index} is: #{line}"
end
f.close
```

실행 결과:

```
Line 0 is: This is line one
Line 1 is: This is line two
Line 2 is: This is line three
Line 3 is: And so on...
```

유용한 반복자를 하나 더 살펴보자. Enumerable에 정의되어 있는 조금 불분명해 보이는 inject라는 이름의 메서드는 컬렉션의 모든 멤버에 걸쳐 특정한 연산을 누적해서 적용할 수 있도록 해 준다. 예를 들어 배열 내의 모든 요소의 합계나 곱을 구하고자 할 때 다음과 같이 작성할 수 있다.

```
[1,3,5,7].inject(0) {|sum, element| sum+element}          # => 16
[1,3,5,7].inject(1) {|product, element| product*element} # => 105
```

inject의 작동 원리는 이렇다. 맨 처음 sum을 inject에 넘겨진 매개 변수로 초기화하고 연관된 블록을 호출한다. 그리고 컬렉션의 첫 번째 요소를 element로 블록에 넘긴다. 두 번째부터 sum의 값은 바로 전에 실행된 블록이 반환한 값이 된다. 그리고 inject의 결괏값은 마지막에 실행된 블록이 반환한 값이 된다. 이 메서드를 다르게 사용할 수도 있다. 매개 변수 없이 inject를 호출하면 컬렉션의 첫 번째 요소가 초깃값이 되고 두 번째 요소부터 반복을 시작한다. 따라서 앞의 코드를 다음과 같이 좀 더 간결하게 작성할 수 있다.

```
[1,3,5,7].inject {|sum, element| sum+element}        # => 16
[1,3,5,7].inject {|product, element| product*element} # => 105
```

inject를 더욱 간결하게 사용할 수 있는 방법도 있다. 직접 컬렉션에 적용하고자 하는 메서드의 이름을 inject에 직접 지정할 수 있다. 루비에서 더하기(+)나 곱하기(*) 연산자는 숫자에 사용 가능한 메서드이지만 :+와 :*는 각 연산자를 나타내는 심벌이기 때문에 다음 예제는 정상으로 작동한다.

```
[1,3,5,7].inject(:+)  # => 16
[1,3,5,7].inject(:*)  # => 105
```

열거자(Enumerator)와 외부 반복자

루비가 반복자에 대해 갖고 있는 접근법을 C++, 자바 같은 여타 언어와 비교하는 데 한 문단 정도를 할애하고자 한다. 루비에서는 반복자가 컬렉션의 내부에 있다. 즉 반복자는 단순히 메서드이며 다른 메서드와 다를 게 없고, 새로운 값을 위해 매번 yield를 호출한다. 반복자를 이용하는 주체는 바로 메서드에 결합된 블록이다.

다른 언어에서는 컬렉션이 자신의 반복자를 포함하지 않는다. 대신 반복 상태를 가지고 있는 외부 반복자 헬퍼 객체(예를 들어 자바의 Iterator 인터페이스에서 파생된)를 만들어 사용한다. 다른 경우와 마찬가지로 이 경우에도 루비는 투명한(transparent) 언어다. 루비 프로그램을 작성할 때는 하고자 하는 일에만 집중하면 되고, 언어 자체적으로 지원하는 발판 코드를 작성하느라 고민할 필요가 없다.

루비의 내부 반복자가 항상 최상의 해결책은 아니라는 것에 대해서도 한 문단을 할애하고자 한다. 별로 좋지 않은 경우가 바로 반복자를 단독 객체로 사용하고 싶을 때다(예를 들어 반복자를 메서드에 넘겨 이 메서드 내에서 반복자가 반환하는 각 값에 접근하려고 할 때). 루비의 내부 반복자를 사용해서 두 개 이상의 컬렉션을 병렬적으로 탐색하는 것도 쉽지 않다.

다행히도 루비의 내장 Enumerator 클래스는 이러한 경우에 사용할 수 있도록 외부 반복자를 제공한다.

배열이나 해시에 대해 to_enum 메서드를 호출하는 것만으로 Enumerator 객체를 생성할 수 있다(enum_for도 같은 메서드다).

```
a = [ 1, 3, "cat" ]
h = { dog: "canine", fox: "vulpine" }

# 열거자를 생성한다.
```

```
enum_a = a.to_enum
enum_h = h.to_enum

enum_a.next  # => 1
enum_h.next  # => [:dog, "canine"]
enum_a.next  # => 3
enum_h.next  # => [:fox, "vulpine"]
```

대부분의 내부 반복자와 메서드(즉, 연속적으로 컬렉션의 값에 대해 yield를 통해 블록을 실행하는 메서드)들은 블록 없이 호출하면 Enumerator 객체를 반환한다.

```
a = [ 1, 3, "cat" ]
```

```
enum_a = a.each # 내부 반복자를 사용해 외부 반복자를 생성
```

```
enum_a.next  # => 1
enum_a.next  # => 3
```

루비에는 블록을 그저 반복적으로 실행하기만 하는 loop라는 메서드가 있다. 일반적으로 이 loop를 사용할 때는 특정한 조건에 의해 반복이 정지되도록 한다. 하지만 loop를 Enumerator와 함께 사용하면 좀 더 편리하게 사용할 수 있다. loop 안에서 열거자 객체를 전부 반복하고 loop는 깔끔하게 종료된다. 다음은 이러한 특징을 활용한 예제다. 세 개의 요소를 가지고 있는 열거자 객체의 모든 값을 반복하고 나면(즉 모든 값을 읽어 들이고 나면) 루프는 자동으로 종료된다.[6]

```
short_enum = [1, 2, 3].to_enum
long_enum  = ('a'..'z').to_enum

loop do
  puts "#{short_enum.next} - #{long_enum.next}"
end
```

실행 결과:
```
1 - a
2 - b
3 - c
```

열거자도 객체다

열거자는 일반적으로 (각 요소를 반복해서) 실행 가능한 코드를 인자로 받아들여 객체로 변환한다. 이를 통해 일반적인 반복으로는 작성하기 어려운 처리도 열거자를 통해 처리할 수 있다.

---

6 직접 작성한 반복자 메서드에서 StopIteration 예외를 rescue로 잡아서 처리할 수도 있다. 하지만 아직 예외에 대해 다루지 않았으므로 여기서는 자세히 다루지 않는다.

예를 들어 Enumerable 모듈에는 each_with_index 메서드가 정의되어 있다. 이는 호스트 클래스의 each 메서드를 호출하며, 컬렉션의 다음 값과 함께 위치 정보를 같이 반환한다.

```
result = []
[ 'a', 'b', 'c' ].each_with_index {|item, index| result << [item, index] }
result  # => [["a", 0], ["b", 1], ["c", 2]]
```

다른 반복자 메서드에서도 이 인덱스를 사용하고자 하면 어떻게 해야 할까? 예를 들어 문자열의 각 문자를 인덱스와 함께 반복하고 싶다고 해 보자. 하지만 String 클래스에 each_char_with_index와 같은 메서드는 없다.

열거자가 이 문제를 해결해 준다. 문자열 객체의 each_char 메서드는 블록을 넘기지 않으면 열거자 객체를 반환한다. 이 열거자 객체에 대해 each_with_index를 호출하는 방법을 사용할 수 있다.

```
result = []
"cat".each_char.each_with_index {|item, index| result << [item, index] }
result  # => [["c", 0], ["a", 1], ["t", 2]]
```

이는 열거자를 활용하는 기본적인 방법이다. 마츠는 이에 착안해 with_index라는 좀 더 간결한 해결책을 준비해 두었다.

```
result = []
"cat".each_char.with_index {|item, index| result << [item, index] }
result  # => [["c", 0], ["a", 1], ["t", 2]]
```

물론 Enumerator 객체를 좀 더 명시적으로 생성할 수도 있다. 다음 예제에서는 each_char 메서드를 호출한 결과를 Enumerator 객체로 생성한다. 이 열거자 (enumerator) 객체에 to_a를 호출해 반복 처리한 결과를 얻을 수 있다.

```
enum = "cat".enum_for(:each_char)
enum.to_a  # => ["c", "a", "t"]
```

열거자의 베이스가 되는 메서드가 매개 변수를 받는다면 enum_for에 같이 넘겨 줄 수도 있다.

```
enum_in_threes = (1..10).enum_for(:each_slice, 3)
enum_in_threes.to_a  # => [[1, 2, 3], [4, 5, 6], [7, 8, 9], [10]]
```

제네레이터(Generator)로서의 열거자, 필터(Filter)로서의 열거자

(여기서 설명하는 내용은 심화된 내용으로 이 책을 처음 읽는다면 넘겨도 무방하다.) 이미 존재하는 컬렉션으로부터 열거자를 생성할 수도 있지만, 명시적으로 블록을 넘겨 열거자를 생성할 수도 있다. 블록의 코드는 열거자 객체가 프로

그램에 새로운 값을 생성해서 전달할 때 필요하다. 하지만 이 블록이 단순히 위에서 아래로 실행되지는 않는다. 블록은 선형적으로 실행되는 대신 프로그램의 나머지 부분과 병렬로 실행된다. 블록은 위에서부터 시작하지만 블록이 특정한 값을 yield하는 시점에서 실행을 멈춘다. 프로그램에서 새로운 값을 필요로 할 때 다시 이를 호출하면 이전에 블록에서 멈춘 부분부터 다시 다음 값을 yield할 때까지 프로그램을 실행한다. 이를 통해 무한히 값을 생성할 수 있는 열거자를 생성할 수 있다(물론 이외에도 다양한 일을 할 수 있다).

```ruby
triangular_numbers = Enumerator.new do |yielder|
  number = 0
  count = 1
  loop do
    number += count
    count += 1
    yielder.yield number
  end
end

5.times { print triangular_numbers.next, " " }
puts
```

실행 결과:
```
1 3 6 10 15
```

열거자 객체도 열거 가능(enumerable)하다. 이 말은 열거 가능한 객체에서 사용 가능한 메서드는 열거자 객체에서도 사용 가능하다는 의미다. 따라서 first와 같은 Enumerable의 메서드 역시 사용 가능하다.

```ruby
triangular_numbers = Enumerator.new do |yielder|
  number = 0
  count = 1
  loop do
    number += count
    count += 1
    yielder.yield number
  end
end

p triangular_numbers.first(5)
```

실행 결과:
```
[1, 3, 6, 10, 15]
```

무한히 값을 생성할 수 있는 열거자를 만들 때는 한 가지 주의가 필요하다. Enumerator에 포함된 count나 select와 같은 몇몇 메서드는 그 결괏값을 계산하기 위해 열거자가 무한히 값을 생성하는지에 무관하게 모든 요소를 가져오려고 시도한다. 루비 1.9 이후 버전에서 무한히 값을 생성하는 열거자에서도 사용 가능한 select가 필요하다면 직접 작성해야 한다(루비 2에서는 좀 더 나은 해결

책이 있다. 이는 조금 뒤에 이야기한다). 다음 예제는 열거자와 블록이 주어졌을 때 원래의 열거자 요소 중에 블록이 true를 반환하는 요소만을 포함한 새로운 열거자를 반환하는 코드다. 이 예제에서는 10의 배수인 삼각수를 반환한다.

```
triangular_numbers = Enumerator.new do |yielder|
  # ...
  # 앞선 예제와 같다.
  # ...
end

def infinite_select(enum, &block)
  Enumerator.new do |yielder|
    enum.each do |value|
      yielder.yield(value) if block.call(value)
    end
  end
end

p infinite_select(triangular_numbers) {|val| val % 10 == 0}.first(5)
```

실행 결과:

```
[10, 120, 190, 210, 300]
```

앞선 예제에서는 infinite_select 메서드에 매개 변수로 블록을 넘길 때 &block 문법을 사용했다.

브라이언 캔들러(Brian Candler)가 루비 코어 메일링 리스트(메시지 19679)에서 이야기했듯이 infinite_select와 같은 필터를 Enumerator 클래스에 직접 추가하면 좀 더 편리하게 사용할 수 있다. 다음 예제는 10의 배수이자 세 자리 이상의 삼각수 중에 처음 다섯 요소를 찾아낸다.

```
triangular_numbers = Enumerator.new do |yielder|
  # ... 앞선 예제와 같다.
end

class Enumerator
  def infinite_select(&block)
    Enumerator.new do |yielder|
      self.each do |value|
        yielder.yield(value) if block.call(value)
      end
    end
  end
end

p triangular_numbers
  .infinite_select {|val| val % 10 == 0}
  .infinite_select {|val| val.to_s =~ /3/ }
  .first(5)
```

실행 결과:

```
[300, 630, 1830, 3160, 3240]
```

루비 2의 게으른 열거자

이전 절에서 살펴보았듯이 열거자를 통해 무한한 시퀀스를 생성하는 데는 문제가 하나 있다. select와 같이 탐욕적이지 않은 특별한 메서드들을 만들어야만 한다. 다행히도 루비 2.0에는 이러한 기능이 내장되어 있다.

어떤 루비 열거자이든 Enumerator#lazy 메서드를 호출하면 Enumerator::Lazy 객체를 반환한다. 이 열거자는 원래의 열거자와 같은 방식으로 작동하지만 무한한 시퀀스에 대해서도 정상으로 작동하도록 select나 map 같은 메서드들이 재정의되어 있다. 이를 다른 방식으로 표현하자면 이러한 게으른 버전의 메서드들은 데이터가 요청되기 전까지는 어떠한 데이터도 사용하지 않는다. 그리고 데이터가 요청되었을 때만 필요한 만큼 사용한다.

따라서 열거자의 게으른 버전 메서드들은 정상적인 작동을 위해 데이터의 배열들을 반환하지 않는다. 그 대신에 자신의 고유한 절차를 담은 새로운 열거자를 반환한다. 예를 들어 select 메서드는 입력받은 컬렉션에 대해 어떻게 select를 적용해야 히는지 알고 있는 열거사를 반환하며, map 메서드는 어떻게 map을 적용해야 하는지 알고 있는 열거자를 반환한다. 게으른 열거자 메서드들을 연쇄시킨 결과는 열거자들을 연쇄시킨 형태가 된다. 연쇄의 마지막에 있는 메서드는 바로 앞의 메서드들에서 값들을 받아오고, 이와 같은 방식으로 계속해서 값을 넘겨받는다.

이를 가지고 놀아보자. 먼저 Integer 클래스에 정수 스트림을 생성하는 헬퍼 메서드를 정의하자.

```ruby
def Integer.all
  Enumerator.new do |yielder, n: 0|
    loop { yielder.yield(n += 1) }
  end.lazy
end

p Integer.all.first(10)
```

실행 결과:
```
[1, 2, 3, 4, 5, 6, 7, 8, 9, 10]
```

짚고 넘어가야 할 부분이 몇 가지 있다. 하나는 블록에서 키워드 매개 변수가 어떻게 사용되었는지, 즉 지역 변수 n이 어떻게 정의되고 초기화되었는지 보아야 한다.[7] 두 번째는 어떻게 간단한 제네레이터(generator)를 lazy 메서드를 통해 게으른 열거자로 만들었는지 살펴보아야 한다.

---

7 세미콜론 구분자를 사용해 블록 지역 변수를 정의하는 것도 매우 유용하다. 하지만 루비에선 이러한 변수에 대해 초기화를 할 수 없다.

first 메서드를 호출하면 숫자 1부터 10을 반환하지만, 이는 게으른 특징을 가지고 있지는 않다. 앞선 예제 대신에 앞에서부터 3의 배수 10개를 가져와 보자.

```
p Integer
    .all
    .select {|i| (i % 3).zero? }
    .first(10)
```

실행 결과:
```
[3, 6, 9, 12, 15, 18, 21, 24, 27, 30]
```

게으른 열거자 없이 select를 사용하면 실제론 아무것도 반환하지 않는다. 생성기로부터 모든 값을 얻어오려 하기 때문이다. 하지만 게으르게 작동하는 select는 주어진 만큼의 값만을 가져오므로, 앞선 예제에서는 앞에서부터 딱 열 개의 값만을 가져올 수 있다.

좀 더 복잡한 예를 살펴보자. 다음 예제에서는 3의 배수이면서 문자열로는 회문(palindrome)인 수를 찾아보자.

```
def palindrome?(n)
  n = n.to_s
  n == n.reverse
end

p Integer
    .all
    .select {|i| (i % 3).zero? }
    .first(10)
```

실행 결과:
```
[3, 6, 9, 33, 66, 99, 111, 141, 171, 222]
```

게으른 필터 메서드들은 단지 새로운 열거자 객체를 반환한다는 사실을 기억하자. 이를 통해 앞의 코드를 다음과 같이 쪼갤 수 있다.

```
multiple_of_three = Integer
    .all
    .select { |i| (i % 3).zero? }

p multiple_of_three.first(10)

m3_palindrome = multiple_of_three
    .select { |i| palindrome?(i) }

p m3_palindrome.first(10)
```

실행 결과:
```
[3, 6, 9, 12, 15, 18, 21, 24, 27, 30]
[3, 6, 9, 33, 66, 99, 111, 141, 171, 222]
```

가독성이나 재사용성이 중요하다면 proc을 통해 코드 조각들을 적절하게 구성해서 사용할 수도 있다.

```
multiple_of_three = -> n { (n % 3).zero? }
palindrome        = -> n { n = n.to_s; n == n.reverse }

p Integer
   .all
   .select(&multiple_of_three)
   .select(&palindrome)
   .first(10)
```

실행 결과:
```
[3, 6, 9, 33, 66, 99, 111, 141, 171, 222]
```

루비 온 레일스의 ActiveRelation을 사용해 봤다면 이러한 패턴에 익숙할 것이다. 게으른 열거자 메서드는 한 번에 복잡한 필터를 만들 수 있도록 도와줄 것이다.

트랜잭션을 위한 블록

블록이 주로 반복자에서 사용되기는 하지만 다른 용도로 사용되기도 한다. 여기서 몇 가지를 살펴보자.

먼저 트랜잭션 제어 하에서 동작해야만 하는 코드를 작성해야 할 때 블록을 사용할 수 있다. 예를 들어 파일을 열고 그 내용으로 어떤 작업을 하고 이 작업을 마치면 이 파일이 닫힌다는 사실을 확신하고 싶다고 하자. 물론 이것은 지금까지의 방식으로 해결할 수도 있지만 블록을 사용하는 방식은 좀 더 단순하다 (더욱이 에러를 줄일 수 있다는 이점을 추가적으로 얻을 수 있다). 다음 예제는 예외 처리를 포함하지 않는 간단한 구현을 보여준다.

```
class File
  def self.open_and_process(*args)
    f = File.open(*args)
    yield f
    f.close()
  end
end

File.open_and_process("testfile", "r") do |file|
  while line = file.gets
    puts line
  end
end
```

실행 결과:
```
This is line one
This is line two
This is line three
And so on...
```

open_and_process는 클래스 메서드다. 특정한 파일 객체에 상관없이 호출할 수 있다. 이 메서드가 일반적인 File.open 메서드와 똑같은 매개 변수를 받는다면 편리할 것이다. 하지만 File.open 메서드는 어떤 매개 변수가 무엇인지는 신경 쓰지 않아도 된다. 이를 위해 메서드 정의 부분에 매개 변수를 *args라고 쓰기만 하면 된다. 이것이 뜻하는 바는 "실제로 메서드에서 넘겨받는 매개 변수를 모아서 배열로 만들고 args라고 이름 붙여라"다. 그다음에는 File.open을 호출해서 *args를 매개 변수로 넘긴다. 이는 배열을 다시 펼쳐서 요소 각각을 매개 변수로 넘긴다. 따라서 결과적으로 open_and_process 메서드가 받은 매개 변수를 투명하게 File.open으로 넘겨주게 된다.

파일을 열었다면 이제 open_and_process 메서드는 yield를 호출하여 방금 연 파일 객체를 블록 객체에 넘겨준다. 그리고 블록 실행이 종료되면 파일을 닫는다. 이렇게 함으로써 열린 파일의 핸들을 닫아야 하는 책임이 파일 객체의 사용자로부터 파일 객체 자체로 넘어가게 된다.

파일 객체가 스스로 자신의 생명 주기를 관리하는 이 기법은 워낙 유용한 것이라서 루비의 File 클래스에서 직접 이런 기능을 지원한다. File.open 메서드 호출에 블록을 결합하면 그 블록이 파일 객체와 함께 실행될 것이고, 블록 실행을 마치면 파일 객체는 자동으로 닫힌다. 여기서 흥미로운 점은 File.open 메서드가 서로 다른 두 가지 작동법을 갖고 있다는 점이다. 블록과 함께 호출할 때는 블록을 실행하고 파일을 닫는다. 하지만 블록이 없으면 파일 객체를 반환할 뿐이다. 이는 block_given? 메서드를 사용해서 구현할 수 있는데, 이 메서드는 현재 메서드에 블록이 결합되어 있다면 true를 반환한다. 이를 이용해 다음과 같이 표준 File.open 메서드를 비슷하게 구현할 수 있다(예외 처리는 무시한다).

```
class File
  def self.my_open(*args)
    result = file = File.new(*args)
    # 블록이 있으면 파일을 넘기고 실행을 마치면 파일을 닫는다.
    if block_given?
      result = yield file
      file.close
    end
    result
  end
end
```

이 예제에는 한 가지 문제가 있다. 자원의 열고 닫음을 블록에 맡긴 지금까지의 예제에서 우리는 예외 처리를 고려하지 않았다. 메서드를 제대로 구현하고자 한다면 파일로 무언가를 처리하던 중 갑자기 문제가 발생하더라도 파일이 닫힌다는 사실을 보장해야만 한다. 이를 위해 예외 처리가 필요하다. 이는 10장에서 다룬다.

객체로서의 블록

블록은 익명 메서드와 비슷하지만 단순히 이걸로 끝은 아니다. 블록은 객체로 변환할 수 있으며, 이 객체를 변수에 저장할 수도 있고, 어딘가에 넘겨줄 수도 있으며, 나중에 호출할 수도 있다.

앞서 블록은 메서드에 넘겨지는 추가적인 매개 변수로 생각해도 무방하다고 이야기한 바 있다. 사실은 암묵적인 매개 변수일 뿐 아니라 명시적인 매개 변수로 사용할 수도 있다. 메서드를 정의할 때 마지막 매개 변수에 앰퍼샌드(&)를 접두사로 붙이면(예를 들어 &action과 같이) 루비는 이 메서드가 호출될 때마다 코드 블록이 넘겨졌는지 찾아본다. 이 코드 블록은 Proc 클래스의 객체로 변환되어 매개 변수로 넘겨진다. 이렇게 넘겨진 코드 블록은 여느 매개 변수와 마찬가지로 다룰 수 있다.

다음은 특정 인스턴스 메서드에서 Proc 객체를 생성하고 이를 인스턴스 변수에 저장하고, 다른 인스턴스 메서드에서 이를 호출하는 예제다.

```
class ProcExample
  def pass_in_block(&action)
    @stored_proc = action
  end
  def use_proc(parameter)
    @stored_proc.call(parameter)
  end
end

eg = ProcExample.new
eg.pass_in_block { |param| puts "The parameter is #{param}" }
eg.use_proc(99)
```

실행 결과:
```
The parameter is 99
```

proc 객체에 대해 call 메서드를 호출함으로써 원래의 블록을 호출한다는 점에 주의할 필요가 있다.

많은 루비 프로그래머들이 이러한 방식으로 블록을 변수에 저장하며 이후에 다시 호출한다. 이는 콜백이나 디스패치 테이블 등을 구현하는 훌륭한 방법이다. 여기서 좀 더 나아갈 수도 있다. 메서드에서 매개 변수 맨 앞에 앰퍼샌드를 붙여 블록을 객체로 변환할 수 있다면, 이 메서드에서 Proc 객체를 실행하고 그 결과를 다시 반환한다면 어떻게 될까?

```
def create_block_object(&block)
  block
end

bo = create_block_object { |param| puts "You called me with #{param}" }
```

```
bo.call 99
bo.call "cat"
```

실행 결과:

```
You called me with 99
You called me with cat
```

이러한 아이디어는 무척 유용하기에 루비에서는 블록을 객체로 변환하는 내장 메서드를 두 가지나 지원한다.[8] lambda와 Proc.new가 바로 그것이다. 두 메서드는 블록을 받아서 Proc 객체를 반환한다. 반환된 객체는 약간 다르게 작동하지만 구체적인 내용은 416쪽에서 다룬다.

```
bo = lambda { |param| puts "You called me with #{param}" }
bo.call 99
bo.call "cat"
```

실행 결과:

```
You called me with 99
You called me with cat
```

블록은 클로저이기도 하다

앞서 블록 내부에서 블록의 외부 스코프에 있는 지역 변수도 참조 가능하다는 설명을 했다. 이를 사용해 다음과 같이 조금 특이하게 블록을 활용할 수도 있다.

```
def n_times(thing)
  lambda {|n| thing * n }
end

p1 = n_times(23)
p1.call(3)  # => 69
p1.call(4)  # => 92
p2 = n_times("Hello ")
p2.call(3)  # => "Hello Hello Hello "
```

n_times 메서드는 이 메서드의 매개 변수 thing을 참조하는 Proc 객체를 반환한다. 이 매개 변수는 블록이 호출될 때 스코프 범위 밖에 있지만 블록에서는 당연한 듯이 사용할 수 있다. 이를 클로저라고 한다. 블록 내부에서 참조하고 있는 변수는 블록을 벗어난 시점에서도 이 블록이 존재하는 한, 또는 이 블록에서 생성된 Proc 객체가 존재하는 한 언제든지 접근 가능하다.

다음은 또 다른 예제다. 2의 제곱열을 반환하는 Proc 객체를 반환하는 예다.

```
def power_proc_generator
  value = 1
  lambda { value += value }
end
```

---

8 사실 proc을 사용한 방법이 한 가지 더 있지만, 이는 더는 실질적으로 사용되지 않는다.

```
power_proc = power_proc_generator

puts power_proc.call
puts power_proc.call
puts power_proc.call
```

실행 결과:
```
2
4
8
```

대체 문법

루비는 Proc 객체를 생성하기 위한 또 다른 문법을 제공한다. 이렇게 작성할 수
도 있지만,

```
lambda { |params| ... }
```

다음과 같이 더 간결하게 작성할 수도 있다.[9]

```
-> params { ... }
```

매개 변수는 괄호로 감싸도 되고, 감싸지 않아도 된다. 예를 들면 다음과 같다.

```
proc1 = -> arg { puts "In proc1 with #{arg}" }
proc2 = -> arg1, arg2 { puts "In proc2 with #{arg1} and #{arg2}" }
proc3 = ->(arg1, arg2) { puts "In proc3 with #{arg1} and #{arg2}" }

proc1.call "ant"
proc2.call "bee", "cat"
proc3.call "dog", "elk"
```

실행 결과:
```
In proc1 with ant
In proc2 with bee and cat
In proc3 with dog and elk
```

-) 형식이 lambda 문법보다 간결하다. 하나 이상의 Proc 객체를 메서드에 넘겨
줄 때는 -) 형식이 선호된다.

```
def my_if(condition, then_clause, else_clause)
  if condition
    then_clause.call
  else
    else_clause.call
  end
end
```

---

9   하나 짚고 넘어가자. 왜 -)라는 문법을 사용할까? 다양한 인코딩으로 쓰인 소스 파일 간의 호환성을 유지하
기 위해선 루비의 명령에 사용하는 코드는 단순한 7비트 아스키 코드로 제한되어 있으며 루비 구문의 유연성
을 위해 사용 가능한 문자는 제한되어 있다. 마츠는 -)가 그리스 문자 람다(λ)를 연상시킨다고 느껴서 이러한
표기법을 사용했다.

```
5.times do |val|
  my_if val < 2,
        -> { puts "#{val} is small" },
        -> { puts "#{val} is big" }
end
```

실행 결과:

```
0 is small
1 is small
2 is big
3 is big
4 is big
```

메서드에 블록을 넘겨주는 게 유용한 이유는 블록 내부의 코드를 언제라도 다시 평가할 수 있다는 점이다. 다음은 while 문을 다시 구현하는 예제다. 반복의 조건을 블록으로 넘겨주기 때문에 반복될 때마다 매번 평가된다.

```
def my_while(cond, &body)
  while cond.call
    body.call
  end
end

a = 0

my_while -> { a < 3 } do
  puts a
  a += 1
end
```

실행 결과:

```
0
1
2
```

블록의 매개 변수 리스트

예전부터 사용되어 오던 문법에서는 블록이 매개 변수를 받으면 블록 시작 위치에 이를 막대 문자(|)를 사용해서 나타냈다. -> 문법을 사용할 때는 블록의 본문에 앞서 매개 변수 리스트를 열거한다. 어느 쪽이건 메서드에 넘기는 것과 마찬가지 매개 변수 리스트를 정의할 수 있다. 메서드와 마찬가지로 기본값, 가변 길이 인자(151쪽에서 설명한다), 키워드 인자, 블록 매개 변수(맨 마지막에 오는 &로 시작하는 매개 변수) 모두 사용할 수 있다. 따라서 메서드와 마찬가지로 다양한 처리를 할 수 있는 블록을 작성할 수 있다.[10] 다음은 블록에서 블록 매개 변수를 사용하는 예제다.

---

10 실제로는 메서드보다도 더 다양하게 사용될 수 있다. 이는 블록은 클로저이지만, 메서드는 아니기 때문이다.

```
proc1 = lambda do |a, *b, &block|
  puts "a = #{a.inspect}"
  puts "b = #{b.inspect}"
  block.call
end

proc1.call(1, 2, 3, 4) { puts "in block1" }
```

실행 결과:
```
a = 1
b = [2, 3, 4]
in block1
```

새로운 -〉 문법을 사용한 예제다.

```
proc2 = -> a, *b, &block do
  puts "a = #{a.inspect}"
  puts "b = #{b.inspect}"
  block.call
end

proc2.call(1, 2, 3, 4) { puts "in block2" }
```

실행 결과:
```
a = 1
b = [2, 3, 4]
in block2
```

4.4 컨테이너는 어디에나 있다

컨테이너, 블록, 반복자는 루비의 핵심 개념이다. 루비 코드를 작성하면 할수록 전통적인 반복문에서 벗어나는 자신을 발견하게 될 것이다. 대신 자신의 내용을 반복하는 것을 돕는 클래스를 작성하게 된다. 이런 코드가 간결하고 읽기 쉽고, 또 관리도 편하다는 사실도 금방 깨닫게 될 것이다. 이런 모든 것들이 아직 어색하게 느껴진다고 해도 걱정할 필요는 없다. 시간을 조금만 들이면 금방 자연스러워질 것이다. 또한 루비 라이브러리들과 프레임워크를 사용하는 과정에서 자연스럽게 많은 연습을 하게 될 것이다.

5장

기능 공유하기: 상속, 모듈, 믹스인

좋은 설계 원칙 중 한 가지는 불필요한 중복을 없애는 일이다. 프로그래머들은 애플리케이션에서 다루는 하나의 개념이 딱 한 번만 표현될 수 있도록 노력한다.[1]

클래스기 이리한 일에 어떻게 도움이 되는시는 이미 살펴보았다. 클래스의 모든 메서드는 자동으로 그 클래스의 모든 인스턴스에서 사용할 수 있다. 하지만 더 일반적인 공유 방법도 필요하다. 예를 들어 상품 출하용 애플리케이션이 있다고 가정하자. 상품 출하를 위한 다양한 폼이 있으나 모든 폼은 무게 계산과 같은 기본적인 기능을 공유한다. 이때 각 출하 물건마다 이러한 기능을 중복해서 만들고 싶지는 않을 것이다. 또는 좀 더 범용적인 기능을 만들어 여러 클래스에 주입해서 사용하고 싶을 수도 있다. 예를 들어 온라인 쇼핑몰에서는 장바구니, 주문 상품, 견적 같은 것들에 대한 세금을 계산하는 기능이 필요하다. 이때도 세금 계산을 하는 기능을 저마다 따로 직접 구현하는 것은 바람직하지 않다.

이번 장에서는 루비에서 이러한 기능을 공유하는 두 가지 방법(하지만 서로 연결된)의 원리를 설명한다. 첫 번째는 클래스 수준에서 제공되는 상속 개념이다. 이는 객체 지향 언어에서 사용하는 일반적인 방법이다. 그리고 다른 하나는 때때로 상속보다도 더 선호되는 믹스인(mixin)이다. 마지막으로 이 두 기능을 언제 어떻게 사용해야 하는지 다룬다.

---

1   왜일까? 다름 아닌 세상이 변하기 때문이다. 변화에 발맞춰 애플리케이션을 수정할 필요가 생겼을 때, 정확히 변경이 필요한 코드만을 변경했는지 파악하고 싶을 것이다. 현실 세계의 개념이 각각 하나로 구현되어 있다면 이러한 변경 작업은 매우 쉬워진다.

5.1 상속과 메시지

바로 이전 장에서 객체를 문자열로 변환할 필요가 있을 때 puts 메서드가 대상 객체의 to_s 메서드를 호출하는 것을 살펴보았다. 그리고 to_s 메서드를 명시적으로 가지지 않는 클래스를 만들어 보았다. 그럼에도 이러한 클래스의 객체들은 to_s 메서드 호출에 대해 무언가를 반환해 준다. 이것이 어떻게 가능한지 이해하려면 상속과 자식 클래스 생성, 그리고 루비에서 객체가 메시지를 받았을 때 어떤 메서드를 실행할지 결정하는 방법을 이해해야 한다.

상속을 사용하면 다른 클래스를 개선하거나 특수한 기능을 더한 클래스를 만들 수 있다. 이 클래스는 원래의 클래스에 대해 하위 클래스라고 불리며, 원래 클래스는 상위 클래스라고 한다. 자식 클래스와 부모 클래스라고도 부른다.

자식 클래스를 생성하는 기본적인 원리는 간단하다. 먼저 자식 클래스는 부모 클래스의 모든 기능을 상속한다. 자식 클래스에서는 부모 클래스의 모든 인스턴스 메서드를 사용할 수 있다.

먼저 간단한 예제를 살펴보고 실제로 구현해 보자. 여기서는 부모 클래스를 정의하고, 이 클래스를 상속하는 자식 클래스를 정의한다.

```ruby
class Parent
  def say_hello
    puts "Hello from #{self}"
  end
end

p = Parent.new
p.say_hello
# 자식 클래스 생성
class Child < Parent
end

c = Child.new
c.say_hello
```

실행 결과:
```
Hello from #<Parent:0x007fcd59034c78>
Hello from #<Child:0x007fcd59034908>
```

여기서 부모 클래스는 say_hello라는 인스턴스 메서드 하나로 정의되어 있다. 여기서는 이 클래스의 인스턴스를 생성하고, 변수 p에 인스턴스의 참조를 대입했다.

그리고 자식 클래스를 생성하고자 Child ⟨ Parent 문법을 사용했다. ⟨ 문법은 오른쪽에 있는 클래스를 부모로 하는 새로운 클래스를 정의한다는 의미다. 더 작다는 의미를 가진 ⟨ 기호는 자식 클래스가 부모 클래스를 더 특수화했다는 것을 의미한다.

여기서는 Child 클래스에 아무런 메서드가 없다는 것에 주목하기 바란다. 그럼에도 Child 클래스에서 인스턴스를 만들면 이 인스턴스에 대해 say_hello라는 메서드를 사용할 수 있다. 이는 Child 클래스가 Parent 클래스의 모든 메서드를 상속받았기 때문이다. say_hello 메서드는 현재 객체를 나타내는 self를 출력하도록 되어 있는데, 이 메서드가 Parent에 정의되어 있음에도 불구하고 Child 클래스의 인스턴스에서 호출했을 때는 Child라고 출력되는 것을 알 수 있다.

superclass 메서드는 수신자(특정 클래스)의 부모 클래스를 반환한다.

```ruby
class Parent
end
class Child < Parent
end
Child.superclass  # => Parent
```

그런데 Parent 클래스에도 부모 클래스가 있을까?

```ruby
class Parent
end
Parent.superclass  # => Object
```

클래스를 정의할 때 부모 클래스를 지정하지 않으면 루비는 자동으로 내장 클래스인 Object를 그 클래스의 부모로 삼는다. 그럼 Object의 부모를 찾아보자.

```ruby
Object.superclass  # => BasicObject
```

BasicObject 클래스는 메타프로그래밍에 사용되는 클래스로 아무것도 없는 캔버스처럼 작동한다. BasicObject에도 부모 클래스가 있을까?

```ruby
BasicObject.superclass.inspect  # => "nil"
```

결과에서 알 수 있듯이 끝에 다다랐다. BasicObject는 루비의 클래스 상속 구조에서 뿌리에 해당한다. 루비 애플리케이션의 어떤 객체라도 부모의 부모의 부모의 뿌리를 찾아가다 보면 결국에는 BasicObject에 이른다.

앞선 예제에서 루비에서 Child 클래스에 메서드가 정의되어 있지 않을 때 같은 이름을 가진 메서드를 부모 클래스에서 찾는 것을 살펴보았다. 여기서 좀 더 나아가 보면, 루비는 자기 자신에 정의되어 있지 않은 메서드를 자신의 부모 클래스에서 찾고, 여기서도 없으면 부모의 부모 클래스에서 찾고, 이렇게 부모 클래스가 더 이상 없을 때까지 메서드를 찾아나간다.

그렇다면 원래의 질문으로 돌아가 보자. 이를 통해 모든 루비 객체에서 to_s 메서드가 사용 가능한 원리를 알 수 있다. to_s 메서드는 Object 클래스에 정의되어 있다. Object 클래스는 BasicObject를 제외한 모든 클래스의 부모 클래스이므로 루비의 어떤 클래스의 인스턴스라도 to_s 메서드가 정의되어 있는 것이다.

```
class Person
  def initialize(name)
    @name = name
  end
end
p = Person.new("Michael")
puts p
```

실행 결과:

```
#<Person:0x007fc812839550>
```

이전 장에서 to_s 메서드를 오버라이드할 수 있는 것을 보였다.

```
class Person
  def initialize(name)
    @name = name
  end
  def to_s
    "Person named #{@name}"
  end
end

p = Person.new("Michael")
puts p
```

실행 결과:

```
Person named Michael
```

자식 클래스와 상속에 대해 이해했으니, 앞선 예제 코드에서 이해하기 어려운 부분은 없을 것이다. puts 메서드는 인자에 대해 to_s 메서드를 호출한다. 이 예제에서 인자는 Person 객체다. Person 객체에는 to_s 메서드가 명시적으로 정의되어 있으므로 이를 호출한다. 이 클래스에 to_s 메서드가 없다면 루비는 Person의 부모 클래스인 Object에서 to_s 메서드를 찾는다.

자식 클래스는 표준 라이브러리나 프레임워크 클래스에 해당 애플리케이션에만 적용되는 기능을 추가할 때 주로 사용된다. 루비 온 레일스[2]를 사용한다면 자신만의 컨트롤러 클래스들을 정의하기 위해 ActionController를 상속할 것이다. 이를 통해 자신의 컨트롤러에서 ActionController의 모든 기능을 사용할 수 있으며 추가적으로 사용자의 요청에 대응할 수 있는 고유의 핸들러를 정의할 수 있다. FXRuby GUI 프레임워크를 사용한다면[3] 상속을 통해 FX 표준 GUI 위젯에 애플리케이션 고유의 행동(기능)을 추가할 수 있다.

다음은 좀 더 자기 완결적인 예제다. 루비에는 기본적으로 간단한 TCP 서버

---

2 http://www.rubyonrails.com

3 http://www.fxruby.org/

기능이 구현된 GServer 라이브러리가 있다. GServer를 상속하는 클래스 구현을 통해 여기에 추가적인 기능을 덧붙일 수 있다. 이를 사용해 클라이언트가 소켓에 접속하는 것을 기다리다 시스템 로그 파일 마지막의 몇 줄을 반환하는 프로그램을 작성해 보자. 이 예는 실행 시간이 긴 애플리케이션에서 매우 유용하다. 이러한 서버를 사용해서 애플리케이션 실행 중에 (외부에서도) 애플리케이션의 상태를 알 수 있다.

GServer 클래스는 TCP 소켓과 소통하기 위한 모든 처리를 할 수 있다. GServer 객체를 만들 때 리슨하고자 하는 포트를 지정한다.[4] 그리고 클라이언트가 연결되면 GServer 객체는 serve 메서드를 호출해 접속에 대해 처리한다. 다음은 GServer 클래스의 serve 메서드 구현을 나타낸다.

```
def serve(io)
end
```

코드에서 볼 수 있듯이 아무것도 하지 않는다. 새로 정의할 LogServer 클래스에서 serve 메서드를 재정의해야 한다.

tut_modules/gserver-logger.rb
```
require 'gserver'

class LogServer < GServer

  def initialize
    super(12345)
  end

  def serve(client)
    client.puts get_end_of_log_file
  end

private

  def get_end_of_log_file
    File.open("/var/log/system.log") do |log|
    log.seek(-500, IO::SEEK_END)   # 뒤에서 500 문자 백업
    log.gets                       # 완전하지 않은 행은 무시
    log.read                       # 나머지를 반환
    end
  end
end

server = LogServer.new
server.start.join
```

여기서는 서버 실행에 관한 자세한 내용은 다루지 않는다. 서버에 대해 다루는 대신에 상속 기능이 어떻게 우리의 목적을 달성하는 데 도움이 되는지 살펴본

---

4 이외에도 더 많은 것을 지정할 수 있지만, 여기서는 간단한 사용법만 보인다.

다. 앞선 예제에서 알 수 있듯이 LogServer는 GServer를 상속하고 있다. 이는 로그 서버가 GServer라는 것을 의미하며 따라서 GServer의 모든 기능을 공유하고 있다. 또한 GServer를 상속받는 새로운 클래스에서 고유의 특화된 기능을 정의할 수 있다는 의미이기도 하다.

먼저 이렇게 특화된 메서드는 initialize 메서드다. 여기서는 로그 서버를 12345번 TCP 포트를 사용해 실행한다. 포트 번호는 일반적으로 GServer 생성자로 넘겨받아 설정된다. 따라서 LogServer 클래스의 initialize 메서드에서는 부모 클래스인 GServer의 initalize 메서드에 포트 번호를 넘겨줘야 한다. 루비에서는 이러한 작업을 super 키워드를 통해 할 수 있다. super를 호출하면 루비는 이 메시지를 현재 클래스의 부모로 다시 보낸다. 이때 부모 클래스에서 super를 호출한 메서드와 동일한 메서드를 찾아서 실행한다. 이때 호출되는 메서드는 super에 넘겨진 값들을 매개 변수로 실행된다.

이러한 과정은 매우 중요하지만 객체 지향 프로그래밍을 처음 접하는 사람들에게는 간과되곤 한다. 클래스를 상속해서 자식 클래스를 정의할 때는, 이 클래스가 정상으로 동작하기 위한 초기화를 스스로 정의해야 할 필요가 있다. 바꿔 말하면 초기화가 필요한 상황이 아니라면, 상속하는 클래스의 initialize 메서드의 어딘가에서는 반드시 super 클래스를 호출해야만 한다(자식 클래스에서 특별히 initialize 메서드를 필요로 하지 않는다면 아무것도 하지 않아도 된다. 이때는 자식 클래스가 생성될 때 부모 클래스의 initialize 메서드를 실행한다).

따라서 initialize 메서드가 실행되고 나면, LogServer 객체는 프로토콜 레벨 처리에 대한 코드를 한 줄도 작성하지 않아도, 완전한 TCP 서버로 동작한다. 예제 마지막 부분에서는 서버를 실행하고 join을 호출해 서버가 종료되는 것을 기다린다.

이 서버는 외부의 클라이언트로부터 접속을 수신한다. 연결이 되면 서버 객체에서 serve 메서드가 실행된다. 앞서 살펴보았듯이 GServer 클래스의 serve 메서드는 비어 있었다. 이는 LogServer 클래스에서 재정의되었다. 루비가 실행해야 하는 메서드를 검색할 때 처음에 발견한 것이 serve 메서드이므로, GServer가 접속을 받았을 때 반드시 실행되는 것이 바로 직접 구현한 server 메서드가 된다. 직접 구현한 코드에서는 로그 파일의 마지막 부분을 몇 줄 정도 읽어 들여 클라이언트에 출력해 준다.[5]

---

[5] 웹 브라우저에서 http://127.0.0.1:12345에 접속해서 이 서버에 접근할 수도 있다.

```
$ telnet 127.0.0.1 12345
Trying 127.0.0.1...
Connected to localhost.
Escape character is '^]'.
Jul 9 12:22:59 doc-72-47-70-67 com.apple.mdworker.pool.0[49913]: PSSniffer error
Jul 9 12:28:55 doc-72-47-70-67 login[82588]: DEAD_PROCESS: 82588 ttys004
Connection closed by foreign host.
```

이러한 serve 메서드 사용은 자식 클래스의 일반적인 사용법을 보여준다. 즉 부모 클래스가 자식 클래스화되는 것을 상정하고 있으며, 자식 클래스의 메서드를 호출하도록 기대하는 것이다. 이를 통해 TCP 서버로서의 처리는 모두 부모 클래스에 위임할 수 있으며, 자식 클래스에서는 실질적인 혹 메서드만을 호출해 애플리케이션에 기능을 추가할 수 있다. 이번 장의 마지막에 설명하겠지만 이러한 디자인은 일반적이지만 반드시 좋은 디자인은 아니다.

따라서 이를 사용하는 대신 루비 코드의 기능을 공유하는 또 다른 방식인 믹스인에 대해 알아보자. 믹스인을 다루기에 앞서 루비의 모듈과 친해질 필요가 있다.

5.2 모듈

모듈은 메서드와 클래스, 상수를 함께 하나로 묶는 수단이다. 모듈은 다음과 같은 두 가지 장점이 있다.

- 모듈은 이름 공간(namespace)을 제공해서 이름이 충돌하는 것을 막아준다.
- 모듈은 믹스인(mixin) 기능을 구현하는 데 사용한다.

이름 공간

루비로 점점 더 큰 프로그램들을 작성하기 시작하면, 아마 자연스럽게 재사용 가능한 코드들의 묶음 즉, 범용적으로 사용할 수 있는 루틴들의 라이브러리를 만들게 될 것이다. 그리고 이 코드들을 별도 파일로 분리하여, 다른 루비 프로그램에서도 함께 사용하기를 원하게 될 것이다.

이러한 코드들은 보통 클래스로 이루어지기 때문에, 각 클래스(또는 연관된 클래스와 함께)를 파일에 나눠 담을 것이다. 하지만 클래스 형태를 지니지 않는 코드들을 함께 묶어줘야 하는 경우도 있다.

맨 먼저 시도해 볼 수 있는 방법은 이 루틴들을 하나의 파일에 담고, 필요한 프로그램에서 간단한 방법으로 읽어 들여 사용하는 것이다. 이것은 C 언어가 동작하는 방식과 같다. 하지만 이 방법에는 문제가 있다. 예를 들어 내가 sin, cos 같은 삼각 함수를 작성했다고 하자. 그리고 후손들의 즐거움을 위해 이것을 trig.rb 라는 파일에 전부 집어넣었다. 한편 샐리는 선과 악에 대한 시뮬레이션을 만들고 있는데, 그녀가 작성한 쓸모 있는 루틴을 moral.rb 파일에 담았다. 거기에는 be_good과 sin이라는 함수가 있다. 그러던 중에 조(Joe)는 바늘 끝에서 얼마나 많은 천사가 춤을 출 수 있는지 알아내는 프로그램을 원하게 되었다. 조의 프로그램은 trig.rb와 moral.rb를 모두 필요로 한다. 하지만 두 파일 모두 sin 메서드를 정의하고 있다. 나쁜 소식이다.

이에 대한 해답은 모듈 구조를 사용하는 것이다. 모듈은 이름 공간을 정의하는데, 이것은 다른 메서드나 상수에 의해 방해 받을 염려 없이 메서드와 상수를 정의할 수 있는 일종의 샌드박스(sandbox)다. 삼각 함수를 하나의 모듈에 넣으면 되겠다.

tut_modules/trig.rb

```
module Trig
  PI = 3.141592654
  def Trig.sin(x)
    # ..
  end

  def Trig.cos(x)
    # ..
  end
end
```

그리고 좋고 나쁜 행동에 대한 메서드를 다른 모듈에 넣자.

tut_modules/moral.rb

```
module Moral
  VERY_BAD = 0
  BAD = 1
  def Moral.sin(badness)
    # ...
  end
end
```

모듈 상수의 이름은 클래스 상수처럼 첫 문자를 대문자로 한다.[6] 메서드 선언 또한 비슷하다. 모듈 메서드는 클래스 메서드처럼 정의한다.

다른 프로그램에서 이 모듈을 사용하고자 한다면, 단순히 두 개의 파일을 불러와서(루비에서는 require를 사용한다) 적절한 이름으로 참조하면 된다. 두 모듈에 정의된 상수나 메서드의 이름을 모호하지 않게 참조하기 위해 사용하고자 하는 메서드가 정의된 모듈의 이름을 먼저 적고 ::(범위 한정 연산자)나 마침표

6 이 책에서는 관습에 따라 모두 대문자를 사용한다.

(.) 뒤에 이름을 적는다.

tut_modules/pin_head.rb

```ruby
require_relative 'trig'
require_relative 'moral'
y = Trig.sin(Trig::PI/4)
wrongdoing = Moral.sin(Moral::VERY_BAD)
```

클래스 메서드처럼 모듈의 이름과 점을 메서드 이름 앞에 붙여서 모듈 메서드를 호출한다. 그리고 상수는 모듈의 이름과 두 개의 콜론을 이용하여 접근한다.

5.3 믹스인

모듈에는 또 다른 훌륭한 사용법이 있다. 바로 믹스인이라는 기능인데, 이를 이용하면 많은 경우 다중 상속을 할 필요가 사라진다.

앞의 예제에서 모듈 메서드를 정의했는데, 이 메서드 이름 앞에는 모듈 이름이 붙어 있다. 이것을 보고 클래스 메서드를 떠올렸다면, 다음에는 이런 생각이 늘 것이다. "모듈 안에 인스턴스 메서드를 정의하면 어떻게 되는 걸까?" 좋은 질문이다. 모듈은 인스턴스를 가질 수 없다. 클래스가 아니기 때문이다. 하지만 클래스 선언에 모듈을 포함할 수 있다. 모듈을 포함하면 이 모듈의 모든 인스턴스 메서드는 갑자기 클래스의 인스턴스 메서드처럼 동작하기 시작한다. 즉, 이 메서드가 클래스에 녹아서 섞여 버린(mixed in) 것이다. 믹스인된 모듈은 실제로는 일종의 부모 클래스처럼 동작한다.

```ruby
module Debug
  def who_am_i?
    "#{self.class.name} (id: #{self.object_id}): #{self.name}"
  end
end

class Phonograph
  include Debug
  attr_reader :name
  def initialize(name)
    @name = name
  end
  # ...
end

class EightTrack
  include Debug
  attr_reader :name
  def initialize(name)
    @name = name
  end
  # ...
end
```

```
ph = Phonograph.new("West End Blues")
et = EightTrack.new("Surrealistic Pillow")

ph.who_am_i?  # => "Phonograph (id: 70296083061000): West End Blues"
et.who_am_i?  # => "EightTrack (id: 70296083060960): Surrealistic Pillow"
```

앞선 예제에서는 Debug 모듈을 포함함으로써 Phonograph와 EightTrack 둘 다
who_am_i? 인스턴스 메서드를 이용할 수 있게 되었다.

include 문을 사용하기 전에 짚고 넘어갈 부분이 두 가지 있다.

먼저 이것은 파일과 관련해 아무런 일도 하지 않는다는 점이다. C 개발자는
#include라는 전처리기(preprocessor)를 이용하는데, 이는 컴파일 중 해당 코
드 내용을 다른 파일에 추가시킨다. 루비의 include 구문은 단지 해당 모듈에 대
한 참조를 만들 뿐이다. 모듈이 분리된 파일에 있을 경우 include를 사용하기 전
에 해당 파일을 require(또는 좀 덜 쓰이기는 하지만 비슷한 메서드인 load)해야
한다. 두 번째로 루비의 include는 단순히 클래스에 모듈의 인스턴스 메서드를
복사하는 것이 아니다. 그 대신 include는 클래스에 포함될 모듈에 대한 참조를
만든다. 여러 클래스가 하나의 모듈을 포함한다면(include) 이 클래스들은 모두
같은 모듈을 참조하게 된다. 모듈의 메서드 정의를 수정한다면, 이 모듈을 포함
하는 모든 클래스는 새로이 정의된 방식으로 동작할 것이다.[7]

믹스인은 클래스에 새로운 기능을 추가하는 멋진 방법을 제공한다. 하지만
믹스인의 진정한 힘은 믹스인되는 코드가 자신을 이용하는 클래스와 상호 작
용할 때 드러난다. Comparable 같은 일반적인 루비의 믹스인을 예로 들어보
자. Comparable 믹스인을 포함하면 클래스에 비교 연산자(<, <=, ==, >=, >)와
between? 메서드가 추가된다. 이를 가능케 하기 위해 Comparable 모듈은 이를
인클루드하는 클래스에 <=> 연산자가 정의되어 있다고 가정한다. 그러므로 클
래스를 만들 때 <=>를 정의하고 Comparable을 포함하는 작은 수고로 여섯 개
의 비교 함수를 얻을 수 있다.

이 기능을 Person 클래스에 이용해 보자. 여기서는 사람들의 이름을 비교할
것이다.

```
class Person
  include Comparable
  attr_reader :name

  def initialize(name)
    @name = name
  end
```

---

7 물론 여기서 이야기하는 것은 메서드에 한정된다. 예를 들어 인스턴스 변수는 항상 객체마다 고유하다.

```
    def to_s
      "#{@name}"
    end
    def <=>(other)
      self.name <=> other.name
    end
end

p1 = Person.new("Matz")
p2 = Person.new("Guido")
p3 = Person.new("Larry")

# 이름을 비교해 본다.
if p1 > p2
  puts "#{p1.name}'s name > #{p2.name}'s name"
end

# Person 객체들의 배열을 정렬한다.

puts "Sorted list:"
puts [ p1, p2, p3].sort
```

실행 결과:

```
Matz's name > Guido's name
Sorted list:
Guido
Larry
Matz
```

Person 클래스에 Comparable 모듈을 인클루드하고 <=>를 정의한다. 이를 통해 p1 > p2와 같이 비교가 가능해지고, Person 객체들을 순서대로 정렬하는 것도 가능해진다.

상속과 믹스인

C++ 같은 몇몇 객체 지향 언어에서는 다중 상속을 지원한다. 이를 통해 하나의 클래스는 여러 개의 부모 클래스를 가질 수 있으며 이들로부터 각각의 기능을 상속받는다. 이는 매우 강력한 개념이지만 상속 계층을 애매모호하게 만든다는 점에서 동시에 매우 위험한 기능이기도 하다.

자바나 C# 같은 여타 언어에서는 단일 상속만을 지원한다. 이러한 언어에서 클래스는 직접적인 부모 클래스를 하나만 가질 수 있다. 단일 상속은 깔끔하며 구현하기도 쉽지만 분명한 단점이 있다. 현실 세계에서 객체는 다양한 곳에서 속성들을 상속받는다(예를 들어 공은 튕기는 물건인 동시에 구형인 물건이다). 루비는 단일 상속의 단순함과 다중 상속의 강력함을 누릴 수 있는 매우 흥미롭고도 강력한 타협안을 제시한다. 루비 클래스는 직접적으로 단 하나의 부모 클래스만을 가질 수 있다. 바로 이러한 점에서 루비는 단일 상속만을 지원하는 언어다. 하지만 루비의 클래스는 믹스인(믹스인은 클래스의 부분 정의를 가지고 이는 모듈이다)을 얼마든지 가질 수 있다. 이를 통해 다중 상속의 약점을 피해가면서 다중 상속을 간접적으로 지원하고 있다.

5.4 반복자와 Enumerable 모듈

루비의 컬렉션 클래스(Array, Hash 등)가 많은 기능을 지원한다는 사실은 이미 알고 있을 것이다. 이를 이용해서 컬렉션을 탐색하거나 정렬하는 등 다양한 작업을 할 수 있다. 아마도 이렇게 생각할지도 모르겠다. "어라, 그럼 내 클래스도 이런 근사한 것들을 전부 지원해 주면 좋겠군!"

사실 새로 작성한 클래스는 이러한 잡다한 기능을 전부 지원할 수 있다. 믹스인과 Enumerable 모듈의 마법에 감사할 일이다. 이를 위해 해야 할 일은 단 한 가지, 집합의 각 원소를 차례로 반환하는 each라는 반복자를 작성하는 것뿐이다. 그리고 Enumerable 모듈을 믹스인하면, 갑자기 이 클래스가 map, include?, find_all 같은 메서드를 지원하게 된다. 또한 그 집합의 원소들이 〈=〉 메서드를 통해 그것들 간의 의미 있는 순서를 정할 수 있다면, min, max, sort 같은 메서드도 얻게 될 것이다.

5.5 모듈 구성하기

Enumerable은 표준 믹스인으로 인클루드하는 클래스의 each 메서드를 사용해 다양한 메서드를 구현한다. Enumerable에 정의된 메서드로 70쪽에서 살펴본 inject 메서드가 있다. inject 메서드는 컬렉션 맨 앞의 두 개의 요소에 대해 함수나 계산을 실행하고 그 결과를 가지고 세 번째 요소에 대해 다시 같은 연산을 실행하고, 이러한 과정을 컬렉션의 모든 요소에 대해 실행한다.

inject는 Enumerable 모듈을 통해 사용할 수 있다. 먼저 Enumerable 모듈을 인클루드하고, each 메서드를 정의하면 inject 메서드도 사용 가능해진다. 실제로 많은 내장 클래스에서 그렇게 사용하고 있다.

```
[ 1, 2, 3, 4, 5 ].inject(:+)  # => 15
( 'a'..'m').inject(:+)        # => "abcdefghijklm"
```

Enumerable을 믹스인해서 inject 메서드를 가지는 클래스를 직접 만들어 보자.

tut_modules/vowel_finder.rb

```
class VowelFinder
  include Enumerable

  def initialize(string)
    @string = string
  end

  def each
    @string.scan(/[aeiou]/) do |vowel|
```

```
      yield vowel
    end
  end
end

vf = VowelFinder.new("the quick brown fox jumped")
vf.inject(:+)                     # => "euiooue"
```

지금까지 예제에서 inject를 호출할 때 같은 패턴을 사용했음에 주목하자. 모두 합을 구하기 위해 inject 메서드를 사용했다. 숫자에 적용했을 때는 산술적인 합을 반환하고, 문자열에 적용했을 때는 그 문자열들을 이어준다. 모듈을 사용해 이 기능을 캡슐화할 수 있다.

```
module Summable
  def sum
    inject(:+)
  end
end

class Array
  include Summable
end

class Range
  include Summable
end

require_relative "vowel_finder"
class VowelFinder
  include Summable
end

[ 1, 2, 3, 4, 5 ].sum  # => 15
('a'..'m').sum          # => "abcdefghijklm"

vf = VowelFinder.new("the quick brown fox jumped")
vf.sum                  # => "euiooue"
```

믹스인의 인스턴스 변수

C++에서 루비로 넘어온 사람들은 흔히 이렇게 질문하곤 한다. "믹스인할 때 인스턴스 변수는 어떻게 되나요? C++에서는 다중 상속 구조에서 변수가 공유되는 방법을 제어하기 위해 별짓을 다 했어요. 루비에서는 이것을 어떻게 다루나요?"

사실 이것은 초심자들이 할 만한 좋은 질문은 아니다. 루비에서 인스턴스 변수가 어떻게 작동하는지 떠올려 보자. @이 앞에 붙은 변수가 처음 쓰일 때 현재 객체인 self에 인스턴스 변수를 만든다.

믹스인에 적용해 보면, 이 말은 클라이언트 클래스(mixee?)에 섞은 모듈이 클라이언트 객체에 인스턴스 변수를 만들고 attr_reader 등의 메서드를 이용해서 이 인스턴스 변수를 위한 접근자까지 만들어 준다는 것을 뜻한다. 예를 들면, 다

음 예제의 Observable 모듈은 이를 인클루드한 모든 클래스에 @observer_list
인스턴스 변수를 추가한다.

tut_modules/observer_impl.rb

```ruby
module Observable
  def observers
    @observer_list ||= []
  end
  def add_observer(obj)
    observers << obj
  end
  def notify_observers
    observers.each {|o| o.update }
  end
end
```

그런데 이러한 행동은 위험을 동반한다. 믹스인의 인스턴스 변수는 호스트 클래스의 변수나 다른 믹스인의 변수와 충돌할 수 있다는 점이다. 다음 예제는 Observer 모듈을 사용하는데, 불행하게도 @observer_list라는 인스턴스 변수를 이미 사용하고 있다. 실행 중에 이 프로그램은 알아채기 힘든 방식으로 버그를 일으킨다.

tut_modules/observer_impl_eg.rb

```ruby
require_relative 'observer_impl'

class TelescopeScheduler

  # 일정이 변경되면 통지를 받을 수 있도록
  # 다른 클래스에 등록한다.
  include Observable

  def initialize
    @observer_list = [] # folks with telescope time
  end
  def add_viewer(viewer)
    @observer_list << viewer
  end

  # ...
end
```

대부분의 경우 믹스인이 되는 모듈이 자신만의 인스턴스 데이터를 가지지는 않는다. 접근자를 사용해서 클라이언트 객체로부터 데이터를 얻어오는 것이 일반적이다. 하지만 믹스인 자체가 상태를 가지길 원하는 경우, 그 인스턴스 변수는 시스템에 있는 다른 어떠한 믹스인과도 구별되는 유일한 이름을 가져야 한다(모듈의 이름을 변수 이름에 합쳐버리면 편할 것이다). 대안으로 모듈이 루비 인스턴스 변수를 직접 쓰지 않고 현재의 객체 ID로 색인하여 인스턴스별로 다른 데이터를 저장할 수 있는 모듈 수준의 해시를 사용할 수도 있다.

```
module Test
  State = {}
  def state=(value)
    State[object_id] = value
  end
  def state
    State[object_id]
  end
end

class Client
  include Test
end

c1 = Client.new
c2 = Client.new
c1.state = 'cat'
c2.state = 'dog'
c1.state  # => "cat"
c2.state  # => "dog"
```

이 방법의 단점은 객체가 삭제되어도 그 객체에 연관된 데이터는 자동으로 삭제되지 않는다는 점이다. 일반적으로 자신의 상태를 가지는 믹스인은 믹스인이라고 할 수 없다. 이는 클래스로 작성되어야 한다.

메서드 이름에서 모호함 없애기

사람들이 믹스인에 대해 묻는 질문 중 하나는 메서드를 어떻게 찾는가 하는 것이다. 정확히는 같은 이름의 메서드가 클래스에도 있고, 그 부모 클래스에도 있고, 클래스에 포함된 믹스인에도 있을 경우에 어떤 일이 벌어지겠느냐는 것이다.

답은 바로, 루비는 가장 먼저 객체의 클래스 그 자체를 찾아본 후, 클래스에 포함된 믹스인을 찾아보고, 그 후에 상위 클래스와 상위 클래스의 믹스인을 살핀다는 것이다. 클래스에 여러 개의 모듈이 믹스인되어 있다면, 마지막에 포함된 것부터 찾는다.

5.6 상속, 믹스인, 디자인

상속과 믹스인은 둘 다 코드를 한 곳에 모아놓고 그 코드를 다른 클래스들에서 효과적으로 재사용할 수 있게 해 준다. 언제 상속을 사용하고, 언제 믹스인을 사용하면 좋을까?

디자인에 관한 대부분의 질문에 대한 답이 그렇듯이 그건 상황에 달려 있다. 하지만 오랜 시간에 걸친 경험을 기반으로 프로그래머들은 상속과 믹스인을 선택하는 데 대한 일반적인 가이드라인을 제시하고 있다.

먼저 서브클래스화를 살펴보자. 루비에서 클래스는 타입이라는 개념과 연관이 있다. "cat"은 문자열이고 [1, 2]는 배열이라고 이야기하는 것은 자연스럽지만, 좀 더 엄밀하게 말하면 "cat"의 클래스는 Stirng이고, [1, 2]의 클래스는 Array라고 말할 수 있다. 새로운 클래스를 추가하는 것은 그 언어에 새로운 타입을 추가하는 것이라고 봐도 무방하다. 또한 내장 클래스나 직접 만든 클래스를 서브클래스화하는 것도 새로운 하위 타입을 만드는 것과 같다.

타입 추론에 대한 많은 연구가 진행되어 왔다. 유명한 연구 결과 중 하나로 리스코프의 치환 원칙(Liskov Substitution Principle)이 있다. 이 원칙은 "타입 T의 객체 x에 관해 참이 되는 속성을 q(x)라고 하자. 이때 S가 T에서 파생된 타입이라면 타입 S의 객체 y에 대해 q(y)도 참이 된다"로 정식화된다. 다르게 말하자면 부모 클래스의 객체는 모두 자식 클래스의 객체로 바꿔서 사용할 수 있어야 한다는 의미다. 즉, 자식 클래스는 반드시 부모 클래스의 규약을 따라야만 한다. 이를 다르게 해석하면, 자식 클래스는 한 종류의 부모 클래스라고 말해질 수 있어야 한다(is-a). 이를 자연어로 풀어 써 보면 "자동차는 운송 수단이다", "고양이는 동물이다" 같이 표현된다. 이 말은 고양이라면 적어도 우리가 동물이 할 수 있다고 이야기하는 모든 것이 가능해야 한다는 이야기다.

따라서 애플리케이션을 설계할 때 자식 클래스로 만들어야 하는 부분을 찾고자 할 때는 이러한 is-a 관계를 확인하는 것이 좋다.

안타까운 소식이 있다. 현실에서 이러한 관계가 성립되는 경우는 드물다. 오히려 대상들 사이에 포함하거나 사용하는 관계에 있는 경우가 훨씬 더 일반적이다. 현실 세계는 다양한 조합으로 구성되며 엄밀한 계층 관계로 구성되지 않는다.

과거에는 프로그래밍에서 이러한 사실을 무시하는 경향이 있었다. 상속이 유일하게 코드를 공유할 수 있는 방법이었기 때문에 별 생각 없이 "내가 작성한 Person 클래스는 DatabaseWrapper 클래스의 하위 클래스"라고 이야기하곤 했다(레일스 프레임워크 역시 같은 실수를 하고 있다). 하지만 분명히 사람 객체는 데이터베이스 래퍼의 객체가 아니다. 사람 객체는 단지 영속적인 데이터 저장을 위해 데이터베이스 래퍼를 사용한다.

이는 단순히 이론적인 이야기이지만은 않다. 상속은 두 구성 요소 간에 지나치게 강한 결합을 만들어 낸다. 부모 클래스가 변경되면 자식 클래스에 문제가 생길 가능성이 있다. 더욱 나쁜 것은 자식 클래스를 사용하는 코드가 부모 클래스에서 정의된 메서드를 사용하고 있다면 이러한 코드들에도 문제가 생길 것이다. 부모 클래스의 구현은 자식 클래스에서 사용되고 이는 다시 코드 전체에서 사용된다. 좀 더 규모 있는 프로그램을 상상해 보자. 이러한 이유로 코드를 변경하는 것은 더욱 어려워질 것이다.

바로 이러한 이유에서 상속을 통한 디자인에서 멀어질 필요가 있다. 그 대신 A와 B가 A uses a B 또는 A has B 관계를 가진다고 보이면 구성(composition)을 사용하는 것이 좋다. 더 이상 Person은 DataWrapper의 자식 클래스여서는 안 된다. 이를 자식 클래스로 만드는 대신 DataWrapper에 대한 참조를 만들고 그 객체를 사용해 자신을 저장하거나 다시 읽어올 수 있도록 해야 한다.

하지만 이 역시 코드를 복잡하게 만들 수 있다. 여기서 믹스인과 메타프로그 래밍이 등장한다. 이를 사용하면 다음과 같이 코드를 작성할 수 있다.

```ruby
class Person
  include Persistable
  # ...
end
```

너 이상 다음과 같이 작성하지 않아도 된다.

```ruby
class Person < DataWrapper
  # ...
end
```

아직 객체 지향에 익숙하지 않다면 이러한 논의가 잘 와 닿지 않고 추상적으로 느껴질 것이다. 하지만 점점 더 큰 프로그램을 만들게 된다면, 이 문제에 대해 더 생각해 보기를 바란다. 상속은 정말로 상속이 필요한 데서만 사용하자. 그리고 좀 더 유연하고 구성 요소 간의 결합을 줄여주는 방법인 믹스인에 대해 더 탐색해 보자.

6장

표준 타입

지금까지 배열, 해시, proc 등을 사용해서 즐겁게 프로그램을 해 왔다. 하지만 아직까지 숫자, 문자열, 범위, 정규 표현식 같은 루비의 기본 타입은 설명하지 않았다. 여기서는 루비를 구성하는 기본 블록들을 다룬다.

6.1 숫자

루비는 정수(integer), 부동소수점(floating-point), 유리수(rational), 복소수 (complex number)를 지원한다. 정수의 길이는 정해지지 않는다(정수의 최대 길이는 사용하는 시스템의 메모리 크기에 의해 결정된다). 특정 범위의 정수 ($-2^{30} \sim 2^{30}\text{-}1$, $-2^{62} \sim 2^{62}\text{-}1$)는 Fixnum 클래스의 객체로 내부적으로는 이진 형태로 저장된다. 이 범위를 넘어서는 정수는 Bignum 객체로 저장된다(현재는 작은 정수의 가변 길이 집합으로 구현되어 있다). 이런 과정은 투명하게 진행되는데, 루비가 양방향의 변환을 자동으로 해 주기 때문이다.

```
num = 10001
4.times do
  puts "#{num.class}: #{num}"
num *= num
end
```

실행 결과:

```
Fixnum: 10001
Fixnum: 100020001
Fixnum: 10004000600040001
Bignum: 100080028005600700056002800080001
```

정수를 표현할 때 숫자 앞부분에 적당한 부호를 붙일 수도 있고, 진법을 나타내는 특정 문자를 사용할 수도 있다(8진수는 0, 10진수는 0d(기본값), 16진수는 0x, 2진수는 0b를 사용한다). 그리고 정수 중간에 쓰인 밑줄(underscore)은 무시한다(큰 숫자에서 쉼표 위치에 밑줄을 사용하기도 한다).

```
123456                      => 123456    # Fixnum
0d123456                    => 123456    # Fixnum
123_456                     => 123456    # Fixnum - 밑줄은 무시한다.
-543                        => -543      # Fixnum - 음수
0xaabb                      => 43707     # Fixnum - 16진수
0377                        => 255       # Fixnum - 8진수
-0b10_1010                  => -42       # Fixnum - 2진수(음수)
123_456_789_123_456_789 => 123456789123456789 # Bignum
```

소수점과 지수가 이어지는 숫자 리터럴은 운영 체제 고유의 double 타입에 상응하는 Float 객체로 변환된다. 소수점 앞뒤는 반드시 숫자여야 한다. 예를 들어 1.0e3을 1.e3이라고 쓰면 루비는 객체 1의 e3 메서드를 호출하려고 한다.

　루비는 유리수와 복소수를 지원한다. 유리수는 두 정수의 비율이며 분수로 표현된다. 따라서 float와 달리 정확한 표현을 가진다. 복소수는 복소평면(complex plane)에 점으로 표현되며, 실수부와 가수부 두 요소로 구성된다.

　루비는 유리수와 복소수를 나타내는 리터럴 문법을 가지고 있지 않다. 이 객체들을 생성하려면 리터럴 대신 Rational과 Complex 클래스의 생성자를 사용해야 한다(단, mathn 라이브러리를 사용하면 유리수를 좀 더 쉽게 만들 수 있다).

```
Rational(3, 4) * Rational(2, 3)     # => (1/2)
Rational("3/4") * Rational("2/3")   # => (1/2)

Complex(1, 2) * Complex(3, 4)       # => (-5+10i)
Complex("1+2i") * Complex("3+4i")   # => (-5+10i)
```

모든 숫자는 객체이므로 다양한 메시지를 처리할 수 있다(자세한 내용은 레퍼런스 부분을 참조). 따라서 C++에서는 숫자의 절댓값을 얻기 위해 abs(num)이라고 쓰지만, 루비에서는 num.abs라고 쓰면 된다.

　마지막으로 펄에 익숙한 독자를 위해 한 가지 이야기하지만, 루비에서는 숫자를 포함한 문자열이 자동으로 숫자 타입으로 변환되지 않는다. 이 점은 파일에서 숫자를 읽을 때 자주 혼돈을 줄 수 있다. 예를 들어 각 줄에 숫자 두 개가 있는 다음 파일을 읽어서 각각의 합계를 구하고 싶다고 해 보자.

```
3 4
5 6
7 8
```

다음 코드는 예상대로 작동하지 않을 것이다.

```
some_file.each do |line|
  v1, v2 = line.split    # 공백으로 행을 구분
  print v1 + v2, " "
end
```

실행 결과:

```
34 56 78
```

문제는 파일에서 읽어 들인 값이 숫자가 아니라 문자열이라는 것이다. 문자열에 더하기 연산을 적용하면 두 문자열을 하나로 합쳐줄 것이므로 앞과 같은 결과가 나오는 것은 당연하다. 이런 문자를 해결하기 위해서는 Integer 메서드를 이용해서 문자열을 숫자로 변환해야 한다.

```
some_file.each do |line|
  v1, v2 = line.split
  print Integer(v1) + Integer(v2), " "
end
```

실행 결과:

```
7 11 15
```

숫자는 어떻게 상호 작용하는가

대부분의 경우 숫자는 예상한 대로 작동한다. 같은 클래스의 서로 다른 숫자에 대해 특정한 연산을 수행한다면 그 계산 결과는 원래 클래스의 객체가 될 것이다(단 Fixnum과 Bignum에 대해서는 필요에 따라 변환이 일어난다). 계산의 대상이 되는 두 숫자가 서로 다른 클래스라면 좀 더 일반적인 클래스로 숫자가 변환될 것이다. 예를 들어 정수와 부동소수점을 같이 계산하면 그 결과는 부동소수점이 되고, 부동소수점과 복소수를 계산하면 그 결과는 복소수가 된다.

```
1 + 2              # => 3
1 + 2.0            # => 3.0
1.0 + 2            # => 3.0
1.0 + Complex(1,2) # => (2.0+2i)
1 + Rational(2,3)  # => (5/3)
1.0 + Rational(2,3) # => 1.6666666666666665
```

반환값 규칙은 나눗셈에 대해서도 마찬가지로 적용된다. 하지만 이 규칙에 따라서 정수를 정수로 나눈 값도 정수가 되므로 헷갈릴 수 있다.

```
1.0 / 2 # => 0.5
1 / 2.0 # => 0.5
1 / 2   # => 0
```

정수 간의 나눗셈이 분수(Rational 값)를 반환해야 한다면 mathn 라이브러리(877쪽)가 필요하다. 이를 통해 숫자 계산의 실행 결과가 가장 자연스러운 표현

이 자동으로 선택된다. 따라서 이제 정수 간의 나눗셈은 더 이상 정수를 반환하지 않고, 대신에 분수를 반환한다.

```
22 / 7                      # => 3
Complex::I * Complex::I  # => (-1+0i)

require 'mathn'
22 / 7                         # => (22/7)
Complex::I * Complex::I  # => -1
```

mathn을 로드하면 22/7은 실질적으로 (런타임에 계산되기는 하지만) 유리수 리터럴이 된다.

숫자를 사용한 반복

정수는 몇 가지 유용한 반복자를 지원한다. 앞서 5.times와 같은 표현을 보인 바 있다. 이 외에 숫자와 숫자 사이를 반복하는 upto와 downto 메서드도 지원한다. Numeric 클래스는 이에 대한 더 추상적인 형태인 step을 지원하는데, 이는 전통적인 반복문과 비슷하다.

```
3.times         { print "X " }
1.upto(5)       {|i| print i, " " }
99.downto(95)   {|i| print i, " " }
50.step(80, 5) {|i| print i, " " }
```

실행 결과:
```
X X˝X 1 2 3 4 5 99 98 97 96 95 50 55 60 65 70 75 80
```

다른 반복자들과 마찬가지로 앞의 반복자들도 호출할 때 블록을 넘기지 않으면 Enumerator 객체를 반환한다.

```
10.downto(7).with_index {|num, index| puts "#{index}: #{num}"}
```

실행 결과:
```
0: 10
1: 9
2: 8
3: 7
```

6.2 문자열

루비 문자열은 간단히 말하면 문자열의 시퀀스다.[1] 보통 출력 가능한 문자를 저장하지만, 반드시 그래야만 하는 것은 아니다. 문자열에는 이진(binary) 데이터를 저장할 수도 있다. 문자열은 String 클래스의 객체다. 문자열은 주로 문자열

---

1 루비 1.9 이전에 문자열은 8비트 바이트 시퀀스였다.

리터럴을 통해 생성된다. 문자열 리터럴은 구분 문자(delimiter) 사이에 문자 시퀀스를 쓰는 것이다. 하지만 이진 데이터는 다른 문자처럼 프로그램의 소스 안에 표현하기가 어렵기 때문에 문자열 리터럴에는 이스케이프 시퀀스를 함께 사용할 수 있도록 하였다. 그리고 문자열 리터럴 각각은 프로그램이 컴파일될 때 해당 이진 값으로 변환된다. 사용한 문자열 구분 문자에 따라 이런 변환이 일어나는 정도도 다르다. 작은따옴표로 묶인 문자열에서는 역슬래시 두 개를 나란히 쓰면 역슬래시 하나로 변환되고, 역슬래시 다음에 작은따옴표를 쓰면 작은따옴표 하나로 변환된다.

```
'escape using "\\"' # => escape using "\"
'That\'s right'     # => That's right
```

큰따옴표로 묶인 문자열은 더 많은 이스케이프 시퀀스를 지원한다. 그중 가장 일반적인 것이 바로 줄 바꿈을 나타내는 \n이다. 표 11(369쪽)에서 큰따옴표를 사용할 때 지원하는 모든 이스케이프 시퀀스를 찾을 수 있다. 게다가 #{ expr }과 같은 식으로 쓰면 루비 코드의 결과를 문자열로 변환해 준다. 만약 #{} 안의 표현식이 전역 변수나 클래스 변수, 인스턴스 변수라면 중괄호를 생략해도 된다.

```
"Seconds/day: #{24*60*60}"    # => Seconds/day: 86400
"#{'Ho! '*3}Merry Christmas!" # => Ho! Ho! Ho! Merry Christmas!
"Safe level is #$SAFE"        # => Safe level is 0
```

삽입되는 코드는 단순한 표현식뿐 아니라 한 줄 이상의 문장들이어도 무방하다.

```
puts "now is #{ def the(a)
                  'the ' + a
                end
                the('time')
              } for all bad coders..."
```

실행 결과:

```
now is the time for all bad coders...
```

이 외에도 문자열을 만드는 스트링 리터럴은 %q, %Q, 히어(here) 도큐먼트 이렇게 세 가지가 더 있다. %q와 %Q는 각각 작은따옴표와 큰따옴표에 대응된다 (%q를 작은따옴표, %Q를 큰따옴표로 생각해도 무방하다).

```
%q/general single-quoted string/   # => general single-quoted string
%Q!general double-quoted string!   # => general double-quoted string
%Q{Seconds/day: #{24*60*60}}       # => Seconds/day: 86400
```

사실 Q는 생략할 수 있다.

```
%!general double-quoted string!  # => general double-quoted string
%{Seconds/day: #{24*60*60}}      # => Seconds/day: 86400
```

q와 Q는 다음에 오는 문자열이 구분자에 해당한다. 구분 문자로 여는 괄호 [, {, (나 〈를 사용하면 이에 대응하는 닫는 괄호나 문자가 나올 때까지 문자열로 취급한다. 그 외에는 같은 구분 문자가 나타날 때까지 문자열로 처리된다. 구분 문자로는 알파벳, 숫자, 2바이트 문자가 아닌 어떤 값이라도 사용할 수 있다.

마지막으로 히어 도큐먼트를 사용하여 문자열을 만들 수 있다.

```
string = <<END_OF_STRING
    The body of the string is the input lines up to
    one starting with the same text that followed the '<<'
END_OF_STRING
```

히어 도큐먼트는 〈〈 다음에 오는 특정 문자열이 종결 문자열을 정의한다. 그러면 문자열은 종결 문자열까지가 되고, 여기서 종결 문자열은 제외된다. 보통 종결 문자열은 첫 번째 칼럼에서 시작한다. 하지만 종결 문자열에 마이너스(-) 부호를 사용하면 이 문자열도 들여쓰기를 할 수 있다.

```
string = <<-END_OF_STRING
    The body of the string is the input lines up to
    one starting with the same text that followed the '<<'
    END_OF_STRING
```

또한 하나의 행에서 여러 히어 도큐먼트를 가질 수도 있다. 이때 각 히어 도큐먼트는 각각의 문자열이 된다. 히어 도큐먼트들의 본문은 이어지는 줄들로부터 차례대로 가져온다.

```
print <<-STRING1, <<-STRING2
Concat
STRING1
      enate
      STRING2
```

실행 결과:
```
Concat
      enate
```

이때 루비는 문자열 앞쪽의 공백 문자를 제거하지 않는다는 점에 주의가 필요하다.

문자열과 인코딩

모든 문자열은 연관된(associated) 인코딩을 가지고 있다. 문자열의 기본 인코딩은 이 문자열이 포함된 소스 파일의 인코딩에 의해 결정된다. 명시적인 인코

딩 설정이 없다면 소스 파일과 그 파일에 포함된 문자열들은 루비 1.9에서는
US-ASCII가 되고 루비 2부터는 UTF-8이 된다.

```
plain_string = "dog"
puts RUBY_VERSION
puts "Encoding of #{plain_string.inspect} is #{plain_string.encoding}"
```

실행 결과:
```
2.0.0
Encoding of "dog" is UTF-8
```

파일의 인코딩을 변경하면 파일 내의 모든 문자열의 인코딩 또한 변경된다.

```
#encoding: utf-8
plain_string = "dog"
puts "Encoding of #{plain_string.inspect} is #{plain_string.encoding}"
utf_string = "δog"
puts "Encoding of #{utf_string.inspect} is #{utf_string.encoding}"
```

실행 결과:
```
Encoding of "dog" is UTF-8
Encoding of "δog" is UTF-8
```

인코딩에 대해선 '17장 문자 인코딩'에서 더 자세히 다룬다.

문자 상수

엄밀하게 말하면 루비에는 문자를 나타내는 클래스가 없다. 문자는 단지 길이가
1인 문자열일 뿐이다. 하지만 역사적인 이유로 문자 상수는 문자(또는 문자를
나타내는 시퀀스) 앞에 물음표를 붙여서 만들 수 있다.

```
?a         # => "a"  (출력 가능한 문자)
?\n        # => "\n"  (개행 문자 (0x0a))
?\C-a      # => "\u0001"  (컨트롤 a)
?\M-a      # => "\xE1"  (메타는 비트 7을 설정한다)
?\M-\C-a   # => "\x81"  (메타 컨트롤 a)
?\C-?      # => "\u007F"  (삭제 문자)
```

이 내용은 잊어버려도 무방하다. 이 시퀀스들을 하나하나 기억하는 것보다 8진
수나 16진수 이스케이프 시퀀스를 기억하는 것이 훨씬 더 편리하다. ?a 대신 "a"
를 사용하고 ?\n 대신 "\n"을 사용하자.

문자열 다루기

String 클래스는 아마 루비 내장 클래스 중에서 가장 클 것이다. 이 클래스에만
100개 이상의 표준 메서드가 정의되어 있다. 여기서 모든 메서드를 다루지는 않
을 것이다. 레퍼런스 장에서 모든 메서드를 다룰 것이다. 이 절에서는 일상적인

개발 도중에 자주 등장하는 일반적인 문자열 처리만을 살펴볼 것이다.

먼저 뮤직 플레이리스트 정보가 담긴 파일이 있다고 하자. 역사적인 문제로 (어떤 이유건 간에) 노래 목록은 텍스트 파일에 행별로 저장되어 있다. 각 줄에 는 노래 파일 이름, 재생 시간, 가수 제목이 세로 막대(I)로 구분되어 입력되어 있다. 다음과 같은 파일이 있다고 하자.

tut_stdtypes/songdata

```
/jazz/j00132.mp3  | 3:45 | Fats Waller       | Ain't Misbehavin'
/jazz/j00319.mp3  | 2:58 | Louis Armstrong   | Wonderful World
/bgrass/bg0732.mp3| 4:09 | Strength in Numbers | Texas Red
```

데이터를 보니 String 클래스의 풍부한 메서드 중 일부를 사용해 각 필드를 추출, 정리해서 사용할 수 있을 것 같다. 이를 위해서는 최소한 다음과 같은 기능이 필 요하다.

- 한 줄을 필드별로 자르기
- mm:ss 형태의 재생 시간을 초 단위로 변환
- 가수 이름에 들어 있는 불필요한 공백 제거하기

우리의 첫 번째 목표인 필드별로 자르기는 String#split을 이용하면 아주 깔끔하 게 처리할 수 있다. 앞의 파일의 경우에는 split 메서드에 정규 표현식 /\s*\|\s*/ 을 사용하면 공백을 선택적으로 포함한 세로 막대(I)로 나뉜 토큰 배열을 만들 수 있다. 그리고 파일에서 읽은 줄은 끝부분에 줄 바꿈을 포함하기 때문에, spilt 전에 String#chomp를 이용해서 줄 바꿈을 제거해야 한다. 다음으로 곡에 대한 좀 더 자세한 정보를 각각 세 개의 필드를 가지는 Struct에 저장할 것이다(Struct 는 특정한 속성 세트로 이 경우에는 제목, 가수, 재생 시간이 저장된 데이터 구조 체를 의미한다. 자세한 내용은 레퍼런스(799쪽)에서 다룬다).

```ruby
Song = Struct.new(:title, :name, :length)

File.open("songdata") do |song_file|
  songs = []

  song_file.each do |line|
    file, length, name, title = line.chomp.split(/\s*\|\s*/)
    songs << Song.new(title, name, length)
  end

  puts songs[1]
end
```

실행 결과:

```
#<struct Song title="Wonderful World", name="Louis Armstrong", length="2:58">
```

불행히도 원래의 파일을 작성한 사람이 가수 이름을 여러 칼럼에 걸쳐서 입력한 데다, 심지어 불필요한 공백들까지 포함하고 있기 때문에 이에 대한 전처리가 필요하다. 이를 처리하는 방법은 여러 가지가 있을 수 있지만, 가장 간단한 방법은 문자열에서 반복되는 문자열을 제거해 주는 String#squeeze 메서드를 이용하는 것이다. 문자열 자체를 바꾸기 위해 여기서는 squeeze! 메서드를 사용할 것이다.

```ruby
Song = Struct.new(:title, :name, :length)

File.open("songdata") do |song_file|
  songs = []

  song_file.each do |line|
    file, length, name, title = line.chomp.split(/\s*\|\s*/)
    name.squeeze!(" ")
    songs << Song.new(title, name, length)
  end

  puts songs[1]
end
```

실행 결과:

```
#<struct Song title="Wonderful World", name="Louis Armstrong",
length="2:58">
```

마지막으로 시간 표현 방식에 사소한 문제가 있다. 파일에는 2:58이라고 들어 있지만, 우리는 178초로 입력받기를 원한다. 여기서 split 메서드를 다시 이용할 수 있다. split을 이용해서 콜론 문자(:)로 나누면 분과 초를 얻을 수 있다.

```ruby
"2:58".split(/:/) # => ["2", "58"]
```

여기서는 split 메서드 대신에 비슷한 다른 메서드를 사용한다. String#scan은 패턴을 기반으로 자르기를 수행하는 split와 매우 비슷한 메서드다. 하지만 split와 다르게 scan 메서드에는 매치하기를 원하는 부분의 패턴을 넘겨준다. 우리 예제에서는 분과 초 부분 모두 하나 이상의 숫자를 매치하면 될 것이다. 하나 이상의 숫자를 나타내는 패턴은 /\d+/이다.

```ruby
Song = Struct.new(:title, :name, :length)

File.open("songdata") do |song_file|
  songs = []

  song_file.each do |line|
    file, length, name, title = line.chomp.split(/\s*\|\s*/)
    name.squeeze!(" ")
    mins, secs = length.scan(/\d+/)
```

```
    songs << Song.new(title, name, mins.to_i*60 + secs.to_i)
  end

  puts songs[1]
end
```

실행 결과:
```
#<struct Song title="Wonderful World", name="Louis Armstrong", length=178>
```

String 클래스의 모든 메서드를 설명하기 위해 수십 쪽을 더 할애할 수도 있지만, 문자열은 여기까지만 이야기하고 다음 주제인 범위(range)로 넘어간다.

6.3 범위

1월에서 12월까지, 0에서 9까지, 덜 익히기(rare)에서 충분히 익히기(well done)까지, 쉰 번째 줄부터 예순일곱 번째 줄까지 등 실생활에서 범위(range)는 다양하게 사용된다. 따라서 루비가 실생활을 쉽게 모델링할 수 있으려면 범위를 지원해야 함은 당연하다. 다행히도 이 부분에서 루비는 대단히 훌륭한 언어다. 루비에서는 시퀀스(sequence), 조건(condition), 간격(interval)을 구현하는 데 범위를 사용한다.

범위로 시퀀스 표현하기

범위의 첫 번째 용도이자 가장 자연스러운 사용법은 바로 시퀀스를 표현하는 것이다. 시퀀스는 시작값, 종료값을 비롯해 차례로 값을 만들어 내는 방법으로 이루어진다. 루비에서 시퀀스는 '..'과 '...' 범위 연산자를 이용해 만든다. 여기서 점 두 개로 이루어진 연산자는 경계를 포함하는 시퀀스를 만드는 반면 세 개로 이루어진 범위는 종료값 쪽의 경계를 포함하지 않는다.

```
1..10
'a'..'z'
0..."cat".length
```

범위는 to_a 메서드를 사용해 배열로 변환하거나, to_enum 메서드를 사용해 Enumerator 객체로 변환할 수 있다.[2]

```
(1..10).to_a        # => [1, 2, 3, 4, 5, 6, 7, 8, 9, 10]
('bar'..'bat').to_a # => ["bar", "bas", "bat"]
enum = ('bar'..'bat').to_enum
```

---

2   사람들은 범위 객체가 너무 많은 메모리를 차지하지 않을까 걱정하곤 한다. 이는 문제가 되지 않는다. 범위 객체인 1..100000은 단지 두 개의 Fixnum 객체에 대한 참조를 가지고 있을 뿐이다. 하지만 범위 객체를 배열로 변환하면 모든 요소에 대한 메모리가 사용될 것이다.

```
enum.next              # => "bar"
enum.next              # => "bas"
```

범위는 구성 요소를 반복할 수 있는 메서드와 내용을 다양한 방법으로 검색할 수 있는 방법을 제공한다.

```
digits = 0..9
digits.include?(5)       # => true
digits.max               # => 9
digits.reject {|i| i < 5 }  # => [5, 6, 7, 8, 9]
digits.inject(:+)        # => 45
```

지금까지는 숫자와 문자열로 이루어진 범위만 살펴보았다. 하지만 우리가 객체 지향 언어에 기대하는 바처럼 루비에서는 직접 만든 객체도 범위를 지원하도록 할 수 있다. 이를 위해서는 객체가 순서대로 다음 객체를 반환하는 succ 메서드를 구현해야 하고, 비교 연산자 <=>를 이용하여 비교 가능해야 한다. 때때로 우주선 연산자로 부르기도 하는 <=> 연산자는 두 값을 비교하여 첫째 값이 둘째 값보다 작으면 -1, 같으면 0, 크면 +1을 반환한다.

이렇게 사용하는 경우는 드물기 때문에 다음 예제는 조금 억지스러울지도 모른다. 다음 예제에는 2의 제곱수가 되는 수들을 나타내는 클래스가 있다. 여기에는 <=>와 succ가 정의되어 있으므로 이 클래스의 객체를 범위처럼 사용할 수 있다.

```
class PowerOfTwo
  attr_reader :value
  def initialize(value)
    @value = value
  end
  def <=>(other)
    @value <=> other.value
  end
  def succ
    PowerOfTwo.new(@value + @value)
  end
  def to_s
    @value.to_s
  end
end

p1 = PowerOfTwo.new(4)
p2 = PowerOfTwo.new(32)

puts (p1..p2).to_a
```

실행 결과:

```
4
8
16
32
```

범위로 조건 표현하기

범위를 시퀀스로 사용하기도 하지만 조건절에 사용할 수도 있다. 조건절에서는 일종의 토글스위치처럼 작동한다. 이 스위치는 범위의 첫 부분에 있는 조건이 참이 되면 일단 켜진다. 그리고 둘째 부분의 조건이 참이 되면 꺼져 버린다. 예를 들어 다음 코드는 표준 입력에서 몇 부분을 출력한다. 여기서 출력되는 부분의 첫 줄은 단어 start를 포함하고 마지막 줄은 단어 end를 포함한다.

```
while line = gets
  puts line if line =~ /start/ .. line =~ /end/
end
```

이 코드는 한 줄을 읽을 때마다 범위 안에 포함되는지 여부를 판단한다. 조건식에서 범위를 사용하는 예제는 '9.6 반복'(171쪽)과 '논리 표현식에서 사용하는 범위'(396쪽)에서 더 다룰 것이다.

범위로 간격 표현하기

다재다능한 범위의 마지막 용도는 어떤 값이 범위에 포함되는지 따지는 인터벌(interval) 테스트다. 이를 위해 case 문에서 사용하는 동등 연산자 ===를 이용한다.

```
(1..10)     === 5        # => true
(1..10)     === 15       # => false
(1..10)     === 3.14159  # => true
('a'..'j') === 'c'       # => true
('a'..'j') === 'z'       # => false
```

간격 테스트는 case 문에서 자주 사용된다.

```
car_age = gets.to_f  # 9.5가 입력되었다.
case car_age
when 0...1
  puts "Mmm.. new car smell"
when 1...3
  puts "Nice and new"
when 3...10
  puts "Reliable but slightly dinged"
when 10...30
  puts "Clunker"
else
  puts "Vintage gem"
end
```

실행 결과:
```
Reliable but slightly dinged
```

앞선 예제는 범위의 마지막을 포함하지 않는 범위를 사용하고 있다는 점에 주목하자. case 문에서는 일반적으로 ...을 사용하는 것이 좋다. 다음과 같이 ..을 사

용하면 9.5는 어떠한 범위에도 속하지 않게 되므로 else 다음에 나오는 표현들이
평가된다.

```ruby
car_age = gets.to_f    # 9.5가 입력되었다.
case car_age
when 0..0
  puts "Mmm.. new car smell"
when 1..2
  puts "Nice and new"
when 3..9
  puts "Reliable but slightly dinged"
when 10..29
  puts "Clunker"
else
  puts "Vintage gem"
end
```

실행 결과:

```
Vintage gem
```

7장

정규 표현식

루비를 사용하는 동안 문자열 처리에 대부분의 시간을 보낼 것이다. 따라서 루비가 문자열을 처리하는 훌륭한 도구를 가지고 있는 것은 당연한 일이다. 앞서 살펴보았듯이 String 클래스 역시 100개가 넘는 메서드를 가진 강력한 도구다. 하지만 String에서 제공하는 기본적인 기능들로는 할 수 없는 문자열 조작도 있다. 예를 들어 두 번 이상 반복되는 문자열을 찾고 싶거나 열다섯 글자보다 긴 단어를 앞의 다섯 글자와 생략 부호로 축약하고 싶을 수도 있다. 이럴 때 바로 정규 표현식의 진가가 드러난다.

자세한 이야기를 하기에 앞서 주의해야 할 사항이 하나 있다. 이미 정규 표현식만을 전문적으로 다룬 책들이 있다.[1] 루비의 다른 부분들과 마찬가지로 정규 표현식 역시 복잡하고 이해하기 어려운 부분이 있다. 따라서 정규 표현식을 전혀 모르는 사람이라면 처음 이 장을 읽을 때 전부를 이해하려고 하지 말아야 한다. 이런 이유로 이번 장에는 두 개의 비상 탈출구가 마련되어 있다. 정규 표현식을 아예 처음 접하는 사람이라면 이번 장을 읽어나가다가 첫 번째 탈출구에서 다음 장으로 넘어갈 것을 권장한다. 정규 표현식이 좀 더 알고 싶어졌을 때 다시 앞으로 돌아와 두 번째 탈출구까지 읽어나간다. 그리고 정규 표현식이 친숙하게 느껴질 때쯤 이 장을 끝까지 읽는다.

---

1   예를 들면 『Mastering Regular Expressions: Powerful Techniques for Perl and Other Tools』[Fri97] 같은 책이 있다.

7.1 정규 표현식으로 무엇을 할 수 있을까

정규 표현식이란 문자열에 매치할 수 있는 패턴을 일컫는다. 'cat'과 같이 단순히 문자들을 늘어놓은 단순한 패턴부터 프로토콜 식별자로 시작해 리터럴 슬래시가 이어지고 그 이후로 뭔가를 더 붙이는 것 같은 복잡한 패턴도 매치할 수 있다. 이렇게 들으면 매우 좋게 느껴진다. 하지만 정규 표현식을 활용하기 시작하면 정규 표현식이 실제로 얼마나 강력한지 몸소 깨닫게 될 것이다.

- 문자열 패턴에 매치하는지 테스트한다.
- 패턴의 전부나 일부에 매치하는 부분의 문자열을 추출한다.
- 패턴에 매치된 부분을 변경해 문자열을 변경한다.

루비는 간단하고 편리하게 패턴 매치와 치환을 할 수 있는 기능을 내장하고 있다. 다음 절에서는 정규 표현식 패턴을 간단히 살펴보고 루비에서 어떻게 패턴이 매치되고 이 패턴들에 대해 어떻게 치환을 수행하는지 살펴본다. 이어지는 절에서는 패턴에 대해 더 깊게 살펴보고 루비가 이를 어떻게 지원하는지 알아본다.

7.2 루비 정규 표현식

정규 표현식을 만드는 다양한 방법이 있다. 가장 많이 사용되는 방법은 슬래시 문자 사이에 패턴을 넣는 일이다. 예를 들어 "cat"이 문자열 리터럴인 것과 마찬가지로 /cat/은 정규 표현 리터럴이다.

　/cat/은 간단하지만 가장 많이 사용되는 패턴이다. 이 패턴은 부분 문자열 cat을 포함하는 모든 문자열에 매치된다. 패턴에서는 지금 열거하는 ., |, (,), [,], {, }, +, \, ^, $, *, ? 문자들 외에는 모두 문자 자체를 의미한다. 약간 논리 퍼즐 같을지도 모르겠지만 몇 가지 패턴과 그 패턴에 매치되는 문자열과 매치되지 않은 문자열의 예를 열거하면 다음과 같다.

/cat/	"dog and cat"과 "catch"에는 매치하지만 "Cat"과 "c.a.t"에는 매치하지 않는다.
/123/	"86512312"와 "abc123"에는 매치하지만 "1.23"에는 매치하지 않는다.
/t a b/	"hit a ball"에는 매치하지만 "table"에는 매치하지 않는다.

특수 문자에 매치시키고 싶다면 그 특수 문자 바로 앞에 역슬래시(\)를 사용한다. 따라서 /*/는 하나의 *에 매치되고, /\//는 슬래시에 매치된다.

패턴 리터럴은 큰따옴표 리터럴과 비슷하다. 예를 들어 패턴 안에서 #{...}와 같은 문자열 보간법(string interpolation)을 사용할 수 있다.

패턴으로 문자열에 매치하기

루비에서는 =~ 연산자를 사용해 어떤 패턴이 어떤 문자열에 매치하는지 판별한다. 문자열이 패턴에 매치되면 =~ 연산자는 매치된 위치를 숫자로 반환한다.

```
/cat/ =~ "dog and cat"   # => 8
/cat/ =~ "catch"         # => 0
/cat/ =~ "Cat"           # => nil
```

원한다면 문자열이 연산자 왼편에 와도 무방하다.[2]

```
"dog and cat" =~ /cat/   # => 8
"catch" =~ /cat/         # => 0
"Cat" =~ /cat/           # => nil
```

패턴에 매치하지 않을 때는 nil을 반환한다. 루비에서는 nil이 논릿값에서 false와 같은 의미이기 때문에 패턴 매치 결과를 조건문에서 사용할 수 있다.

```
str = "cat and dog"

if str =~ /cat/
  puts "There's a cat here somewhere"
end
```

실행 결과:

```
There's a cat here somewhere
```

다음 예제는 testfile에서 on을 포함하는 행을 모두 출력한다.

```
File.foreach("testfile").with_index do |line, index|
  puts "#{index}: #{line}" if line =~ /on/
end
```

실행 결과:

```
0: This is line one
3: And so on...
```

패턴이 매치하지 않는다는 것을 확인하는 !~ 연산자도 있다.

```
File.foreach("testfile").with_index do |line, index|
  puts "#{index}: #{line}" if line !~ /on/
end
```

실행 결과:

```
1: This is line two
2: This is line three
```

---

2   어떤 사람들은 이것이 비효율적이라고도 한다. 이는 결과적으로 문자열을 통해 매치하고자 하는 정규 표현식을 호출하는 일이기 때문이다. 이 이야기는 이론적으로는 맞지만 실용적으로는 틀리다.

패턴으로 문자열 치환하기

sub 메서드는 패턴과 패턴에 해당하는 부분의 치환 문자열을 인자로 받는다.[3] 문자열에서 패턴에 매치하는 부분이 있다면 이 부분을 치환 문자열로 치환한다.

```
str = "Dog and Cat"
new_str = str.sub(/Cat/, "Gerbil")
puts "Let's go to the #{new_str} for a pint."
```

실행 결과:

```
Let's go to the Dog and Gerbil for a pint.
```

sub 메서드는 문자열에서 맨 처음 일치하는 부분 문자열에 대해서만 작동한다. 일치하는 모든 부분 문자열을 치환하려면 gsub 메서드를 사용해야 한다(gsub의 g는 global의 줄임말이다).

```
str = "Dog and Cat"
new_str1 = str.sub(/a/, "*")
new_str2 = str.gsub(/a/, "*")
puts "Using sub: #{new_str1}"
puts "Using gsub: #{new_str2}"
```

실행 결과:

```
Using sub: Dog *nd Cat
Using gsub: Dog *nd C*t
```

sub와 gsub 메서드는 새로운 문자열을 반환한다(어떠한 치환도 일어나지 않았을 때는 단순히 원래 문자열을 복사한 새로운 문자열이 반환된다).

원래의 문자열 자체를 변경하고자 할 때는 sub! 메서드와 gsub! 메서드를 사용한다.

```
str = "now is the time"
str.sub!(/i/, "*")
str.gsub!(/t/, "T")
puts str
```

실행 결과:

```
now *s The Time
```

sub, gsub 메서드와 달리 !가 붙으면 sub!, gsub! 메서드들은 패턴이 매치될 때만 문자열을 반환한다. 문자열이 패턴에 매치되지 않으면 nil을 반환한다. 이 말은 즉 필요에 따라 !이 붙은 메서드를 조건식에서 사용할 수 있다는 말이다.

여기까지 패턴을 사용해 문자열에서 패턴에 매치되는 텍스트를 찾고 매치되는 부분을 치환하는 부분을 다뤘다. 대부분의 사람들은 이 정도면 만족스러울

---

3 사실 다루지 않은 부분이 있지만 한동안 다루지 않을 것이다.

것이다. 루비와 관련된 다른 주제에 더 관심이 가는 사람들은 여기서 다음 장으로 넘어가도 좋다. 진행을 하다 보면 분명 정규 표현식을 통해 더 복잡한 처리가 필요한 시점이 오게 된다(예를 들어 두 자리 숫자, 콜론, 두 자리 수로 이어지는 시간을 매치하고 싶어질 수도 있다). 그때 다시 돌아와서 여기서부터 읽어나가도 무방하다.

물론 계속해서 이 장을 읽어도 좋다. 뒤에서는 패턴, 매치, 치환에 대해 더 자세히 다룬다.

7.3 더 파고들기

루비 위에서 다른 모든 것들과 마찬가지로 정규 표현식 역시 그저 객체에 불과하다. 정확히는 Regexp의 인스턴스다. 따라서 정규 표현식을 변수에 대입하거나 메서드의 인자로 넘겨줄 수도 있다.

```
str = "dog and cat"
pattern = /nd/
pattern =~ str  # => 5
str =~ pattern  # => 5
```

리터럴을 통한 정규 표현식 객체를 생성하는 것 이외에도 Regexp 클래스의 new 메서드나 r{...} 문법을 사용해서 정규 표현식 객체를 생성할 수 있다. %r 문법은 슬래시(/)를 포함하는 정규 표현식 객체를 만들 때 특히 유용하다.

```
/mm\/dd/               # => /mm\/dd/
Regexp.new("mm/dd")    # => /mm\/dd/
%r{mm/dd}              # => /mm\/dd/
```

> **정규 표현식 가지고 놀기**
>
> 우리와 마찬가지로 정규 표현식을 사용하다 보면 혼란에 빠지곤 할 것이다. 분명 정상으로 작동한다고 정규 표현식을 작성했는데 매치되지 않기도 한다. 그럴 때는 irb를 사용하자. 작성한 정규 표현식을 irb에 복사해서 실제 문자열에 제대로 매치되는지 테스트해 본다. 매치되지 않으면 매치될 때까지 정규 표현식을 조금씩 지워나간다. 매치되면 이번에는 거꾸로 매치되지 않을 때까지 정규 표현식을 다시 작성해 나간다. 이렇게 하다 보면 어디서 정규 표현식이 잘못됐는지 찾을 수 있다.[4]

---

4 (옮긴이) 루비 정규 표현식을 테스트할 수 있는 Rubular(http://rubular.com)나 정규 표현식을 시각적으로 보여주는 Regexper(http://regexper.com)도 디버깅에 유용하다.

정규 표현식 옵션

정규 표현식이 매치되는 방식을 다루기 위한 몇 가지 옵션이 준비되어 있다. 리터럴을 사용해 정규 표현식 객체를 생성할 때는 리터럴 맨 뒤의 바로 앞에 한 글자나 여러 글자를 추가해 옵션을 지정할 수 있다. Regexp.new 메서드를 사용해 정규 표현식 객체를 생성한다면 생성자 두 번째 인자에 옵션을 지정할 수 있다.

i	대소문자 구분 옵션. 패턴 매치에서 패턴과 대상 문자열의 대소문자를 구별하지 않는다(과거에는 전역 변수 $= 값을 이용해서 대소문자 매치 옵션을 지정할 수 있었으나 현재는 지원하지 않는다).
o	정규 표현식 내에서 치환을 위한 평가를 단 한 번만 한다. 특정 정규 표현식 리터럴 안에 있는 어떤 #{...} 표현이라도 단 한 번만 실행되며 이후에는 이 결과가 사용된다. 이를 사용하지 않으면 리터럴을 통해 Regexp 객체를 생성할 때마다 #{...}의 내용을 평가하고 치환한다.
m	멀티라인 모드. 일반적으로 "."은 줄 바꿈을 제외한 모든 문자에 매치된다. /m 옵션을 사용하면 "."은 줄 바꿈을 포함한 모든 문자에 매치된다.
x	확장 모드. 정규 표현식이 복잡해지면 가독성도 떨어지게 마련이다. x 옵션을 사용하면 적절한 공백 문자와 줄 바꿈을 사용해 읽기 쉬운 정규 표현식을 만들 수 있다. 또한 #를 통한 주석도 지원한다.

이외에도 정규 표현식의 언어 인코딩을 지정하는 옵션들도 있다. 언어 인코딩 옵션을 지정하지 않고 정규 표현식 객체가 7비트 문자로만 이루어져 있다면 US-ASCII 인코딩을 사용한다. 그렇지 않으면 이는 리터럴을 포함하는 소스 코드의 기본 인코딩을 사용한다. 옵션은 다음과 같다. n: 인코딩 없음(ASCII), e: EUC, s: SJIS, u: UTF-8

패턴 매치

정규 표현식 객체를 생성하고 나면 Regexp#match(string) 메서드나 =~(매치되는 부분 탐색)이나 !~(매치되지 않는 부분 탐색) 연산자를 사용할 수 있다. 매치 연산자는 String과 Regexp에 모두 정의되어 있다. 매치 연산자를 사용할 때는 피연산자 중 하나가 정규 표현식 객체여야 한다.

```
name = "Fats Waller"
name =~ /a/                 # => 1
name =~ /z/                 # => nil
/a/ =~ name                 # => 1
/a/.match(name)             # => #<MatchData "a">
Regexp.new("all").match(name) # => #<MatchData "all">
```

매치 연산자는 매치가 된 문자열의 시작 위치를 반환한다. 이와 달리 match 메서드를 사용할 때는 MatchData 객체를 반환한다. 연산자를 사용하건 match 메서드를 사용하건 매치가 되지 않으면 nil을 반환한다.

매치가 되면 루비는 특수 변수에 매치된 값을 저장한다. 예를 들어 $&에는 패턴에 의해 매치된 부분이 저장되며, $`에는 매치가 일어난 부분의 앞부분이 저장되고, $'에는 매치의 뒷부분이 저장된다. 이러한 특수 변수들은 매우 나쁘다고 여겨진다. 따라서 많은 루비 프로그래머는 MatchData 객체를 사용해 이러한 정보를 다루는 것을 선호한다. MatchData 객체에는 매치에 관련된 다양한 정보가 캡슐화되어 있기 때문이다. MatchData 객체에 pre_match 메서드를 호출하면 매치가 일어난 부분의 앞부분을 가져올 수 있고 post_match를 호출하면 매치된 결과의 뒷부분을 가져올 수 있다. 또한 [0] 인덱스를 사용하면 매치된 부분을 가져올 수 있다.

show_regexp는 앞의 각 메서드들을 활용해 특정 패턴이 매치된 위치를 나타내는 메서드다.

tut_regexp/show_match.rb

```ruby
def show_regexp(string, pattern)
  match = pattern.match(string)
  if match
    "#{match.pre_match}->#{match[0]}<-#{match.post_match}"
  else
    "no match"
  end
end
```

이 메서드는 다음과 같이 사용할 수 있다.

```ruby
show_regexp('very interesting', /t/)   # => very in->t<-eresting
show_regexp('Fats Waller', /lle/)      # => Fats Wa->lle<-r
show_regexp('Fats Waller', /z/)        # => no match
```

복잡한 패턴

앞서 . | ( ) [ ] { } + \ ^ $ * ?을 제외한 모든 문자는 자기 자신을 나타내는 문자열에 매치된다고 이야기한 바 있다. 이 이야기를 좀 더 깊이 파고들어 보자.

먼저 앞에서 언급한 특수 문자를 일반적인 문자들과 마찬가지로 매치하고 싶을 때는 역슬래시와 함께 써 주면 된다.

```ruby
show_regexp('yes | no', /\|/)      # => yes ->|<- no
show_regexp('yes (no)', /\(no\)/)  # => yes ->(no)<-
show_regexp('are you sure?', /e\?/) # => are you sur->e?<-
```

여기서부터는 앞의 특수 문자들을 이스케이프하지 않을 때 어떤 의미를 지니는지 알아본다.

앵커

기본적으로 정규 표현식은 문자열에서 처음으로 찾은 부분 문자열에 매치된다. "Mississippi"를 /iss/에 매치시키면 1번 위치(문자열에서 두 번째 문자)에서 이어지는 "iss"에 매치된다. 그렇다면 문자열의 맨 앞이나 맨 뒤에서만 패턴을 매치시키고 싶다면 어떻게 해야 할까?

^와 $ 문자는 각각 행의 맨 앞과 맨 뒤를 의미한다. 이 특수한 의미를 가지는 문자들은 패턴 매치에 있어서 앵커(anchor) 역할로 자주 이용된다. 예를 들어 /^option/은 'option'이라는 단어가 행의 맨 앞에 있을 때만 매치된다. 앵커 역할을 하는 비슷한 문자로 \A는 문자열의 맨 앞에 매치되며, \z와 \Z는 문자열의 맨 뒤에만 매치된다(엄밀하게 말하면 \Z는 문자열이 \n 이외의 문자열로 끝날 때만 문자열의 맨 뒤에 매치된다. 문자열이 \n으로 끝나면 \n 바로 앞 위치에 매치된다).

```
str = "this is\nthe time"
show_regexp(str, /^the/)    # => this is\n->the<- time
show_regexp(str, /is$/)     # => this ->is<-\nthe time
show_regexp(str, /\Athis/)  # => ->this<- is\nthe time
show_regexp(str, /\Athe/)   # => no match
```

이와 비슷하게 \b와 \B는 각각 워드 경계(word boundary)와 워드가 아닌 것의 경계(nonword boundary)를 나타낸다. 여기에서 워드란 아스키 문자, 숫자, 밑줄을 의미한다.

```
show_regexp("this is\nthe time", /\bis/)  # => this ->is<-\nthe time
show_regexp("this is\nthe time", /\Bis/)  # => th->is<- is\nthe time
```

문자 클래스

문자 클래스란 대괄호로 둘러싸인 문자의 집합이다. [문자 집합]은 대괄호 안의 문자 중 하나에 매치된다. 예를 들어 [aeiou]는 모음에 매치되고 [,;:!?]는 구두점에 매치된다. 정규 표현식에서 특수한 의미를 가지는 .|()[+^$*?는 대괄호 안에서는 본래의 문자를 나타낸다. 하지만 일반적인 문자열 치환은 일어나므로, (예를 들면) \b는 백스페이스 문자로 사용되고, \n은 줄 바꿈으로 사용된다(큰따옴표 문자열의 변환 규칙은 표 11(369쪽) 참조). 또한 표 2에서 나온 축약 표현도 적용되므로 \s는 스페이스 리터럴뿐 아니라 공백 문자 전체와 매치된다.

```
show_regexp('Price $12.', /[aeiou]/)  # => Pr->i<-ce $12.
show_regexp('Price $12.', /[\s]/)     # => Price-> <-$12.
show_regexp('Price $12.', /[$.]/)     # => Price ->$<-12.
```

시퀀스	의미 매치되는 문자들
\d	십진수 (?a), (?d) → [0-9] (?u) → *십진수 숫자*
\D	십진수를 제외한 모든 문자
\h	십육진수 문자 [0-9a-fA-F]
\H	십육진수를 제외한 모든 문자
\R	일반적인 줄 바꿈 문자. \r\n과 같은 두 글자에도 매치된다(루비 2.0).
\s	공백 (?a), (?d) → [␣\t\r\n\f] (?a), (?d) → [0-9] (?u) → [\t\n\r\x{000B}\x{000C}\x{0085}], *줄 바꿈 문자, 문단 문자, 공백 문자*
\S	공백을 제외한 모든 문자열
\w	단어 문자(실질적으로 프로그래밍 언어 식별자) (?a), (?d) → [a-zA-Z0-9_] (?u) → *문자, 기호, 숫자, 구두점*
\W	단어 문자를 제외한 모든 문자
\X	확장 유니코드 문자소(두 글자나 그 이상의 문자를 조합해 하나로 조합되는 문자)(루비 2.0)

표 2. 문자 클래스 축약 표현

몇몇 클래스들은 패턴에 선택된 문자 세트에 따라서 그 의미가 달라진다. 예를 들어 차이는 다음과 같이 나타낸다.

(?a), (?d) → [a-zA-Z0-9_]
(?u) → *문자, 기호, 숫자, 구두점*

이 예제에서는 앞선 줄의 설명이 아스키와 기본 모드에 적용되는 내용이고, 이어지는 줄이 유니코드에 대해 적용되는 내용이다. 그리고 각 줄의 두 번째 영역에서 [...]은 관례적인 문자 클래스다. 이탤릭으로 표시된 단어는 유니코드 문자 클래스다.

대괄호 안에서 c1-c2 시퀀스를 사용하면, c1과 c2를 포함한 c1과 c2 사이의 모든 문자에 매치된다.

```
a = 'see [The PickAxe–page 123]'
show_regexp(a, /[A–F]/)        # => see [The Pick–>A<–xe–page 123]
show_regexp(a, /[A–Fa–f]/)     # => s–>e<–e [The PickAxe–page 123]
show_regexp(a, /[0–9]/)        # => see [The PickAxe–page –>1<–23]
show_regexp(a, /[0–9][0–9]/)   # => see [The PickAxe–page –>12<–3]
```

대괄호를 열고 바로 다음에 ^(캐럿이라고도 한다)를 사용하면 문자 클래스의 의미를 반전시킬 수 있다. 즉, ^ 문자 다음에 기술한 문자에 포함되지 않는 문자에만 매치된다.

```
show_regexp('Price $12.', /[^A–Z]/)       # => P–>r<–ice $12.
show_regexp('Price $12.', /[^\w]/)        # => Price–> <–$12.
show_regexp('Price $12.', /[a–z][^a–z]/)  # => Pric–>e <–$12.
```

몇 가지 문자 클래스는 루비에서 자주 사용되기 때문에 축약어 형태로 제공된다. 이러한 축약 표현들은 표 2에서 찾아볼 수 있다. 이러한 축약 표현은 정규식 본문은 물론 대괄호 안에서도 사용할 수 있다.

```
show_regexp('It costs $12.', /\s/)  # => It-> <-costs $12.
show_regexp('It costs $12.', /\d/)  # => It costs $->1<-2.
```

표를 보면 어떤 문자 클래스들은 정규 표현식의 문자 집합 옵션에 따라 다르게 해석된다는 것을 알 수 있다. 기본적으로 이러한 옵션들은 정규 표현식 엔진에게 (예를 들어) 단어 문자들이 오직 아스키로만 구성되는지 또는 유니코드 문자, 기호, 숫자, 연결 구두점으로 확장될 수 있는지 알려준다. 옵션은 (?option) 형태로 지정할 수 있다. 여기에 d를 지정하면 아스키만을 지원하며(1.9에서는 이렇게 작동한다), u를 지정하면 유니코드를 지원한다. 옵션을 지정하지 않으면 기본값은 (?d)다.

```
show_regexp('über.', /(?a)\w+/)  # => ü->ber<-.
show_regexp('über.', /(?d)\w+/)  # => ü->ber<-.
show_regexp('über.', /(?u)\w+/)  # => ->über<-.
show_regexp('über.', /(?d)\W+/)  # => ->ü<-ber.
show_regexp('über.', /(?u)\W+/)  # => über->.<-
```

표 3(143쪽)에서 알 수 있듯이 POSIX 문자 클래스들은 같은 이름의 ctype(3) 매크로에 대응된다. 이는 첫 번째 콜론(:) 뒤에 캐럿(^)을 붙여서 반전할 수 있다.

```
show_regexp('Price $12.', /[aeiou]/)        # => Pr->i<-ce $12.
show_regexp('Price $12.', /[[:digit:]]/)    # => Price $->1<-2.
show_regexp('Price $12.', /[$.]/)           # => Price ->$<-12.
show_regexp('Price $12.', /[[:space:]]/)    # => Price-> <-$12.
show_regexp('Price $12.', /[[:^alpha:]]/)   # => Price-> <-$12.
show_regexp('Price $12.', /[[:punct:]aeiou]/) # => Pr->i<-ce $12.
```

대괄호 안에서]나 - 문자 자체를 포함하고 싶다면 역슬래시(\)를 통해 이스케이프할 수 있다.

```
a = 'see [The PickAxe-page 123]'
show_regexp(a, /[\]]/)    # => see [The PickAxe-page 123->]<-
show_regexp(a, /[0-9\]]/) # => see [The PickAxe-page ->1<-23]
show_regexp(a, /[\d-]/)   # => see [The PickAxe->-<-page 123]
```

문자 클래스들의 교집합은 &&를 통해 표현할 수 있다. 예를 들어 모든 아스키 소문자에 매치하면서 모음을 제외하고자 한다면 다음과 같이 작성할 수 있다.

```
str = "now is the time"
str.gsub(/[a-z&&[^aeiou]]/, '*')  # => "*o* i* **e *i*e"
```

\p를 사용하면 인코딩에 대응하는 특정한 유니코드 속성을 가진 문자에만 매치시킬 수 있다(이는 표 4(144쪽)에서 다룬다).

```
# encoding: utf-8
string = "∂y/∂x = 2πx"
show_regexp(string, /\p{Alnum}/)  # => ∂->y<-/∂x = 2πx
show_regexp(string, /\p{Digit}/)  # => ∂y/∂x = ->2<-πx
show_regexp(string, /\p{Space}/)  # => ∂y/∂x-> <-= 2πx
show_regexp(string, /\p{Greek}/)  # => ∂y/∂x = 2->π<-x
show_regexp(string, /\p{Graph}/)  # => ->∂<-y/∂x = 2πx
```

마지막으로 대괄호 밖의 마침표(.)는 줄 바꿈 문자를 제외한 모든 문자에 매치한다(단, 멀티라인 모드에서는 줄 바꿈 문자에도 매치한다).

```
a = 'It costs $12.'
show_regexp(a, /c.s/)   # => It ->cos<-ts $12.
show_regexp(a, /./)     # => ->I<-t costs $12.
show_regexp(a, /\./)    # => It costs $12->.<-
```

반복

앞서 노래 제목 행을 구분하기 위해 사용된 /\s*\|\s*/ 패턴은 임의의 수의 공백에 둘러싸인 막대 문자에 매치된다. 이제 \s는 하나의 공백 문자에 매치되고, \|는 하나의 막대 문자에 매치된다는 걸 배웠으니 별표(*)는 '임의의 수'에 대응한다고 추정해 볼 수 있다. *은 실제로 주어진 패턴이 여러 번 반복될 때 이에 매치하기 위해 사용되는 수량사(modifier)다.

r이 수량사 바로 앞에 있는 정규 표현식을 나타낼 때 각 수량사의 의미는 다음과 같다.

r*	r 문자를 0번 이상 반복되는 경우에 매치
r+	r 문자를 한 번 이상 반복되는 경우에 매치
r?	r 문자가 없거나 한 번만 있는 경우에 매치
r{m,n}	r 문자가 최소 m번, 최대 n번 반복되는 경우에 매치
r{m,}	r 문자가 최소 m번 이상 반복되는 경우에 매치
r{,n}	r 문자가 최대 n번 이하로 반복되는 경우에 매치
r{m}	r이 정확히 m번 반복되는 경우에 매치

이러한 반복 구문은 우선순위가 높다. 따라서 패턴 안에서 바로 앞의 정규 표현식과 결합된다. 예를 들어 /ab+/는 a 다음에 따라오는 다수의 b에는 매치되지만 연속된 ab에는 매치되지 않는다.[5]

---

5 (옮긴이) 따라서 이 예제에서는 +가 b문자와 결합된다.

이러한 패턴들은 기본적으로 가능한 한 긴 문자열을 매치하려는 특성을 가지고 있다. 이러한 특성을 탐욕적(greedy)인 패턴이라고 이야기한다. 이러한 작동 방식은 수량사 다음에 ?을 붙여서 변경할 수 있다. 이러한 방식을 게으른(lazy) 패턴이라고 이야기하며 주어진 패턴을 만족하면서 가장 짧은 매치만을 찾아낸다.

```
a = "The moon is made of cheese"
show_regexp(a, /\w+/)        # => ->The<- moon is made of cheese
show_regexp(a, /\s.*\s/)     # => The-> moon is made of <-cheese
show_regexp(a, /\s.*?\s/)    # => The-> moon <-is made of cheese
show_regexp(a, /[aeiou]{2,99}/) # => The m->oo<-n is made of cheese
show_regexp(a, /mo?o/)       # => The ->moo<-n is made of cheese
# 게으른(lazy) 방식의 패턴 매치
show_regexp(a, /mo??o/)      # => The ->mo<-on is made of cheese
```

(+ 수량사도 있다. 이는 탐욕적으로 매치를 시도하면서 백트래킹을 금지시킨다. 자세한 내용은 이 장의 맨 뒤의 심화 주제에서 다룬다.)

* 수량사는 매우 조심스럽게 사용해야 한다. 이는 0번이나 한 번 이상 앞의 정규 표현식이 나타나는 경우에 매치된다. 사람들은 가끔씩 0번을 깜빡한다. 특히 하나의 *을 포함하는 패턴은 어떤 문자열을 넘기건 무조건 매치가 일어난다. 예를 들어 /a*/ 패턴은 0개나 하나 이상의 a에 매치되므로 무조건 매치된다.

```
a = "The moon is made of cheese"
# 둘 다 문자열 맨 앞의 위치에 매치된다.
show_regexp(a, /m*/) # => -><-The moon is made of cheese
show_regexp(a, /Z*/) # => -><-The moon is made of cheese
```

선택

세로 막대에는 특별한 의미가 있다. 이러한 이유로 앞의 예제에서도 세로 막대를 역슬래시로 이스케이프했다. 이스케이프하지 않는다면 세로 막대(|)는 막대 바로 앞에 오는 정규 표현식이나 바로 뒤에 오는 정규 표현식에 매치된다.

```
a = "red ball blue sky"
show_regexp(a, /d|e/)             # => r->e<-d ball blue sky
show_regexp(a, /al|lu/)           # => red b->al<-l blue sky
show_regexp(a, /red ball|angry sky/)  # => ->red ball<- blue sky
```

여기에는 조심하지 않으면 걸려들지도 모를 함정이 하나 있다. 세로 막대는 우선순위가 매우 낮다. 앞에서 마지막 예제는 red ball 또는 angry sky를 의미하지, red ball sky나 red angry sky에는 매치되지 않는다. 후자와 같은 매치를 원한다면 괄호를 사용해서 우선순위를 직접 조정해 줄 필요가 있다.

그룹

괄호를 사용해서 정규 표현식 안에서 일부를 그룹으로 묶어줄 수 있다. 그룹 안의 패턴은 모두 하나의 정규 표현식으로 처리된다.

```ruby
# 이 정규 표현식은 a에 이어지는 하나나 다수의 n에 매치된다.
show_regexp('banana', /an+/)            # => b->an<-ana
# 이 정규 표현식은 하나나 다수의 an에 매치된다.
show_regexp('banana', /(an)+/)          # => b->anan<-a

a = 'red ball blue sky'
show_regexp(a, /blue|red/)              # => ->red<- ball blue sky
show_regexp(a, /(blue|red) \w+/)        # => ->red ball<- blue sky
show_regexp(a, /(red|blue) \w+/)        # => ->red ball<- blue sky
show_regexp(a, /red|blue \w+/)          # => ->red<- ball blue sky
show_regexp(a, /red (ball|angry) sky/)  # => no match
a = 'the red angry sky'
show_regexp(a, /red (ball|angry) sky/)  # => the ->red angry sky<-
```

또한 괄호는 매치된 결과를 모아준다. 루비는 괄호가 열린 횟수를 세고 각각의 괄호에 대해 대응하는 닫힌 괄호까지의 부분 매치 결과를 저장한다. 이러한 부분 매치 결과는 정규 표현식 내부의 다른 부분에서도 사용할 수 있고, 루비 프로그램에서 사용할 수도 있다. 같은 패턴 안에서 \1은 첫 번째 그룹의 결과를 나타내고, \2는 두 번째 그룹의 결과를 나태내고, 이런 식으로 사용된다. 패턴의 외부에서는 특별한 변수인 $1, $2 등을 통해 결과를 참조할 수 있다.

```ruby
/(\d\d):(\d\d)(..)/ =~ "12:50am"   # => 0
"Hour is #$1, minute #$2"          # => "Hour is 12, minute 50"
/((\d\d):(\d\d))(..)/ =~ "12:50am" # => 0
"Time is #$1"                      # => "Time is 12:50"
"Hour is #$2, minute #$3"          # => "Hour is 12, minute 50"
"AM/PM is #$4"                     # => "AM/PM is am"
```

match 메서드에 의해 반환되는 MatchData 객체를 사용한다면 그룹에 해당하는 부분 패턴을 인덱스로 참조할 수 있다.

```ruby
md = /(\d\d):(\d\d)(..)/.match("12:50am")
"Hour is #{md[1]}, minute #{md[2]}"  # => "Hour is 12, minute 50"
md = /((\d\d):(\d\d))(..)/.match("12:50am")
"Time is #{md[1]}"                   # => "Time is 12:50"
"Hour is #{md[2]}, minute #{md[3]}"  # => "Hour is 12, minute 50"
"AM/PM is #{md[4]}"                  # => "AM/PM is am"
```

현재 매치의 일부를 같은 매치의 뒷부분에서 이용해서 다양한 형식의 반복 패턴에 매치할 수 있다.

```ruby
# 중복된 글자에 매치
show_regexp('He said "Hello"', /(\w)\1/)  # => He said "He->ll<-o"
# 중복된 부분 문자열에 매치
show_regexp('Mississippi', /(\w+)\1/)     # => M->ississ<-ippi
```

앞에서 매치된 내용을 번호가 아닌 이름으로 참조할 수도 있다. 그룹을 시작하는 괄호 바로 다음에 ?〈name〉과 같이 이름을 지정한다. 이후에 이 그룹을 다시 사용하려면 \k〈name〉이나 \k'name'과 같이 지정한 이름을 사용할 수 있다.

```
# 중복된 글자에 매치
str = 'He said "Hello"'
show_regexp(str, /(?<char>\w)\k<char>/)  # => He said "He->ll<-o"

# 중복된 인접 부분 문자열에 매치
str = 'Mississippi'
show_regexp(str, /(?<seq>\w+)\k<seq>/)    # => M->ississ<-ippi
```

이름 있는 매치를 사용하면 정규 표현식을 지역 변수처럼 사용할 수 있다. 단 이렇게 사용하기 위해서는 정규 표현식 리터럴을 사용해야 하며, 그중에서도 정규 표현식 리터럴이 =~ 연산자 왼쪽에 위치할 때로 한정된다(따라서 정규 표현식 객체를 변수에 대입해서 이를 통해 문자열에 매치해도 이름이 있는 매치가 지역 변수로 대입되는 일은 일어나지 않는다).

```
/(?<hour>\d\d):(?<min>\d\d)(..)/ =~ "12:50am"  # => 0
"Hour is #{hour}, minute #{min}"               # => "Hour is 12, minute 50"

# 이름과 위치를 기반으로 한 접근법을 섞어서 사용할 수도 있다.
"Hour is #{hour}, minute #{$2}"                # => "Hour is 12, minute 50"
```

패턴에 기반을 둔 치환

sub와 gsub를 사용해 문자열을 치환하는 방법은 이미 설명했다. 지금까지의 예제에서 패턴은 항상 고정된 텍스트였지만 이러한 치환 메서드에서도 반복, 선택, 그룹이 포함된 패턴을 사용할 수 있다.

```
a = "quick brown fox"
a.sub(/[aeiou]/, '*')   # => "q*ick brown fox"
a.gsub(/[aeiou]/, '*')  # => "q**ck br*wn f*x"
a.sub(/\s\S+/, '')      # => "quick fox"
a.gsub(/\s\S+/, '')     # => "quick"
```

치환 메서드에는 문자열이나 블록을 넘겨줄 수 있다. 블록을 넘겨주면 매치된 부분이 블록에 넘겨지며 블록의 반환값으로 매치된 부분이 치환된다.

```
a = "quick brown fox"
a.sub(/^./) {|match| match.upcase }        # => "Quick brown fox"
a.gsub(/[aeiou]/) {|vowel| vowel.upcase }  # => "qUIck brOwn fOx"
```

예를 들어, 사용자가 웹 애플리케이션에서 입력한 데이터를 정규화하고자 한다. 사람들은 DAVE THOMAS, dave thomas, dAvE tHoMas 같이 대소문자를 자유롭게 사용할 수 있지만, 애플리케이션에서 저장은 Dave Thomas와 같이 하고 싶다

고 하자. 먼저 간단한 예제에서부터 개선해 나가자. 다음은 첫 번째 단계다. \b\w
은 단어의 첫 문자에 매치하는 패턴으로, 해석하자면 단어 경계 다음에 이어지는
한 문자에 매치하라는 의미다. 이를 gsub와 조합하면 이름을 정규화할 수 있다.

```
def mixed_case(name)
  name.downcase.gsub(/\b\w/) {|first| first.upcase }
end
mixed_case("DAVE THOMAS")  # => "Dave Thomas"
mixed_case("dave thomas")  # => "Dave Thomas"
mixed_case("dAvE tHoMas")  # => "Dave Thomas"
```

루비 1.9에는 치환을 하기 위한 관용 표현이 있다. 다음 예제에서 이러한 관용
표현을 볼 수 있지만 이에 대한 이야기는 'Symbol.to_proc 기법(434쪽)' 이야기
가 나올 때까지 미뤄두자.

```
def mixed_case(name)
  name.downcase.gsub(/\b\w/, &:upcase)
end

mixed_case("dAvE tHoMas")  # => "Dave Thomas"
```

sub와 gsub에는 치환에 사용될 해시를 넘겨주는 것도 가능하다. 매치되는 부분
이 키에 있으면 이에 대응하는 값을 사용해 치환을 수행한다.

```
replacement = { "cat" => "feline", "dog" => "canine" }
replacement.default = "unknown"

"cat and dog".gsub(/\w+/, replacement)  # => "feline unknown canine"
```

치환에서의 역슬래시 시퀀스

앞에서 패턴 안에서 \1, \2 등의 시퀀스를 사용 가능하며, 이는 매치된 n 번째 그
룹을 나타낸다는 사실을 설명했다. 같은 시퀀스를 sub나 gsub의 두 번째 매개
변수에도 똑같이 적용할 수 있다.

```
puts "fred:smith".sub(/(\w+):(\w+)/, '\2, \1')
puts "nercpyitno".gsub(/(.)(.)/, '\2\1')
```

실행 결과:

```
smith, fred
encryption
```

이름이 붙은 참조도 마찬가지로 사용할 수 있다.

```
puts "fred:smith".sub(/(?<first>\w+):(?<last>\w+)/, '\k<last>, \k<first>')
puts "nercpyitno".gsub(/(?<c1>.)(?<c2>.)/, '\k<c2>\k<c1>')
```

실행 결과:

```
smith, fred
encryption
```

이 외에도 치환에 사용할 수 있는 역슬래시 시퀀스는 몇 가지 더 있다. \&(마지막 매치), \+(마지막에 매치된 그룹), \`(매치 앞의 문자열), \'(매치 뒤의 문자열), \\(역슬래시)를 사용할 수 있다.

치환에 역슬래시 리터럴 자체를 포함하는 것은 다소 헷갈리는 일이 될 수도 있다. 예를 들면 str.gsub(/\\/, '\\\\')이 그렇다.

이 코드는 str의 역슬래시 각각을 역슬래시 두 개로 치환하려고 시도하는 것처럼 보인다. 이를 작성한 프로그래머는 구문 분석을 하면 \\\\이 \\으로 변환될 것이라고 생각해서 치환 텍스트에 역슬래시 네 개를 입력했을 것이다. 하지만 실제로 치환을 수행하면 정규 표현식 엔진이 \\를 \로 변환하는 작업을 한 번 더 수행한다. 따라서 앞의 코드는 하나의 역슬래시를 하나의 역슬래시로 치환되는 결과가 되어 버린다. 원하는 결과를 얻기 위해서는 gsub(/\\/, '\\\\\\\\') 이렇게 작성해야 한다.

```
str = 'a\b\c'                # => "a\b\c"
str.gsub(/\\/, '\\\\\\\\')   # => "a\\b\\c"
```

하지만 여기서 \&를 사용하면 다음과 같이 작성할 수 있다.

```
str = 'a\b\c'              # => "a\b\c"
str.gsub(/\\/, '\&\&')     # => "a\\b\\c"
```

또한 gsub에 블록을 넘겨주면, 치환 문자열에 대한 구문 분석은 단 한 번만 일어나서 원래 생각했던 것과 비슷한 방식으로 작성할 수 있다.

```
str = 'a\b\c'                  # => "a\b\c"
str.gsub(/\\/) { '\\\\' }      # => "a\\b\\c"
```

이 장을 시작할 때 비상 탈출구를 두 개 마련해 두었다고 이야기한 바 있다. 첫 번째 비상 탈출구는 기본적인 매치 방법과 패턴에 대한 설명이 끝난 시점이었다. 그리고 여기가 두 번째 비상 탈출구다. 이 정도면 루비의 정규 표현식에 대한 대부분의 지식을 익혔을 것이다. 이제 다음 장으로 넘어가도 무방하다. 하지만 용기가 있다면 계속해서 읽어나가도 좋다.

7.4 정규 표현식 심화 과정

여기서부터 설명하는 내용은 사용할 일이 없을지도 모른다. 하지만 루비 정규 표현식의 진정한 강력함에 대해 조금 더 이해하고 있다면 어려운 문제를 해결하는 데 도움이 될 것이다.

정규 표현식 확장

루비는 오니그모(Onigmo)[6] 정규 표현식 엔진을 사용한다. 오니그모는 유닉스 정규 표현식에 비해 풍부한 확장을 지원한다. 이러한 확장 기능의 대부분은 (?와) 사이에 작성한다. 이러한 괄호를 사용한 확장 표현은 기본적으로 그룹을 의미 하지만 반드시 역참조 가능한 것은 아니다. \1이나 $1에 매치 내용을 저장하지 않는 경우도 있다.

(?# comment) 시퀀스는 패턴 안에 주석을 기록할 수 있게 해 준다. 주석 안의 내용은 패턴 매치 과정에서 무시된다. 복잡한 코드에 주석을 다는 것과 마찬가 지로 복잡한 정규 표현식에 주석을 달아두면 도움이 될 것이다.

(?:re)는 역참조를 생성하지 않는 그룹을 만든다. 이 표현은 그룹을 만들어야 하지만 역참조를 통해 사용할 일이 없는 그룹에서 유용하다. 이어지는 예제에서 는 연, 월, 일을 콜론이나 슬래시로 구분지어 특정 날짜에 매치하는 정규 표현식 예제를 살펴본다. 첫 번째 패턴은 구분자인 콜론이나 슬래시가 $2, $4에 저장되 지만 두 번째 패턴은 이러한 구분사를 서상하지 않는다.

```
date = "12/25/2010"

date =~ %r{(\d+)(/|:)(\d+)(/|:)(\d+)}
[$1,$2,$3,$4,$5] # => ["12", "/", "25", "/", "2010"]

date =~ %r{(\d+)(?:/|:)(\d+)(?:/|:)(\d+)}
[$1,$2,$3] # => ["12", "25", "2010"]
```

전방 탐색(lookahead)과 후방 탐색(lookbehind)

매치되는 부분 문자열의 앞이나 뒤에 특정 패턴이 존재할 때만 그 부분 문자열 에 매치시키고 싶을 수 있다. 즉 매치 부분의 전후로 문자열을 제한하고 싶지만, 해당하는 문자열을 포함시키고 싶지 않은 경우다.

예를 들어 바로 다음에 ","가 이어지는 단어에만 매치시키고 싶지만, ","는 포함 시키고 싶지 않을 때는 어떻게 해야 할까? 이런 경우에는 길이를 가지지 않는 긍 정형 전방 탐색(zero-width positive lookahead)을 사용할 수 있다. (?=re)는 re 에 매치되지만 매치를 앞으로 진행하지 않는다. 즉 매치 다음에 오는 문자열을 확인만 하고, $& 값에 대입하지는 않는 것이다. 다음 예에서는 scan을 사용해 단어 바로 다음에 ","가 오는 문자들만을 매치한다.

---

6 오니그모(Onigmo)는 오니구루마(Oniguruma) 정규 표현식 처리 엔진의 확장 엔진이다.

```
str = "red, white, and blue"
str.scan(/[a-z]+(?=,)/)  # => ["red", "white"]
```

특정 패턴의 앞부분에 매치시켜야 할 때는 (?<=re)와 같이 길이가 없는 긍정형 후방 탐색을 사용한다. 이를 사용하면 $&에 값을 대입하지 않고 매치하고자 하는 부분의 앞부분의 문자열을 확인할 수 있다. 다음 예제에서는 바로 앞에 hot이 오는 dog 문자열만을 선택한다.

```
show_regexp("seadog hotdog", /(?<=hot)dog/)  # => seadog hot->dog<-
```

후방 탐색에서 사용할 수 있는 표현은 길이가 고정된 표현식이나 길이가 고정된 표현식들의 선택형이어야만 한다. 즉 (?<=aa)나 (?<=aa|bbb)는 가능하지만 (?<=a+b)는 사용할 수 없다.

전방 탐색과 후방 탐색의 부정형으로 (?!re)와 (?<!re)를 사용할 수 있다. 이는 대상이 되는 문자열에서 지정한 패턴이 앞뒤로 존재하지 않을 경우에 매치된다.

\K 시퀀스는 백트래킹과 관련되어 있다. \K가 패턴에 포함되어 있더라도 이는 매치 과정에 영향을 주지 않는다. 하지만 루비가 매치된 문자열을 $&이나 \&에 저장하려고 할 때 오직 \K 오른쪽 부분만을 저장할 것이다.

```
show_regexp("thx1138", /[a-z]+\K\d+/)  # => thx->1138<-
```

백트래킹 제어

여기서는 연속하는 X들 뒤에 O가 이어지지 않는 문자열만을 찾고 있다고 해 보자. 이미 연속되는 X를 표현하는 방법은 X+라는 것을 알고 있으며, 바로 다음에 O가 이어지지 않는 것을 표현하기 위해 /(X+)(?!O)/를 사용할 수 있을 것 같다. 이를 표현식으로 시도해 보자.

```
re = /(X+)(?!O)/

# 매치 성공
re =~ "test XXXY"  # => 5
$1                 # => "XXX"

# 매치에 실패해야 할 것 같지만 성공한다.
re =~ "test XXXO"  # => 5
$1                 # => "XX"
```

왜 다음 예제에서 두 번째 매치가 성공했을까? 이는 정규 표현식의 작동 원리에 관련된 부분으로, 정규 표현식 엔진은 일단 X+ 패턴에 일치하는 문자열을 찾으면 X들에 대해 매치를 진행해 나간다. 그리고 패턴 (?!O)를 만나면, 여기에 O가 오지만 않으면 매치에 문제가 없다고 판단한다. 그리고 다음 예제에서는 O를 발견했으니 매치는 중지된다. 하지만 정규 표현식 엔진은 여기서 포기하지 않는다. 정규 표현식 엔진은 '모든 X를 매치한 것이 실수일지도 모른다'고 판단하고, X 한 글자를 매치에서 제외해 본다. 이를 백트래킹이라고 부른다. 매치에 실패하면 정규 표현식 엔진은 한 단계 뒤로 돌아가 다른 방법으로 매치를 시도해 본다. 이 예제에서는 백트래킹을 통해 매치된 XXX에서 한 글자 뒤로 돌아가서 다시 매치를 수행한다. 이제 XX 다음에는 O가 오지 않으므로 부정형 전방 탐색은 성공적으로 이루어지고 패턴이 매치된 것으로 판단한다. 이 예제의 출력 결과를 유심히 살펴볼 필요가 있다. 첫 번째 시도에서는 분명 X 세 개에 매치되었는데, 두 번째 시도에서는 오직 두 개의 X에만 매치된 것을 알 수 있다.

하지만 이는 우리가 의도한 결과가 아니다. 연속되는 X를 찾으면 우선 이 X들을 고정시킬 필요가 있다. 마지막 X를 패턴의 마지막 문자로 오게 하고 싶지 않기 때문이다. 이러한 방식으로 작동하도록 유도하려면 연속하는 X를 발견했을 때 백트래킹을 시도하지 않도록 알려주어야 한다. 여기에는 몇 가지 방법이 있다.

(?>re) 시퀀스는 현재의 정규 표현식 내부에 독립된 정규 표현식을 집어넣는다. 이 정규 표현식은 현재 매치 위치를 고정시킨다(anchored). 이 문자열이 매치되었다면 이 문자열은 외부의 정규 표현식에서는 더 이상 매치 대상으로 사용되지 않는다. 이를 통해 백트래킹을 방지할 수 있다.

새로운 패턴을 시도해 보자.

```
re = /((?>X+))(?!0)/

# 매치 성공
re =~ "test XXXY"        # => 5
$1                       # => "XXX"

# 이제 매치되지 않는다.
re =~ "test XXX0"        # => nil
$1                       # => nil

# 두 번째 연속하는 X에만 매치된다.
re =~ "test XXX0 XXXXY"  # => 10
$1                       # => "XXXX"
```

백트래킹을 제어하는 다른 방법은 세 번째 형식의 수량사를 사용하는 것이다. 이미 앞서 re+ 같은 탐욕적인 수량사와 re+? 같은 게으른 수량사에 대해 살펴본 바 있다. 세 번째 형식은 집요하다(possessive)고 이야기된다. 이 수량사는 반복 문자 다음에 +(더하기 문자)를 덧붙여 사용할 수 있다. 이는 자신이 가능하면 긴 문자열을 매치하려는 탐욕적인 수량사처럼 행동한다. 하지만 한 번 매치하고 나면 해당하는 부분은 두 번 다시 매치 대상이 되지 않는다. 정규 표현식 엔진은 집요한 수량사를 넘어 백트래킹할 수 없다. 따라서 앞선 예제는 다음 패턴으로도 구현 가능하다.

```
re = /(X++)(?!0)/

re =~ "test XXXY"        # => 5
$1                       # => "XXX"

re =~ "test XXX0"        # => nil
$1                       # => nil

re =~ "test XXX0 XXXXY"  # => 10
$1                       # => "XXXX"
```

역참조와 이름 있는 매치

패턴에서 \n, \k'n'이나 \k⟨n⟩ 시퀀스는 모두 n 번째 캡처된 부분 문자열을 나타낸다. 따라서 /(...)\1/이라는 표현은 첫 세 문자와 마지막 세 문자, 즉 여섯 문자에 매치된다.

부분 패턴을 숫자뿐 아니라 이름을 붙여 이름으로 참조할 수도 있다. 부분 패턴에 이름을 붙이기 위해서는 (?⟨name⟩)이나 (?'name') 문법이 사용된다. 이름을 붙인 이후에는 \k⟨name⟩이나 \k'name'으로 이를 참조할 수 있다.

예를 들어 다음 예제에서는 양쪽의 시간이 같은지를 두 가지 패턴을 통해 비교하고 있다.

```
same  = "12:15-12:45"
differ = "12:45-13:15"

# 숫자 역참조를 사용
same   =~ /(\d\d):\d\d-\1:\d\d/                  # => 0
differ =~ /(\d\d):\d\d-\1:\d\d/                  # => nil

# 이름을 통해 역참조
same   =~ /(?<hour>\d\d):\d\d-\k<hour>:\d\d/  # => 0
differ =~ /(?<hour>\d\d):\d\d-\k<hour>:\d\d/  # => nil
```

역참조 숫자에 음수를 지정하면 사용된 위치에서 반대 방향으로 역참조를 찾아간다. 따라서 이는 상대적인 숫자이며 절대적인 기준이 되지는 못 한다. 다음 예제에서는 네 글자 회문(앞으로 읽어도, 거꾸로 읽어도 같은 단어)에 매치를 시도한다.

```
"abab" =~ /(.)(.)\k<-1>\k<-2>/  # => nil
"abba" =~ /(.)(.)\k<-1>\k<-2>/  # => 0
```

이름 있는 부분 캡처를 참조할 때는 \g⟨name⟩이나 \g⟨number⟩를 사용할 수도 있다. \k⟨name⟩은 부분 패턴에 의해 매치된 내용이 그대로 매치되지만 \g를 사용할 때는 부분 패턴에 의한 매치가 재실행된다는 점을 주의할 필요가 있다.

```
re = /(?<color>red|green|blue) \w+ \g<color> \w+/

re =~ "red sun blue moon"   # => 0
re =~ "red sun white moon"  # => nil
```

\g이 패턴 내에서 부분 패턴을 재실행한다는 점을 활용해 이를 재귀적으로 사용할 수도 있다. 다음 예제에서는 괄호가 올바르게 사용된 문자열을 찾는다.

```
re = /
  \A
    (?<brace_expression>
      {
        (
          [^{}]                   # 괄호 이외
        |                         # 또는
          \g<brace_expression>    # 중첩되는 괄호 표현
        )*
      }
    )
  \Z
/x
```

x 옵션을 지정하면 정규 표현식에 자유롭게 공백을 넣을 수 있으며 이를 통해 정규 표현식을 읽기 쉽게 작성할 수 있다. 루비 코드를 작성하듯이 공백을 넣는 것도 가능하다. 이와 더불어 루비 형식의 주석을 사용해 이해가 어려운 부분에 주석을 달아줄 수도 있다. 앞의 정규 표현식을 말로 설명하면 다음과 같다. "brace_expression(괄호 표현식)을 다음과 같이 정의한다. 여는 괄호, 0개 이상의 문자 또는 brace_expression에 이어지며, 그 이후에 닫는 괄호가 온다."

중첩된 그룹

부분 패턴을 재귀적으로 불러올 수 있다면 역참조가 복잡해질 가능성이 있다. 루비에서는 특정 재귀 수의 이름이나 번호가 지정된 그룹을 참조함으로써 이 문제를 해결한다. 구문은 간단히 +n이나 -n을 추가해서 주어진 수준의 캡처를 현재 수준에서 상대적인 위치로 지정한다.

다음은 오니구루마(Oniguruma) 치트시트에서 가져온 예제다. 이는 회문에 매치한다.

```
/\A(?<a>|.|(?:(?<b>.)\g<a>\k<b+0>))\z/
```

얼핏 봐서는 읽기 어려운데, 이를 펼쳐보면 다음과 같다.

tut_regexp/palindrome_re.rb

```
palindrome_matcher = /
\A
  (?<palindrome>
                      # 빈 문자열 또는
  | \w                # 하나의 문자열 또는
  | (?:               # x <회문> x
      (?<some_letter>\w)
      \g<palindrome>
      \k<some_letter+0>
    )
  )
\z
/x

palindrome_matcher.match "madam"   # => madam
palindrome_matcher.match "m"       # => m
palindrome_matcher.match "adam"    # =>
```

회문(palindrome)이란 빈 문자열, 하나의 문자만 포함한 문자열이거나 첫 문자 다음에 회문에 이어지고 마지막 문자가 첫 문자와 같은 경우를 의미한다. \k<some_letter+0>이란 안쪽 회문의 마지막에 매치하는 문자가 가장 앞에 있는 문자와 같다는 것을 의미한다. 하지만 안쪽의 회문을 감싸는 문자는 각 수준에서 달라도 무방하다.

조건 그룹

지금까지 기능들이 단순해 보였는지 오니그모에서는 조건 하위 표현식(conditional subexpressions)이라는 새로운 정규 표현식 기능이 추가되었다.

연회 참가자들 목록을 검증하고 있다고 해 보자.

```
Mr Jones and Sally
Mr Bond and Ms Moneypenny
Samson and Delilah
Dr Jekyll and himself
Ms Hinky Smith and Ms Jones
Dr Wood and Mrs Wood
Thelma and Louise
```

검증 규칙은 다음과 같다. 한 줄에서 앞의 사람에 칭호가 붙어 있으면, 뒤의 사람도 칭호가 붙어 있어야 한다. 따라서 첫 번째와 네 번째 줄이 잘못되었음을 의미한다.

먼저 선택적인 칭호와 이름을 매치하는 패턴부터 시작해 보자. 단어가 공백 문자로 둘러싸여 있을 때 이름의 끝에 다다른 것을 알 수 있다.

```
re = %r{ (?:(Mrs | Mr | Ms | Dr )\s)? (.*?) \s and \s }x
"Mr Bond and Ms Monneypenny" =~ re   # => 0
[ $1, $2 ]                           # => ["Mr", "Bond"]
```

```
"Samson and Delilah" =~ re          # => 0
[ $1, $2 ]                          # => [nil, "Samson"]
```

여기서는 x(extended) 옵션을 사용해 공백을 포함할 수 있도록 설정했다. 또한 그룹에서 ?: 변경자를 사용해 공백 문자가 반드시 이어지는 선택적인 칭호를 매치하도록 했다. 이것은 첫 번째 그룹을 캡처한 $1에서 멈춘다. 하지만 단지 칭호만 캡처된다.

이제 두 번째 이름을 매치해야 한다. 먼저 같은 코드를 기반으로 시작해 보자.

```
re = %r{
  (?:(Mrs | Mr | Ms | Dr )\s)? (.*?)
  \s and \s
  (?:(Mrs | Mr | Ms | Dr )\s)? (.+)
}x
"Mr Bond and Ms Monneypenny" =~ re  # => 0
[ $1, $2, $3, $4 ]                  # => ["Mr", "Bond", "Ms", "Monneypenny"]
"Samson and Delilah" =~ re          # => 0
[ $1, $2, $3, $4 ]                  # => [nil, "Samson", nil, "Delilah"]
```

더 나아가기 전에 그룹에 이름을 붙여 중복을 제거해 보자.

```
re = %r{
  (?:(?<title>Mrs | Mr | Ms | Dr )\s)? (.*?)
  \s and \s
  (\g<title>\s)? (.+)
}x
re.match("Mr Bond and Ms Monneypenny")  # => #<MatchData "Mr Bond and Ms
                                        # .. Monneypenny" title:"Ms">
re.match("Samson and Delilah")          # => #<MatchData "Samson and Delilah"
                                        # .. title:nil>
```

하지만 이 코드는 첫 번째 이름은 칭호를 가지고 두 번째 이름은 칭호가 없는 경우에만 매치될 것이다.

```
re = %r{
  (?:(?<title>Mrs | Mr | Ms | Dr )\s)? (.*?)
  \s and \s
  (\g<title>\s)? (.+)
}x
re.match("Mr Smith and Sally")  # => #<MatchData "Mr Smith and Sally"
                                # .. title:"Mr">
```

이제 첫 번째 이름의 칭호가 매치되면 두 번째 이름의 칭호에도 매치되도록 만들어야 한다. 이제 조건 서브패턴이 등장할 차례다.

(?(n)subpattern) 문법은 이전 그룹 n이 매치되어야만 서브패턴을 매치한다. 또한 (?(⟨name⟩)subpattern)이나 (?('name')subpattern) 문법을 사용해 이름 있는 그룹의 매치를 테스트할 수 있다.

이 경우에는 첫 번째 이름에 칭호가 존재할 때만 두 번째 이름에도 칭호가 존재하는지 확인한다. 첫 번째 칭호는 title 이름을 가진 그룹으로 매치하며, 따라서 조건 그룹은 (?⟨title⟩...)가 된다.

```
re = %r{
  (?:(?<title>Mrs | Mr | Ms | Dr )\s)? (.*?)
  \s and \s
  (?(<title>)\g<title>\s) (.+)
}x
re.match("Mr Smith and Sally") # => #<MatchData "Mr Smith and Sally"
                               # .. title:nil>
```

이는 생각처럼 동작하지 않을 것이다. 실패해야 할 경우에도 성공한다. 이는 정규 표현식이 백트래킹을 사용하기 때문이다. 이는 첫 번째 이름에 매치되고 나서 두 번째 칭호를 매치하려고 한다(그룹 1이 먼저 매치되기 때문이다). 따라서 두 번째 이름의 칭호는 없으며, 매치는 실패한다. 하지만 여기서 멈추지 않고, 정규 표현식 엔진은 앞으로 되돌아간다.

첫 번째 칭호가 선택적이라는 점에 주목하자. 따라서 첫 번째 칭호가 통째로 다시 매치되고, 칭호를 그냥 넘어가 버릴 것이다. (.*?)은 Mr Smith에 매치하는 데 성공하지만, Sally가 두 번째 이름으로 매치될 것이다. 그렇다면 첫 번째 이름으로 백트래킹을 하지 않도록 만들어야 한다. 한 번 칭호를 발견하면 그것을 한 번만 사용해야 한다. (?>...)이 문제를 해결해 줄 것이다.

```
re = %r{
  ^(?>
    (?:(?<title>Mrs | Mr | Ms | Dr )\s)? (.*?)
    \s and \s
    )
  (?(<title>)\g<title>\s) (.+)
}x
re.match("Mr Smith and Sally")    # => nil
re.match("Mr Smith and Ms Sally") # => #<MatchData "Mr Smith and Ms Sally"
                                  # .. title:"Ms">
```

생각한 대로 매치는 실패한다. 또한 Sally에 칭호를 붙여도 성공한다.

이제 다음 코드로 검증해 보자.

```
DATA.each do |line|
  re = %r{ ^(?>
             (?:(?<title>Mrs | Mr | Ms | Dr )\s)? (.*?) \s and \s
          )
             (?(<title>)\g<title>\s) (.+)
       }x
  if line =~ re
    print "VALID: "
  else
    print "INVALID: "
  end
  puts line
end
__END__
```

```
Mr Jones and Sally
Mr Bond and Ms Moneypenny
Samson and Delilah
Dr Jekyll and himself
Ms Hinky Smith and Ms Jones
Dr Wood and Mrs Wood
Thelma and Louise
```

실행 결과:

```
INVALID: Mr Jones and Sally
VALID:   Mr Bond and Ms Moneypenny
VALID:   Samson and Delilah
INVALID: Dr Jekyll and himself
VALID:   Ms Hinky Smith and Ms Jones
VALID:   Dr Wood and Mrs Wood
VALID:   Thelma and Louise
```

조건의 분기

영국인의 입장에서 "이게 끝이 아니야!"라고 외쳐야 할 의무가 있다. 조건부 서브패턴은 else 절을 가질 수 있다.

```
(?(group id) true-pattern | fail-pattern )
```

지정된 그룹이 이전에 매치되었다면 true 패턴이 적용된다. 그렇지 않으면 fail 패턴이 적용된다.

다음 예제에서는 빨갛거나 파란 공이나 통을 처리한다. 규칙은 공과 통의 색이 달라야 한다는 것이다.

```
re = %r{(?:(red)|blue) ball and (?(1)blue|red) bucket}
re.match("red ball and blue bucket")  # => #<MatchData "red ball and blue bucket"
                                       # .. 1:"red">
re.match("blue ball and red bucket")  # => #<MatchData "blue ball and red bucket"
                                       # .. 1:nil>
re.match("blue ball and blue bucket") # => nil
```

첫 번째 그룹이 red라면 조건부 서브패턴은 blue가 되고, 그렇지 않으면 red가 된다.

이름 있는 서브루틴

간단한 트릭을 사용하면 정규 표현식 안에서 서브루틴을 구현할 수 있다. \g<name>을 사용해 이름 있는 그룹을 호출하려면, (?<name>...)을 사용해 그룹을 정의할 수 있다는 점을 떠올려 보자. 일반적으로 그룹 정의는 패턴 실행의 일부로 매치를 수행한다. 하지만 그룹의 맨 뒤에 {0}을 붙이면 '이 그룹의 매치는 존재하지 않는다'는 의미를 가지기 때문에 맨 처음 그 그룹을 만났을 때는 실행되지 않는다.

```
sentence = %r{
  (?<subject>   cat   | dog   | gerbil    ){0}
  (?<verb>      eats  | drinks| generates ){0}
  (?<object>    water | bones | PDFs      ){0}
  (?<adjective> big   | small | smelly    ){0}
  (?<opt_adj>   (\g<adjective>\s)?         ){0}

  The\s\g<opt_adj>\g<subject>\s\g<verb>\s\g<opt_adj>\g<object>
}x

md = sentence.match("The cat drinks water")
puts "The subject is #{md[:subject]} and the verb is #{md[:verb]}"

md = sentence.match("The big dog eats smelly bones")
puts "The last adjective in the second sentence is #{md[:adjective]}"
sentence =~ "The gerbil generates big PDFs"
puts "And the object in the last sentence is #{$~[:object]}"
```

실행 결과:

```
The subject is cat and the verb is drinks
The last adjective in the second sentence is smelly
And the object in the last sentence is PDFs
```

옵션 설정

앞서 \b, \d, \s, \w(각각에 대응하는 부정 표현들도 포함해서) 이러한 문자들을 통해 매치되는 문자열은 달라질 수 있다. 이를 설정하기 위해서는 (?u)와 같은 옵션을 패턴에 입력해야 한다. 이는 정규 표현식 엔진에서 해당하는 옵션을 사용하도록 설정한다.

또한 이번 장의 서두에서 이야기했듯이 정규 표현식 맨 뒤에는 i(대소문자 무시), m(멀티 라인), x(공백 허용) 등의 옵션을 붙이는 것이 가능하다. 이러한 옵션들은 패턴 내에 직접 넣는 것도 가능하다. (?i), (?m), (?x)와 같이 사용할 수 있다. 또한 마이너스 기호(-)를 붙여 이러한 기능을 비활성화할 수도 있다.

(?adimux)	해당하는 기능을 활성화한다. 그룹 내에서 사용하면 그룹에만 옵션이 적용된다.
(?-imx)	해당하는 기능을 비활성화한다.
(?adimux:re)	re에 대해 해당 옵션을 활성화한다.
(?-imx:re)	re에 대해 해당 옵션을 비활성화한다.

7.5 \z

이걸로 끝이다. 여기까지 따라왔다면 스스로를 정규 표현식 닌자라고 여겨도 좋다. 이제 자신만의 패턴에 문자열을 매치시켜 보자.

POSIX 문자 클래스(유니코드)	
괄호 안의 텍스트는 유니코드 클래스를 나타낸다. 정규 표현식의 인코딩이 유니코드 인코딩 중 하나라면 적용된다.	
[:alnum:]	영어와 숫자(Letter | Mark | Decimal_Number)
[:alpha:]	대문자와 소문자(Letter | Mark)
[:ascii:]	인쇄할 수 없는 문자를 포함한 7비트 문자
[:blank:]	공백과 탭(+ Space_Separator)
[:cntrl:]	최소한 0x00-0x1f, 0x7f를 포함하는 제어 문자 집합(Control | Format | Unassigned | Private_Use | Surrogate)
[:digit:]	숫자(Decimal_Number)
[:graph:]	인쇄 가능 문자(공백은 제외, 유니코드라면 Control, Unassigned, Surrogate 제외)
[:lower:]	소문자(Lowercase_Letter)
[:print:]	인쇄 가능 문자(공백 포함)
[:punct:]	공백과 알파벳, 숫자를 제외한 인쇄 가능한 문자(Connector_Punctuation | Dash_Punctuation | Close_Punctuation | Final_Punctuation | Initial_Punctuation | Other_Punctuation | Open_Punctuation)
[:space:]	공백 문자(\s와 같음)
[:upper:]	대문자(Uppercase_Letter)
[:xdigit:]	16진수 숫자(0--9, a--f, A--F)
[:word:]	알파벳, 숫자, 밑줄, 멀티바이트 문자(Letter | Mark | Decimal_Number | Connector_Punctuation)

표 3. POSIX 문자 클래스

문자 속성(property)	
\p{name}	name 속성에 해당하는 문자에 매치
\p{^name}	name 속성에 해당하지 않는 문자에 매치
\P{name}	name 속성에 해당하지 않는 문자에 매치
속성 이름 속성 이름에서 공백, 밑줄, 대소문자는 무시된다.	
모든 인코딩	Alnum, Alpha, Blank, Cntrl, Digit, Graph, Lower, Print, Punct, Space, Upper, XDigit, Word, ASCII
EUC와 SJIS	Hiragana, Katakana

UTF-n	Any, Assigned, C, Cc, Cf, Cn, Co, Cs, L, Ll, Lm, Lo, Lt, Lu, M, Mc, Me, Mn, N, Nd, Nl, No, P, Pc, Pd, Pe, Pf, Pi, Po, Ps, S, Sc, Sk, Sm, So, Z, Zl, Zp, Zs, Arabic, Armenian, Bengali, Bopomofo, Braille, Buginese, Buhid, Canadian_Aboriginal, Cherokee, Common, Coptic, Cypriot, Cyrillic, Deseret, Devanagari, Ethiopic, Georgian, Glagolitic, Gothic, Greek, Gujarati, Gurmukhi, Han, Hangul, Hanunoo, Hebrew, Hiragana, Inherited, Kannada, Katakana, Kharoshthi, Khmer, Lao, Latin, Limbu, Linear_B, Malayalam, Mongolian, Myanmar, New_Tai_Lue, Ogham, Old_Italic, Old_Persian, Oriya, Osmanya, Runic, Shavian, Sinhala, Syloti_Nagri, Syriac, Tagalog, Tagbanwa, Tai_Le, Tamil, Telugu, Thaana, Thai, Tibetan, Tifinagh, Ugaritic, Yi

표 4. 유니코드 문자열 속성

8장

메서드 파헤치기

지금까지 큰 고민 없이 메서드를 선언하고 사용해 왔다. 이제는 메서드에 대해 자세히 살펴볼 시간이다.

8.1 메서드 정의

지금까지 예제에서 봐서 알 수 있듯이 def 키워드로 메서드를 정의한다. 그리고 메서드 이름은 반드시 소문자나 밑줄로 시작해야 하며, 문자, 숫자, 밑줄(_)로 구성된다.[1]

메서드 이름 마지막에는 ?, !, =이 올 수 있다. True나 False를 반환하는 메서드(predicate method, 술어 메서드)에는 이름 끝에 ?를 붙이곤 한다.

```
1.even?                 # => false
2.even?                 # => true
1.instance_of?(Fixnum)  # => true
```

'위험'하거나 수신자의 값을 바꿔버리는 메서드는 이름이 느낌표(!)로 끝나기도 한다. 이는 뱅(bang) 메서드라고 불린다. 예를 들어 String 클래스에는 chop과 chop! 메서드가 있다. 첫 번째 메서드는 변환된 문자열을 반환한다. 두 번째 메서드는 수신자를 바로 변환한다.

대입문의 좌변에 올 수 있는 메서드에는 이름 마지막에 등호(=)를 붙인다(클래스에 대해 다룰 때(41쪽) 설명한 바 있다).

---

1   대문자를 사용하면 바로 에외기 발생하는 것이 아니다. 단 그러한 메서드를 호출하면 루비는 먼저 메서드 호출이 아니라 상수에 대한 접근이라고 받아들여 잘못된 구문 분석을 수행한다. 관습적으로 대문자로 시작하는 메서드 이름은 타입 변환에 사용된다. 예를 들어 Integer 메서드는 매개 변수를 정수로 변환한다.

오직 ?, !, =만이 메서드 이름 마지막에 허용되는 특수 문자다.

이제는 새로운 메서드 이름을 정의하고 매개 변수를 몇 개 더해 보자. 매개 변수를 선언할 때는 괄호 안에 지역 변수를 차례대로 적어주면 된다(메서드의 매개 변수를 둘러싸는 괄호는 필수 사항은 아니다. 이 책에서는 매개 변수가 있을 때는 괄호를 사용하고 그렇지 않으면 생략한다).

```
def my_new_method(arg1, arg2, arg3)  # 세 개의 인자
  # 메서드 본문
end
def my_other_new_method  # 인자 없음
  # 메서드 본문
end
```

루비에서는 인자에 기본값을 정해줄 수 있다. 기본값이란 메서드를 호출하면서 인자값이 명시적으로 지정되지 않았을 때 사용할 값을 의미한다. 기본값은 대입 연산자(=)를 이용해서 정의한다. 기본값에 사용되는 표현식에서는 앞서 나온 인자의 값을 참조할 수 있다.

```
def cool_dude(arg1="Miles", arg2="Coltrane", arg3="Roach")
  "#{arg1}, #{arg2}, #{arg3}."
end
```

```
cool_dude                         # => "Miles, Coltrane, Roach."
cool_dude("Bart")                 # => "Bart, Coltrane, Roach."
cool_dude("Bart", "Elwood")       # => "Bart, Elwood, Roach."
cool_dude("Bart", "Elwood", "Linus")  # => "Bart, Elwood, Linus."
```

다음 예제에서는 인자의 기본값에서 앞의 인자를 참조하고 있다.

```
def surround(word, pad_width=word.length/2)
  "[" * pad_width + word + "]" * pad_width
end
```

```
surround("elephant")  # => "[[[[elephant]]]]"
surround("fox")       # => "[fox]"
surround("fox", 10)   # => "[[[[[[[[[[fox]]]]]]]]]]"
```

메서드는 일반적인 루비 표현식들로 이루어진다. 메서드의 반환값은 마지막으로 실행된 표현식의 결괏값이거나 명시적으로 쓰인 return 문의 값이 된다.

가변 인자 리스트

개수가 정해지지 않은 가변 매개 변수를 전달하고 싶거나 하나의 매개 변수로 여러 개의 매개 변수를 모두 처리하고 싶다면 어떻게 해야 할까? '일반적인' 매개 변수를 모두 적어주고 맨 마지막에 오는 가변 매개 변수의 이름 앞에 별표(*, asterisk)를 붙여 주면 된다. 이를 변수를 가변 길이로 지정한다(splatting)고 표

현한다(물체가 빠르게 부딪히는 소리를 나타내는 splatting이라는 표현은 아마 별표(*)가 빠르게 움직이는 차 전면에 부딪히는 벌레 같은 것처럼 보이는 데서 유래했을 것이다).

```ruby
def varargs(arg1, *rest)
  "arg1=#{arg1}. rest=#{rest.inspect}"
end

varargs("one")                 # => arg1=one. rest=[]
varargs("one", "two")          # => arg1=one. rest=["two"]
varargs "one", "two", "three"  # => arg1=one. rest=["two", "three"]
```

앞선 예제에서 첫 번째 매개 변수는 평소처럼 메서드의 첫 번째 매개 변수에 대입되었다. 하지만 두 번째 매개 변수에는 별표가 붙어 있기 때문에 남은 매개 변수 모두를 새로운 Array 객체에 저장하여 매개 변수에 대입하였다.

이러한 가변 길이 매개 변수는 메서드에서는 직접 사용하지는 않지만 상위 클래스에서 같은 이름을 가지는 메서드를 호출하고자 하는 경우에 사용되기도 한다(다음 예제에서 super를 매개 변수 없이 호출하고 있다는 점에 주목하자. 이는 상위 클래스에 있는 같은 이름의 메서드를 호출하라는 의미를 가진다. 또한 이때 현재 메서드에 넘겨진 모든 매개 변수를 호출하는 메서드에 넘겨준다).

```ruby
class Child < Parent
  def do_something(*not_used)
    # 메서드 본문
    super
  end
end
```

이때 매개 변수 이름을 생략하고 *만을 사용해도 같은 의미다.

```ruby
class Child < Parent
  def do_something(*)
    # 메서드 본문
    super
  end
end
```

가변 길이 매개 변수는 매개 변수 리스트의 어디에나 올 수 있다. 따라서 다음 예제와 같이 사용할 수도 있다.

```ruby
def split_apart(first, *splat, last)
  puts "First: #{first.inspect}, splat: #{splat.inspect}, " +
       "last: #{last.inspect}"
end

split_apart(1,2)
split_apart(1,2,3)
split_apart(1,2,3,4)
```

실행 결과:
```
First: 1, splat: [], last: 2
First: 1, splat: [2], last: 3
First: 1, splat: [2, 3], last: 4
```

맨 처음 매개 변수와 마지막 매개 변수에만 관심이 있다면 앞의 메서드를 다음 과 같이 정의하는 것도 가능하다.

```
def split_apart(first, *, last)
```

둘 이상의 가변 길이 매개 변수는 모호하므로 이러한 매개 변수는 반드시 메서 드에 하나만 정의되어야 한다. 또한 가변 길이 매개 변수에는 기본값을 지정할 수 없다. 가변 길이 변수에는 항상 나머지 변수들에 대한 대입이 끝나고 남은 변 수들이 대입된다.

메서드와 블록

앞서 '4.3 블록과 반복자'에서 이야기했듯이, 메서드를 호출할 때 이에 블록을 결 합시킬 수 있다. 일반적으로 결합된 블록은 메서드 안에서 yield를 사용해 호출 할 수 있다.

```ruby
def double(p1)
  yield(p1*2)
end

double(3) {|val| "I got #{val}" }         # => "I got 6"
double("tom") {|val| "Then I got #{val}" }  # => "Then I got tomtom"
```

하지만 마지막 매개 변수 앞에 앰퍼샌드(&)를 붙여준다면 주어진 블록이 Proc 객체로 변환되어, 이 객체를 마지막 매개 변수(블록 매개 변수)에 대입한다. 이 를 통해 이 블록을 나중에 사용할 수도 있다.

```ruby
class TaxCalculator
  def initialize(name, &block)
    @name, @block = name, block
  end
  def get_tax(amount)
    "#@name on #{amount} = #{ @block.call(amount) }"
  end
end

tc = TaxCalculator.new("Sales tax") {|amt| amt * 0.075 }

tc.get_tax(100)  # => "Sales tax on 100 = 7.5"
tc.get_tax(250)  # => "Sales tax on 250 = 18.75"
```

8.2 메서드 호출

메서드를 호출할 때는 수신자의 이름을 써 주고 그 뒤에 메서드 이름을 쓰고, 필요한 경우 몇 개의 매개 변수를 써 준다. 마지막으로 맨 뒤에 블록이 올 수 있다. 다음 예제는 메서드의 수신자와 매개 변수, 블록이 모두 있는 경우다.

```
connection.download_mp3("jitterbug") {|p| show_progress(p) }
```

이 예제에서 connection 객체는 수신자가 되고 download_mp3는 메서드의 이름이 된다. 'jitterbug'는 매개 변수이며 중괄호로 감싸져 있는 코드가 메서드 호출에 결합되는 블록이 된다. 이 메서드가 호출되는 동안에 루비는 self를 수신자로 설정하며 이 객체에 대해 메서드를 호출한다. 클래스나 모듈의 메서드를 호출할 때, 수신자 위치에 클래스 이름이나 모듈 이름을 적어주면 된다.

```
File.size("testfile")   # => 66
Math.sin(Math::PI/4)    # => 0.7071067811865475
```

수신자를 생략하면, 수신자는 기본값인 현재 객체를 나타내는 self가 된다.

```
class InvoiceWriter
  def initialize(order)
    @order = order
  end
  def write_on(output)
    write_header_on(output)  # 현재 객체를 수신자로 호출된다.
    write_body_on(output)    # 리시버가 지정되지 않았으므로
    write_totals_on(output)  # self는 변하지 않는다.
  end
  def write_header_on(output)
    # ...
  end
  def write_body_on(output)
    # ...
  end
  def write_totals_on(output)
    # ...
  end
end
```

수신자를 생략했을 때의 처리 방식은 루비가 private 메서드를 다루는 것과 같다. private 메서드를 호출할 때는 수신자를 지정할 수 없으므로 그 메서드는 현재 객체에서 호출할 수 있는 것이어야 한다. 앞선 예제에서 헬퍼 메서드를 private으로 설정하는 것이 좋다. 이 메서드는 InvoiceWriter 클래스 외부에서 호출되어서는 안 되기 때문이다.

```
class InvoiceWriter
  def initialize(order)
    @order = order
```

```
  end
  def write_on(output)
    write_header_on(output)
    write_body_on(output)
    write_totals_on(output)
  end

private

  def write_header_on(output)
    # ...
  end
  def write_body_on(output)
    # ...
  end
  def write_totals_on(output)
    # ...
  end
end
```

메서드에 매개 변수 넘겨주기

메서드 이름 다음에는 매개 변수가 따라온다. 모호한 표현이 아니라면, 메서드 호출 시에 매개 변수 리스트를 둘러싼 괄호를 생략해도 된다.[2] 하지만 간단한 케이스를 제외하고는 이 방식을 추천하지 않는다. 사소한 문제로 말썽이 생길 수도 있기 때문이다.[3] 우리가 추천하는 규칙은 간단하다. 뭔가 망설임이 생긴다면 반드시 괄호를 사용하라.

```
# 적절한 객체 obj가 있다고 할 때,
a = obj.hash     # 두 표현은
a = obj.hash()   # 같다.

obj.some_method "Arg1", arg2, arg3    # 두 표현은
obj.some_method("Arg1", arg2, arg3)   # 같다.
```

루비 이전 버전에서는 메서드 이름과 '(' 사이에 공백을 허용하고 있어서 문제가 발생하곤 했다. 이런 문법은 분석하기 어렵다. 이 괄호가 매개 변수의 시작을 의미할까? 아니면 다른 표현식의 시작을 의미할까? 루비 1.8부터는 메서드 이름과 괄호 사이에 공백을 넣으면 경고 메시지를 보게 될 것이다.

메서드는 값을 반환한다

(반드시 반환값을 사용해야 한다는 규칙은 없지만) 호출된 모든 메서드는 값을 반환한다. 메서드의 반환값은 메서드 실행 중 마지막으로 실행된 표현식의 결괏값이다.

---

2 문서에 따라서는 괄호 없이 메서드를 호출하는 것을 커맨드(command)라고 부르기도 한다.
3 특히 다른 메서드의 매개 변수가 되는 메서드 호출은 반드시 괄호를 사용해야 한다.

```
def meth_one
  "one"
end
meth_one        # => "one"

def meth_two(arg)
  case
  when arg > 0 then "positive"
  when arg < 0 then "negative"
  else "zero"
  end
end
meth_two(23)  # => "positive"
meth_two(0)   # => "zero"
```

루비에도 물론 현재 수행 중인 메서드를 빠져나가는 return 문이 있다. 이 경우에는 return 문의 매개 변수나 매개 변수들이 반환값이 된다. 하지만 앞선 예제에서 알 수 있듯이 return 문을 쓸 필요가 없다면 생략하는 것이 루비식 표현이다.

다음에서는 메서드 안에서 retrun 문을 명시적으로 사용해 반복문을 빠져나가는 예제를 살펴본다.

```
def meth_three
  100.times do |num|
    square = num*num
    return num, square if square > 1000
  end
end
meth_three  # => [32, 1024]
```

마지막 예제에서 볼 수 있듯이 return의 매개 변수로 여러 개의 값을 동시에 넘기면 메서드는 배열의 형태로 값을 반환한다. 배열로 반환된 값을 모으기 위해서는 병렬 대입문(parallel assignment)을 이용할 수 있다.

```
num, square = meth_three
num     # => 32
square  # => 1024
```

메서드 호출 시에 컬렉션 객체 확장하기

앞서 이야기한 것처럼 메서드 선언부에서 매개 변수 이름 앞에 별표(*)를 붙이면 메서드 호출에 사용된 여러 개의 인자가 하나의 배열로 된 매개 변수로 합쳐지게 된다. 물론 이 반대의 경우도 성립한다.

역으로 메서드를 호출할 때, 컬렉션 객체나 열거자를 확장해서 구성 원소가 각각의 매개 변수에 대응되도록 할 수 있다. 이렇게 하려면 별표(*)를 배열 매개 변수 앞쪽에 붙여주면 된다.

```
def five(a, b, c, d, e)
  "I was passed #{a} #{b} #{c} #{d} #{e}"
end

five(1, 2, 3, 4, 5 )        # => "I was passed 1 2 3 4 5"
five(1, 2, 3, *['a', 'b'])  # => "I was passed 1 2 3 a b"
five(*['a', 'b'], 1, 2, 3)  # => "I was passed a b 1 2 3"
five(*(10..14))             # => "I was passed 10 11 12 13 14"
five(*[1,2], 3, *(4..5))    # => "I was passed 1 2 3 4 5"
```

루비 1.9부터 가변 길이 매개 변수는 매개 변수 목록의 어디에나 위치할 수 있게
되었기 때문에, 일반적인 매개 변수와 섞어서 사용할 수 있다.

블록을 더 동적으로 사용하기

우리는 이미 메서드 호출에 블록을 결합하는 방법을 알고 있다.

```
collection.each do |member|
  # ...
end
```

일반적인 경우에는 이 정도의 기능만으로 충분하다. 예를 들면 if 문이나 while
문 다음에 코드를 쓰는 것과 같은 방식으로 메서드에 고정된 코드 블록을 결합
시키면 된다. 하지만 때로는 더 유연함을 필요로 하는 경우도 있다. 계산법을 가
르친다고 해 보자. 학생들은 n-plus 테이블과 n-times 테이블이 필요할 것이다.
학생들이 2-times 테이블을 원하면 2, 4, 6, 8...을 만들어 반환해 주어야 한다(다
음 코드는 입력에 대한 오류 검사를 하지 않는다).

```
print "(t)imes or (p)lus: "
operator = gets
print "number: "
number = Integer(gets)

if operator =~ /^t/
  puts((1..10).collect {|n| n*number }.join(", "))
else
  puts((1..10).collect {|n| n+number }.join(", "))
end
```

실행 결과:
```
(t)imes or (p)lus: t
number: 2
2, 4, 6, 8, 10, 12, 14, 16, 18, 20
```

앞의 코드는 잘 동작하지만 if 문에 비슷한 코드가 반복되어서 별로 깔끔해 보이
지 않는다. if 문에서 계산하는 부분만을 빼낼 수 있다면 더 깔끔한 코드를 작성
할 수 있을 것이다.

```
print "(t)imes or (p)lus: "
operator = gets
print "number: "
number = Integer(gets)
if operator =~ /^t/
  calc = lambda {|n| n*number }
else
  calc = lambda {|n| n+number }
end
puts((1..10).collect(&calc).join(", "))
```

실행 결과:

```
(t)imes or (p)lus: t
number: 2
2, 4, 6, 8, 10, 12, 14, 16, 18, 20
```

메서드의 마지막 매개 변수 앞에 앰퍼샌드(&)가 붙어 있다면, 루비는 이 매개 변수를 Proc 객체로 간주한다. 이 경우 일단 Proc 객체를 매개 변수 리스트에서 빼내서 이를 블록으로 변환한 다음 메서드에 결합하는 식으로 처리한다.

해시와 키워드 인자

사람들은 해시를 통해 선택적인 이름 있는 인자를 메서드에 넘기는 방법을 자주 사용한다. 예를 들어 MP3 플레이리스트에 검색 기능을 추가한다고 해 보자.

```
class SongList
  def search(field, params)
    # ...
  end
end

list = SongList.new
list.search(:titles, { genre: "jazz", duration_less_than: 270 })
```

첫 번째 인자는 검색을 통해 반환받고 싶은 값이다. 두 번째 이름은 검색 매개 변수들을 모은 해시 리터럴이다(해시에서 심벌을 키로 사용하고 있음에 주목하자. 이는 루비 라이브러리와 프레임워크에서 사용하는 관습이다). 해시를 사용해서 마치 각각의 키워드인 것처럼 사용할 수 있다. 앞선 예제에서는 장르가 'jazz'이며 4분 30초보다 짧은 곡을 찾는다.

하지만 이러한 방법은 조금 이상해 보이고, 중괄호를 사용하고 있기 때문에 메서드에 블록이 결합되어 있는 것처럼 보이기도 한다. 루비는 이에 대한 축약 표현을 제공한다. 이러한 축약 표현은 매개 변수 목록에서 key => value 쌍들이 일반적인 매개 변수 뒤에 위치하고, 별표(*)가 붙은 매개 변수나 블록 매개 변수 앞에 온다면 사용할 수 있다. 이러한 모든 키, 값 쌍들은 하나의 해시로 모아져 하나의 매개 변수로 메서드에 넘겨지게 된다. 따라서 더 이상 중괄호는 필요하지 않다.

```ruby
list.search(:titles, genre: "jazz", duration_less_than: 270)
```

키워드 인자 목록

search 메서드의 내부를 좀 더 들여다보자. 이는 필드 이름과 옵션들을 담은 해시를 받는다. 기본 설정을 길이 120초로 하고, 잘못된 옵션이 없는지 검증하고자 한다. 루비 2.0 이전에는 다음과 같은 코드였을 것이다.

```ruby
def search(field, options)
  options = { duration: 120 }.merge(options)
  if options.has_key?(:duration)
    duration = options[:duration]
    options.delete(:duration)
  end
  if options.has_key?(:genre)
    genre = options[:genre]
    options.delete(:genre)
  end
  fail "Invalid options: #{options.keys.join(', ')}" unless options.empty?
  # 나머지 구현
end
```

시간이 충분하다면 결국에 해시 매개 변수를 추출하고 검증하는 메서드를 작성했을 것이다.

루비 2가 이런 상황을 해결해 준다. 이제 메서드에서 직접 키워드 매개 변수를 정의할 수 있다. 여전히 해시를 매개 변수로 넘겨줄 수 있지만, 이제 루비가 직접 해시를 매개 변수 목록에 대입한다. 또한 넘겨지지 않은 매개 변수가 있는지 직접 검증도 해 준다.

```ruby
def search(field, genre: nil, duration: 120)
  p [field, genre, duration ]
end

search(:title)
search(:title, duration: 432)
search(:title, duration: 432, genre: "jazz")
```

실행 결과:

```
[:title, nil, 120]
[:title, nil, 432]
[:title, "jazz", 432]
```

올바르지 않은 옵션을 넘기면 루비는 에러를 발생시킨다.

```ruby
def search(field, genre: nil, duration: 120)
  p [field, genre, duration ]
end

search(:title, duraton: 432)
```

실행 결과:

```
prog.rb:5:in `<main>': unknown keyword: duraton (ArgumentError)
```

또한 매개 변수 목록에 없는 해시로 넘어온 매개 변수들을 두 개의 별표(**)를 이름에 붙여 매개 변수로 받을 수도 있다.

```ruby
def search(field, genre: nil, duration: 120, **rest)
  p [field, genre, duration, rest ]
end

search(:title, duration: 432, stars: 3, genre: "jazz", tempo: "slow")
```

실행 결과:

```
[:title, "jazz", 432, {:stars=>3, :tempo=>"slow"}]
```

또한 이를 증명하기 위해선 매개 변수를 담은 해시를 넘겨서 메서드를 호출해 보면 된다.

```ruby
def search(field, genre: nil, duration: 120, **rest)
  p [field, genre, duration, rest ]
end

options = { duration: 432, stars: 3, genre: "jazz", tempo: "slow" }
search(:title, options)
```

실행 결과:

```
[:title, "jazz", 432, {:stars=>3, :tempo=>"slow"}]
```

잘 짠 루비 프로그램은 일반적으로 작은 크기의 많은 메서드를 포함한다. 따라서 메서드를 정의하고 호출할 때 사용할 수 있는 여러 방법에 익숙해지는 것은 많은 도움을 준다. 그리고 언젠가는 '메서드 매개 변수' 절(402쪽)을 읽고 싶어질 것이다. 이 절에서는 기본적인 매개 변수와 별표가 붙은 매개 변수들을 조합해서 사용할 때 메서드의 매개 변수와 넘겨받은 값들이 어떻게 매핑되는지 설명한다.

9장

표현식

지금까지는 루비 표현식을 사용함에 있어서 크게 신경을 쓰지 않았다. 어쨌든 a = b + c라는 문장은 매우 관례적인 것이기 때문이다. 따라서 이 장의 내용을 전혀 읽지 않고도 루비 코드들을 만들어 낼 수 있다.

하지만 그렇게 하면 별로 재미가 없어 보인다. ;-)

루비가 다른 언어들과 다른 특징 중 하나는 값을 반환할 수 있어 보이는 모든 곳에서 값을 반환한다는 것이다. 따라서 거의 모든 것이 표현식이 된다. 이것이 실제로 의미하는 바는 무엇일까?

이러한 특징을 통해 구문을 연속해서 쓸 수 있다는(chain statements) 점은 쉽게 유추할 수 있다.

```ruby
a = b = c = 0                    # => 0
[ 3, 1, 7, 0 ].sort.reverse   # => [7, 3, 1, 0]
```

C나 자바에서의 일반적인 구문이 루비에서는 표현식이다. 예를 들어 if와 case 구문은 둘 다 마지막에 평가된 표현식의 값을 반환한다.

```ruby
song_type = if song.mp3_type == MP3::Jazz
                if song.written < Date.new(1935, 1, 1)
                    Song::TradJazz
                else
                    Song::Jazz
                end
            else
                Song::Other
            end

rating = case votes_cast
         when 0...10    then Rating::SkipThisOne
         when 10...50   then Rating::CouldDoBetter
         else               Rating::Rave
         end
```

이에 대해서는 'if와 unless 표현식'(168쪽)에서 좀 더 자세히 다룰 것이다.

9.1 연산자 표현식

루비는 기본적인 연산자(+, -, *, / 등)와 함께 몇 가지 놀랄 만한 기능을 제공한다. 전체 연산자 목록과 연산 순서에 대해서는 표 13(393쪽)에서 확인할 수 있다.

루비의 많은 연산자가 실제로는 메서드 호출로 구현되어 있다. 예를 들어 a*b+c라고 입력하면 실제로는 a가 참조하는 객체에게 b를 매개 변수로 하여, '*' 메서드를 실행하라고 요청하는 것이다. 그리고 그 계산 결과로 반환된 객체에게 c를 매개 변수로 하여 '+' 메서드를 실행하라고 요청한다. 이는 다음과 같으며 완전히 정상적인 루비 표현식이다.

```
a, b, c = 1, 2, 3
a * b + c     # => 5
(a.*(b)).+(c) # => 5
```

루비에서 모든 것은 객체이고 인스턴스 메서드를 재정의하는 것도 가능하기 때문에 기본적으로 정의된 연산 결과가 마음에 들지 않는다면 기본 연산을 재정의할 수도 있다.

```
class Fixnum
  alias old_plus +  # 기존의 '+' 연산자에 'old_plus'라는 별칭을 붙여준다.

  def +(other)      # Fixnum 클래스의 + 연산자를 재정의한다. 별로 좋은 생각은 아니다!
    old_plus(other).succ
  end
end

1 + 2     # => 4
a = 3
a += 4    # => 8
a + a + a # => 26
```

한층 더 유용한 사실은 우리가 작성한 클래스를 마치 내장 객체인 것처럼 연산자 표현식의 일부로 쓸 수 있다는 것이다. 예를 들어 왼쪽 시프트 연산자인 <<는 수신자 끝에 요소를 더한다는 의미로 많이 사용된다. 배열에서는 다음과 같이 사용한다.

```
a = [ 1, 2, 3 ]
a << 4  # => [1, 2, 3, 4]
```

이 연산자를 자신이 정의한 클래스에서 사용할 수도 있다.

```
class ScoreKeeper
  def initialize
```

```
    @total_score = @count = 0
  end
  def <<(score)
    @total_score += score
    @count += 1
    self
  end
  def average
    fail "No scores" if @count.zero?
    Float(@total_score) / @count
  end
end

scores = ScoreKeeper.new
scores << 10 << 20 << 40
puts "Average = #{scores.average}"
```

실행 결과:

```
Average = 23.333333333333332
```

이 코드에는 약간 와 닿지 않는 부분이 있을 것이다. 그것은 << 메서드가 명시적으로 self를 반환한다는 점이다. 이렇게 한 이유는 scores << 10 << 20 << 40 같이 연쇄적으로 이 메서드를 사용할 수 있도록 하기 위해서다. << 연산자는 scores 객체 자체를 반환하기 때문에 이 객체에 다시 << 연산자를 사용해서 새로운 점수를 추가할 수 있다.

+, *, <<와 같이 용도가 명확한 연산자뿐 아니라 대괄호를 사용한 인덱스 구현도 메서드 호출을 통해 구현되어 있다. 다음과 같은 코드가 있다.

```
some_obj[1,2,3]
```

앞의 표현식은 some_obj 객체에 [] 이름을 가진 메서드를 호출하면서 세 개의 매개 변수를 넘기는 것과 같다. 다음과 같이 메서드를 정의할 수 있다.

```
class SomeClass
  def [](p1, p2, p3)
    # ...
  end
end
```

마찬가지로 요소 대입은 []= 메서드를 통해 정의된다. 이 메서드는 인덱스로 넘겨진 맨 마지막 매개 변수를 값으로 하고 앞의 나머지 매개 변수들을 인덱스로 사용한다.

```
class SomeClass
  def []=(*params)
    value = params.pop
    puts "Indexed with #{params.join(', ')}"
    puts "value = #{value.inspect}"
  end
end
```

```
s = SomeClass.new
s[1] = 2
s['cat', 'dog'] = 'enemies'
```

실행 결과:

```
Indexed with 1
value = 2
Indexed with cat, dog
value = "enemies"
```

9.2 기타 표현식

알기 쉬운 연산자 표현식과 메서드 호출, (아마도) 조금은 난해할 수도 있는 구
문 표현식(if나 case처럼)에 대해 살펴보았다. 이외에도 루비에는 표현식에 사용
할 수 있는 것이 몇 가지 더 있다.

명령어 확장

문자열을 역따옴표(backquotes나 backticks라고도 표현한다)로 둘러싸거나,
%x{...} 같은 구분자 형식을 사용하면, 이것은 기본적으로 사용 중인 운영 체제
에 의해 커맨드로 실행된다. 결괏값은 해당하는 명령어의 표준 출력이다. 줄 바
꿈이 잘리지 않고 그대로 남아 있기 때문에, 얻어지는 문자열 값 끝 부분에 리턴
이나 줄 바꿈이 포함되어 있을지도 모른다.

```
`date`                  # => "Thu Nov 14 16:31:02 CST 2013\n"
`ls`.split[34]          # => "metaprogramming.pml"
%x{echo "hello there"}  # => "hello there\n"
```

명령어 문자열에서도 표현식 확장과 일반적인 이스케이프 문자열을 모두 사용
할 수 있다.

```
for i in 0..3
  status = `dbmanager status id=#{i}`
  # ...
end
```

커맨드의 종료 상태값은 $? 변수를 통해 확인할 수 있다.

역따옴표 재정의하기

명령어 출력 표현식을 설명할 때, 역따옴표로 문자열을 둘러싸면 이 문자열이
갖는 의미는 '기본적으로' 운영 체제에서 명령어를 실행하라는 의미라고 이야기
했다. 실제로는 문자열을 Object#`(역따옴표 한 개) 메서드에 매개 변수로 넘기

는 것이다. 원한다면 이를 재정의할 수도 있다. 다음 예제에서는 $?를 사용한다. 이 변수에는 마지막으로 실행한 외부 프로세스의 종료값이 담겨 있다.

```
alias old_backquote `
def `(cmd)
  result = old_backquote(cmd)
  if $? != 0
    puts "*** Command #{cmd} failed: status = #{$?.exitstatus}"
  end
  result
end
print `ls -l /etc/passwd`
print `ls -l /etc/wibble`
```

실행 결과:
```
-rw-r--r-- 1 root wheel 5253 Oct 31 09:09 /etc/passwd
ls: /etc/wibble: No such file or directory
*** Command ls -l /etc/wibble failed: status = 1
```

9.3 대입

지금까지 이 책에서 나온 거의 모든 예제에는 대입문이 나왔다. 이제 그것들에 대해 이야기할 시간이 온 것 같다.

대입문은 좌변값(lvalue)에 위치한 변수나 속성이 우변값(rvalue)을 참조하게 한다. 그리고 그 값을 대입식의 결괏값으로 반환한다. 이 말은 대입문도 연결해서 쓸 수 있다는 의미다. 그리고 생각하지 못한 곳에서 대입이 이루어질 수도 있다는 뜻이기도 하다.

```
a = b = 1 + 2 + 3
a          # => 6
b          # => 6
a = (b = 1 + 2) + 3
a          # => 6
b          # => 3

File.open(name = gets.chomp)
```

루비에서 대입은 두 가지 형식으로 이루어진다. 첫째는 변수나 상수에 객체 참조(object reference)를 대입하는 것이다. 이러한 형식은 언어 자체에 내장되어 있다.

```
instrument = "piano"
MIDDLE_A   = 440
```

두 번째 형식은 왼편에 객체의 속성이나 요소값 참조를 포함하는 경우다. 이 형식은 다소 특별한데, 이는 좌변값 쪽의 메서드 호출에 의해 구현되기 때문이다. 그러므로 재정의하는 것도 가능하다.

우리는 이미 쓰기 가능한 객체 속성을 정의하는 법을 알고 있다. 단지 메서드 이름이 등호로 끝나게 정의해 주기만 하면 된다. 이 메서드는 매개 변수를 대입문의 우변값으로 받는다. []를 메서드를 통해 정의 가능하다는 것도 앞서 설명한 바 있다.

```ruby
class ProjectList
  def initialize
    @projects = []
  end
  def projects=(list)
    @projects = list.map(&:upcase)   # 이름 목록을 대문자로 저장한다.
  end
  def [](offset)
    @projects[offset]
  end
end

list = ProjectList.new
list.projects = %w{ strip sand prime sand paint sand paint rub paint }
list[3]    # => "SAND"
list[4]    # => "PAINT"
```

이 예제에서 알 수 있듯이 이러한 속성 설정 메서드에는, 내부 인스턴스 변수에 대응하지 않으면 안 된다거나, 모든 속성 쓰기 메서드는 반드시 읽기 메서드에 대응해야 한다거나(또는 반대로) 하는 제약은 존재하지 않는다.

항상 매개 변수가 대입값이 되며 반환값은 버려진다. 다음 예제에서 속성 설정 메서드는 99를 반환하지만, 실제로 설정되는 값은 2이다.

```ruby
class Test
  def val=(val)
    @val = val
    return 99
  end
end

t = Test.new
result = (t.val = 2)
result # => 2
```

병렬 대입

프로그래밍 수업의 첫 번째 일주일 동안에(사교를 좋아하는 학생이라면 2학기 정도에) 두 변수의 값을 바꾸기 위해 다음과 같이 코드를 작성해야만 했을 것이다.

```
int a = 1; # C 또는 자바 또는 ...
int b = 2;
int temp;
```

```
temp = a;
a = b;
b = temp;
```

루비에서는 같은 일을 훨씬 깔끔하게 수행하는 코드를 다음과 같이 작성할 수 있다.

```
a, b = 1, 2  # a=1, b=2
a, b = b, a  # b=2, a=1
```

루비에서는 우변값(대입의 오른쪽에 오는 값)에 쉼표로 구분되는 목록을 지정할 수 있다. 대입이 이루어질 때 두 개 이상의 우변값이 있는 경우 다중 대입의 룰이 적용된다. 다음에서는 논리적으로 이를 설명할 것이다. 인터프리터 내부에서 일어나는 일들은 조금 복잡하다. 루비 1.9에서는 이러한 규칙이 달라졌기 때문에 이전 버전을 사용했다면 특히 주의해야 한다.

우선 모든 우변값이 왼쪽에서 오른쪽으로 평가되며 배열에 저장된다(우변값이 배열이 아닌 경우). 이 배열이 대입문에 의해 반환되는 최종 값이 된다.

다음으로 좌변값을 분석한다. 좌변에 요소가 하나밖에 없다면 우변의 배열은 이 요소에 배열로서 대입된다.

```
a = 1, 2, 3, 4    # a=[1, 2, 3, 4]
b = [1, 2, 3, 4]  # b=[1, 2, 3, 4]
```

좌변에 쉼표(,)가 포함되어 있다면 우변의 값을 왼쪽에서부터 차례로 짝지어나간다. 이때 남은 요소는 버려진다.

```
a, b = 1, 2, 3, 4  # a=1, b=2
c, = 1, 2, 3, 4    # c=1
```

전개와 대입

루비는 우변항에서 별표(*)가 붙은 값을 발견하면, 우변값을 평가할 때 별표가 붙은 값을 전개한 다음 좌변항에 차례로 대입한다.

```
a, b, c, d, e = *(1..2), 3, *[4, 5]  # a=1, b=2, c=3, d=4, e=5
```

좌변항에서는 단 하나의 요소에만 별표(*)가 붙을 수 있다. 이 요소는 탐욕적이다. 최종적으로 배열이 되는 이 요소는 우변항에서 가능한 한 많은 요소를 차지한다. 따라서 *이 붙은 요소가 좌변의 맨 뒤에 온다면 앞서 짝지어지고 남은 모든 요소가 좌변항의 마지막 요소에 배열로 대입된다.

```
a, *b = 1, 2, 3  # a=1, b=[2, 3]
a, *b = 1        # a=1, b=[]
```

별표가 붙은 요소가 좌변의 맨 뒤에 있지 않다면, 루비는 별표가 붙은 요소 뒤에 오는 모든 좌변값에 우변값이 대입되도록 한다. 즉 별표가 붙은 요소가 가능한 한 많은 요소를 차지하되, 다른 요소들에 최소한 하나의 값이 대입되도록 한다.

```
*a, b = 1, 2, 3, 4        # a=[1, 2, 3], b=4
c, *d, e = 1, 2, 3, 4     # c=1, d=[2, 3], e=4
f, *g, h, i, j = 1, 2, 3, 4 # f=1, g=[], h=2, i=3, j=4
```

메서드 매개 변수와 마찬가지로 별표만 사용하면, 해당하는 부분을 버릴 수 있다.

```
first, *, last = 1,2,3,4,5,6 # first=1, last=6
```

중첩 대입

대입문의 좌변에 괄호로 둘러싸인 목록을 둘 수 있다. 루비는 이 목록을 중첩 대입문으로 인식한다. 이는 상위 수준의 대입을 이어가기 전에 먼저, 대응되는 우변값을 추출해서 괄호로 둘러싸인 부분에 대입한다.

```
a, (b, c), d = 1,2,3,4      # a=1, b=2, c=nil, d=3
a, (b, c), d = [1,2,3,4]    # a=1, b=2, c=nil, d=3
a, (b, c), d = 1,[2,3],4    # a=1, b=2, c=3, d=4
a, (b, c), d = 1,[2,3,4],5  # a=1, b=2, c=3, d=5
a, (b,*c), d = 1,[2,3,4],5  # a=1, b=2, c=[3, 4], d=5
```

다른 형태의 대입문

다른 많은 언어처럼 루비에도 축약 표현이 있다. a = a + 2은 a += 2로 줄여 쓸 수 있다. 후자는 내부적으로 전자로 변환된다. 이는 사용자가 정의한 클래스에서 직접 메서드로 정의한 연산자 역시 원하는 대로 동작한다는 것을 의미한다.

```
class List
  def initialize(*values)
    @list = values
  end
  def +(other)
    @list.push(other)
  end
end

a = List.new(1, 2)  # => [1, 2]
a += 3              # => [1, 2, 3]
```

루비에서 볼 수 없는 것 중 하나는 C와 자바의 자동 증가(++)와 자동 감소(--) 연산자다. 이것들 대신에 +=이나 -= 를 사용하자.

9.4 조건적 실행

루비는 조건적 실행에 대해 여러 가지 메커니즘을 가지고 있다. 대부분은 친숙한 방식이고, 그중 다수가 멋진 방식을 새로 소개하기도 한다. 이것들을 살펴보기에 앞서 논리 표현식에 대해 잠깐 살펴보자.

논리 표현식

루비에서는 매우 간단한 참의 정의를 가지고 있다. nil과 상수 false가 아닌 모든 것은 참(true)이다. 예를 들어 "cat", 99, 0, :a_song은 모두 true이다.

이 책에서는 일반적으로 참과 거짓을 다룰 때 true와 false로 표기한다.

nil이 false로 다뤄지는 것은 매우 편리하다. 예를 들어 IO#gets는 파일의 다음 행을 읽어오는데 더 이상 읽어올 행이 없을 대는 nil을 반환한다. 따라서 다음과 같은 반복문을 작성할 수도 있다.

```
while line = gets
  # 처리
end
```

하지만 C, C++, 펄 프로그래머들은 가끔씩 함정에 빠지기도 한다. 숫자 0이 false로 해석되지 않는다는 점 때문이다. 길이가 0인 문자열도 마찬가지다. 이는 고치기 어려운 습관일 수도 있다.

and, or, not

루비는 모든 표준 논리 연산자를 지원한다. and와 &&는 첫 번째 피연산자가 false이면 첫 번째 피연산자를 그대로 반환한다. 그 외에는 두 번째 피연산자를 평가하고 그 값을 반환한다(이는 단축 평가(shortcircuit evaluation)라고 알려져 있다). &&와 and의 유일한 차이는 연산자 우선순위다. and는 &&보다 우선순위가 낮다.

```
nil   && 99  # => nil
false && 99  # => false
"cat" && 99  # => 99
```

따라서 &&와 and는 모두 피연산자들이 모두 참일 때만 참을 반환한다.

마찬가지로 or과 ||는 첫 번째 피연산자가 거짓이 아니면 이를 그대로 반환한다. 첫 번째 피연산자가 거짓이면 두 번째 피연산자를 평가하고 그 결과를 반환한다.

```
nil   || 99  # => 99
false || 99  # => 99
"cat" || 99  # => "cat"
```

and와 마찬가지로 or과 ||의 차이도 우선순위에 있다. 흥미로운 점은 and와 or
은 우선순위가 같은데 반해서 &&는 ||보다 우선순위가 높다는 점이다.

||=은 어떤 변수에 아무런 값이 없다면 대입을 하라는 의미의 관용구로 자주
사용된다.

```
var ||= "default value"
```

이는 거의 var = var || "default value"와 같은 표현이다. 단, 변수에 이미 대입
이 이루어져 있다면 대입을 하지 않는 점이 다르다. 의사 코드로 작성하자면 var
= "default value" unless var나 as var || var = "default value"가 된다.

not과 !는 피연산자를 반전한 값을 반환한다. 즉 피연산자가 거짓이면 true를
반환하고, 참이면 false를 반환한다. 그리고 역시 not과 !도 우선순위만 다르다.

자세한 내용은 표 13(393쪽)을 참조하기 바란다.

defined?

defined? 연산자는 매개 변수(임의의 표현식이 올 수 있다)가 정의되지 않았을
때 nil을 반환하며, 그렇지 않은 경우 매개 변수에 대한 설명을 반환한다. 매개
변수가 yield 문이라면 defined?는 현재의 문맥에 블록이 결합된 경우에 한해서
'yield'라는 문자열을 반환한다.

```
defined? 1         # => "expression"
defined? dummy     # => nil
defined? printf    # => "method"
defined? String    # => "constant"
defined? $_        # => "global-variable"
defined? Math::PI  # => "constant"
defined? a = 1     # => "assignment"
defined? 42.abs    # => "method"
defined? nil       # => "nil"
```

객체 비교하기

논리 연산자와 더불어 루비 객체는 ==, ===, ⟨=⟩, =~, eql?, equal? 등의 메서드
를 통해 객체 간의 비교를 지원한다(표 5). ⟨=⟩를 제외한 모든 메서드는 Object
클래스에 정의되어 있지만 적절한 의미에 맞추기 위해 하위 클래스들에서 재정
의되는 일도 빈번하다. 예를 들어 Array 클래스는 ==를 재정의해서 두 배열의 원
소 수가 같고, 대응되는 원소도 모두 같은 경우에만 두 객체가 같다고 판단한다.

연산자	의미
==	두 값이 같은지 비교한다.
===	case 구문의 when 항목이 비교할 대상과 동일한지 비교하는 데 쓰인다.
<=>	일반적인 비교 연산자. 수신자가 매개 변수보다 작으면 -1, 같으면 0, 크면 1을 반환한다.
<, <=, >=, >	작다 / 작거나 같다 / 크거나 같다 / 크다를 의미하는 비교 연산자
=~	정규 표현식 패턴이 매치되는지 검사한다.
eql?	수신자와 매개 변수가 서로 같은 타입이며 같은 값을 가지는 경우 참이 된다. 1 == 1.0은 true이지만, 1.eql?(1.0)은 false다.
equal?	수신자와 매개 변수가 같은 객체 ID를 가져야만 true이다.

표 5. 일반적인 비교 연산자

==와 =~의 부정 연산자는 각각 !=와 !~이다. 이러한 연산자들이 불리면 루비는 일단 메서드가 정의되어 있는지 찾아보고, 찾으면 이를 사용한다. 찾지 못하면 각각 ==과 =~를 반전한 결과를 사용한다.

다음 예제에서는 비교 연산자로 ==만이 사용 된다.

```
class T
  def ==(other)
    puts "Comparing self == #{other}"
    other == "value"
  end
end

t = T.new
p(t == "value")
p(t != "value")
```

실행 결과:

```
Comparing self == value
true
Comparing self == value
false
```

명시적으로 !=가 정의되면 루비는 이를 사용한다.

```
class T
  def ==(other)
    puts "Comparing self == #{other}"
    other == "value"
  end
  def !=(other)
    puts "Comparing self != #{other}"
    other != "value"
  end
end

t = T.new
p(t == "value")
p(t != "value")
```

실행 결과:
```
Comparing self == value
true
Comparing self != value
false
```

루비의 범위 또한 논리식으로 이용할 수 있다. 범위 exp1..exp2는 exp1이 참이 될 때까지 거짓으로 평가되고 exp2가 참이 될 때까지 참으로 평가된다. exp2가 true가 되면 범위는 리셋되고, 다시 같은 과정을 반복한다. 뒤에서 이에 대한 예제를 살펴볼 것이다.

루비 1.8 이전에는 정규 표현식도 논리식으로 사용할 수 있었다. 현재는 이렇게 사용할 수 없다. ~ 연산자(767쪽)를 사용해 $_에 대한 패턴 매치를 실행하는 것은 가능하지만 이 역시 이후 버전에서 사라질 것으로 보인다.

if와 unless 표현식

루비의 if 식은 다른 언어와 매우 비슷하다.

```
if artist == "Gillespie" then
  handle = "Dizzy"
elsif artist == "Parker" then
  handle = "Bird"
else
  handle = "unknown"
end
```

if 문을 여러 줄에 걸쳐서 작성할 때는 then을 생략할 수 있다.

```
if artist == "Gillespie"
  handle = "Dizzy"
elsif artist == "Parker"
  handle = "Bird"
else
  handle = "unknown"
end
```

하지만 코드를 좀 더 촘촘하게 배열하기 원한다면 then 키워드를 사용해서 논리식과 그다음에 오는 구문을 구분할 수 있다.

```
if artist == "Gillespie" then handle = "Dizzy"
elsif artist == "Parker" then handle = "Bird"
else handle = "unknown"
end
```

elsif를 사용하지 않거나 여러 개의 elsif를 사용할 수 있으며, 상황에 맞게 else를 사용할 수도 있다. eslif에서 가운데 e가 없다는 점에 주의가 필요하다.

앞에서도 이야기했듯이 if는 표현식이지 구문이 아니다. if 식은 값을 반환한다. if 표현식의 값을 반드시 이용할 필요는 없지만, 유용할 때도 있다.

```ruby
handle = if artist == "Gillespie"
           "Dizzy"
         elsif artist == "Parker"
           "Bird"
         else
           "unknown"
         end
```

루비에는 또한 if의 부정형도 있다.

```ruby
unless duration > 180
  listen_intently
end
```

unless 문에서는 else 문을 사용할 수 있지만, 대부분의 사람들은 else가 필요하다면 if 문을 사용하는 게 더 명확하다고 생각한다.

마지막으로 C 언어 애호가들을 위해 루비는 C 스타일의 조건 표현식을 지원한다.

```ruby
cost = duration > 180 ? 0.35 : 0.25
```

앞의 조건 표현식은 물음표 앞의 조건식이 참인지 거짓인지에 따라 콜론 앞의 표현식 값 또는 뒤의 표현식 값을 반환한다. 앞의 경우에는 곡의 연주 시간이 3분보다 길 경우에 0.35가 된다. 이보다 짧다면 0.25가 된다. 어느 경우든 그 값은 cost에 대입된다.

if와 unless 변경자

루비는 펄의 간결한 기능을 물려받았다. 구문 변경자는 조건문을 일반 구문의 끝에 붙여서 사용할 수 있게 해준다.

```ruby
mon, day, year = $1, $2, $3 if date =~ /(\d\d)-(\d\d)-(\d\d)/
puts "a = #{a}" if $DEBUG
print total unless total.zero?
```

if 구문 변경자를 예로 들면, 앞에 오는 표현식은 조건이 참일 때만 계산된다. 그리고 unless는 그 반대로 동작한다.

```ruby
File.foreach("/etc/passwd") do |line|
  next if line =~ /^#/         # 주석은 건너뛴다.
  parse(line) unless line =~ /^$/  # 빈 줄은 해석하지 않는다.
end
```

if 또한 표현식이므로 다음과 같은 정말 이해하기 어려운 코드도 작성할 수 있다.

```
if artist == "John Coltrane"
  artist = "'Trane"
end unless use_nicknames == "no"
```

이러한 방식은 정신 착란으로 가는 지름길이다.

9.5 case 표현식

루비의 case 표현식은 강력한 괴물이다. 각성제를 먹은 다용도 if라고 해두자. 게다가 두 가지 사용법으로 좀 더 강력하게 사용할 수 있다.

첫 번째 형태는 if 구문을 여러 개 둔 것과 아주 비슷하다. 여러 개의 조건을 늘어놓고 구문을 실행했을 때 처음으로 참이 되는 구문을 실행한다.

```
case
when song.name == "Misty"
  puts "Not again!"
when song.duration > 120
  puts "Too long!"
when Time.now.hour > 21
  puts "It's too late"
else
  song.play
end
```

두 번째 형태는 아마도 익숙할 것이다. 비교할 대상을 가장 위의 case 옆에 쓰고, 하나 이상의 when을 늘어놓아서 각각 비교한다.

```
case command
when "debug"
  dump_debug_info
  dump_symbols
when /p\s+(\w+)/
  dump_variable($1)
when "quit", "exit"
  exit
else
  print "Illegal command: #{command}"
end
```

if와 마찬가지로 case는 마지막에 수행된 표현식의 결과를 반환한다. 그리고 조건과 표현식을 같은 줄에 쓰고 싶다면 then 키워드로 구분한다.[1]

```
kind = case year
       when 1850..1889 then "Blues"
       when 1890..1909 then "Ragtime"
       when 1910..1929 then "New Orleans Jazz"
       when 1930..1939 then "Swing"
       else                "Jazz"
       end
```

1 루비 1.8에서는 then 키워드 대신 콜론(:)을 사용할 수 있었다. 루비 1.9에서는 더 이상 이 문법을 지원하지 않는다.

case는 비교할 대상(case 키워드 바로 다음에 오는 표현식)을 각각의 when 키워드 다음에 오는 비교 표현식들과 비교하는 연산을 수행한다. 이때 비교는 ===연산자를 통해 이루어진다. 클래스가 ===에 대해 유용한 의미를 부여한다면(모든 내장 클래스가 이러하다) 그 클래스는 case 표현식으로 사용할 수 있다.

예를 들어 정규표현식에서는 ===을 패턴 매칭으로 간단히 정의한다.

```
case line
when /title=(.*)/
  puts "Title is #$1"
when /track=(.*)/
  puts "Track is #$1"
end
```

루비의 클래스는 Class 클래스의 인스턴스다. Class에서는 ===를 매개 변수가 해당 클래스의 인스턴스이거나 상위 클래스 중 하나인지 여부를 검사한다. 따라서 객체의 클래스가 어떤 것인지에 대해 검사할 수 있다(이런 코드는 다형성의 이점을 포기하는 것이므로, 리팩터링 신이 여러분 귀 주변에 머물며 계속 무언가를 속삭일 것이다).

```
case shape
when Square, Rectangle
  # ...
when Circle
  # ...
when Triangle
  # ...
else
  # ...
end
```

9.6 반복

이것은 비밀이지만 사실 루비에도 원시적인 반복 구문이 내장되어 있다.

while 반복문은 그 조건에 따라 안쪽의 구문을 실행하지 않거나, 한 번 이상 반복해서 실행한다. 예를 들어 다음의 평범한 구문은 입력이 끝날 때까지 데이터를 읽는다.

```
while line = gets
  # ...
end
```

until 반복문은 반대다. 조건이 참이 되기 전까지만(until) 실행한다.

```
until play_list.duration > 60
  play_list.add(song_list.pop)
end
```

if, unless와 마찬가지로 이 두 가지 반복문 또한 구문 변경자로 이용할 수 있다.

```
a = 1
a *= 2 while a < 100
a          # => 128
a -= 10 until a < 100
a          # => 98
```

우리는 범위를 일종의 플립플롭(flip-flop)처럼 이용할 수 있다고 했었다. 즉 무언가 이벤트가 일어날 때 참이 되고 두 번째 이벤트가 일어날 때까지 참을 유지한다는 것이다. 이 기능은 반복문에서도 일반적으로 이용된다. 다음 예를 보면 처음의 열 개 서수("first", "second", …)를 포함하는 텍스트 파일을 읽는데, "third"인 줄부터 "fifth"인 줄까지만 출력한다.

```
file = File.open("ordinal")
while line = file.gets
  puts(line) if line =~ /third/ .. line =~ /fifth/
end
```

실행 결과:

```
third
fourth
fifth
```

펄을 쓰던 사람들은 앞의 코드를 약간 다르게 쓰기도 한다.

```
file = File.open("ordinal")
while file.gets
  print if ~/third/ .. ~/fifth/
end
```

실행 결과:

```
third
fourth
fifth
```

앞의 코드에는 일종의 무대 뒤 마법이 사용되었다. gets는 마지막에 읽은 줄을 전역변수 $_에 집어넣고, ~ 연산자는 정규표현식이 $_에 매칭하는지를 판단한다. 그리고 아무 매개 변수 없이 쓰인 print는 $_의 값을 출력한다. 참고로 이러한 형태의 코드는 루비 커뮤니티에서도 유행이 지난 것으로 여겨지고 있으며 장기적으로 언어에서도 없어져야 할 것이다.

논리 표현식에서 사용되는 범위의 양 끝 요소에 표현식을 쓸 수도 있다. 이것은 전체 표현식을 계산할 때마다 다시 계산한다. 예를 들어 다음 코드는 첫 번째 줄에서 세 번째 줄까지, 그리고 /eig/와 /nin/이 각각 매치되는 줄 사이의 모든 줄을 출력하기 위해 현재까지 입력받은 줄 수를 나타내는 $.를 사용한다.

```
File.foreach("ordinal") do |line|
  if (($. == 1) || line =~ /eig/) .. (($. == 3) || line =~ /nin/)
    print line
  end
end
```

실행 결과:

```
first
second
third
eighth
ninth
```

while과 until이 구문 변경자로 쓰일 때 문제점이 하나 있다. begin/end 블록을
구문 변경자로 꾸밀 경우, 논리 표현식의 값에 상관없이 블록의 코드가 무조건
한 번은 실행된다는 것이다.

```
print "Hello\n" while false
begin
  print "Goodbye\n"
end while false
```

실행 결과:

```
Goodbye
```

반복자

바로 앞 절을 읽었다면 아마 실망했을지도 모르겠다. "사실 루비에도 원시적인
반복 구문이 내장되어 있다"라고 말했다. 고상한 독자들이여, 실망하지 마시라.
좋은 소식이 있다. 루비에서는 복잡한 내장 반복문이 필요 없다. 재미있는 것들
은 모두 루비 반복자를 사용해서 구현하기 때문이다.

예를 들어 루비에는 for 반복문이 없다. 적어도 특정 숫자 범위가 주어졌을 때
이를 반복하는 반복문은 없다. 대신 루비에서는 동등한 기능을 제공하기 위해
여러 내장 클래스에 정의된 메서드들을 이용한다. 이들은 에러를 덜 내는 경향
이 있으며 기능도 좀 더 뛰어나다.

다음 예제를 살펴보자.

```
3.times do
  print "Ho! "
end
```

실행 결과:

```
Ho! Ho! Ho!
```

이렇게 하면 범위를 넘어서는 버그와 숫자가 하나씩 크게 나오는 버그를 피하기
쉽다. 이 반복문은 세 번 실행될 것이다. 정수는 times 외에도 downto와 upto를

호출해서 특정한 범위의 반복문을 실행할 수 있고, 모든 숫자는 step을 사용해 반복문을 실행할 수 있다. 예를 들어 전통적인 for 반복문(i=0;i<10;i++)은 다음 과 같이 쓸 수 있다.

```
0.upto(9) do |x|
  print x, " "
end
```

실행 결과:

```
0 1 2 3 4 5 6 7 8 9
```

0에서 12까지 3씩 증가하는 반복문은 다음과 같이 쓴다.

```
0.step(12, 3) {|x| print x, " " }
```

실행 결과:

```
0 3 6 9 12
```

이와 비슷하게 배열이나 다른 컨테이너를 반복하는 것은 그것들의 each 메서드 를 사용하면 간단하다.

```
[ 1, 1, 2, 3, 5 ].each {|val| print val, " " }
```

실행 결과:

```
1 1 2 3 5
```

그리고 일단 클래스가 each를 지원하기만 하면 Enumerable 모듈을 통해 추가 적인 메서드를 사용할 수 있다(이에 대해서는 '5.4 반복자와 Enumerable 모듈' 에서 이야기한 바 있으며 Enumerable 클래스 레퍼런스(565쪽)에서 더 자세히 다룬다). 예를 들어 File 클래스에는 each 메서드가 정의되어 있으며, 이는 매 반 복에서 파일의 각 줄을 반환한다. Enumerable의 grep 메서드를 이용하면 특정 조건에 맞는 줄만 반복한다.

```
File.open("ordinal").grep(/d$/) do |line|
  puts line
end
```

실행 결과:

```
second
third
```

마지막으로 소개할 내용은 아마도 반복문 중 기본적인 형태일 것이다. 루비는 loop라는 내장 반복자를 제공한다.

```
loop do
  # 블록...
end
```

loop 반복자는 결합된 블록을 영원히 반복한다(적어도 반복문에서 빠져나가기 (break) 전에는. 하지만 빠져나가는 방법을 배우기 위해서는 이 책을 좀 더 읽어 야 할 것이다).

for ... in

앞에서 루비의 내장 반복문은 while과 until이라고 했다. 그러면 이번의 for는 무 엇일까? 사실 for는 문법적으로 편리를 주는 문법적 편의(syntactic sugar)다.

다음과 같은 코드가 있다.

```
for song in playlist
  song.play
end
```

루비는 이를 다음과 같이 변환한다.

```
playlist.each do |song|
  song.play
end
```

for 반복문과 each 형태가 갖는 차이점은 내부에 정의된 지역 변수의 범위다. 이 에 대해서는 '9.7 변수 범위, 반복, 블록 절'에서 자세히 다룬다.

for는 Array나 Range처럼 each에 응답하는 객체에는 어디에서나 사용할 수 있다.

```
for i in ['fee', 'fi', 'fo', 'fum']
  print i, " "
end
for i in 1..3
  print i, " "
end
for i in File.open("ordinal").find_all {|line| line =~ /d$/}
  print i.chomp, " "
end
```

실행 결과:

```
fee fi fo fum 1 2 3 second third
```

클래스를 정의할 때 each 메서드를 정의해 주기만 하면, 그 객체를 탐색하기 위 해 for 반복문을 이용할 수 있다.

```
class Periods
  def each
    yield "Classical"
    yield "Jazz"
    yield "Rock"
  end
end
```

```
periods = Periods.new
for genre in periods
  print genre, " "
end
```

실행 결과:

```
Classical Jazz Rock
```

break, redo, next

반복문 제어를 위한 break, redo, next를 이용하면 반복문이나 반복자의 실행 흐름을 바꿔줄 수 있다.[2]

break는 그 즉시 실행 중인 줄을 싸고 있는 반복문을 종료한다. 그 후의 제어권은 블록 다음에 오는 구문으로 넘어간다. redo는 반복문을 시작부터 다시 수행하지만, 다음 원소를 가져오거나(반복자인 경우) 종료 조건을 재평가하지는 않는다. next는 현재 위치에서 반복문의 끝으로 이동하므로 실제로는 다음 반복을 시작하게 한다.

```
while line = gets
  next  if line =~ /^\s*#/ # 주석은 건너뛴다.
  break if line =~ /^END/   # END를 발견하면 끝

  # 역 따옴표 안의 내용을 대체하고, 다시 반복한다.
  redo if line.gsub!(/`(.*?)`/) { eval($1) }

  # 무언가를 한다...
end
```

이 키워드들은 블록 내에서도 사용할 수 있다. 어떤 블록에서라도 사용할 수 있지만 일반적으로 반복자에 넘겨진 블록에서 사용할 때 유용하다.

```
i=0
loop do
  i += 1
  next if i < 3
  print i
  break if i > 4
end
```

실행 결과:

```
345
```

break와 next에는 매개 변수를 넘겨줄 수 있다. 기존 반복문을 사용할 때 매개 변수를 받을 경우 의미가 있는 건 break뿐일 것이다. break에 넘겨진 값이 반복문의 반환값이 된다(next에 넘겨지는 매개 변수는 실제로는 버려진다). 이러한

---

2   루비 1.8과 이전 버전에서는 반복문에서 retry를 지원했다. 하지만 이는 1.9 이후 버전에서는 지원하지 않는다.

전통적인 반복문이 break를 호출하지 않는다면 반복문 자체의 평가값은 nil이 된다.

```
result = while line = gets
           break(line) if line =~ /answer/
         end

process_answer(result) if result
```

break와 next가 블록과 proc에 대해 어떻게 동작하는지 자세히 알고 싶다면 'Procs, break, next'(417쪽)를 확인하기 바란다. 중첩된 블록이나 반복문에서 빠져나가는 방법에 대해서는 Object#catch(422쪽)를 참조하기 바란다.

9.7 변수 범위, 반복, 블록

내장 반복문인 while, until, for는 새로운 변수 범위를 만들지 않는다. 반복문 안에서 새로 만들어진 지역 변수는 반복문이 끝나도 계속해서 사용할 수 있다.

반복자(loop, each 등)에서 사용하는 블록에서는 이 규칙이 조금 다르다. 보통 블록 안에서 만드는 지역 변수는 블록 바깥에서는 접근할 수 없다.

```
[ 1, 2, 3 ].each do |x|
  y = x + 1
end
[ x, y ]
```

실행 결과:
```
prog.rb:4:in `<main>': undefined local variable or method `x' for
main:Object
(NameError)
```

하지만 블록이 실행될 때 블록 안에서 이용되는 변수와 같은 이름의 지역 변수가 있다면, 미리 선언된 지역 변수가 블록 안에서도 이용될 것이다. 그리고 이 변수의 값은 블록이 종료된 이후에도 사용될 수 있다. 다음 예제가 보여주듯이 이 규칙은 블록 안의 변수와 블록의 매개 변수 모두 적용된다.

```
x = "initial value"
y = "another value"
[ 1, 2, 3 ].each do |x|
  y = x + 1
end
[ x, y ] # => ["initial value", 4]
```

블록 내의 변수와 외부 변수가 같은지를 판단할 때 변수가 외부 범위에서 반드시 실행되지 않아도 된다는 사실을 인지하기 바란다. 루비 인터프리터는 단지 그 변수가 좌변항에서 대입이 시도되었는지를 확인만 해도 된다고 판단한다.

```
a = "never used" if false
[99].each do |i|
  a = i      # 외부에서 사용되지 않은 변수 a에 대입을 한다.
end
a              # => 99
```

블록 로컬(block-local) 변수는 블록의 매개 변수 목록에서 이어 세미콜론 뒤에
선언한다. 다음 코드에서는 블록 로컬을 사용하지 않는다.

```
square = "yes"
total = 0
[ 1, 2, 3 ].each do |val|
  square = val * val
  total += square
end
puts "Total = #{total}, square = #{square}"
```

실행 결과:

```
Total = 14, square = 9
```

다음 코드는 블록 로컬 변수를 사용해 블록 바깥의 같은 이름을 가진 변수로부
터 영향을 받지 않도록 만든다.

```
square = "yes"
total = 0

[ 1, 2, 3 ].each do |val; square|
  square = val * val
  total += square
end

puts "Total = #{total}, square = #{square}"
```

실행 결과:

```
Total = 14, square = yes
```

블록에서 사용하는 변수의 스코프가 신경 쓰인다면 루비의 경고를 활성화하고
블록 로컬 변수를 명시적으로 선언하는 편이 좋다.

10장

예외 처리

지금까지 개발을 하고 있던 곳은 지상 낙원, 나쁜 것은 하나도 없는 환상적인 곳이었다. 이 세계에서 모든 라이브러리 호출은 성공하고, 사용자들은 절대로 잘못된 데이터를 집어넣지 않으며, 자원은 풍부하고 그 비용노 저렴하다. 자, 이제 상황은 변했다. 현실 세계에 온 것을 환영한다.

현실 세계의 프로그램에서는 에러가 발생한다. 좋은 프로그램(그리고 좋은 프로그래머) 이러한 에러를 예견하고 이를 깔끔하게 해결해야만 한다. 사실 이건 말처럼 쉽지만은 않다. 많은 경우 에러를 검출하는 코드에서 실제 그 에러가 발생했을 때 어떻게 처리해야 하는지에 대한 문맥 정보까지 갖기는 어렵기 때문이다. 예를 들어 존재하지 않는 파일을 열려고 시도하는 것은 어떤 환경에서는 허용되지만 어떤 환경에서는 심각한 문제가 될 수도 있다. 이 상황에서 파일을 다루는 모듈은 어떻게 동작해야 할까?

전통적인 접근 방법은 반환 코드를 이용하는 것이다. open 메서드는 실패를 나타내는 특별한 값을 반환한다. 그리고 이 에러값은 누군가가 처리해 줄 때까지 메서드 호출 단계를 거슬러 올라가며 전달된다. 이 접근법의 문제점은 모든 에러 코드를 관리하는 것이 어렵다는 것이다. 어떤 함수가 open을 호출하고, 그 다음 read, 마지막으로 close를 호출하는데 각각이 에러 코드를 반환한다면, 이 함수는 호출자에게 건넬 반환값에서 이 에러 코드들을 어떻게 구분할 것인가?

대부분 예외가 좋은 해결책이다. 예외를 이용하면 오류에 관한 여러 정보를 객체에 담을 수 있다. 이렇게 만들어진 예외 객체는 해당 종류의 예외를 처리하도록 선언된 곳까지 호출 스택을 거슬러 올라가며 전달된다.

10.1 Exception 클래스

예외에 대한 정보를 가진 것은 Exception 클래스 또는 그 자식 클래스의 객체다. 루비의 예외 클래스 상속 계보는 그림 1에 잘 정리되어 있다. 곧 보게 되겠지만, 이 계보를 이용하면 예외 처리를 편하게 할 수 있다.

```
Exception
    NoMemoryError
    ScriptError
        LoadError
            Gem::LoadError
        NotImplementedError
        SyntaxError
    SecurityError
    SignalException
        Interrupt
    StandardError
        ArgumentError
            Gem::Requirement::BadRequirementError
        EncodingError
            Encoding::CompatibilityError
            Encoding::ConverterNotFoundError
            Encoding::InvalidByteSequenceError
            Encoding::UndefinedConversionError
        FiberError
        IndexError
            KeyError
            StopIteration
        IOError
            EOFError
        LocalJumpError
        Math::DomainError
        NameError
            NoMethodError
        RangeError
            FloatDomainError
        RegexpError
        RuntimeError
            Gem::Exception
        SystemCallError
        ThreadError
        TypeError
        ZeroDivisionError
    SystemExit
        Gem::SystemExitException
    SystemStackError
```

그림 1 표준 예외 계층도

예외를 발생시키려면 내장된 Exception 클래스를 쓸 수도 있고, 새로 클래스를 만들 수도 있다. 직접 만든다면, StandardError를 상속하는 자식 클래스로 만드는 것이 좋다. 그렇지 않으면 기본 예외 처리 루틴에서 이 예외를 잡아주지 않을 것이기 때문이다.

모든 Exception은 그 예외와 연관된 메시지, 그리고 스택 역추적 정보를 가지고 있다. 그리고 직접 정의한 예외라면 추가 정보를 담을 수도 있다.

10.2 예외 처리하기

다음은 open-uri 라이브러리를 사용해서 웹 페이지를 다운로드하고, 한 줄씩 파일에 쓰는 예제다.

tut_exceptions/fetch_web_page/fetch1.rb

```
require 'open-uri'
web_page = open("http://pragprog.com/podcasts")
output = File.open("podcasts.html", "w")
while line = web_page.gets
  output.puts line
end
output.close
```

다운로드한 페이지를 파일에 쓰는 과정에서 치명적인 에러가 발생하면 어떻게 될까? 물론 우리는 불완전한 파일이 만들어지기를 원하시는 않는다.

이를 해결하기 위해 예외 처리 코드를 추가해 보자. 예외 처리를 하려면 예외가 발생할 가능성이 있는 부분을 bigin/end 블록으로 감싸주고, 처리하고자 하는 예외의 타입들을 rescue 절에 지정한다. 이 예제에서는 resuce 절에 Exception을 지정했으므로 Exception과 그 자식 클래스가 나타내는 모든 예외(즉 루비에 존재하는 모든 예외)를 처리한다. 예외 처리 블록에서는 에러를 보고하고 출력 파일을 닫고 삭제한다. 그리고 에러를 다시 발생시킨다.

tut_exceptions/fetch_web_page/fetch2.rb

```
require 'open-uri'
page = "podcasts"
file_name = "#{page}.html"
web_page = open("http://pragprog.com/#{page}")
output = File.open(file_name, "w")
begin
  while line = web_page.gets
    output.puts line
  end
  output.close
rescue Exception
  STDERR.puts "Failed to download #{page}: #{$!}"
  output.close
  File.delete(file_name)
  raise
end
```

예외가 발생하면 루비는 이후의 예외 처리 과정과 별도로 관련된 예외 객체 참조를 전역 변수 $!(느낌표는 아마도 우리 코드에서 어떤 부분이라도 에러를 유발할 수 있다는 사실에서 오는 놀라움의 반영일 것이다)에 담는다. 앞의 예제에서는 $! 변수를 에러 메시지를 출력하는 데 사용했다.

파일을 닫고 지운 뒤, raise를 매개 변수 없이 호출해서 $!에 담긴 예외를 다시 발생시킨다. 이것은 예외를 거르거나, 다룰 수 없는 예외를 더 높은 계층으로 넘기는 코드를 작성하게 해 주는 유용한 기법이다. 이것은 예외 처리를 위해 계층 상속을 구현하는 것과 비슷하다.

begin 블록 안에 여래 개의 rescue 절을 적어줘도 되고, 또한 각 rescue 절에는 처리하려는 예외를 여러 개 쓸 수도 있다. 각 rescue 절의 끝에는 예외 객체를 받을 지역 변수 이름을 쓸 수 있다. 이 방법이 사방에 $!를 쓰는 것보다 가독성을 높인다는 것이 중론이다.

```
begin
  eval string
rescue SyntaxError, NameError => boom
  print "String doesn't compile: " + boom
rescue StandardError => bang
  print "Error running script: " + bang
end
```

그렇다면 루비가 어느 rescue 절을 실행할지는 어떻게 결정할까? 사실 이것은 case 구문이 동작하는 방식과 대단히 비슷하다. begin 블록의 rescue 절에 대해 하나씩 차례로 발생된 예외와 rescue의 매개 변수를 비교한다. 그 매개 변수에 해당한다면 그 부분을 실행하고 탐색을 멈춘다. 비교는 parameter===$! 표현식으로 이루어진다. 대부분의 예외에서는 rescue 절에 지정한 예외가 발생한 예외와 같거나 그 상위 클래스일 경우에 참을 반환한다.[1] rescue 절을 아무런 매개 변수 없이 쓴다면, 매개 변수의 기본값은 StandardError가 된다.

적절한 rescue 구문을 찾을 수 없거나, 예외가 begin/end 블록 바깥에서 발생한 경우에는 스택을 거슬러 올라가서 호출자에서 예외 처리 구문을 찾는다. 호출자에도 없으면 호출자의 호출자를 찾는 식으로 계속 예외 처리를 찾아나간다.

보통은 rescue 절의 매개 변수로 Exception 클래스의 이름을 쓰지만, Exception 클래스를 반환하는 임의의 표현식(메서드 호출 포함)을 사용해도 무방하다.

[1] 예외가 클래스이며 클래스가 일종의 모듈이기 때문에 이러한 비교가 수행된다. === 메서드는 모듈에 정의되어 있으며 피연산자의 클래스가 수신자와 같은 클래스이거나 그 하위 클래스이면 true를 반환한다.

시스템 에러

시스템 에러는 운영 체제가 에러 코드를 반환했을 때 일어난다. POSIX 시스템에서는 이러한 에러가 EAGAIN이나 EPERM 등의 이름을 가진다(유닉스 시스템에 접근할 수 있다면 man errno 명령을 통해 에러 목록을 볼 수 있다).

　루비는 이 에러들을 잡아서 이를 특정 예외 객체로 감싼다. 예외 객체들 각각은 SystemCallError의 하위 클래스이며 Errno 모듈에서 정의하고 있다. 이 말은 Errno::EAGAIN, Errno::EIO, Errno::EPERM 같은 클래스가 있다는 것이다. 혹시 시스템 에러 코드 자체를 알고 싶은 경우를 위해, Errno 예외 객체는 에러 코드를 직접 반환하는 Errno라는 클래스 상수를 가진다(다소 혼란스럽다).

```
Errno::EAGAIN::Errno       # => 35
Errno::EPERM::Errno        # => 1
Errno::EWOULDBLOCK::Errno  # => 35
```

EWOULDBLOCK과 EAGAIN이 같은 값을 가진다는 것에 주목하자. 이것은 책을 쓸 때 사용할 컴퓨터 운영 체제의 특성이다. 두 가지 상수가 같은 에러 번호로 연결되어 있다. 이러한 이유로 루비는 rescue 절에서 Errno::EAGAIN과 Errno::EWOULDBLOCK을 같은 의미로 사용한다. 하나에 대해 resuce한다면 두 가지 에러에 모두 적용될 것이다. 이렇게 하기 위해 SystemCallError#===을 재정의했다. 만약 두 SystemCallError 하위 클래스가 비교 대상이라면, 계층도 상의 위치가 아니라 그 에러 코드 값을 직접 비교하도록 바꾼 것이다.

말끔히 치우기

예외가 발생했건 하지 않았건 코드 블록의 끝부분에 특정 작업을 반드시 실행해야 하는 경우가 있다. 예를 들어 블록을 시작할 때 파일을 열었다면 블록이 끝나면 파일이 닫힌다는 사실을 보장해야 한다.

　ensure 절이 바로 이러한 일을 해 준다. ensure는 rescue 절 뒤에 오는데, 블록이 끝날 때 반드시 실행되어야 하는 코드를 여기에 적어준다. 블록이 정상적으로 종료되건, 예외가 발생하고 rescue되건, 처리되지 않은 예외에 의해 종료되건 간에 상관없이 ensure 블록은 항상 실행될 것이다.

```
f = File.open("testfile")
begin
  # .. 프로세스
rescue
  # .. 에러 처리
ensure
  f.close
end
```

초심자들은 흔히 File.open을 bigin 절 안에 넣는 실수를 저지른다. 이 경우 엔 open 자체가 예외를 발생시킬 수 있기 때문에 그렇게 사용해서는 안 된다. open 시에 예외가 발생한다면 close할 파일이 존재하지 않기 때문에 ensure 절 을 실행할 필요가 없어진다.

이보다 덜 유용하긴 하지만 else 절이 하는 일도 비슷하다. else 절은 resuce 다음에, 그리고 ensure 절 앞에 위치한다. else 절은 본문 코드에서 에러가 발생 되지 않았을 때 실행된다.

```
f = File.open("testfile")
begin
  # .. 프로세스
rescue
  # .. 에러 처리
else
  puts "Congratulations-- no errors!"
ensure
  f.close
end
```

예외 처리 후 재시도

때때로 예외의 원인을 고칠 수 있는 경우도 있다. 이러한 경우 rescue 절에 retry 구문을 사용하여 전체 begin/end 블록을 다시 실행할 수 있다. 하지만 무한 루 프에 빠질 가능성이 다분하므로 이 기능을 사용할 때는 주의를 요한다(또한 손 가락을 항상 실행 중단 키 위에 가볍게 올려놓자).

다음은 아오키 미네로의 net/smtp.rb 라이브러리에서 가져온 예외가 발생하 면 재시도를 하는 예제 코드다.

```
@esmtp = true
begin
  # 먼저 확장 로그인을 시도한다. 이에 실패하면 일반적일 로그인을 시도한다.
  if @esmtp then @command.ehlo(helodom)
            else @command.helo(helodom)
  end

rescue ProtocolError
  if @esmtp then
    @esmtp = false
    retry
  else
    raise
  end
end
```

이 코드는 처음에 EHLO 명령을 이용해서 SMTP 서버 접속을 시도한다. EHLO 명령어는 SMTP 명령어가 보편적으로 지원하지 않는 명령어다. 이 접속 시도가 실패하면 @esmtp 변수를 false로 설정하고 접속을 재시도한다. 두 번째 접속 시도도 실패할 경우에는 예외가 호출자에 넘겨진다.

10.3 예외 발생시키기

지금까지는 수비, 즉 다른 데서 발생한 예외를 처리하기만 했다. 이제 공수를 고대해서 공격에 나서 보자(혹자는 필자가 항상 공격적이라고 얘기하지만, 그건 다른 책 얘기다).

예외를 발생시키는 방법은 Object#raise 메서드를 이용하는 것이다(때로는 조금 판단적인 이름을 가진 같은 메서드인 Object#fail을 사용할 수도 있을 것이다).

```
raise
raise "bad mp3 encoding"
raise InterfaceException, "Keyboard failure", caller
```

첫 번째 형태는 단순히 현재의 예외($!)를 다시 발생시키는 것이다(현재 예외가 없을 경우에는 RuntimeError를 발생시킨다). 이는 예외 처리 구문에서 해당 예외를 다음으로 넘기기 전에 가로채어 다른 작업을 할 필요가 있을 때 이용한다.

두 번째 형태는 RuntimeError 예외를 새로 만드는데, 주어진 문자열을 예외 메시지로 설정한다. 이 예외는 호출 스택을 따라 올라간다.

세 번째 형태는 첫 번째 매개 변수로 예외 클래스를 만들고, 두 번째 매개 변수를 관련된 메시지로 설정한다. 그리고 세 번째 매개 변수를 스택 추적으로 지정한다. 일반적으로 첫 번째 매개 변수는 Exception 계층 클래스 중 하나거나 이 클래스 중 하나의 인스턴스를 가리키는 참조다.[2] 스택 추적은 일반적으로 Object#caller 메서드를 이용하여 만들어진다.

다음은 raise에 대한 일반적인 예제다.

```
raise

raise "Missing name" if name.nil?

if i >= names.size
  raise IndexError, "#{i} >= size (#{names.size})"
end
raise ArgumentError, "Name too big", caller
```

---

2 좀 더 정확히 말하자면, 이 인자는 object.kind_of?(Exception)이 참을 반환하고, exception이라는 메시지에 응답하는 객체라면 무엇이든 무방하다.

마지막 예제로 스택 백트레이스에서 현재 루틴을 제거해 보자. 이는 라이브러리 모듈에서 유용하게 이용된다. 여기서는 먼저 caller 메서드를 사용해 현재 스택 추적을 가져온다. 여기서 한걸음 더 나아가 다음과 같이 새로운 예외 콜 스택의 일부만을 넘겨서 백트레이스에서 두 개의 루틴을 제거할 수도 있다.

```
raise ArgumentError, "Name too big", caller[1..-1]
```

예외에 정보 추가하기

새로운 예외를 정의함으로써 에러가 난 시점에서 알 수 있는 정보 중 전달할 필요가 있는 것을 추가로 담을 수 있다. 예를 들어 어떤 네트워크 에러는 상황에 따라 일시적인 것일 수도 있다. 그런 에러가 발생했는데 상황이 모두 정상적이라면 예외에 플래그를 설정하여 처리자에게 재시도해 볼 가치가 있음을 알려줄 수도 있을 것이다.

tut_exceptions/retry_exception.rb
```
class RetryException < RuntimeError
  attr :ok_to_retry
  def initialize(ok_to_retry)
    @ok_to_retry = ok_to_retry
  end
end
```

코드 어딘가에서 일시적인 에러가 일어났다.

tut_exceptions/read_data.rb
```
def read_data(socket)
  data = socket.read(512)
  if data.nil?
    raise RetryException.new(true), "transient read error"
  end
  # .. 일반적인 처리
end
```

호출 스택의 한 단계 위쪽에서 예외를 처리한다.

```
begin
  stuff = read_data(socket)
  # .. 처리한다.
rescue RetryException => detail
  retry if detail.ok_to_retry
  raise
end
```

10.4 catch와 throw

raise와 rescue 메커니즘은 무언가 잘못되었을 때 실행을 멈추는 데는 효과적이다. 하지만 일반적인 실행 중에도 여러 겹으로 둘러싸인 코드 밖으로 탈출할 수 있다면 유용할 것이다. 이럴 때 사용할 수 있는 문법이 catch와 throw다. 다음은 간단한 예제다. 이 예제에서는 한 번에 하나씩 단어 리스트를 읽어와 배열에 추가한다. 전부 읽어오고 나서 배열을 역순으로 출력한다. 처리하는 과정에서 정상적인 단어를 포함하지 않는 줄을 만나면 모든 과정을 중지한다.

```
word_list = File.open("wordlist")
catch (:done) do
  result = []
  while line = word_list.gets
    word = line.chomp
    throw :done unless word =~ /^\w+$/
    result << word
  end
  puts result.reverse
end
```

catch는 이름(흔히 Symbol이나 String을 사용한다)이 붙여진 블록을 정의한다. 이 블록은 throw를 만날 때까지 실행된다.

throw를 만나면 루비는 해당하는 심벌을 가진 catch를 찾아 코드를 거슬러 올라간다. 그리고 찾게 되면, 루비는 스택을 해당 위치로 되돌린 뒤 블록을 종료한다. 따라서 앞의 예에서는 입력된 문자열이 정상적인 형식을 가지지 않았을 경우, throw에 대응하는 catch 블록의 끝으로 이동한다. while 반복을 빠져나가는 것뿐 아니라 거꾸로 리스트를 출력하는 코드도 실행하지 않는다. throw에 (선택적인) 두 번째 매개 변수를 넘겨주면 그 값이 catch의 반환값이 된다. 이 예제에서 단어 리스트에 "wow*."라는 잘못된 줄이 포함되어 있어 블록을 종료한다. throw의 두 번째 매개 변수를 생략하면 이에 대응하는 catch는 nil을 반환한다.

```
word_list = File.open("wordlist")
word_in_error = catch(:done) do
  result = []
  while line = word_list.gets
    word = line.chomp
    throw(:done, word) unless word =~ /^\w+$/
    result << word
  end
  puts result.reverse
end
if word_in_error
  puts "Failed: '#{word_in_error}' found, but a word was expected"
end
```

실행 결과:

```
Failed: '*wow*' found, but a word was expected
```

다음 예제에서는 프롬프트에 !가 입력되었을 때 사용자와의 대화를 끝내는 용도로 throw를 사용했다.

tut_exceptions/catchthrow.rb

```ruby
def prompt_and_get(prompt)
  print prompt
  res = readline.chomp
  throw :quit_requested if res == "!"
  res
end

catch :quit_requested do
  name = prompt_and_get("Name: ")
  age  = prompt_and_get("Age:  ")
  sex  = prompt_and_get("Sex:  ")
  # ..
  # 정보를 처리한다.
end
```

이 예제에서 보듯, throw가 꼭 catch 블록과 같은 정적 범위에 있어야 할 필요는 없다.

## 11장

기본 입출력

루비는 얼핏 독립적으로 보이는 두 종류의 입출력 루틴 세트를 제공한다. 그중 첫 번째는 지금까지 자주 사용해왔던 '단순한 인터페이스'들이다.

```
print "Enter your name: "
name = gets
```

Kernel 모듈에는 입출력과 관련된 메서드가 전부 구현되어 있다. gets, open, print, printf, putc, puts, readline, readlines, test 등으로 루비 프로그램을 작성할 때 직관적으로 쓸 수 있고 간편하다. 이 메서드들은 대부분 표준 입출력을 이용한다. Object 클래스(701쪽)에서 자세한 내용을 찾아볼 수 있다.

좀 더 세밀한 조작을 제공하는 두 번째 방법은 IO 객체를 사용하는 것이다.

11.1 IO 객체란 무엇인가

루비는 입력과 출력을 담당하는 기본 클래스 IO를 제공한다. 좀 더 특별한 기능을 제공하기 위해 IO 클래스를 상속한 File 클래스와 BasicSocket 클래스에서도 기본 원칙은 동일하다. IO 객체는 루비 프로그램과 외부 리소스 사이의 양방향 채널 역할을 한다.[1] IO 객체가 보기보다 복잡할 수도 있지만, 결국에는 IO 객체에서 읽고 IO 객체에 쓰는 것이 전부다.

이번 장에서는 IO 클래스와 가장 많이 사용하는 하위 클래스인 File 클래스를

---

[1] 자세한 구현에 대해 이해하고자 하는 사람들을 위해 보충하자면, 이는 하나의 IO 객체가 두 개 이상의 파일 기술자를 관리하고 있는 가능성이 있음을 의미한다. 예를 들어 한 쌍의 파이프를 열어두었을 때 하나의 IO 객체에 입력 파이프와 출력 파이프가 둘 다 포함된다.

살펴볼 것이다. 네트워크 기능을 지원하는 Socket 클래스의 사용법에 대해서는 레퍼런스(920쪽)를 참조하기 바란다.

11.2 파일 열고 닫기

이미 짐작하고 있겠지만, 새로운 파일 객체는 File.new 메서드를 이용해서 생성할 수 있다.

```
file = File.new("testfile", "r")
# ... 파일에 대한 처리
file.close
```

첫 번째 매개 변수는 파일 이름을 나타낸다. 두 번째 인자는 모드 문자열로 읽기 모드, 쓰기 모드, 읽기 쓰기 모드로 File 객체를 생성할 수 있다(여기서는 testfile 에 대해 모드 문자열 "r"을 사용해 읽기 모드로 열었다. 쓰기 모드를 사용하려면 "w", 읽기 쓰기 모드를 사용하려면 "r+"를 사용할 수 있다. 모든 모드 문자열에 대해서는 레퍼런스(595쪽)에서 다룬다). 여기에 덧붙여 권한을 지정해 줄 수도 있다. 자세한 내용은 File.new(594쪽)를 참조하기 바란다. 파일을 연 다음에는 필요한 만큼 데이터를 읽고 쓰는 등 파일 객체로 원하는 작업을 할 수 있다. 그리고 책임감 있는 개발자라면 당연히 다 사용한 파일 객체를 닫아서 모든 버퍼가 저장되고 관련된 리소스들이 반환될 수 있도록 할 것이다.

하지만 루비에서 파일을 다룰 때는 이러한 작업을 좀 더 편하게 할 수 있다. File.open 메서드는 파일을 여는 데 사용한다. 일반적으로 File.open 메서드는 File.new처럼 사용할 수 있다. 하지만 File.open에 블록을 함께 사용하면 이야기가 달라진다. File.new처럼 새로운 File 객체를 반환하는 대신에, 새로 열린 파일 객체를 매개 변수로 블록을 실행해 주는 것이다. 그리고 블록 실행이 끝나면 파일도 자동으로 닫는다.

```
File.open("testfile", "r") do |file|
  # ... 파일에 대한 처리
end # <- 파일은 여기에서 자동으로 닫힌다.
```

이 방법에는 몇 가지 장점이 있다. 앞선 예제에서는 예외가 발생하면 file.close 는 호출되지 않는다. 그 대신 객체가 범위를 벗어나고 나서야 가비지 컬렉터가 동작하여 이 파일을 닫을 것이다. 하지만 한동안은 이 파일이 열린 상태로 있게 된다.

하지만 File.open을 블록과 함께 사용하면 이러한 일은 생기지 않는다. 블록 안에서 예외가 발생하면 이 예외가 호출자(caller)에게 전달되기 전에 파일을 닫아준다. open 메서드는 다음과 같은 모습을 하고 있다고 생각하면 되겠다.

```ruby
class File
  def File.open(*args)
    result = f = File.new(*args)
    if block_given?
      begin
        result = yield f
      ensure
        f.close
      end
    end
    result
  end
end
```

11.3 파일 읽고 쓰기

파일 객체에도 지금까지 즐겨 사용하던 '기본적인 I/O' 메서드를 모두 사용할 수 있다. 따라서 gets 메서드가 표준 입력(또는 스크립트가 실행될 때 명령행에서 지정된 어떤 파일)에서 한 줄을 읽는 것처럼 file.gets는 file 객체에서 한 줄을 읽는다.

예를 들어 copy.rb 프로그램은 다음처럼 구현할 수 있다.

tut_io/copy.rb

```ruby
while line = gets
  puts line
end
```

이 프로그램을 아무런 인자 없이 실행하면 콘솔에서 한 줄을 읽어서 콘솔로 복제하여 출력한다. 즉 엔터키를 누르면 그 줄이 화면에 반복(echo)된다(이 예제와 다음 예제에서 굵은 글씨는 사용자 입력을 나타낸다). 유닉스 시스템에서 ^D는 end-of-file 문자열을 의미한다.

```
$ ruby copy.rb
These are lines
These are lines
that I am typing
that I am typing
^D
```

명령행에서 하나 이상의 파일명을 적어줄 수도 있다. 이 경우 gets 메서드는 파일들을 차례로 한 줄씩 읽어올 것이다.

```
$ ruby copy.rb testfile
This is line one
This is line two
```

```
This is line three
And so on...
```

마지막으로 파일을 명시적으로 열어서 읽어보자.

```
File.open("testfile") do |file|
  while line = file.gets
    puts line
  end
end
```

실행 결과:

```
This is line one
This is line two
This is line three
And so on...
```

IO 객체는 gets뿐 아니라, 이외에도 몇 가지 접근 메서드를 지원해서 우리 삶을 편하게 해 준다.

읽기를 위한 반복자

IO 스트림에서 데이터를 읽기 위해 반복을 사용하는 것뿐 아니라 루비의 다양한 반복자를 여기에 활용할 수도 있다. IO#each_byte 메서드는 IO 객체(다음 예제에서는 File 객체)로부터 8비트(1바이트)씩 읽어서 블록을 실행한다. chr 메서드는 정수(integer)를 받아서 해당하는 아스키 문자열을 반환한다.

```
File.open("testfile") do |file|
  file.each_byte.with_index do |ch, index|
    print "#{ch.chr}:#{ch} "
    break if index > 10
  end
end
```

실행 결과:

```
T:84 h:104 i:105 s:115 :32 i:105 s:115 :32 l:108 i:105 n:110 e:101
```

IO#each_line 메서드는 파일로부터 한 줄씩 읽어서 블록을 호출한다. 이를 확인할 수 있도록 다음 예제에서는 String#dump 메서드를 이용해서 줄 바꿈까지 화면에 출력하게 했다.

```
File.open("testfile") do |file|
  file.each_line {|line| puts "Got #{line.dump}" }
end
```

실행 결과:

```
Got "This is line one\n"
Got "This is line two\n"
Got "This is line three\n"
Got "And so on...\n"
```

each_line 메서드에는 행 구분자(separator)로 어떤 문자 시퀀스든 넘겨줄 수 있다. 이를 이용해서 입력을 적절히 잘라서 이 분리자로 끝나는 문자열을 한 줄씩 반환한다. 앞선 예제에서는 '\n'이 구분자로 사용되었음을 알 수 있다. 다음 예제에서는 라인 분리자로 e를 사용한다.

```
File.open("testfile") do |file|
  file.each_line("e") {|line| puts "Got #{ line.dump }" }
end
```

실행 결과:

```
Got "This is line"
Got " one"
Got "\nThis is line"
Got " two\nThis is line"
Got " thre"
Got "e"
Got "\nAnd so on...\n"
```

파일을 자동으로 닫아주는 블록 기능과 반복자의 개념을 합치면 IO.foreach 메서드가 된다. 이 메서드는 I/O 대상의 이름을 매개 변수로 받아서 읽기용으로 열고, 각 술별로 블록을 호출한 다음 자동으로 파일을 닫는다.

```
IO.foreach("testfile") {|line| puts line }
```

실행 결과:

```
This is line one
This is line two
This is line three
And so on...
```

그렇지 않으면 취향에 따라서는 파일 전체를 문자열로 읽거나 줄별로 나뉜 배열의 형태로 읽어올 수도 있다.

```
# 문자열로 읽기
str = IO.read("testfile")
str.length  # => 66
str[0, 30]  # => "This is line one\nThis is line "
# 배열로 읽기
arr = IO.readlines("testfile")
arr.length  # => 4
arr[0]      # => "This is line one\n"
```

마지막으로 입출력에서 절대 확신이란 있을 수 없음을 잊어서는 안 된다. 대부분의 에러 상황에 예외가 발생할 것이므로, 이런 예외를 잡아서 적절한 처리를 하도록 해야 한다.

파일에 쓰기

지금까지 우리는 puts와 print 메서드를 즐겨 사용하면서, 객체를 넘겨주면 루비가 알아서 잘 처리하리라 믿었다(물론 실제로도 그랬고). 여기서 잘 처리한다는 것은 어떤 의미일까?

답변은 의외로 간단한다. 몇몇 예외 상황이 있기는 하지만 puts와 print에 넘겨진 객체는 대부 to_s 메서드를 호출하여 문자열로 변환할 수 있다. 어떤 이유에서건 객체의 to_s 메서드가 적절한 문자열을 반환하지 않는다면 해당 객체의 클래스 이름과 ID를 호출해서 #⟨ClassName:0x123456⟩ 같은 문자열을 반환할 것이다.

```
# "w" 모드 문자열은 파일을 쓰기용으로 연다.
File.open("output.txt", "w") do |file|
  file.puts "Hello"
  file.puts "1 + 2 = #{1+2}"
end

# 파일을 읽어 들여 그 내용을 STDOUT에 출력한다.
puts File.read("output.txt")
```

실행 결과:
```
Hello
1 + 2 = 3
```

앞에서 말한 예외 상황도 간단하다. nil 객체는 빈 문자열로 출력될 것이고, puts에 배열이 넘겨지면 배열의 각 요소를 차례대로 puts에 넘겨준 것처럼 화면에 출력될 것이다.

바이너리 데이터를 전혀 수정하지 않고 그대로 출력하고자 할 때는 어떻게 해야 할까? 일반적으로 IO#print에 바이너리 데이터를 넘겨줄 수도 있다. 하지만 정 필요하다면 좀 더 저수준의 입출력 루틴을 사용할 수도 있다. 레퍼런스의 IO#sysread와 IO#syswrite의 설명(656쪽)을 참고하기 바란다.

그리고 이진 데이터를 자신의 원래 형태로 문자열에 저장하고자 하면 어떻게 해야 할까? 가장 일반적인 세 가지 방법은 리터럴을 사용하는 것, 바이트별로 각각 넣어주는 것, 그리고 Array#pack 메서드를 사용하는 것이다.[2]

```
str1 = "\001\002\003"    # => "\u0001\u0002\u0003"
str2 = ""
str2 << 1 << 2 << 3      # => "\u0001\u0002\u0003"
[ 1, 2, 3 ].pack("c*")   # => "\x01\x02\x03"
```

C++의 iostream이 그립다

개발자들의 기호는 정말이지 다양하기도 하다. 하지만 루비에서도 배열에 ⟨⟨

---

2 pack 메서드는 데이터 배열을 받아 이를 문자열로 압축한다. 자세한 내용은 레퍼런스(530쪽)를 참고하기 바란다.

연산자를 이용해서 객체를 추가하는 것과 마찬가지 방법으로 출력용 IO 스트림에 객체를 추가할 수 있다.

```
endl = "\n"
STDOUT << 99 << " red balloons" << endl
```

실행 결과:
```
99 red balloons
```

마찬가지로 << 메서드도 매개 변수를 전달하기 전에 to_s 메서드를 이용해서 객체를 문자열로 변환한다.

    << 연산자를 비난하는 투로 시작하기는 했지만, 앞서와 같은 방법을 써야 하는 좋은 이유도 있다. 다른 클래스(String이나 Array)도 << 연산자를 구현하고 있고 비슷한 의미를 갖기 때문에, 어떤 객체에 뭔가를 추가하는 코드를 작성할 때 이 객체가 배열인지 파일인지 문자열인지 신경 쓸 필요 없이 단순히 << 연산자를 사용할 수 있기 때문이다. 이런 유연함 덕분에 단위 테스트도 쉬워진다. 이 이이디어에 대헤서는 '23장 오리 타입'에서 자세히 살펴본다.

문자열로 I/O하기

때로 하나 이상의 파일로부터 읽고 쓴다고 가정하고 작성된 코드로 작업을 해야 하는 상황도 생긴다. 하지만 이 가정에 문제가 발생했다. 데이터가 파일에 있지 않다면? 아마도 SOAP 서비스를 통한 것이나 명령행 매개 변수로부터 온 데이터가 이런 경우일 것이다. 또는 단위 테스트를 실행 중이라고 하면 실제 파일 시스템을 직접 사용하는 것을 원하지 않을 것이다.

    StringIO를 사용해 보자. 이 객체는 다른 I/O 객체처럼 행동한다. 하지만 파일이 아니라 문자열로부터 읽고 문자열에 쓴다는 차이점이 있다. StringIO 객체를 읽기용으로 사용하려면 문자열을 제공해야 한다. 즉, StringIO 객체를 읽기용으로 사용하려면 문자열을 제공해야 한다. 마찬가지로 StringIO 객체에 무언가를 쓰면 이 값은 문자열로 채워진다.

```
require 'stringio'

ip = StringIO.new("now is\nthe time\nto learn\nRuby!")
op = StringIO.new("", "w")

ip.each_line do |line|
  op.puts line.reverse
end
op.string # => "\nsi won\n\nemit eht\n\nnrael ot\n!ybuR\n"
```

11.4 네트워크로 통신하기

루비는 저수준, 고수준 무관하게 대부분의 인터넷 프로토콜을 지원한다.

네트워크 개발을 하는 데 있어서 저수준의 제어를 즐기는 개발자를 위해 몇 개의 소켓 클래스를 제공한다(이 책에서는 이에 대해 간략히만 다룬다(920쪽). 자세한 내용은 이전 판의 웹페이지인 http://pragprog.com/book/ruby3/programming-ruby-1-9?tab=tab-contents에서 제공한다). 이 클래스들을 이용하면 TCP, UDP, SOCKS, 유닉스 도메인 소켓을 포함해서 아키텍처에서 제공하는 어떤 종류의 소켓에도 접근할 수 있다. 또한 이 라이브러리는 서버를 쉽게 구현할 수 있게 헬퍼 클래스를 제공하기도 한다. 다음은 HTTP OPTIONS 요청을 사용해 로컬 웹 서버에 있는 사용자 웹 사이트에 대한 정보를 가져오는 예제다.

```
require 'socket'

client = TCPSocket.open('127.0.0.1', 'www')
client.send("OPTIONS /~dave/ HTTP/1.0\n\n", 0) # 0은 표준 패킷을 의미한다.
puts client.readlines
client.close
```

실행 결과:

```
HTTP/1.1 200 OK
Date: Thu, 14 Nov 2013 22:31:04 GMT
Server: Apache/2.2.24 (Unix) DAV/2 mod_ssl/2.2.24 OpenSSL/0.9.8y
Allow: GET,HEAD,POST,OPTIONS
Content-Length: 0
Connection: close
Content-Type: httpd/unix-directory
```

고수준 네트워킹과 관련해서는 lib/net의 라이브러리들이 여러 가지 애플리케이션 레벨의 프로토콜(FTP, HTTP, POP, SMTP, 텔넷)을 다루는 모듈을 제공한다. 이 라이브러리들은 레퍼런스(881쪽)에서 다룬다. 예를 들면 다음 프로그램은 프래그머틱 프로그래머스(Pragmatic Programmers) 홈페이지에서 사용하는 이미지 목록을 표시해 주는 프로그램이다(지면을 아끼려고 여기서는 앞의 세 개만 보여준다).

```
require 'net/http'

http = Net::HTTP.new('pragprog.com', 80)
response = http.get('/book/ruby3/programming-ruby-1-9')

if response.message == "OK"
  puts response.body.scan(/<img alt=".*?" src="(.*?)"/m).uniq[0,3]
end
```

실행 결과:

```
http://pragprog.com/assets/logo-c5c7f9c2f950df63a71871ba2f6bb115.gif
```

```
http://pragprog.com/assets/drm-free80-9120ffac998173dc0ba7e5875d082f18.png
http://imagery.pragprog.com/products/99/ruby3_xlargecover.jpg?1349967653
```

이 코드는 매력적으로 짧지만, 상당 부분 개선의 여지가 있다. 특히 앞의 코드는 예외 처리를 전혀 하지 않는다. 이런 류의 프로그램은 'Not Found' 에러(404로 알려진)도 처리해야 하고 리다이렉트(웹 서버가 클라이언트에서 요청된 주소 대신 다른 주소를 읽으라고 응답할 때)도 처리해야만 한다.

고수준 네트워킹과 관련된 상황 처리를 좀 더 해 보자. open-uri 라이브러리를 프로그램에 require하면 Object#open 메서드가 http://와 ftp:// 같은 URL을 파일 이름처럼 인식한다. 그뿐 아니라 리다이렉트에 대해서도 자동으로 처리해 준다.

```
require 'open-uri'

open('http://pragprog.com') do |f|
  puts f.read.scan(/<img alt=".*?" src="(.*?)"/m).uniq[0,3]
end
```

실행 결과:

```
http://pragprog.com/assets/logo-c5c7f9c2f950df63a71871ba2f6bb115.gif
http://pragprog.com/assets/drm-free80-9120ffac998173dc0ba7e5875d082f18.png
http://imagery.pragprog.com/products/388/dsbackm_xlargecover.jpg?1384184146
```

11.5 HTML 파싱

HTML을 웹 사이트에서 읽어 왔을 때 이로부터 여러 정보를 분석할 수 있다. 먼저 정규 표현식을 이용해 간단히 이러한 작업을 할 수 있다. 다음 예제에서는 %r{...} 정규 표현식 리터럴을 사용한다. 이는 매치하고자 하는 문자열에 슬래시가 포함되어 있어서, 역슬래시를 통해 이스케이프하면 정규 표현식이 복잡해지기 때문이다.

```
require 'open-uri'
page = open('http://pragprog.com/titles/ruby3/programming-ruby-1-9').read
if page =~ %r{<title>(.*?)</title>}m
  puts "Title is #{$1.inspect}"
end
```

실행 결과:

```
Title is "The Pragmatic Bookshelf | Programming Ruby 1.9"
```

하지만 정규 표현식이 항상 생각처럼 작동하는 것은 아니다. 예를 들어 어떤 페이지는 〈title〉 태그 사이에 공백이 포함되어 있을 수도 있다. 실제로는 이러한 처리를 올바르게 하기 위해 적절한 라이브러리를 사용할 필요가 있다. 다

음 예제에서 사용하는 라이브러리는 루비에 포함되어 있지는 않지만, 노코기리
(Nokogiri)라는 유명한 라이브러리다.[3] 이 라이브러리에는 매우 다양한 기능이
포함되어 있지만 여기서는 간단히만 살펴본다. 더 자세한 문서는 젬 코드 안에
포함되어 있다.

```
require 'open-uri'
require 'nokogiri'

doc = Nokogiri::HTML(open("http://pragprog.com/"))

puts "Page title is " + doc.xpath("//title").inner_html

# id="copyright" 속성을 가진 div의 첫 번째 문단을 출력한다.
# (nokogiri는 xpath와 css 형식의 실렉터(selector)를 모두 지원한다)
puts doc.css('div#copyright p')

# site-links div 요소 안의 두 번째 링크를 각각 xpath와 css 실렉터를 사용해 출력한다.
puts "\nSecond hyperlink is"
puts doc.xpath('id("site-links")//a[2]')
puts doc.css('#site-links a:nth-of-type(2)')
```

실행 결과:
```
Page title is The Pragmatic Bookshelf
<p>
    The <em>Pragmatic Bookshelf™</em> is an imprint of
        <a href="http://pragprog.com/">The Pragmatic Programmers, LLC</a>.
    <br>
    Copyright © 1999.2013 The Pragmatic Programmers, LLC.
    All Rights Reserved.
</p>

Second hyperlink is
<a href="http://pragprog.com/about">About Us</a>
<a href="http://pragprog.com/about">About Us</a>
```

노코기리를 사용하면 HTML과 XML을 갱신하거나 생성할 수도 있다.

---

3 gem install nokogiri를 통해 설치할 수 있다.

12장

파이버, 스레드, 프로세스

루비는 프로그램의 다른 부분들을 '동시에' 실행할 수 있도록 지원하는 기본적인 두 가지 방법을 제공한다. 파이버를 사용하면 프로그램의 일부분을 정지하고 다른 부분을 실행할 수 있다. 파이버보다 작업 간의 결합도가 적은(decoupled) 방법이 두 가지 있다. 하나는 다수의 스레드를 사용해 연관된 작업을 프로그램 내에서 분리하는 방법이다. 또 하나는 다수의 프로세스를 사용해 태스크를 다른 프로그램으로 분리하는 방법이다. 차례로 살펴보자.

12.1 파이버

루비 1.9에서 파이버가 도입되었다. 파이버라는 이름으로부터 경량 스레드라는 추측이 가능하지만 루비의 파이버는 매우 단순한 코루틴 메커니즘이다. 이를 사용하면 스레드 고유의 복잡한 처리 없이도 마치 스레드를 사용하는 것처럼 프로그램을 작성할 수 있다. 간단한 예제를 살펴보자. 다음 예제에서는 텍스트 파일을 분석해서 각 단어의 출현 횟수를 계산한다. 먼저 파이버를 사용하지 않고 반복문을 통해 이를 구현해 본다.

```
counts = Hash.new(0)
File.foreach("testfile") do |line|
  line.scan(/\w+/) do |word|
    word = word.downcase
    counts[word] += 1
  end
end
counts.keys.sort.each {|k| print "#{k}:#{counts[k]} "}
```

실행 결과:

```
and:1 is:3 line:3 on:1 one:1 so:1 this:3 three:1 two:1
```

이 코드에는 단어를 찾는 처리와 단어의 빈도를 계산하는 코드가 얽혀 있다. 파일을 읽어 들여 각 단어를 반환하는 메서드가 있다면 이를 개선할 수 있다. 파이버는 이에 대한 간단한 해결책을 제시한다.

```ruby
words = Fiber.new do
  File.foreach("testfile") do |line|
    line.scan(/\w+/) do |word|
      Fiber.yield word.downcase
    end
  end
  nil
end
counts = Hash.new(0)
while word = words.resume
  counts[word] += 1
end
counts.keys.sort.each {|k| print "#{k}:#{counts[k]} "}
```

실행 결과:
```
and:1 is:3 line:3 on:1 one:1 so:1 this:3 three:1 two:1
```

Fiber 클래스의 생성자는 블록이 주어지면 파이버 객체를 반환한다. 생성되는 시점에서 블록은 실행되지 않는다.

이후에 파이버 객체에 대해 resume 메서드를 호출할 수 있다. 이를 통해 블록의 코드를 실행할 수 있다. 파일을 열고 scan 메서드가 각 단어를 추출한다. 하지만 이 지점에서 Fiber.yield가 호출된다. 이는 블록의 실행을 중지시킨다. 그리고 앞서 블록을 실행하도록 해 준 resume 메서드에 Fiber.yield의 값을 반환한다.

메인 프로그램은 반복문 안으로 진입했으며 파이버에 의해 반환된 첫 단어의 출현 빈도에 1을 더한다. 그리고 while 반복문의 처음으로 되돌아가 반복문의 조건식을 평가할 때 다시 words.resume 메서드를 호출한다. resume 메서드를 호출하면 다시 블록을 실행하고 이전에 정지한 지점의 바로 다음 부분부터 (Fiber.yield가 있는 다음 줄) 이어서 실행한다.

파이버 블록에서 파일을 모두 읽어 들이면, foreach 블록을 빠져나가고 파이버는 종료된다. 메서드와 마찬가지로 파이버의 반환값은 마지막으로 평가된 값이 된다(이 경우에는 nil이 된다).[1] 이후에 resume이 호출되면 이 nil을 반환한다. 이후에 다시 resume 메서드를 호출하면 FiberError 예외를 발생시킨다.

파이버는 무한한 수열의 값을 생성하는 데도 사용된다. 다음 파이버는 2로 나

---

[1] 사실 엄밀히 말해 nil이어야 한다기보다, foreach가 종료될 때 nil을 반환한다. nil은 이를 명시적으로 보여준다.

눌 수 있지만 3으로 나눌 수 없는 수열을 반환한다.

```ruby
twos = Fiber.new do
  num = 2
  loop do
    Fiber.yield(num) unless num % 3 == 0
    num += 2
  end
end
10.times { print twos.resume, " " }
```

실행 결과:
```
2 4 8 10 14 16 20 22 26 28
```

파이버는 그저 객체이므로 다른 곳으로 넘겨지거나 변수에 저장되거나 할 수 있다. 파이버는 생성된 스레드에서만 resume 가능하다.

루비 2.0에는 게으른 열거자(lazy enumerator)를 사용해서 무한한 목록을 구현할 수도 있다. 이는 '루비 2의 게으른 열거자'(75쪽)에서 설명한다.

파이버, 코루틴, 계속

루비에서 지원하는 파이버는 기본적으로 제한적이다. 파이버는 단지 yield를 통해 제어권이 넘겨진 부분에 대해 resume 메서드로 다시 제어권을 넘겨받을 수 있을 뿐이다. 루비에는 이러한 파이버의 기능을 확장하는 두 개의 표준 라이브러리가 포함되어 있다. 먼저 fiber 라이브러리(863쪽)는 완전한 코루틴의 기능을 지원한다. 이 라이브러리를 로드하면 파이버에는 transfer 메서드가 추가되며 다른 임의의 파이버로 제어권을 넘길 수 있게 된다.

이와 연관된 좀 더 일반적인 메커니즘은 계속(continuation)이다. 계속은 실행 중인 프로그램의 상태(실행 중인 위치, 현재의 바인딩 등)을 기억해 놓고, 이후에 이 상태를 그대로 재개할 수 있도록 해 준다. 계속을 사용해서 코루틴은 물론 다른 제어 구조를 구현할 수도 있다. 실행 중인 웹 애플리케이션의 상태를 특정 요청으로부터 다른 요청의 사이에 보존할 때도 계속을 사용할 수 있다. 즉 애플리케이션은 브라우저에 응답을 반환할 때 계속 객체를 생성하고 브라우저에서 다음 요청을 받으면 계속을 호출해 바로 이전에 (브라우저에 응답을 보내고) 멈춰둔 시점부터 처리를 재개할 수 있다. 루비에서 계속 기능을 사용하려면 continuation 라이브러리를 require해야 한다. 이에 대해서는 표준 라이브러리 레퍼런스 장(847쪽)에서 자세히 다룬다.

12.2 멀티스레딩

루비에서 여러 가지 처리를 동시에 하는 가장 간단한 방법은 스레드를 사용하는 것이다. 루비 1.9 이전의 버전에서 스레드는 이른바 그린 스레드로 구현되었다. 이는 스레드 간의 제어권은 완전히 인터프리터 안에서만 이루어진다는 의미다. 루비 1.9에서는 운영 체제를 통해 스레드의 제어권을 변경할 수 있도록 달라졌다. 이는 분명히 개선이라고 말할 수 있지만, 아마 일반적인 기대를 충족할 만큼의 개선은 아닐 것이다. 운영 체제 네이티브 스레드를 사용해서 멀티프로세서(또는 단일 프로세서의 멀티코어)에 의해 높은 처리 능력을 활용할 수 있게 되었지만 여전히 큰 문제가 남아 있다. 대부분의 루비 확장 라이브러리는 오래된 스레드 모델에 맞춰 개발되었기 때문에 스레드 안전이라고 할 수 없다. 루비는 이에 대한 타협으로 운영 체제 네이티브 스레드를 사용하면서도, 동시에 다수의 스레드를 실행하지 않도록 되어 있다. 즉 같은 애플리케이션에서는 결코 두 개의 스레드가 병렬로 실행되는 일은 없다(하지만 어떤 스레드들이 I/O 처리를 실행하는 동안에 다른 스레드에서 루비 코드를 실행할 수는 있다. 이 점이 운영 체제 네이티브 스레드에 의해 실현된 중요한 장점 중 하나다).

루비 스레드 만들기

새로운 루비 스레드 생성은 매우 간단하다. 다음은 스레드를 만드는 간단한 예제다. 이 예제에서는 병렬로 웹 페이지를 다운로드한다. 이 코드는 다운로드하고자 하는 URL마다 새로운 스레드를 생성해서 HTTP 트랜잭션을 처리한다.

```
require 'net/http'

pages = %w( www.rubycentral.org slashdot.org www.google.com )

threads = pages.map do |page_to_fetch|
  Thread.new(page_to_fetch) do |url|
    http = Net::HTTP.new(url, 80)
    print "Fetching: #{url}\n"
    resp = http.get('/')
    print "Got #{url}: #{resp.message}\n"
  end
end
threads.each {|thr| thr.join }
```

실행 결과:

```
Fetching: www.rubycentral.org
Fetching: slashdot.org
Fetching: www.google.com
Got www.google.com:  OK
Got slashdot.org:  OK
Got www.rubycentral.org:  OK
```

이 코드에는 이해하기 어려운 점이 몇 가지 있을 수 있다. 이에 대해 자세히 살펴보자.

먼저 Thread.new를 호출해서 새로운 스레드를 생성한다. 이 생성자에는 새로운 스레드에서 실행할 코드를 담은 블록을 넘겨준다. 앞선 예제에서는 블록에 net/http 라이브러리를 사용해 주어진 사이트에서 페이지를 다운로드한다. 추적(trace)용 메시지로부터 이러한 과정이 병렬로 수행됨을 확인할 수 있다.

스레드를 생성할 때 요청한 URL을 매개 변수로 넘겨준다. 이 매개 변수는 블록에 url로 넘겨진다. 단순히 변수 page_to_fetch의 값을 블록에서 사용하지 않고 왜 이렇게 할 필요가 있을까?

스레드는 그 스레드를 생성하는 시점에 존재하는 전역 변수, 인스턴스 변수, 지역 변수를 공유한다. 남동생이 있는 사람은 설명하지 않아도 이해하겠지만 공유한다는 것이 항상 좋지만은 않다. 이 경우에는 세 개의 스레드에서 모두 page_to_fetch라는 변수를 공유한다. 첫 번째 스레드가 시작되면 page_to_fetch는 "www.rubycentral.org"로 설정된다. 한편 반복문에서는 다른 스레드를 만드는 작업이 이루어지고 있다. 두 번째 스레드에서는 page_to_fetch 변수에 "slashdot.org"를 설정한다. 이때 첫 번째 스레드의 처리가 아직 끝나지 않았다면 처리가 진행 중인 과정에서 page_to_fetch 변수가 갑자기 바뀌게 된다. 이러한 버그는 발견하기가 매우 어렵다.

하지만 스레드의 블록 내에서 작성된 지역 변수를 사용하면 이 변수는 해당하는 스레드 안에서만 사용된다. 각 스레드는 이러한 변수들의 복사본을 가지고 있다. 앞선 예제에서는 스레드가 생성되는 시점에 변수 url 값을 설정하고 각 스레드가 각 페이지 주소를 복사해서 가지고 있도록 한다. Thread.new를 통해 블록을 넘겨줄 때는 인자를 몇 개라도 넘겨줄 수 있다.

이 코드는 빠지기 쉬운 함정을 보여준다. 반복문 안에서 각 스레드는 puts가 아니라 print를 사용해서 출력을 수행한다. 왜 이렇게 하는 걸까? 이를 이해하려면 puts의 동작에 대해 이해할 필요가 있다. puts의 동작은 두 단계로 나뉜다. puts는 먼저 넘겨받은 인자를 출력하고 줄 바꿈을 출력한다. 이러한 두 단계의 처리 사이에서 스레드의 제어권이 다른 스레드로 넘어가게 되면 다른 스레드의 출력이 개행이 되기도 전에 끼어들 수 있다. print 문을 통해 줄 바꿈을 포함하는 문자열을 출력하도록 하면 이러한 문제를 피해갈 수 있다.

스레드 조작하기

다운로드 프로그램의 마지막 줄에는 이해하기 어려운 부분이 하나 더 있다. 왜 생성한 스레드 각각에 대해 join을 호출하는 걸까?

루비 프로그램이 종료되면 모든 스레드는 자신의 상태와 무관하게 강제로 종료되어 버린다. 그러나 스레드의 Thread#join을 호출하면 특정 스레드가 일을 끝마칠 때까지 기다릴 수 있다. 이 메서드를 호출하는 스레드는 주어진 스레드가 일을 끝마칠 때까지 멈춰(block) 있을 것이다. 따라서 요청을 처리하는 스레드에 join을 호출함으로써 메인 프로그램이 종료되기 전에 세 개의 요청이 모두 완료됨을 확신할 수 있다. join이 영원히 끝나지 않는 상황이 우려된다면, join에 제한 시간을 매개 변수로 넘겨줄 수 있다. 스레드 종료 전에 제한 시간이 모두 지나면 join 호출은 nil을 반환한다. 그 외에는 Thread#value, 즉 스레드에서 마지막으로 호출한 문장의 값을 반환한다.

루비에서는 join 말고도 스레드를 조작하기 위한 몇 개의 간단한 루틴을 제공한다. 현재 스레드는 언제나 Thread.current로 접근할 수 있다. Thread.list를 이용하면 실행 중인지, 멈춰 있는지에 상관없이 모든 스레드의 목록을 가져올 수 있다. 특정 스레드의 상태를 확인하기 위해서는 Thread#status와 Thread#alive? 메서드를 사용할 수 있다.

게다가 Thread#priority=를 이용하면 특정 스레드의 우선순위를 조정할 수도 있다. 우선순위가 높은 스레드는 우선순위가 낮은 스레드보다 우선적으로 실행된다. 스레드 스케줄링과 스레드 시작/멈춤에 관해서는 뒤에서 더 자세히 다룰 것이다.

스레드 변수

스레드는 생성되는 시점에서 유효 범위 안에 있는 모든 변수에 정상적으로 접근할 수 있다. 그리고 스레드 코드를 담고 있는 블록 안의 지역 변수는 해당 스레드에만 지역적이고 서로 공유되지 않는다. 하지만 스레드마다 존재하는 변수를 메인 스레드를 포함해 다른 스레드에서도 접근할 수 있다면 어떨까? Thread 클래스는 스레드 지역 변수를 만들고 이를 이름으로 접근하는 특별한 기능을 지원한다. 마치 스레드 객체가 일종의 해시인 것처럼 []=를 이용하여 요소를 쓰고, []를 이용하여 요소를 읽을 수 있다. 다음 예제에서 각 스레드는 mycount라는 키를 가진 스레드 지역 변수에 count 변수의 현재 값을 기록한다. 이를 위해 코드에서 스레드 객체를 색인할 때 :mycount라는 심벌을 사용한다(이 코드에서는 경쟁 상태(race condition)[2]가 있기는 하지만, 아직 동기화에 관해 이야기하지 않았으므로 당분간은 이에 대해 무시한다).

```
count = 0
threads = 10.times.map do |i|
  Thread.new do
    sleep(rand(0.1))
    Thread.current[:mycount] = count
    count += 1
  end
end

threads.each {|t| t.join; print t[:mycount], ", " }
puts "count = #{count}"
```

실행 결과:

```
6, 0, 2, 7, 5, 4, 1, 9, 3, 8, count = 10
```

메인 스레드는 하위 스레드들이 끝나기를 기다린다. 그리고 각 스레드가 가진 count 값을 화면에 출력한다. 한층 더 흥미로운 결과를 얻기 위해, 각 스레드가 값을 기록하기 전에 임의의 시간을 기다리도록 했다.

스레드와 예외

스레드가 처리하지 않는 예외를 일으키면 어떻게 될까? 결과는 abort_on_exception 플래그(811쪽)와 인터프리터의 $DEBUG 플래그(256쪽)를 어떻게 설정했느냐에 따라 다르다.

abort_on_exception이 false이고, $DEBUG 플래그도 설정되어 있지 않으면 (기본 상태), 처리되지 않는 예외는 현재 스레드를 종료시킬 것이다. 하지만 나머지 스레드들은 계속 실행될 것이다. 사실 예외를 발생시킨 스레드에 join하기 전까지는 예외가 발생했다는 사실조차 알 수 없다. 다음 예제에서 1번 스레드는 아무 내용도 출력하지 못하고 날아가 버릴 것이다. 하지만 다른 스레드들의 추적 내용은 여전히 볼 수 있다.

```
threads = 4.times.map do |number|
  Thread.new(number) do |i|
    raise "Boom!" if i == 1
    print "#{i}\n"
  end
end
puts "Waiting"
```

---

2 경쟁 상태는 두 개 이상의 코드(또는 하드웨어)가 동시에 공유 리소스에 접근하려고 할 때 발생한다. 경합이 되는 각 코드가 공유 리소스에 접근한 순서에 따라 그 결과가 달라진다. 이 예제에서는 어떤 스레드가 자신의 mycount 변수에 count를 대입하고, count를 증가시키기 전에 스레드가 바뀌어 버리고, 다른 스레드가 값이 증가되기 전의 값이 정의된 변수인 count를 사용할 가능성이 생긴다. 이러한 문제는 공유 리소스(이 예제에서는 count 변수)에 대한 접근을 동기화해서 해결할 수 있다.

```
sleep 0.1
puts "Done"
```

실행 결과:

```
0
Waiting
2
3
Done
```

스레드 종료를 기다리기 위해서는 일반적으로 sleep이 아니라 join 메서드를 사용한다. 어떤 스레드에 join을 했고 이 스레드에서 예외가 발생했다면, 이 예외는 join을 실행한 원래의 스레드에서도 발생할 것이다.

```
threads = 4.times.map do |number|
  Thread.new(number) do |i|
    raise "Boom!" if i == 1
    print "#{i}\n"
  end
end

puts "Waiting"
threads.each do |t|
  begin
    t.join
  rescue RuntimeError => e
    puts "Failed: #{e.message}"
  end
end
puts "Done"
```

실행 결과:

```
0
Waiting
Failed: Boom!
2
3
Done
```

그러나 abort_on_exception을 true로 설정했거나 디버그 플래그를 활성화하기 위해 -d 옵션을 사용해 루비 인터프리터를 실행했을 때, 처리하지 않는 예외가 발생한다면 메인 스레드를 종료한다. 따라서 어떠한 메시지도 볼 수 없다(이는 루비 1.8에서 실행 중인 모든 스레드를 강제 종료하는 것과 대비된다).

```
Thread.abort_on_exception = true
threads = 4.times.map do |number|
  Thread.new(number) do |i|
    raise "Boom!" if i == 1
    print "#{i}\n"
  end
end

puts "Waiting"
threads.each {|t| t.join }
puts "Done"
```

실행 결과:
```
0
prog.rb:4:in `block (2 levels) in <main>': Boom! (RuntimeError)
```

12.3 스레드 스케줄러 제어하기

잘 설계된 애플리케이션에서 스레드는 단지 자기 할 일을 할 뿐이다. 다중 스레드 애플리케이션 안에 시간 의존성을 넣는 것은 보통 나쁜 형식으로 간주된다. 코드가 훨씬 복잡해지고, 또한 스레드 스케줄러의 프로그램 실행 최적화를 방해하기 때문이다.

Thread 클래스는 스레드 스케줄러를 제어하기 위한 메서드를 많이 제공한다. Thread.stop은 현재 스레드를 멈추고, Thread#run은 특정한 스레드가 실행되도록 한다. Thread.pass는 다른 스레드가 실행되도록 현재 스레드의 제어권을 넘겨주며, Thread#join과 Thread#value는 주어진 스레드가 끝날 때까지 호출한 스레드의 실행을 연기한다. 마지막의 두 메서드만이 오직 일반적인 프로그램에서 사용해야 하는 저수준의 스레드 메서드라고 할 수 있다. 나머지 저수준의 스레드 제어 메서드들은 제대로 사용하기에는 너무 위험이 크다.[3] 다행히도 루비에서는 고수준 스레드 동기 기능이 준비되어 있다.

12.4 상호 배제

경쟁 상태의 간단한 예를 살펴보자. 다음 예제에서는 다수의 스레드가 공유 변수를 갱신하려고 한다.

```
sum = 0
threads = 10.times.map do
  Thread.new do
    100_000.times do
      new_value = sum + 1
      print "#{new_value} "  if new_value % 250_000 == 0
      sum = new_value
    end
  end
end
threads.each(&:join)
puts "\nsum = #{sum}"
```

3 더욱 불행히도 이러한 스레드 제어를 위한 메서드 중에는 안전하지 않은 것들도 있다. JRuby로 유명한 찰스 너터(Charles Nutter)는 이 문제에 대해 자신의 블로그에서 좀 더 자세히 다루고 있다. http://blog.headius.com/2008/02/rubys-threadraise-threadkill-timeoutrb.html

실행 결과:
```
250000    250000    250000    250000    250000    250000    250000    250000
sum = 300000
```

열 개의 스레드를 생성하고 각 스레드에서는 공유 변수인 sum의 값을 10만 번씩 증가시키고 있다. 그럼에도 불구하고 모든 스레드가 종료된 시점에 sum은 1,000,000보다 작은 값을 나타낸다. 이를 통해 경쟁 상태가 발생했음을 알 수 있다. 그 이유는 새로운 값을 계산하는 코드와 이를 sum 변수에 대입하는 사이에 print가 호출되었기 때문이다. 어떤 스레드에서 업데이트될 값을 가져온다고 해 보자. 이 값은 99,999이고 새로 계산된 값은 100,000이다. 새로운 값을 sum에 저장하기 전에 print를 호출하고, 이는 예약되어 있는 다른 스레드를 실행한다(I/O가 종료되길 기다리고 있기 때문이다). 따라서 두 번째 스레드에서는 99,999 값을 가져오고 이를 증가시킨다. 이는 100,000을 sum에 저장하고 다시 반복으로 돌아가 100,001, 100,002로 계속 증가시켜 나간다. 결과적으로 자신의 메시지를 기록하는 것을 마쳤으므로 원래 스레드는 계속 실행된다. 이는 바로 100,000이라는 값을 sum에 저장하게 되고, 다른 스레드에 의해 저장된 값을 덮어쓴다는(잃는다는) 의미다. 따라서 데이터를 잃게 된다.

다행히도 이 문제는 쉽게 해결할 수 있다. 내장 클래스 Mutex를 사용해 동기화 영역을 만들면 된다. 동기화 영역이란 어떤 시점에 하나의 스레드만이 사용할 수 있는 영역을 의미한다.

어떤 학교에는 화장실 이용 허가 시스템이 있어서 수업 중에 화장실 이용을 조정한다. 화장실마다 남자용 하나, 여자용 하나 총 두 개의 이용 허가증이 있다. 화장실에 가려면 적절한 허가증을 가지고 있어야만 한다. 다른 사람이 이미 허가증을 가지고 있다면 허가증을 사용할 수 있을 때까지 기다려야만 한다. 이 화장실 이용 허가증은 중요한 자원의 사용을 제어한다. 이 중요한 자원을 사용하기 위해서는 허가증을 가지고 있어야 하며, 이 허가증은 한 번에 오직 한 사람만이 가지고 있을 수 있다.

뮤텍스는 화장실 이용 허가증과 비슷하다. 리소스에 대한 접근을 제어하기 위해서 뮤텍스를 생성하고, 리소스를 사용할 때 뮤텍스에 잠금을 걸어준다. 아직 누구도 잠금을 걸지 않았다면 스레드를 실행한다. 누군가가 뮤텍스에 잠금을 걸어두었다면 스레드는 실행을 정지하고 뮤텍스의 잠금이 해제될 때까지 기다린다.

다음은 뮤텍스를 사용해 동시에 두 개 이상의 스레드가 카운트를 업데이트하지 못하도록 만든 예다.

```ruby
sum = 0
mutex = Mutex.new
threads = 10.times.map do
  Thread.new do
    100_000.times do
      mutex.lock              #### 한 번에 하나의 스레드만 접근 가능
      new_value = sum + 1     #
      print "#{new_value} " if new_value % 250_000 == 0
      sum = new_value         #
      mutex.unlock            ####
    end
  end
end
threads.each(&:join)
puts "\nsum = #{sum}"
```

실행 결과:

```
250000  500000  750000  1000000
sum = 1000000
```

이러한 패턴은 매우 자주 사용되므로 Mutex 클래스에는 Mutex#synchronize 메서드가 준비되어 있다. 이 메서드는 뮤텍스를 잠그고, 블록 내의 코드를 실행한 후 뮤텍스의 잠금을 해제한다. 또한 이 메서드는 뮤텍스가 잠겨 있을 때 예외가 발생하면 뮤텍스의 잠금을 확실하게 해제해 준다.

```ruby
sum = 0
mutex = Mutex.new
threads = 10.times.map do
  Thread.new do
    100_000.times do
      mutex.synchronize do    ####
        new_value = sum + 1     #
        print "#{new_value} " if new_value % 250_000 == 0
        sum = new_value         #
      end                     ####
    end
  end
end
threads.each(&:join)
puts "\nsum = #{sum}"
```

실행 결과:

```
250000  500000  750000  1000000
sum = 1000000
```

뮤텍스가 잠겨 있지 않을 때는 뮤텍스의 잠금을 요청하겠지만, 뮤텍스가 잠겨 있더라도 스레드 실행을 멈추고 싶지 않은 경우가 있다. Mutex#try_lock 메서드는 잠금을 할 수 있을 때는 잠금을 하고, 이미 잠겨 있을 때는 false를 반환한다. 다음 코드는 가상 통화 변환 프로그램이다. ExchangeRates 클래스는 온라인에

서 환율을 계산하고 캐시에 저장한다. 이 과정을 백그라운드 스레드를 통해 한 시간에 한 번씩 수행한다. 이 업데이트에는 몇 분의 시간이 걸린다. 메인 스레드에서는 사용자와 입력을 주고받는다. 환율 객체를 보호하는 뮤텍스를 얻어올 수 없다면, 단순히 처리를 종료하지 않고, try_lock 메서드를 사용해서 환율이 갱신 중이라는 사실을 알리는 상태 메시지를 출력한다.

```
rate_mutex = Mutex.new
exchange_rates = ExchangeRates.new
exchange_rates.update_from_online_feed

Thread.new do
  loop do
    sleep 3600
    rate_mutex.synchronize do
      exchange_rates.update_from_online_feed
    end
  end
end

loop do
  print "Enter currency code and amount: "
  line = gets
  if rate_mutex.try_lock
    puts(exchange_rates.convert(line)) ensure rate_mutex.unlock
  else
    puts "Sorry, rates being updated. Try again in a minute"
  end
end
```

뮤텍스에 대해 취득한 잠금을 일시적으로 풀고, 다른 사람이 잠금을 가져갈 수 있게 하려면 Mutex#sleep을 사용한다. 앞의 코드를 Mutex#sleep을 사용해 다시 작성하면 다음과 같다.

```
rate_mutex = Mutex.new
exchange_rates = ExchangeRates.new
exchange_rates.update_from_online_feed

Thread.new do
  rate_mutex.lock
  loop do
    rate_mutex.sleep 3600
    exchange_rates.update_from_online_feed
  end
end

loop do
  print "Enter currency code and amount: "
  line = gets
  if rate_mutex.try_lock
    puts(exchange_rates.convert(line)) ensure rate_mutex.unlock
  else
    puts "Sorry, rates being updated. Try again in a minute"
  end
end
```

큐와 조건 변수

이 장의 대부분의 예제에서는 Mutex 클래스를 사용해서 동기화를 구현한다. 그
러나 특별히 생산자(producer)와 소비자(consumer) 사이의 작업을 동기화하고
자 할 때 유용한 기술이 있다. thread 라이브러리에 포함된 Queue 클래스는 스
레드에 안전한 큐잉 메커니즘을 구현한다. 여러 개의 스레드는 큐에 대해 객체
를 추가하거나 삭제할 수 있다. 또한 각 작업은 원자성(atomicity)을 보장받는
다. 이에 대한 예제는 thread 라이브러리의 설명(926쪽)을 참조하기 바란다.

조건 변수는 두 개의 스레드 사이의 이벤트(또는 조건)를 연결해 주는 방법이
다. 하나의 스레드는 조건이 만족되기를 기다리며 다른 스레드에서는 조건이 만
족되었음을 알린다. thread 라이브러리는 스레드에서 조건 변수를 사용할 수 있
도록 확장되어 있다. 이에 대한 자세한 예제를 보고 싶다면 Monitor 라이브러리
에 대한 설명을 참조하기 바란다.

12.5 다중 프로세스 실행

신형 멀티코어 프로세서의 이점을 살리고자 한다면 작업을 크기가 다른 프로세
스 덩어리 몇 개로 나누어야 할지도 모른다. 어쩌면 루비가 아닌 다른 언어로 만
들어진 별개의 프로세스를 실행해야 할 수도 있다. 하지만 루비에서는 독립적인
프로세스를 생성하거나(spawn) 관리할 수 있는 여러 가지 방법을 제공하기 때
문에 별로 문제가 되지 않는다.

새로운 프로세스 생성

독립적인 프로세스를 만드는 방법은 몇 가지가 있다. 그중 가장 쉬운 방법은 명
령을 실행하고 끝나기를 기다리는 것이다. 몇몇 명령어를 실행한다거나 호스트
시스템에서 데이터를 읽어오기 위해 별도의 프로세스를 실행하는 것은 이미 경
험해 보았을지도 모르겠다. 루비에서는 system 메서드나 역따옴표(또는 백틱)
메서드로 이러한 작업을 할 수 있다.

```
system("tar xzf test.tgz")   # => true
`date`                        # => "Thu Nov 14 16:31:26 CST 2013\n"
```

Object#system 메서드는 주어진 명령을 하위 프로세스에서 실행한다. 명령어가
실제로 존재하고 적절하게 실행되었다면 true를 반환한다. 명령어를 찾지 못하
면 예외를 발생시킨다. 명령어가 에러를 발생시키며 종료되었다면 false를 반환

한다. 프로세스가 실패했을 때 서브 프로세스의 종료 코드는 전역 변수 $?를 통해 확인할 수 있다.

system이 가진 문제점 하나는 실행한 명령의 출력이 여과 없이 현재 실행 중인 프로그램의 출력으로 전달된다는 것이다. 이것은 원치 않은 결과일 수 있다. 하위 프로세스의 표준 출력을 가로채기 위해서는 앞선 예제의 `date`와 같이 역따옴표 문자를 사용할 수 있다. 결과에서 줄 바꿈을 없애기 위해 String#chomp를 호출해야 하는 경우도 있음을 기억하자.

간단한 경우라면 지금까지로 충분하다. 즉, 다른 프로세스를 실행해서 반환 코드를 얻는 것만으로도 괜찮다. 그러나 대부분의 경우에 그것보다 훨씬 많은 제어가 필요할 것이다. 하위 프로세스와 대화를 하고 데이터를 주고받아야 하는 경우도 있다. IO.popen 메서드는 이러한 일을 한다. popen 메서드는 하위 프로세스로 명령을 실행하고, 하위 프로세스의 표준 입력과 표준 출력을 루비의 IO 객체와 연결한다. IO 객체에 쓰면 하위 프로세스에서는 표준 입력으로 그것을 읽을 수 있다. 하위 프로세스가 무엇을 쓰건 IO 객체를 읽음으로써 루비 프로그램에서 이를 사용할 수 있다.

예를 들어 우리 시스템에서 가장 유용한 유틸리티인 pig는 표준 입력에서 단어를 읽어서 돼지어(또는 igpay atinlay)로 출력한다. 루비 프로그램에서 다섯 살짜리 꼬마들은 이해할 수 없는 형태의 결과물을 전해야 할 필요가 있을 때 이것을 사용할 수 있다.

```
pig = IO.popen("local/util/pig", "w+")
pig.puts "ice cream after they go to bed"
pig.close_write
puts pig.gets
```

실행 결과:
```
iceway eamcray afterway eythay ogay otay edbay
```

이 예제는 정말 단순하면서도, 파이프를 통한 하위 프로세스 제어와 관련된 실제 세계의 복잡한 문제도 함께 보여준다. 코드는 확실히 아주 간단하다. 파이프를 열고 문장을 쓰고 응답을 읽는다. 하지만 pig 프로그램에서는 자신이 출력한 내용을 플러시(flush)하지 않은 것으로 확인되었다. 이 예제에서 우리의 원래 의도는 pig.puts 다음 줄에 오는 pig.gets가 출력이 끝날 때까지 기다리는 것이다. 하지만 pig 프로그램이 우리의 입력은 처리했지만, 그 결과가 파이프에 쓰이지 않았다. 따라서 pig.close_write를 추가해야 했다. 이것은 pig의 표준 입력에 end-of-file을 보내서, pig를 종료함으로써 우리가 기다리는 출력을 모두 얻을 수 있게 해준다.

popen에는 이상한 점이 하나 더 있다. 하나의 마이너스 기호(-)를 명령으로 전달하면, popen은 새로운 루비 인터프리터를 포크(fork)한다. popen에서 반환된 이후, 새로 포크된 인터프리터와 원래 인터프리터 둘 다 실행을 계속한다. 원래 프로세스는 IO 객체를 돌려받을 것이고, 자식 프로세스는 nil을 받을 것이다. 이러한 동작은 fork(2)를 가진 운영 체제에서만 일어난다(윈도는 이에 해당되지 않는다).

```ruby
pipe = IO.popen("-","w+")
if pipe
  pipe.puts "Get a job!"
  STDERR.puts "Child says '#{pipe.gets.chomp}'"
else
  STDERR.puts "Dad says '#{gets.chomp}'"
  puts "OK"
end
```

실행 결과:
```
Dad says 'Get a job!'
Child says 'OK'
```

일부 플랫폼에서는 popen 메서드 외에도 Object#fork, Object#exec, IO.pipe도 지원한다. 또한 많은 IO 메서드와 Object#open의 파일명 관습상 파일명의 첫 번째 문자가 |이라면 하위 프로세스를 생성할 것이다(자세한 내용은 IO 클래스 레퍼런스(637쪽)에서 설명한다). 주의해야 할 것은 File.new는 단지 일반 파일에만 쓸 수 있을 뿐 파이프를 생성할 수 없다는 점이다.

독립적인 자손

때로는 꼭 그렇게 자식 프로세스에 손을 대고 있어야 할 필요도 없다. 즉, 자식 프로세스에 일을 할당하고, 우리는 우리 일을 계속하면 된다. 그리고 얼마 후, 제대로 마무리되었는지 확인한다. 예를 들어 오래 걸리는 작업인 외부 sort 명령을 수행하고자 한다.

```ruby
exec("sort testfile > output.txt") if fork.nil?
# 이제 sort는 자식 프로세스로 실행되고 있다
# 메인 프로그램은 수행을 계속한다.

# ...

# 그리고 sort 프로그램이 끝나기를 기다린다.
Process.wait
```

Object#form 호출은 부모에게는 프로세스 ID를 반환하고, 자식에게는 nil을 반환한다. 그러므로 자식 프로세스는 Object#exec 호출을 수행하고 sort를 실행할 것이다. 그리고 얼마 후에 sort 명령이 끝나기를 기다리는(그리고 프로세스 ID 를 반환하는) Process.wait 호출을 수행한다.

자식이 종료할 때까지 단지 주변에서 기다리는 것이 아니라 통지를 받고 싶다 면, Object#trap(733쪽)을 이용해서 시그널 핸들러를 설정하면 된다. 여기서 '자식 프로세스의 죽음'이 일어날 때 받는 시그널인 SIGCLD에 대한 트랩을 설정한다.

```
trap("CLD") do
  pid = Process.wait
  puts "Child pid #{pid}: terminated"
end

fork { exec("sort testfile > output.txt") }

# 다른 작업을 수행한다.
```

실행 결과:
```
Child pid 51225: terminated
```

외부 프로세스의 사용과 제어에 관한 더 많은 정보는 Object#open과 IO.popen 에 대한 문서와 Process 모듈에 대한 레퍼런스(741쪽)를 참조하기 바란다.

블록과 하위 프로세스

IO.popen은 File.open과 매우 비슷한 방식으로 블록을 활용한다. date 같은 명 령과 함께 블록을 건네주면, 블록은 IO 객체를 매개 변수로 해서 실행된다.

```
IO.popen("date") {|f| puts "Date is #{f.gets}" }
```

실행 결과:
```
Date is Thu Nov 14 16:31:26 CST 2013
```

IO 객체는 File.open이 그러하듯 코드 블록이 종료될 때 자동으로 닫힐 것이다.

fork와 블록을 결합하면, 블록 안의 코드는 루비 하위 프로세스에서 실행되고, 부모는 블록 이후에 수행될 것이다.

```
fork do
  puts "In child, pid = #$$"
  exit 99
end
pid = Process.wait
puts "Child terminated, pid = #{pid}, status = #{$?.exitstatus}"
```

실행 결과:
```
In child, pid = 51232
Child terminated, pid = 51232, status = 99
```

$?는 하위 프로세스의 종료에 대한 정보를 가진 전역 변수다. 이에 대한 더 자세 한 정보는 Process::Status 레퍼런스(749쪽)를 참조하자.

단위 테스트

단위 테스트는 작은 코드 덩어리(Unit), 즉 일반적으로 각 메서드와 메서드에 포함된 각 줄을 대상으로 테스트를 수행한다. 시스템 전체를 하나의 테스트 대상으로 보는 다른 테스트와는 대소된다.

왜 이렇게까지 테스트 대상을 작게 잡아야 할까? 모든 소프트웨어는 결국 계층 구조를 이루고 있기 때문이다. 특정 위치에 있는 코드들은 그 아래 계층의 코드가 정상으로 작동해야만 문제없이 작동한다. 아래 계층에 있는 코드에 버그가 있다면 그 위의 계층 역시 이에 영향을 받을 수 있다. 이는 심각한 결함이다. 프레드가 이전에 버그가 있는 코드를 작성했다고 해 보자. 그리고 2개월이 지나 누군가 프레드의 코드를 간접적으로 호출한다. 이로 인해 의도하지 못한 결과를 얻게 되지만 프레드의 메서드가 문제가 있는지 찾기까지는 시간이 걸릴 것이다. 그리고 프레드에게 코드의 의도를 물었을 때 그는 아마 기억나지 않는다고 대답할 것이다.

프레드가 자신의 코드에 대해 단위 테스트를 작성했다면 다음 두 가지 면에서 달라졌을 것이다. 먼저 프레드는 자기 코드의 구조를 잊어버리기 전에 버그를 발견했을 것이다. 두 번째로 이때 작성한 단위 테스트는 오직 프레드가 작성한 코드만을 대상으로 하기 때문에 버그가 발견되었다고 해도 단지 몇 줄만 고치면 문제는 해결된다. 이 코드 아래 계층의 모든 코드를 살펴보지 않아도 된다.

단위 테스트는 이처럼 프로그래머가 더 좋은 코드를 작성하는 데 도움을 준다. 이는 코드를 실제로 작성하기 전에 테스트에 대해 생각해 보게 함으로써 자연스럽게 더 좋은, 더 느슨한 설계를 유도한다. 코드를 작성하는 동안에는 코드가 얼마나 정확한지 그때그때 결과를 확인할 수 있어서 도움이 된다. 또한 단위 테스트는 코드를 작성한 이후에도 유용하다. 코드가 여전히 동작하는지 확인할 수 있고, 다른 사람들이 이 코드를 어떻게 사용하는지 이해할 수 있도록 도와주기 때문이다.

한마디로 단위 테스트는 좋은 것이다.

하지만 왜 루비 책의 중간에 단위 테스트에 대한 장이 있을까? 단위 테스트와 루비 같은 언어는 서로 협력 관계에 있기 때문이다. 루비는 유연해서 테스트를 쉽게 작성할 수 있고, 테스트를 작성하면 코드가 동작함을 검증하기가 쉬워진다. 단위 테스트를 한 번 써보기만 하면, 그 이후로는 코드를 조금 작성하고, 테스트를 한두 개 작성하고, 모든 것이 훌륭한지 검증한 다음에야 또 다른 코드를 작성하는 자신을 보게 될 것이다.

단위 테스트는 매우 간단한 것이기도 하다. 애플리케이션 코드의 일부분을 호출하는 프로그램을 실행하고, 결과를 받아서, 이 결과가 기대했던 값인지 확인하면 된다.

로마 숫자(Roman number) 클래스를 테스트하고 있다고 해 보자. 지금까지 작성한 코드는 매우 간단하다. 특정 숫자를 표현하는 객체를 생성하고, 그 객체를 로마 숫자 표기법으로 출력하는 것이 전부다.

unittesting/romanbug.rb

```ruby
# 이 코드에는 버그가 있다.
class Roman
  MAX_ROMAN = 4999

  def initialize(value)
    if value <= 0 || value > MAX_ROMAN
      fail "Roman values must be > 0 and <= #{MAX_ROMAN}"
    end
    @value = value
  end

  FACTORS = [["m", 1000], ["cm", 900], ["d", 500], ["cd", 400],
             ["c",  100], ["xc",  90], ["l",  50], ["xl",  40],
             ["x",   10], ["ix",   9], ["v",   5], ["iv",   4],
             ["i",    1]]

  def to_s
    value = @value
    roman = ""
    for code, factor in FACTORS
      count, value = value.divmod(factor)
      roman << code unless count.zero?
    end
    roman
  end
end
```

이 코드를 테스트하기 위해 다음과 같은 코드를 하나 더 작성했다.

```
require_relative 'romanbug'

r = Roman.new(1)
fail "'i' expected" unless r.to_s == "i"

r = Roman.new(9)
fail "'ix' expected" unless r.to_s == "ix"
```

그렇지만 프로젝트에서 테스트 개수가 늘어나면, 이러한 임시변통식 접근은 너무 복잡해져서 관리하기 어려울 수 있다. 세월이 흐르면서, 테스트 과정을 구조화하기 위한 다양한 단위 테스트 프레임워크가 등장했다. 루비 배포판에는 이미 라이언 데이비스(Ryan Davis)의 MiniTest가 포함되어 있다.[1]

MiniTest는 이전의 Test::Unit과 거의 같지만 필수적이지 않은 기능인 테스트 케이스 러너, GUI 지원 등이 제거되었다. 두 프레임워크 사이에 차이가 있지만, Test::Unit의 API를 사용하는 많은 프로그램이 있으므로 라이언은 이러한 호환성을 유지해 주는 계층을 MiniTest에 추가했다. 두 프레임워크의 차이에 대해서는 'MiniTest::Unit 대 Test::Unit'에서 다룬다. 이번 장에서는 Test::Unit의 래퍼를 사용한다. 이는 테스트를 자동적으로 실행해 준다. 하지만 MiniTest에 있는 새로운 단언들도 사용한다.

MiniTest::Unit 대 Test::Unit

루비를 오래 사용해 온 사람들은 Test::Unit을 사용해 왔을 것이다. 하지만 루비 코어 개발팀에서는 루비에 기본적으로 포함되어 있는 라이브러리를 좀 더 가벼운 것으로 변경하기로 결정했다. 라이언 데이비스와 에릭 호델(Eric Hodel)은 Test::Unit을 일부 대체하기 위한 좀 더 간단한 Minitest::Unit을 개발했다.

Minitest의 대부분의 단언은 Test::Unit::TestCase를 그대로 옮겨왔다. 가장 큰 차이점은 assert_not_raises와 assert_not_throws 메서드가 삭제된 점과 부정 단언들의 이름이 달라진 점이다. Test::Unit에서는 assert_not_nil(x)와 assert_not(x)를 사용했지만, Minitest에서는 refute_nil(x)와 refute(x)를 사용한다.

Mintest에서는 테스트 케이스, GUI 실행기, 일부 단언 등 Unit::Test에서 실제로 거의 사용되지 않는 기능들도 삭제되었다.

그리고 가장 중요한 차이점은, MiniTest에서는 테스트 케이스를 포함하는 파일을 실행해도 테스트 케이스는 자동으로 실행되지 않는다.

현재 단위 테스트를 실행하는 방법은 다음 세 가지가 있다.

---

1 루비 1.8에서는 나다니엘 탈보트(Nathaniel Talbott)의 Test::Unit 프레임워크가 사용되었다. MiniTest는 이를 다시 작성한 것이다.

- require 'minitest/unit'을 한 후 Minitest의 기능을 사용한다.

- require 'test/unit'을 한 후 Minitest를 Test::Unit 호환 레이어를 통해 사용한다. 이를 통해 '추가 Test::Unit 단언문'(238쪽)을 사용할 수 있으며 자동 실행도 설정할 수 있다.

- test-unit gem을 설치하면 원래 Test::Unit의 기능을 전부 사용할 수 있다. 또한 새로 추가된 단언문들도 사용할 수 있다.

13.1 테스트 프레임워크

루비의 테스트 프레임워크는 기본적으로 세 가지 기능을 하나의 깔끔한 패키지로 묶은 것이다.

- 개별 테스트를 표현하는 방법을 제공한다.
- 테스트를 구조화하는 프레임워크를 제공한다.
- 테스트를 수행하기 위한 유연한 방법을 제공한다.

단언 == 기대 결과

테스트 안에서 개별적인 if 문을 여러 개 길게 늘어놓는 것을 피하기 위해, 테스트 프레임워크는 같은 일을 하는 데 단언(assertion)을 사용한다. 단언문 형식은 다양하지만 이것들이 따르는 패턴은 기본적으로 같다. 각 단언문은 기대되는 결과를 적을 수 있는 방법과 실제 결과를 전달하는 방법을 제공한다. 실제 결과와 기대한 결과가 다르다면, 단언문은 멋진 문구와 함께 이 사실을 실패(failure)로 기록한다.

예제로 테스트 프레임워크를 사용해서 기존 Roman 클래스 테스트를 다시 작성해 보자. 지금은 처음과 끝에 있는 발판 코드는 무시하고, 단지 assert_equal 메서드만 살펴보면 된다.

```
require_relative 'romanbug'
require 'test/unit'
class TestRoman < Test::Unit::TestCase

  def test_simple
    assert_equal("i",  Roman.new(1).to_s)
    assert_equal("ix", Roman.new(9).to_s)
  end

end
```

실행 결과:
```
Run options:
# Running tests:
```

```
.
Finished tests in 0.003371s, 296.6479 tests/s, 593.2958 assertions/s.
1 tests, 2 assertions, 0 failures, 0 errors, 0 skips
```

ruby -v: ruby 2.0.0p195 (2013-05-14 revision 40734) [x86_64-darwin12.4.1]

첫 번째 단언문은 1을 로마 문자열로 표현하면 'i'이 나오길 기대한다는 의미이며, 두 번째 테스트는 9가 'ix'로 나오길 기대한다는 의미다. 다행히 두 가지 기대사항을 모두 만족했기 때문에 테스트를 통과했다고 출력된다. 몇 가지 테스트를 추가해 보자.

```ruby
require_relative 'romanbug'
require 'test/unit'
class TestRoman < Test::Unit::TestCase
  def test_simple
    assert_equal("i",    Roman.new(1).to_s)
    assert_equal("ii",   Roman.new(2).to_s)
    assert_equal("iii",  Roman.new(3).to_s)
    assert_equal("iv",   Roman.new(4).to_s)
    assert_equal("ix",   Roman.new(9).to_s)
  end
end
```

실행 결과:

```
Run options:
# Running tests:
F
Finished tests in 0.002870s, 348.4321 tests/s, 696.8641 assertions/s.
  1) Failure:
TestRoman#test_simple [prog.rb:6]:
<"ii"> expected but was
<"i">.

1 tests, 2 assertions, 1 failures, 0 errors, 0 skips
```

ruby -v: ruby 2.0.0p195 (2013-05-14 revision 40734) [x86_64-darwin12.4.1]

이럴 수가! 두 번째 단언문이 실패했다. 단언문의 에러 메시지에서 기댓값과 실제값 두 가지를 모두 알고 있다는 사실을 어떻게 활용했는지 살펴보자. 단언문은 'ii'를 얻을 것을 기대했지만, 실제로는 'i'을 얻었다. 우리 코드의 to_s에 명확한 버그가 있다는 사실을 알 수 있다. 인자로 나눈 뒤의 개수가 0보다 크다면, 우리는 더 많은 로마 숫자를 출력해야 한다. 하지만 현재 코드는 단 하나만 출력한다. 고치는 것은 어렵지 않다.

```ruby
def to_s
  value = @value
  roman = ""
  for code, factor in FACTORS
    count, value = value.divmod(factor)
    roman << (code * count)
  end
  roman
end
```

이제 다시 테스트를 해 보자.

```
require_relative 'roman3'
require 'test/unit'
class TestRoman < Test::Unit::TestCase
  def test_simple
    assert_equal("i",   Roman.new(1).to_s)
    assert_equal("ii",  Roman.new(2).to_s)
    assert_equal("iii", Roman.new(3).to_s)
    assert_equal("iv",  Roman.new(4).to_s)
    assert_equal("ix",  Roman.new(9).to_s)
  end
end
```

실행 결과:
```
Run options:
# Running tests:

.
Finished tests in 0.002632s, 379.9392 tests/s, 1899.6960 assertions/s.

1 tests, 5 assertions, 0 failures, 0 errors, 0 skips

ruby -v: ruby 2.0.0p195 (2013-05-14 revision 40734) [x86_64-darwin12.4.1]
```

좋은 결과가 나왔다. 이제 한 발짝 나아가서, 몇몇 중복되는 부분을 제거해 보자.

```
require_relative 'roman3'
require 'test/unit'

class TestRoman < Test::Unit::TestCase

  NUMBERS = { 1 => "i", 2 => "ii", 3 => "iii", 4 => "iv", 5 => "v", 9 => "ix" }

  def test_simple
    NUMBERS.each do |arabic, roman|
      r = Roman.new(arabic)
      assert_equal(roman, r.to_s)
    end
  end
end
```

실행 결과:
```
Run options:
# Running tests:
# 테스트 실행:

.
Finished tests in 0.003593s, 278.3190 tests/s, 1669.9137 assertions/s.
1 tests, 6 assertions, 0 failures, 0 errors, 0 skips

ruby -v: ruby 2.0.0p195 (2013-05-14 revision 40734) [x86_64-darwin12.4.1]
```

테스트할 것은 더 없을까? 생성자는 넘겨받은 숫자를 로마 숫자로 표현할 수 있는지 확인하고, 만일 표현할 수 없다면 예외를 던진다. 이런 예외를 테스트해 보자.

```ruby
require_relative 'roman3'
require 'test/unit'

class TestRoman < Test::Unit::TestCase

  NUMBERS = { 1 => "i", 2 => "ii", 3 => "iii", 4 => "iv", 5 => "v", 9 => "ix" }

  def test_simple
    NUMBERS.each do |arabic, roman|
      r = Roman.new(arabic)
      assert_equal(roman, r.to_s)
    end
  end

  def test_range
    # 아래 두 줄에서는 예외가 발생하지 않지만...
    Roman.new(1)
    Roman.new(4999)
    # 여기서는 예외가 발생한다.
    assert_raises(RuntimeError) { Roman.new(0) }
    assert_raises(RuntimeError) { Roman.new(5000) }
  end
end
```

실행 결과:
```
Run options:
# Running tests:
..
Finished tests in 0.003058s, 654.0222 tests/s, 2616.0889 assertions/s.
2 tests, 8 assertions, 0 failures, 0 errors, 0 skips

ruby -v: ruby 2.0.0p195 (2013-05-14 revision 40734) [x86_64-darwin12.4.1]
```

Roman 클래스에 대해 더 많은 테스트를 할 수도 있지만, 좀 더 크고 멋진 것을 위해 이것으로 마친다. 넘어가기 전에 여기서는 테스트 프레임워크에서 제공하는 단언문 중 일부만 살짝 건드려 보았을 뿐이라는 점을 말해야겠다. 이를테면 모든 긍정 단언문에는 이에 대응하는 부정 단언문이 있다. assert_equal의 부정 단언문은 refute_equal이다. (이 장에서 하고 있듯이) Test::Unit shim을 로드하면 추가적인 단언문을 사용할 수 있다. 이에 대한 모든 목록은 '추가 Test::Unit 단언문'(238쪽)에서 다루며, 모든 단언문 목록은 '13.5 Test::Unit 단언문'(236쪽)에서 다룬다.

각 단언문에 넘겨지는 마지막 매개 변수는 모든 실패 메시지 이전에 출력할 메시지다. 실패 메시지는 대개 합리적이기 때문에 이 매개 변수는 거의 필요하지 않다. 한 가지 예외는 refute_nil(Test::Unit에서는 assert_not)이다. 'Expected nil to not be nil'이라는 메시지는 아무런 도움도 되지 않을 것이다. 이런 경우에는 자신만의 추가적인 메시지를 넣고 싶을 것이다(다음 예제에서는 User 클래스가 있다고 가정한다).

```
require 'test/unit'
class ATestThatFails < Test::Unit::TestCase
  def test_user_created
    user = User.find(1)
    refute_nil(user, "User with ID=1 should exist")
  end
end
```

실행 결과:

```
Run options:
# Running tests:
F
Finished tests in 0.003046s, 328.2994 tests/s, 328.2994 assertions/s.
  1) Failure:
ATestThatFails#test_user_created [prog.rb:11]:
User with ID=1 should exist.
Expected nil to not be nil.

1 tests, 1 assertions, 1 failures, 0 errors, 0 skips

ruby -v: ruby 2.0.0p195 (2013-05-14 revision 40734) [x86_64-darwin12.4.1]
```

13.2 테스트 구조화

앞에서는 테스트 주변의 발판(scaffold) 코드를 무시하고 넘어갔다. 그것에 대해 좀 더 살펴보자.

다음 코드를 통해 단위 테스트를 위한 테스트 프레임워크를 읽어 들일 수 있다.

```
require 'test/unit'
```

순수하게 MiniTest만을 사용한다면 다음과 같이 사용한다.

```
require 'minitest/unit'
```

단위 테스트는 테스트 케이스(test case)라 불리는 고수준 그룹과 테스트 메서드 자체인 저수준 그룹으로 자연스럽게 나뉜다. 테스트 케이스는 일반적으로 특정 코드 또는 기능에 관련된 모든 테스트를 포함한다. Roman 클래스는 매우 단순하므로, 모든 테스트가 하나의 테스트 케이스 안에 충분히 들어갈 것이다. 테스트 케이스 안에서도, 단언문을 몇 개의 테스트 메서드로 분류하고 구성해서 넣을 수도 있다. 예를 들면 각 메서드별로 한 가지 유형의 테스트를 위한 단언문을 포함한다. 한 메서드는 표준 숫자 변환을 검사하고, 다른 하나는 예외 처리를 테스트하고, 이런 식이다.

테스트 케이스를 표현하는 클래스는 Test::Unit::TestCase의 하위 클래스여야 한다. 단언문을 포함하는 메서드는 반드시 이름이 test로 시작해야 한다. 이

것은 매우 중요하다. 테스트 프레임워크는 실행할 테스트를 찾기 위해 리플렉션(reflection)을 사용하며, test로 시작하는 이름의 메서드만이 테스트될 자격을 갖는다.

어떤 테스트 케이스 내에 있는 모든 테스트 메서드가 특정 시나리오를 따라야 하는 경우도 가끔 있다. 그런 경우 각 테스트 메서드는 해당 시나리오의 특정 상황을 조사해야 한다. 결국 각 메서드는 자신이 종료된 후 스스로 정리 정돈을 해야 할 것이다. 예를 들어 데이터베이스에서 주크박스 재생 목록을 받아오는 클래스를 테스트해 보자(여기서는 데이터베이스 접근을 위해 저수준 DBI 라이브러리를 사용한다).

```ruby
require 'test/unit'
require_relative 'playlist_builder'

class TestPlaylistBuilder < Test::Unit::TestCase

  def test_empty_playlist
    db = DBI.connect('DBI:mysql:playlists')
    pb = PlaylistBuilder.new(db)
    assert_empty(pb.playlist)
    db.disconnect
  end

  def test_artist_playlist
    db = DBI.connect('DBI:mysql:playlists')
    pb = PlaylistBuilder.new(db)
    pb.include_artist("krauss")
    refute_empty(pb.playlist, "Playlist shouldn't be empty")
    pb.playlist.each do |entry|
      assert_match(/krauss/i, entry.artist)
    end
    db.disconnect
  end

  def test_title_playlist
    db = DBI.connect('DBI:mysql:playlists')
    pb = PlaylistBuilder.new(db)
    pb.include_title("midnight")
    refute_empty(pb.playlist, "Playlist shouldn't be empty")
    pb.playlist.each do |entry|
      assert_match(/midnight/i, entry.title)
    end
    db.disconnect
  end

  # ...
end
```

실행 결과:

```
Run options:
# Running tests:
...
Finished tests in 0.003197s, 938.3797 tests/s, 14388.4892 assertions/s.
3 tests, 46 assertions, 0 failures, 0 errors, 0 skips

ruby -v: ruby 2.0.0p195 (2013-05-14 revision 40734) [x86_64-darwin12.4.1]
```

각 테스트는 데이터베이스에 접속하고 새로운 재생 목록 빌더를 생성하는 것으로 시작한다. 그리고 데이터베이스에 대해 접속을 해제하는 것으로 끝난다(단위 테스트에서 진짜 데이터베이스를 사용한다는 생각에 다소 걱정스럽다. 단위 테스트는 매우 빠르게 동작해야 하며, 콘텍스트와 무관해야 하고, 설치하기 쉬워야 하기 때문이다. 하지만 지금 다루고 있는 내용에 대해서는 매우 적절한 예시다).

이 모든 공통 코드를 뽑아서 setup과 teardown 메서드로 만들 수 있다. TestCase 클래스 내에서, setup이라는 메서드는 모든 테스트 메서드가 각각 실행되기 직전에 실행된다. 그리고 teardown 메서드는 모든 테스트 메서드가 각각 실행된 다음에 실행된다. 정리하면 다음과 같다. setup과 teardown 메서드는 각 테스트의 앞뒤를 둘러싼다. 각 테스트 케이스마다 한 번씩 실행되는 것이 아니라 테스트마다 한 번씩 실행된다. 이제 테스트는 다음과 같이 수정됐다.

```ruby
require 'test/unit'
require_relative 'playlist_builder'

class TestPlaylistBuilder < Test::Unit::TestCase

  def setup
    @db = DBI.connect('DBI:mysql:playlists')
    @pb = PlaylistBuilder.new(@db)
  end

  def teardown
    @db.disconnect
  end

  def test_empty_playlist
    assert_empty(@pb.playlist)
  end

  def test_artist_playlist
    @pb.include_artist("krauss")
    refute_empty(@pb.playlist, "Playlist shouldn't be empty")
    @pb.playlist.each do |entry|
      assert_match(/krauss/i, entry.artist)
    end
  end

  def test_title_playlist
    @pb.include_title("midnight")
    refute_empty(@pb.playlist, "Playlist shouldn't be empty")
    @pb.playlist.each do |entry|
      assert_match(/midnight/i, entry.title)
    end
  end

  # ...
end
```

실행 결과:

```
Run options:
# Running tests:
```

```
...
Finished tests in 0.002843s, 1055.2234 tests/s, 16180.0915 assertions/s.
3 tests, 46 assertions, 0 failures, 0 errors, 0 skips

ruby -v: ruby 2.0.0p195 (2013-05-14 revision 40734) [x86_64-darwin12.4.1]
```

teardown 메서드 안의 passed? 메서드를 사용해서 바로 앞의 테스트가 통과되었는지도 알아낼 수 있다.

13.3 테스트 조직하고 실행하기

지금까지 살펴본 테스트 케이스는 모두 실행 가능한 Test::Unit 프로그램이었다. 예를 들어 만일 Roman 클래스에 대한 테스트 케이스가 test_roman.rb라는 파일에 들어 있다면, 우리는 명령행에서 다음과 같이 입력함으로써 테스트를 실행할 수 있다.

```
$ ruby test_roman.rb
Run options:
# Running tests:

..
Finished tests in 0.002376s, 841.7508 tests/s, 3367.0034 assertions/s.
2 tests, 8 assertions, 0 failures, 0 errors, 0 skips
ruby -v: ruby 2.0.0p195 (2013-05-14 revision 40734) [x86_64-darwin12.4.1]
```

Test::Unit은 메인 프로그램이 없다는 것을 알아챌 정도로 똑똑하다. 그런 경우 모든 테스트 케이스 클래스를 모아서 하나씩 순서대로 실행한다.

원한다면 특정 테스트 메서드만 실행할 수도 있다.

```
$ ruby test_roman.rb -n test_range
Run options: -n test_range
# Running tests:

.
Finished tests in 0.002231s, 448.2295 tests/s, 896.4590 assertions/s.
1 tests, 2 assertions, 0 failures, 0 errors, 0 skips
ruby -v: ruby 2.0.0p195 (2013-05-14 revision 40734) [x86_64-darwin12.4.1]
```

아니면 정규 표현식에 매치되는 이름을 가진 테스트만 실행할 수도 있다.

```
$ ruby test_roman.rb -n /range/
Run options: -n /range/
# Running tests:

.
Finished tests in 0.002079s, 481.0005 tests/s, 962.0010 assertions/s.
1 tests, 2 assertions, 0 failures, 0 errors, 0 skips
ruby -v: ruby 2.0.0p195 (2013-05-14 revision 40734) [x86_64-darwin12.4.1]
```

이 기능은 테스트를 그룹화하는 데 유용한 방법이다. 의미 있는 이름을 테스트에 붙이는 습관을 들인다면 /cart/를 매칭해서 장바구니(shopping-cart)에 관련된 모든 테스트를 수행할 수 있을 것이다.

테스트는 어디에 넣을까?

단위 테스트에 일단 빠져들면, 제품 코드의 양에 맞먹을 정도로 많은 테스트 코드를 작성하게 된다. 이 모든 테스트도 어딘가에 잘 놓아둬야 한다. 테스트 코드를 정규 제품 코드 소스 파일과 함께 넣어 둔다면 문제가 될 수 있다. 각 제품 소스 파일마다 두 개의 파일이 생성되기 때문에 디렉터리는 금방 가득 차게 된다.

일반적인 해결 방법은 test/ 디렉터리에 모든 테스트 소스 파일을 넣어두는 것이다. 이 디렉터리는 개발 중인 코드를 포함하는 디렉터리 옆에 나란히 놓여 있다. 예를 들어 Roman 숫자 클래스는 다음과 같이 구성할 수 있다.

```
roman/
  lib/
    roman.rb
    다른 파일들...

  test/
    test_roman.rb
    다른 테스트들...

다른 파일들...
```

이런 방법은 파일 편재에는 매우 좋지만, 아직 작은 문제가 남아 있다. 테스트를 위한 라이브러리 파일을 찾을 위치를 루비에게 어떻게 알려줄 것인가? 예를 들면, TestRoman 테스트 코드가 test/ 하위 디렉터리에 있다면 루비는 어떻게 roman.rb 소스 파일을 찾아서 테스트를 수행할 수 있을까?

테스트에서 require 문에 경로까지 모두 입력한 다음, test/ 하위 디렉터리에서 실행하는 방법은 그다지 안정적으로 동작하지 않을 것이다.

```
require 'test/unit'
require '../lib/roman'

class TestRoman < Test::Unit::TestCase
  # ...
end
```

왜 동작하지 않는 경우가 생길까? roman.rb 파일이 개발자가 직접 작성한 라이브러리 내의 다른 소스 파일을 필요로 할 수 있기 때문이다. 이는 require를 사용해서 로드되고(여기에는 앞에 '../lib/'가 없다) 그 소스 파일은 루비의 $LOAD_PATH에 없기 때문에 결코 찾을 수 없을 것이다. 이 경우 테스트는 실행되지 않는다. 두 번째로 좀 더 나중에 문제가 될 만한 것은, 우리 클래스를 실행 환경 시스템에 설치한 이후로는 같은 테스트 코드를 사용할 수 없다는 점이다. 실행 환경 시스템에서는 단순히 require 'roman'을 사용해서 참조하기 때문이다.

더 좋은 해결책은 작성한 루비 프로그램이 '16.2 소스 코드 조직하기'에서 다루는 관습에 따라 짜여 있다고 추정하는 것이다. 이에 따라 애플리케이션의 최상위 lib 디렉터리는 애플리케이션의 다른 모든 컴포넌트에서 루비의 로드 패스라고 추정할 수 있다. 테스트 코드는 다음과 같을 것이다.

```
require 'test/unit'
require 'roman'

class TestRoman < Test::Unit::TestCase
  # ...
end
```

테스트를 실행할 때는 다음과 같이 한다.

```
$ ruby -I path/to/app/lib path/to/app/test/test_roman.rb
```

일반적으로 애플리케이션이 존재하는 디렉터리에서 실행하면 다음과 같이 사용할 수 있다.

```
$ ruby -I lib test/test_roman.rb
```

이쯤에서 레이크(Rake)를 통해 테스트를 자동화하는 법을 알아보사.

테스트 스위트

어느 정도 시간이 지나면, 개발 중인 애플리케이션에서 사용하는 테스트 케이스 집합이 상당한 규모로 커질 것이다. 이러한 것들을 분류하여 묶어서 관리하면 좋을 것이다. 예를 들면 어떤 테스트 케이스 그룹은 특정 함수에 대한 테스트를 수행하고, 또 다른 테스트 케이스 그룹은 다른 함수를 테스트한다. 이 경우 테스트 케이스를 함께 묶어서 테스트 스위트(test suite)로 만들면, 그 테스트 케이스들을 한 그룹으로 한꺼번에 실행할 수 있다.

이는 간단히 실현할 수 있다. test/unit을 require하고 루비 소스 파일을 작성한 다음 그룹화된 테스트 케이스가 있는 각 파일들을 require하기만 하면 된다. 이런 방법으로 테스트 자원 계층을 구성할 수 있다.

- 개별 테스트를 이름으로 실행할 수 있다.
- 파일을 실행함으로써 파일 내의 모든 테스트를 실행할 수 있다.
- 몇 개의 파일을 테스트 스위트로 묶어서 그들을 한꺼번에 한 단위처럼 실행할 수 있다.
- 테스트 스위트 몇 개를 묶어 또 다른 테스트 스위트로 만들 수 있다.

이를 통해 단지 하나의 메서드를 테스트하건, 전체 애플리케이션을 테스트하건,

원하는 수준에서 단위 테스트를 수행할 수 있는 능력을 갖추게 된다.

이 시점에서 작명 관례에 대해 생각해 보면 좋을 것 같다. Test::Unit을 만든 나다니엘 탈보트는 테스트 케이스를 갖고 있는 파일에는 tc_xxx라는 이름을 붙였고 테스트 스위트를 가진 파일에는 ts_xxx와 같이 이름을 붙였다. 대부분의 사람들은 다음과 같이 각 테스트 케이스 파일 앞에 test_접두사를 붙인다.

```
# file ts_dbaccess.rb
require 'test/unit'
require_relative 'test_connect'
require_relative 'test_query'
require_relative 'test_update'
require_relative 'test_delete'
```

이제 ts_dbaccess.rb 파일을 루비로 실행해 보자. 요구한 네 개의 파일에 들어 있는 모든 케이스가 실행될 것이다.

13.4 RSpec과 Shoulda

내장 테스트용 프레임워크는 여러 가지 장점이 있다. 간단하고, 다른 언어의 테스트용 프레임워크들(자바의 JUnit이나 C#의 NUnit)과도 동일한 스타일을 사용한다.

하지만 루비 커뮤니티에서는 내장 프레임워크와 다른 스타일의 테스트 방식이 퍼져 나가고 있다. 이른바 행위 주도 개발(behavior-driven development) 방식이다. 이 방식을 사용할 때 개발자는 주어진 환경에 대해 기대되는 프로그램의 행동을 인식하고 있다는 전제에서 테스트를 작성한다. 이는 대개 애자일 개발 방식의 일반적인 요구 사항 수집 방법인 사용자 스토리 내용에 충실한 테스트 방법이다. 이러한 프레임워크를 사용할 때는 단언문 대신 기대(expectation)가 중요해진다.

RSpec과 Shoulda는 둘 다 이러한 테스트 방식을 지원하지만 어디에 집중하는지가 다르다. RSpec은 좀 더 디자인 쪽에 치중되어 있다. RSpec에서는 애플리케이션 코드를 한 줄도 작성하지 않아도 스펙을 작성하고 이를 테스트할 수 있다. 이러한 스펙을 실행하면 작성한 사용자 스토리를 출력해 준다. 그다음 코드를 작성해 나감에 따라 스펙이 코드가 기대된 행동을 정상으로 수행하는지 검증한다.

반면에 Shoulda는 테스트 쪽에 좀 더 초점을 맞추고 있다. RSpec은 완전히 분리된 프레임워크인데 반해, Shoulda는 Test::Unit이나 RSpec 안에서 동작한다.

Shoulda를 통한 테스트에는 Test::Unit을 비롯해 RSpec의 테스트 메서드도 섞어서 사용할 수 있다.

간단한 RSpec 테스트부터 시작해 보자.

테니스 시합 점수 계산기

테니스 시합의 점수를 계산하는 방법은 중세 시대부터 사용되어 왔다. 득점을 성공한 선수에게 차례대로 15, 30, 40점을 부여한다. 자신이 40점이고 상대방이 40점이 아닐 때 득점을 하면 승리한다. 하지만 두 선수가 모두 40점일 때는 동점 상태가 되고 적용되는 규칙이 조금 달라진다. 이때는 같은 점수에서부터 먼저 2점 차를 내는 선수가 승리하게 된다.[2]

이 절에서는 이러한 점수 계산을 처리하는 클래스를 작성할 것이다. RSpec을 사용해서 이 클래스를 검증해 나가자. 먼저 gem install rspec 명령어를 실행해 RSpec 젬을 설치해야 한다.[3] 그다음에는 다음과 같이 첫 스펙 파일을 작성해 보자.

unittesting/bdd/1/ts_spec.rb
```
describe "TennisScorer", "basic scoring" do
  it "should start with a score of 0-0"
  it "should be 15-0 if the server wins a point"
  it "should be 0-15 if the receiver wins a point"
  it "should be 15-15 after they both win a point"
  # ...
end
```

이 파일에는 그저 테니스 점수 계산을 하는 클래스에 대해 기술되어 있을 뿐이다. 클래스는 아직 없다. 여기에는 간단하게 점수 계산법이 기술되어 있을 뿐이다. 이러한 설명은 네 개의 기대로 나뉘어 있다(it "should start..." 등등). rspec 명령어를 통해 이 파일을 실행할 수 있다.[4]

```
$ rspec ts_spec.rb
****
Pending:
  TennisScorer basic scoring should start with a score of 0-0
    # Not yet implemented
    # ./ts_spec.rb:2
  TennisScorer basic scoring should be 15-0 if the server wins a point
    # Not yet implemented
    # ./ts_spec.rb:3
  TennisScorer basic scoring should be 0-15 if the receiver wins a point
```

---

2 0, 15, 30, 40 같은 점수 계산 방식을 시계 판을 통해 점수를 계산하던 데서 잘못 유래했다고 보는 설도 있지만, 개인적으로는 중세 시대 사람들이 농담을 즐겼을 뿐이라고 생각한다.
3 (옮긴이) RSpec 최신판은 3.x다. gem install rspec -v "~)2.0" 명령으로 2.x 버전의 최신판을 설치할 수 있다.
4 이 예제들은 RSpec2를 통해 실행되었다.

```
    # Not yet implemented
    # ./ts_spec.rb:4
  TennisScorer basic scoring should be 15-15 after they both win a point
    # Not yet implemented
    # ./ts_spec.rb:5
Finished in 0.00032 seconds
4 examples, 0 failures, 4 pending
```

잘 작동하는 것을 알 수 있다. 테스트를 실행하면 기대되는 행동들이 출력되며, 각 행동이 아직 구현되지 않았음을 알려준다. 코딩은 인생과 마찬가지로 항상 실망으로 가득 차 있다. 하지만 인생과 달리 조금만 키보드를 두드리면 이를 고칠 수 있다. 그럼 바로 첫 기대(expectation)를 구현을 해 보자. 먼저 테니스 게임을 시작하면 점수는 0 대 0이 된다. 여기서는 먼저 테스트부터 작성한다.

unittesting/bdd/2/ts_spec.rb

```ruby
require_relative "tennis_scorer"

describe TennisScorer, "basic scoring" do
  it "should start with a score of 0-0" do
    ts = TennisScorer.new
    ts.score.should == "0-0"
  end

  it "should be 15-0 if the server wins a point"
  it "should be 0-15 if the receiver wins a point"
  it "should be 15-15 after they both win a point"
end
```

여기서는 tennis_scorer.rb 파일에 TennisScorer 클래스가 정의되어 있다고 가정하고 있다. 첫 기대는 이 클래스에 대한 블록에 추가되어 있다. 이 블록에서는 TennisScorer 객체를 생성하고 조금 특이한 RSpec의 구분을 사용해 0 대 0에서 시작하는지를 확인한다. RSpec에 대한 논쟁은 대부분 이러한 표현에 관한 논쟁이다. 이 표현들을 사랑하는 사람도 있고 이상하다고 느끼는 사람도 있다. 어느 쪽이건 ts.score.hould == "0-0"은 Test::Unit의 단언과 기본적으로 같다.

앞에서 작성할 테스트가 통과할 수 있도록 TennisScorer 클래스를 개선한다.

unittesting/bdd/2/tennis_scorer.rb

```ruby
class TennisScorer
  def score
    "0-0"
  end
end
```

스펙을 다시 실행해 보자.

```
$ rspec ts_spec.rb
.***
Pending:
  TennisScorer basic scoring should be 15-0 if the server wins a point
```

```
      # Not yet implemented
      # ./ts_spec.rb:9
  TennisScorer basic scoring should be 0-15 if the receiver wins a point
      # Not yet implemented
      # ./ts_spec.rb:10
  TennisScorer basic scoring should be 15-15 after they both win a point
      # Not yet implemented
      # ./ts_spec.rb:11
Finished in 0.00036 seconds
4 examples, 0 failures, 3 pending
```

이제 지연된 기대가 세 개가 있음에 주목하자. 첫 번째 기대는 충족되었다.
다음 기대를 작성해 나가자.

unittesting/bdd/3/ts_spec.rb

```ruby
require_relative "tennis_scorer"

describe TennisScorer, "basic scoring" do
  it "should start with a score of 0-0" do
    ts = TennisScorer.new
    ts.score.should == "0-0"
  end

  it "should be 15-0 if the server wins a point" do
    ts = TennisScorer.new
    ts.give_point_to(:server)
    ts.score.should == "15-0"
  end

  it "should be 0-15 if the receiver wins a point"
  it "should be 15-15 after they both win a point"
end
```

이대로는 정상으로 작동하지 않을 것이다. TennisScorer 클래스에는 give_
point_to 메서드가 구현되어 있지 않다. 여기서부터 고쳐 나가자. 아직 코드는
완성되어 있지 않지만, 테스트는 통과한다.

unittesting/bdd/3/tennis_scorer.rb

```ruby
class TennisScorer

  OPPOSITE_SIDE_OF_NET = { :server => :receiver, :receiver => :server }

  def initialize
    @score = { :server => 0, :receiver => 0 }
  end

  def score
    "#{@score[:server]*15}-#{@score[:receiver]*15}"
  end

  def give_point_to(player)
    other = OPPOSITE_SIDE_OF_NET[player]
    fail "Unknown player #{player}" unless other
    @score[player] += 1
  end
end
```

다시 스펙을 실행해 보자.

```
$ rspec ts_spec.rb
..**
Pending:
  TennisScorer basic scoring should be 0-15 if the receiver wins a point
    # Not yet implemented
    # ./ts_spec.rb:15
  TennisScorer basic scoring should be 15-15 after they both win a point
    # Not yet implemented
    # ./ts_spec.rb:16
Finished in 0.0005 seconds
4 examples, 0 failures, 2 pending
```

네 개의 기대 중 앞의 두 개를 충족시키고 있다. 다음 기대를 구현하기 전에 두 기대를 테스트하는 데 약간의 중복이 있다는 점을 알 수 있다. 바로 TennisScorer 객체를 생성하는 부분이 그렇다. 이 중복은 before 절을 사용해서 제거할 수 있다. before는 Test::Unit의 setup처럼 동작한다. 즉, 기대를 실행하기 전에 특정한 코드를 실행할 수 있다. 다음 코드에서는 before 절을 구현하고 남은 두 개의 기대도 완성한다.

unittesting/bdd/4/ts_spec.rb

```ruby
require_relative "tennis_scorer"

describe TennisScorer, "basic scoring" do
  before(:each) do
    @ts = TennisScorer.new
  end

  it "should start with a score of 0-0" do
    @ts.score.should == "0-0"
  end

  it "should be 15-0 if the server wins a point" do
    @ts.give_point_to(:server)
    @ts.score.should == "15-0"
  end

  it "should be 0-15 if the receiver wins a point" do
    @ts.give_point_to(:receiver)
    @ts.score.should == "0-15"
  end

  it "should be 15-15 after they both win a point" do
    @ts.give_point_to(:receiver)
    @ts.give_point_to(:server)
    @ts.score.should == "15-15"
  end
end
```

스펙을 실행해 보자.

```
$ rspec ts_spec.rb
....
Finished in 0.0006 seconds
4 examples, 0 failures
```

마지막으로 RSpec은 테스트가 실행되는 환경을 설정하는 다른 방법을 제공한다. let 메서드는 변수와 같아 보이는 것을 만들어 준다. 이는 실제로는 동적으로 정의된 메서드로 넘겨진 블록을 평가한 결과를 반환한다. 따라서 다음과 같이 사용할 수 있다.

unittesting/bdd/5/ts_spec.rb

```ruby
require_relative "tennis_scorer"

describe TennisScorer, "basic scoring" do

  let(:ts) { TennisScorer.new }

  it "should start with a score of 0-0" do
    ts.score.should == "0-0"
  end

  it "should be 15-0 if the server wins a point" do
    ts.give_point_to(:server)
    ts.score.should == "15-0"
  end

  it "should be 0-15 if the receiver wins a point" do
    ts.give_point_to(:receiver)
    ts.score.should == "0-15"
  end

  it "should be 15-15 after they both win a point" do
    ts.give_point_to(:receiver)
    ts.give_point_to(:server)
    ts.score.should == "15-15"
  end
end
```

설명은 여기까지 하자. 하지만 직접 다음 기대들과 그 구현을 작성해 볼 것을 권장한다. 다음과 같은 기대들을 작성하게 될 것이다.

```
it "should be 40-0 after the server wins three points"
it "should be W-L after the server wins four points"
it "should be L-W after the receiver wins four points"
it "should be Deuce after each wins three points"
it "should be A-server after each wins three points and the server gets one more"
```

RSpec은 단순히 기대를 기술하는 것 외에도 다양한 기능이 있다. 특히 큐컴버 (Cucumber)는 사용자 스토리를 묘사하고 실행할 수 있는 완전한 언어를 제공한다. 하지만 이는 이 책의 범위를 벗어난다.

Shoulda

RSpec은 자기주장이 강한 테스트 프레임워크다. 이와 달리 Shoulda는 RSpec의 사고방식을 받아들이면서도 이러한 기능들을 겸손하게 기존 단위 테스트와 통합된 방법으로 제공한다. 많은 개발자들에게 있어(특히 Test::Unit을 사용하는) Shoulda는 괜찮은 타협점일 수 있다. RSpec 전체를 사용하지 않으면서도 Rspec 방식의 '기대' 같은 뛰어난 묘사 방식을 사용할 수 있다.

Shoulda는 gem install shoulda 명령어로 설치할 수 있다. Shoulda의 사용법은 RSpec과 달리 일반적인 Test::Unit 테스트 케이스를 작성하는 것과 같다. 이 안에서 Shoulda의 미니 언어를 사용해 테스트를 기술할 수 있다.

RSpec으로 작성했던 테니스 점수 예제를 Shoulda로 다시 작성해 보자.

unittesting/bdd/4/ts_shoulda.rb

```ruby
require 'test/unit'
require 'shoulda'
require_relative 'tennis_scorer.rb'

class TennisScorerTest < Test::Unit::TestCase

  def assert_score(target)
    assert_equal(target, @ts.score)
  end

  context "Tennis scores" do
    setup do
      @ts = TennisScorer.new
    end

    should "start with a score of 0-0" do
      assert_score("0-0")
    end

    should "be 15-0 if the server wins a point" do
      @ts.give_point_to(:server)
      assert_score("15-0")
    end

    should "be 0-15 if the receiver wins a point" do
      @ts.give_point_to(:receiver)
      assert_score("0-15")
    end

    should "be 15-15 after they both win a point" do
      @ts.give_point_to(:receiver)
      @ts.give_point_to(:server)
      assert_score("15-15")
    end
  end
end
```

```
$ ruby ts_shoulda.rb
Run options:
# Running tests:
....
```

```
Finished tests in 0.003756s, 1064.9627 tests/s, 1064.9627 assertions/s.
4 tests, 4 assertions, 0 failures, 0 errors, 0 skips
ruby -v: ruby 2.0.0p195 (2013-05-14 revision 40734) [x86_64-darwin12.4.1]
```

Shoulda를 사용하면 내부적으로 테스트 안의 각 should 블록에 대해 Test::Unit 테스트 메서드를 만든다. 따라서 Test::Unit의 단언문을 Shoulda 코드 안에서 그대로 사용할 수 있다. 이와 동시에 Shoulda는 우리의 테스트가 올바른 맥락에서 실행되도록 유지해 준다. 예를 들어 context 블록 안에 setup 블록을 사용해서 모든 테스트에서 공유하는 초기화 코드를 실행할 수도 있으면서 일부 테스트에만 적용되는 초기화 코드를 실행할 수도 있다. 여기서는 테스트 점수 코드에 이러한 초기화를 적용해 보자. 여기서는 context 블록 안에 각 레벨에 setup 블록을 작성한다. 테스트를 실행하면 각 should 블록에 대해 모든 적절한 setup 블록이 실행된다.

unittesting/bdd/4/ts_shoulda_1.rb

```ruby
require 'test/unit'
require 'shoulda'
require_relative 'tennis_scorer.rb'

class TennisScorerTest < Test::Unit::TestCase
  def assert_score(target)
    assert_equal(target, @ts.score)
  end
  context "Tennis scores" do
    setup do
      @ts = TennisScorer.new
    end
    should "start with a score of 0-0" do
      assert_score("0-0")
    end
    context "where the server wins a point" do
      setup do
        @ts.give_point_to(:server)
      end
      should "be 15-0" do
        assert_score("15-0")
      end
      context "and the oponent wins a point" do
        setup do
          @ts.give_point_to(:receiver)
        end
        should "be 15-15" do
          assert_score("15-15")
        end
      end
    end
    should "be 0-15 if the receiver wins a point" do
      @ts.give_point_to(:receiver)
      assert_score("0-15")
    end
  end
end
```

스펙을 실행해 보자.

```
$ ruby ts_shoulda_1.rb
Run options:
# Running tests:
....
Finished tests in 0.003058s, 1308.0445 tests/s, 1308.0445 assertions/s.
4 tests, 4 assertions, 0 failures, 0 errors, 0 skips
ruby -v: ruby 2.0.0p195 (2013-05-14 revision 40734) [x86_64-darwin12.4.1]
```

테스트 스코어 예제에서 이러한 중첩된 콘텍스트를 사용해야 할까? 우리는 이러한 방법을 권장하지 않는다. 이는 선형적인 형식으로 작성된 테스트가 더 읽기 쉽기 때문이다. 하지만 테스트에서 테스트를 거쳐 구성해야 하는 복잡한 시나리오를 테스트해야 할 때는 이러한 기능을 항상 사용한다. 이러한 중첩 구조를 사용함으로써 환경을 설정하고 몇 개의 테스트를 실행하고 다시 환경을 변경하고 다시 테스트를 실행하고 이러한 과정을 반복할 수 있다. 이를 통해 테스트는 훨씬 간결해지며 많은 중복이 제거될 수 있다.

13.5 Test::Unit 단언문

assert | refute(boolean, ‹*message*›)
  boolean이 false나 nil이면(이 아니면) 실패한다.

assert_block { block }
  블록의 평가 결과가 true임을 기대한다.

assert_ | refute_ empty(collection, ‹*message*›)
  컬렉션 객체에 대해 empty? 메서드에 대한 결과가 true(false)일 것을 기대한다.

assert_ | refute_ equal(expected, actual, ‹*message*›)
  == 연산자를 사용해 actual의 값이 expected와 같을 것을(같지 않을 것을) 기대한다.

assert_ | refute_ in_delta(expected_float, actual_float, delta, ‹*message*›)
  실제 부동소수점 값(actual_float)이 기대한 값(expected_float)의 오차 범위 안에 포함되거나 포함되지 않을 것을 기대한다.

assert_ | refute_ in_epsilon(expected_float, actual_float, epsilon=0.001, ‹*message*›)
  오차를 epsilon * min(expected, actual) 식으로 계산하고 _in_delta 테스트

를 호출한다.

assert_ | refute_ includes(collection, obj, ⟨*message*⟩)

컬렉션에 대해 include?(obj)를 실행할 결과가 true(false)일 것을 기대한다.

assert_ | refute_ instance_of(klass, obj, message)

obj가 klass의 인스턴스일 것을(가 아닐 것을) 기대한다.

assert_ | refute_ kind_of(klass, obj, ⟨*message*⟩)

obj가 klass의 서브클래스일 것을(가 아닐 것을) 기대한다.

assert_ | refute_ match(regexp, string, ⟨*message*⟩)

주어진 문자열이 정규 표현식에 매치할 것을(하지 않을 것을) 기대한다.

assert_ | refute_ nil(obj, ⟨*message*⟩)

obj가 nil일 것을(아닐 것을) 기대한다.

assert_ | refute_ operator(obj1, operator, obj2, ⟨*message*⟩)

operator 메시지를 obj1에 obj2를 매개 변수로 호출한 결과가 true(false)일 것을 기대한다.

assert_raises(Exception, ...) { block }

블록을 평가하는 도중에 매개 변수로 주어진 예외 중 하나가 발생할 것을 기대한다.

assert_ | refute_ respond_to(obj, message, ⟨*message*⟩)

obj가 주어진 메시지(심벌)에 반응하거나(반응하지 않을 것을) 기대한다.

assert_ | refute_ same(expected, actual, ⟨*message*⟩)

expected.equal?(actual)이 true(false)일 것을 기대한다.

assert_send(send_array, ⟨*message*⟩)

send_array[0]의 객체에게 send_array[2] 이후의 값들을 매개 변수로 send_array[1] 메시지를 호출한다. 그 결괏값이 true일 것을 기대한다.

assert_throws(expected_symbol, ⟨*message*⟩) { block }

블록이 주어진 심벌에 해당하는 예외를 발생시킬 것을 기대한다.

flunk(message="Epic Fail!")

항상 실패한다.

skip(message)
>이 테스트는 실행하지 않을 것을 명시한다.

pass
>항상 성공한다.

추가 Test::Unit 단언문

assert_not_equal(expected, actual, ⟨*message*⟩)
>== 연산자를 사용해 actual이 expected와 같지 않을 것을 기대한다. refute_equal과 비슷하다.

assert_not_match(regexp, string, ⟨*message*⟩)
>string이 regexp에 매치되지 않을 것을 기대한다. refute_match와 비슷하다.

assert_not_nil(obj, ⟨*message*⟩)
>obj가 nil이 아닐 것을 기대한다. refute_nil과 비슷하다.

assert_not_same(expected, actual, ⟨*message*⟩)
>!expected.equal?(actual)을 기대한다. refute_same과 비슷하다.

assert_nothing_raised(Exception, ...) { block }
>블록을 평가하는 과정에서 매개 변수로 주어진 예외들이 발생하지 않을 것을 기대한다.

assert_nothing_thrown(expected_symbol, ⟨*message*⟩) { block }
>블록이 주어진 심벌의 예외를 던지지 않을 것을 기대한다.

assert_raise(Exception, ...) { block }
>assert_raises의 별칭

14장

문제 해결하기

슬프지만 루비로 만든 프로그램일지라도 버그가 생길 가능성이 있다. 정말 유감이다. 하지만 너무 걱정할 필요는 없다! 루비에는 디버깅을 돕기 위해 여러 기능이 준비되어 있다. 이제 이러한 기능에 대해 살펴보고, 루비에서 흔히 저지르는 실수 몇 가지와 그것을 수정하는 방법을 알아볼 것이다.

14.1 루비 디버거

루비는 디버거와 함께 제공되고, 이는 편리하게도 기본 시스템에 내장되어 있다. 인터프리터를 실행할 때 스크립트의 이름, 다른 루비 옵션과 함께 -r debug 옵션을 주면 디버거를 실행할 수 있다.

ruby -r debug 〈디버그 옵션〉 〈프로그램 파일〉 〈프로그램 인자〉

루비 디버거는 보통의 디버거가 갖추고 있을 법한 통상적인 범주의 기능을 대부분 제공한다. 루비 디버거를 이용하면 중단점을 설정하거나, 메서드 호출에 들어가거나(step into) 나오거나(step over), 스택 프레임과 변수를 출력할 수 있다. 또한 특정 객체 또는 클래스에 대해 정의된 인스턴스 메서드를 나열할 수도 있고, 루비 내의 개별 스레드를 나열하거나 이를 제어할 수 있다. 표 6(251쪽)에는 디버거에서 사용할 수 있는 모든 명령어가 정리되어 있다.

설치된 루비가 readline을 지원한다면 커서 키를 사용해서 명령어 히스토리를 앞뒤로 찾아볼 수 있고, 기존 입력을 수정하기 위해 행 편집 명령을 사용할 수 있다.

루비 디버거가 어떤 것인지 감을 잡기 위해 예제 세션을 살펴보자.

```
$ ruby -r debug t.rb
Debug.rb
Emacs support available.
t.rb:1:def fact(n)
(rdb:1) list 1-9
[1, 9] in t.rb
=> 1 def fact(n)
   2   if n <= 0
   3     1
   4   else
   5     n * fact(n-1)
   6   end
   7 end
   8
   9 p fact(5)
(rdb:1) b 2
Set breakpoint 1 at t.rb:2
(rdb:1) c
breakpoint 1, fact at t.rb:2
t.rb:2:  if n <= 0
(rdb:1) disp n
1: n = 5
(rdb:1) del 1
(rdb:1) watch n==1
Set watchpoint 2
(rdb:1) c
watchpoint 2, fact at t.rb:fact
t.rb:1:def fact(n)
1: n = 1
(rdb:1) where
--> #1  t.rb:1:in `fact'
    #2  t.rb:5:in `fact'
    #3  t.rb:5:in `fact'
    #4  t.rb:5:in `fact'
    #5  t.rb:5:in `fact'
    #6  t.rb:9
(rdb:1) del 2
(rdb:1) c
120
```

14.2 대화형 루비 셸

루비를 즐기고 싶다면 대화형 루비 셸(irb)을 추천한다. 기본적으로 irb는 운영 체제 셸(작업 관리 기능을 가진)과 비슷한 루비 셸이다. irb는 실시간으로 루비를 가지고 놀 수 있는 환경을 제공한다. 다음처럼 명령행 프롬프트에서 irb를 실행할 수 있다.

irb ‹irb 옵션› ‹루비 스크립트› ‹프로그램 매개 변수들›

irb는 표현식을 하나 입력할 때마다 평가 결과를 출력한다. 다음은 irb를 실행한 예다.

```
irb(main):001:0> a = 1 +
irb(main):002:0* 2 * 3 /
irb(main):003:0* 4 % 5
```

```
=> 2
irb(main):004:0> 2+2
=> 4
irb(main):005:0> def test
irb(main):006:1>   puts "Hello, world!"
irb(main):007:1>   end
=> nil
irb(main):008:0> test
Hello, world!
=> nil
irb(main):009:0>
```

irb는 각각 자신만의 문맥(context)을 가지는 서브세션을 생성할 수 있다. 예를 들면, 초기 세션과 동일한 (최상위 수준의) 문맥을 갖는 서브세션을 생성하거나 특정 클래스 또는 인스턴스의 문맥 내에서 서브세션을 생성할 수 있다. 다음 세션 예제는 다소 길지만, 서브세션을 생성하고 세션 간의 전환은 어떻게 일어나는지 보여준다.

```
$ irb
irb(main):001:0> irb
irb#1(main):001:0> jobs
#0->irb on main (#<Thread:0x401bd654>: stop)
#1->irb#1 on main (#<Thread:0x401d5a28>: running)
irb#1(main):002:0> fg 0
#<IRB::Irb:@scanner=#<RubyLex:0x401ca7>,@signal_status=:IN_EVAL,
    @context=#<IRB::Context:0x401ca86c>>
irb(main):002:0> class VolumeKnob
irb(main):003:1> end
=> nil
irb(main):004:0> irb VolumeKnob
irb#2(VolumeKnob):001:0> def initialize
irb#2(VolumeKnob):002:1> @vol=50
irb#2(VolumeKnob):003:1> end
=> nil
irb#2(VolumeKnob):004:0> def up
irb#2(VolumeKnob):005:1> @vol += 10
irb#2(VolumeKnob):006:1> end
=> nil
irb#2(VolumeKnob):007:0> fg 0
#<IRB::Irb:@scanner=#<RubyLex:0x401ca7>,@signal_status=:IN_EVAL,
      @context=#<IRB::Context:0x401ca86c>>
irb(main):005:0> jobs
#0->irb on main (#<Thread:0x401bd654>: running)
#1->irb#1 on main (#<Thread:0x401d5a28>: stop)
#2->irb#2 on VolumeKnob (#<Thread:0x401c400c>: stop)
irb(main):006:0> VolumeKnob.instance_methods
=> ["up"]
irb(main):007:0> v = VolumeKnob.new
#<VolumeKnob: @vol=50>
irb(main):008:0> irb v
irb#3(#<VolumeKnob:0x401e7d40>):001:0> up
=> 60
irb#3(#<VolumeKnob:0x401e7d40>):002:0> up
=> 70
irb#3(#<VolumeKnob:0x401e7d40>):003:0> up
=> 80
irb#3(VolumeKnob):004:0> fg 0
#<IRB::Irb:@scanner=#<RubyLex:0x401ca7>,@signal_status=:IN_EVAL,
```

> 같은 irb 세션에서 VolumeKnob 클래스의 맥락으로 서브세션을 만든다.

> 메인 세션으로 돌아가기 위해 fg 0 명령을 사용한다. 현재 실행 중인 작업과 VolumeKnob에 정의된 인스턴스 메서드를 확인할 수 있다.

> 새로운 VolumeKnob 객체를 만든다. 그리고 이 객체의 맥락에서 irb 서브세션을 만든다.

> 메인 세션으로 다시 돌아가서 서브세션을 모두 종료한다.

```
        @context=#<IRB::Context:0x401ca86c>>
irb(main):009:0> kill 1,2,3
=> [1, 2, 3]
irb(main):010:0> jobs
#0->irb on main (#<Thread:0x401bd654>: running)
irb(main):011:0> exit
```

irb에서 지원하는 모든 명령어는 '18장 대화형 루비 셸'에서 확인할 수 있다.

현재 사용 중인 루비 인터프리터가 GNU readline 라이브러리를 사용할 수 있도록 빌드되었다면, 각 행을 편집하기 위한 이맥스나 vi 스타일의 키 바인딩을 사용할 수 있다. 또한 이전 명령어로 되돌아가거나 다시 실행할 수 있고, 이전 행을 편집할 수도 있다. 마치 시스템 셸처럼 작동한다.

irb는 훌륭한 학습 도구다. 방금 떠오른 생각을 빨리 시도해 보고 실제로 동작하는지 확인하는 데 매우 편리하다.

14.3 편집기 지원

루비 인터프리터는 한 번에 프로그램을 읽어 들이도록 설계되어 있다. 이는 전체 프로그램을 파이프를 통해 인터프리터의 표준 입력으로 보낼 수 있다는 것을 의미하며, 그대로 잘 작동할 것이다.

이러한 기능을 활용해서 편집기 내부에서 바로 루비 코드를 실행할 수 있다. 이맥스에서는 루비 텍스트의 영역을 설정하고 Meta+| 명령어를 사용해서 루비를 실행할 수 있다. 루비 인터프리터는 선택된 영역을 표준 입력으로 사용할 것이며, *Shell Command Output*이라는 이름의 버퍼로 전달한다. 이 기능은 이 책을 쓰는 동안 매우 유용했다. 실제 문단 중간의 루비 코드 몇 줄을 선택하고 바로 실행해 볼 수 있었다.

이와 비슷한 것을 vi 편집기에서 할 수 있다. :%!ruby는 프로그램 텍스트를 그것의 출력으로 바꿔치기한다. 또는 :w␣!ruby 명령을 이용해 버퍼에 영향을 주지 않고 출력 결과만 볼 수도 있다. 다른 편집기도 비슷한 기능들이 있다.[1]

일부 루비 개발자들은 통합 개발 환경을 선호하기도 한다. RubyAptana, RubyMine, NetBeans, Ruby in Steel, Idea 같은 통합 개발 환경들이 모두 열성적인 사용자들을 가지고 있다. 이 분야는 매우 빠르게 변화하는 분야로 여기에 있는 내용보다는 인터넷에서 직접 검색해 보기를 추천한다.

---

1 많은 프로그래머가 서브라임 텍스트(Sublime Text, http://www.sublimetext.com/)를 사용한다. 서브라임 텍스트는 다양한 플랫폼을 지원하며 루비 코드 실행을 비롯한 다양한 기능을 지원한다.

편집기에 대한 주제를 다루고 있으니, 이맥스의 루비 모드가 루비 소스 배포판의 misc/ 하위 디렉터리에 ruby-mode.el로 포함되어 있다는 것을 얘기해두는게 좋겠다. 이외에도 많은 편집기가 루비를 지원하고 있다. 자세한 내용은 각 편집기의 문서를 참조하기 바란다.

14.4 동작하지 않을 때!

이 책을 지금까지 주의 깊게 읽었다면, 이제 자신만의 루비 프로그램을 작성하기 시작했을 것이다. 하지만 제대로 동작하지 않는 경우도 있다. 다음은 널리 알려진 실수와 팁들을 열거한 것이다.

- 무엇보다 명심해야 하는 점은 먼저 경고가 출력되도록 하면서 스크립트를 실행하는 것이다(명령행에서는 -w 옵션으로 경고를 활성화한다).
- 인자 목록(특히 출력용) 안에서 ','를 쓰는 것을 잊어 버렸다면 매우 이상한 에러 메시지가 나올 수 있다.
- 속성 설정 메서드가 호출되지 않는다. 클래스 정의 내에서 루비는 setter=를 메서드 호출이 아닌 지역 변수에 대한 대입으로 해석한다. 메서드를 호출하려면 self.setter=의 형태를 사용해야 한다.

```ruby
class Incorrect
  attr_accessor :one, :two
  def initialize
    one = 1          # 의도대로 동작하지 않음. 이는 지역변수 one에 1을 대입한다.
    self.two = 2
  end
end

obj = Incorrect.new
obj.one   # => nil
obj.two   # => 2
```

- 적절히 초기화되지 않은 것처럼 보이는 객체는 initialize 메서드의 이름을 틀리게 쓴 탓일 수 있다.

```ruby
class Incorrect
  attr_reader :answer
  def initialise      # <-- 철자가 틀렸다.
    @answer = 42
  end
end

ultimate = Incorrect.new
ultimate.answer   # => nil
```

인스턴스 변수 이름을 잘못 입력했을 때에도 비슷한 일이 일어날 수 있다.

```ruby
class Incorrect
  attr_reader :answer
  def initialize
    @anwser = 42      #<-- 철자가 틀렸다.
  end
end

ultimate = Incorrect.new
ultimate.answer  # => nil
```

- 소스 코드의 마지막 줄에서 해석 에러(parse error)가 나타나는 것은 대부분 end 키워드를 깜빡했거나 앞당겨 써버린 경우다.

- syntax error, unexpected $end, expecting keyword_end 이러한 에러 메시지는 코드 내에서 end가 빠져 있음을 의미한다(메시지 내의 $end는 end-of-file을 의미한다. 즉 필요한 end 키워드들을 모두 찾기도 전에 코드가 마지막에 도달했음을 의미한다). 이 메시지를 보게 된다면, -w 옵션을 사용해 루비를 실행해 본다. if/while/class에 대한 end가 빠져 있다면 경고가 출력된다.

- 루비 1.9부터 블록 매개 변수는 지역 변수와 같은 스코프를 가지지 않는다. 이는 과거의 코드와 호환되지 않을 수 있음을 의미한다. 이러한 문제를 찾기 위해 -w 옵션을 사용한다.

```ruby
entry = "wibble"
[1, 2, 3].each do |entry|
  # entry에 대한 처리
end
puts "Last entry = #{entry}"
```

실행 결과:

```
prog.rb:2: warning: shadowing outer local variable - entry
Last entry = wibble
```

- 연산자 우선순위를 신경 써야 한다. 특히 do...end 대신에 {...}를 사용할 때 주의하자.

```ruby
def one(arg)
  if block_given?
    "block given to 'one' returns #{yield}"
  else
    arg
  end
end

def two
  if block_given?
    "block given to 'two' returns #{yield}"
  end
end

result1 = one two {
  "three"
}
```

```
result2 = one two do
  "three"
end

puts "With braces, result = #{result1}"
puts "With do/end, result = #{result2}"
```

실행 결과:

```
With braces, result = block given to 'two' returns three
With do/end, result = block given to 'one' returns three
```

- 터미널에 대한 출력은 버퍼링될 것이다. 이것은 어떤 메시지를 출력하자마자 볼 수 있는 것은 아니라는 의미다. 게다가 STDOUT과 STDERR 양쪽에 모두 메시지를 출력한다면, 출력 결과는 기대했던 순서대로 나타나지 않을 수도 있다. 디버그 메시지를 보여주려면 항상 버퍼링하지 않는 I/O(sync=true 옵션을 사용)를 사용하라.

- 숫자가 올바르게 나오지 않는다면 아마도 그것은 문자열 타입일 것이다. 파일에서 읽어 들인 텍스트는 String이며, 루비는 이 값을 자동으로 숫자로 변환하지 않는다. Integer 메서드 호출을 이용하면 잘 동작할 것이다(만일 입력이 정규화된 정수가 아니라면 예외가 발생할 것이다). 펄 프로그래머가 흔히 하는 실수는 다음과 같다.

```
while line = gets
  num1, num2 = line.split(/,/)
  # ...
end
```

이는 다음과 같이 고칠 수 있다.

```
while line = gets
  num1, num2 = line.split(/,/)
  num1 = Integer(num1)
  num2 = Integer(num2)
  # ...
end
```

또는 map을 사용해서 모든 문자열을 변환할 수 있다.

```
while line = gets
  num1, num2 = line.split(/,/).map {|val| Integer(val) }
  # ...
end
```

- 의도하지 않은 별칭(aliasing) - 만일 어떤 객체를 해시에 대한 키로 사용한다면 그 객체가 자신의 해시 값을 변경하지 않도록 해야 한다(또는 값이 변경되었을 때 Hash#rehash를 호출하도록 한다).

```
arr = [1, 2]
hash = { arr => "value" }
hash[arr]    # => "value"
arr[0] = 99
hash[arr]    # => nil
hash.rehash # => {[99, 2]=>"value"}
hash[arr]    # => "value"
```

- 사용 중인 객체의 클래스는 개발자가 생각하는 것과 동일해야 한다. 의심스러운 부분이 있다면 puts my_obj.class를 사용하라.

- 메서드 이름은 항상 소문자로 시작하도록 하고, 클래스와 상수 이름은 항상 대문자로 시작하라.

- 메서드 호출이 기대했던 것을 수행하지 않는다면, 매개 변수를 괄호로 둘러쌌는지 확인하라.

- 메서드의 매개 변수 목록을 여는 괄호가 메서드 이름 뒤에 공백 없이 쓰였는지 확인하라.

- irb와 디버거를 사용하라.

- Object#freeze를 사용하라. 코드 중 알 수 없는 부분에서 변수를 엉뚱한 값으로 설정하고 있다면 해당 변수를 동결시켜 본다. 변수 값을 변경하려 시도할 때 용의자를 잡을 수 있을 것이다.

루비 코드를 더 쉽게 재미있게 작성하는 중요한 기법이 하나 있다. 애플리케이션을 점진적으로 개발하라. 코드를 몇 줄 작성한 다음 실행해 보라(아마 Test::Unit을 사용해서). 코드를 몇 줄 더 작성한 다음 다시 실행해 보라. 동적 타입 언어의 주요 장점 중 하나는 실행을 위해 꼭 완벽한 코드가 필요한 것은 아니라는 점이다.

14.5 너무 느릴 때!

루비는 인터프리터 방식의 고수준 언어로 C 같은 저수준 언어만큼 빠르지 않다. 이어지는 각 절에서는 실행 속도를 향상시키기 위한 기본적인 방법을 몇 가지 소개한다. 또한 이 책의 색인에서 성능과 관련된 다른 부분을 찾아볼 수 있다.

일반적으로 느리게 동작하는 프로그램들은 한두 개의 병목, 즉 실행 시간을 대부분 잡아먹는 부분이 있다. 이런 부분들을 찾아서 개선하면, 프로그램은 갑작스럽게 생명을 되찾아 무덤 밖으로 튀어 나올 것이다. 중요한 것은 이를 찾아내는 것이다. Benchmark 모듈과 루비 프로파일러(profiler)가 이를 도와줄 것이다.

Benchmark 모듈

코드 일부분을 실행하는 데 걸리는 시간을 측정하기 위해서 Benchmark 모듈 (이에 대한 설명은 레퍼런스(841쪽)를 참조한다)을 사용할 수 있다. 예를 들어 메서드 호출에 대한 오버헤드가 어느 정도인지 궁금할 수 있다. 이를 위해 Benchmark를 사용할 수 있다.

```ruby
require 'benchmark'
include Benchmark

LOOP_COUNT = 1_000_000

bmbm(12) do |test|
  test.report("inline:") do
    LOOP_COUNT.times do |x|
      # 아무것도 하지 않는다.
    end
  end

  test.report("method:") do
    def method
      # 아무것도 하지 않는다.
    end
    LOOP_COUNT.times do |x|
      method
    end
  end
end
```

실행 결과:

```
Rehearsal ---------------------------------------------
inline:     0.060000    0.000000   0.060000 ( 0.059446)
method:     0.070000    0.000000   0.070000 ( 0.069527)
------------------------------------------ total: 0.130000sec

                 user      system     total       real
inline:      0.040000    0.000000   0.040000 ( 0.043053)
method:      0.070000    0.000000   0.070000 ( 0.071339)
```

벤치마크를 할 때는 주의가 필요하다. 루비 프로그램은 가비지 컬렉션(garbage collection) 부하 때문에 느리게 동작하는 경우가 자주 있기 때문이다. 이러한 가비지 컬렉션은 프로그램 실행 중에 언제든지 발생할 수 있기 때문에, 벤치마크 결과가 잘못 나올 수도 있다. 특정 코드가 느리다고 나와도 사실은 하필 그 코드가 실행될 때 가비지 컬렉션이 같이 실행된 것일 수 있다. Benchmark 모듈은 테스트를 두 번 수행하는 bmbm 메서드를 가지고 있다. 한 번은 예행연습이고 다음 한 번은 실제 성능을 측정한다. 이렇게 하는 이유는 가비지 컬렉션으로 인한 데이터 왜곡을 최소화하기 위해서다. 벤치마크 과정 자체는 상대적으로 잘 준비되어 있어서, 테스트할 프로그램 속도에 큰 영향을 주지 않는다.

프로파일러

루비는 코드 프로파일러(profiler)를 포함하고 있다(레퍼런스(901쪽)에서 다룬다). 프로파일러는 프로그램 내의 각 메서드가 몇 번씩 호출되었는지, 그리고 루비가 해당 메서드에서 머물렀던 평균 및 누적 시간을 측정해 준다.

명령행 옵션 -r profile 또는 코드 안에 require 'profile'을 사용해서 코드를 프로파일할 수 있다. 예를 들면 다음과 같다.

trouble/profileeg.rb
```
count = 0
words = File.open("/usr/share/dict/words")

while word = words.gets
  word = word.chomp!
  if word.length == 12
    count += 1
  end
end

puts "#{count} twelve-character words"
```

이 프로그램을 약 23만 5000단어를 가진 사전에 대해 처음 (프로파일링 없이) 실행하면 처리가 끝날 때까지 상당한 시간이 걸린다. 이를 개선하기 위해 -r profile 옵션을 사용해서 다시 실행해 보자. 결과적으로 다음과 같은 프로파일 결과를 얻을 수 있다.

```
20460 twelve-character words
  %   cumulative   self  self total
 time   seconds   seconds  calls ms/call ms/call  name
 9.03    1.21      1.21 234936    0.01    0.01  String#chomp!
 8.88    2.40      1.19 234937    0.01    0.01  IO#gets
 7.61    3.42      1.02 234936    0.00    0.00  String#length
 6.94    4.35      0.93 234936    0.00    0.00  Fixnum#==
 0.82    4.46      0.11  20460    0.01    0.01  Fixnum#+
 0.00    4.46      0.00      2    0.00    0.00  IO#set_encoding
 0.00    4.46      0.00      1    0.00    0.00  IO#open
  . . . .
```

우선 눈에 띄는 것은 프로파일러 없이 실행했을 때와 비교해 많이 느려졌다는 사실이다. 프로파일은 부하가 매우 많이 걸리는 작업이지만, 전체 프로그램에 걸쳐 적용된다는 가정이 있기 때문에, 상대적인 수치는 여전히 의미가 있다. 이 프로그램을 사전 데이터에 대해 실행할 경우 루프를 거의 23만 5000번 반복하므로, 대부분의 시간을 루프 안에서 보낼 것이 확실하다. 반복 때마다 gets와 chomp! 메서드가 호출된다. 루비 안의 처리를 경량화하거나 루프 자체를 없애

버리면 성능이 향상될 것이다. 루프를 없애는 한 가지 방법은 단어 리스트를 긴 문자열로 읽어 들인 다음, 패턴 매치를 사용해 열두 문자의 단어를 찾아내는 것이다.

trouble/profileeg1.rb

```
words = File.read("/usr/share/dict/words")
count = words.scan(/^...........\n/).size

puts "#{count} twelve-character words"
```

프로파일 결과가 훨씬 좋아졌다(프로파일을 하지 않는다면 지금보다 다섯 배 정도 빠르게 작동한다).

```
% ruby -r profile code/trouble/profileeg1.rb
20462 twelve-character words
  %   cumulative   self              self     total
 time   seconds   seconds   calls  ms/call  ms/call  name
100.00    0.26      0.26       1    260.00   260.00  String#scan
  0.00    0.26      0.00       1      0.00     0.00  Fixnum#to_s
  0.00    0.26      0.00       1      0.00     0.00  IO.read
  0.00    0.26      0.00       1      0.00     0.00  TracePoint#enable
  0.00    0.26      0.00       1      0.00     0.00  Array#size
  0.00    0.26      0.00       2      0.00     0.00  IO#set_encoding
  0.00    0.26      0.00       2      0.00     0.00  IO#write
  0.00    0.26      0.00       1      0.00     0.00  IO#puts
  0.00    0.26      0.00       1      0.00     0.00  Kernel#puts
  0.00    0.26      0.00       1      0.00     0.00  TracePoint#disable
  0.00    0.26      0.00       1      0.00   260.00  #toplevel
```

프로파일러 사용 이후에는 꼭 프로파일러 없이 코드를 실행해 보자. 프로파일러로 인한 속도 저하가 다른 문제점을 감출 수도 있기 때문이다.

루비는 매우 투명하고 표현력이 강한 언어다. 하지만 그렇다고 해서 프로그래머가 상식의 끈을 놓아버려도 된다는 의미는 아니다. 불필요한 객체를 생성하고, 불필요한 작업을 수행하고, 불어터진 코드를 작성하면 어떤 언어를 사용하건 프로그램은 느려질 것이다.

커버리지

루비 1.9.2부터 저수준 코드 커버리지 모듈이 인터프리터에 내장되었다(Coverage 모듈(848쪽) 참조). 이 기능은 코드 내에서 실행되는 행들을 추적한다.

이러한 저수준 기능들을 통해 필터, HTML 출력 등을 지원하는 라이브러리를 만들 수 있다. 예를 들면 마크 베이츠(Mark Bates)의 CoverMe와 크리스토프 올스초브카(Christoph Olszowka)의 simplecov가 있다.

둘 다 젬으로 설치할 수 있으며 두 라이브러리 모두 테스트 환경과 통합을 위한 방법을 제공한다.

앞서 작성한 간단한 테스트 점수 계산 예제의 커버리지를 HTML로 만들어 보면 좀 더 편리하다.

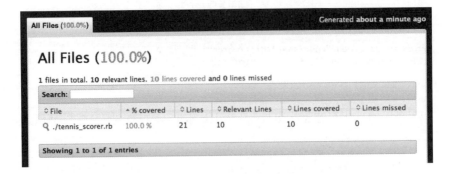

파일의 이름을 클릭하면 어떤 줄에서 코드가 실행되었는지 확인할 수 있다.

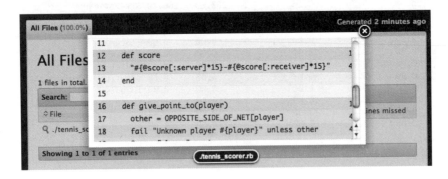

empty	빈 명령어. 마지막 명령을 반복해서 수행한다.
b[reak] [file|class:]line	파일(기본값은 현재 파일)이나 클래스 내의 지정된 행에 중단점을 설정한다.
b[reak] [file|class:]name	파일이나 클래스 내의 메서드에 중단점을 설정한다.
b[reak]	중단점들과 감시점들을 표시한다.
cat[ch] exception	예외가 발생하면 정지한다.
cat[ch]	현재 예외 수집 상황을 출력한다.
c[ont]	계속 실행한다.
del[ete] [nnn]	중단점 nnn을 삭제한다(입력하지 않으면 전부 삭제).
disp[lay] expr	디버거가 제어권을 가질 때마다 expr의 값을 출력한다.
disp[lay]	현재 등록된 디스플레이를 보여준다.
down nnn=1	스택 프레임 내에서 nnn 레벨만큼 아래로 내려간다.
f[rame]	where의 별칭
fin[ish]	현재 함수의 실행을 종료한다.

h[elp]	명령어 요약을 보여준다.
l[ist] [start-end]	start 번째 줄부터 end 번째 줄까지 소스 코드를 출력한다.
m[ethod] i[nstance] obj	obj의 인스턴스 메서드를 출력한다.
m[ethod] Name	클래스 또는 모듈 이름의 인스턴스 메서드를 출력한다.
n[ext] nnn=1	메서드 밖으로 나가면서 다음 nnn개의 줄을 실행한다.
[p] expr	현재 콘텍스트 내에서 expr의 평가 결과를 얻는다. expr에는 변수 대입문 또는 메서드 호출이 포함될 수 있다.
q[uit]	디버거를 종료한다.
s[tep] nnn=1	메서드 안으로 들어가면서 다음 nnn개의 줄을 수행한다.
th[read] l[ist]	모든 스레드를 출력한다.
th[read] [c[ur[rent]]]	현재 스레드의 상태를 출력한다.
th[read] [c[ur[rent]]] nnn	스레드 nnn을 현재 스레드로 만들고 멈춘다.
th[read] stop nnn	스레드 nnn을 현재 스레드로 만들고 멈춘다.
th[read] resume nnn	스레드 nnn을 재개한다.
th[read] [sw[itch]] nnn	스레드 콘텍스트를 nnn으로 바꾼다.
tr[ace] (on|off) [all]	현재 또는 모든 스레드 실행 추적 여부를 변경한다.
undisp[lay] [nnn]	지정된 디스플레이를 제거한다(대상을 지정하지 않으면 모두 제거).
up nnn=1	스택 프레임 내에서 nnn 레벨만큼 위로 올라간다.
v[ar] c[onst] Name	클래스 또는 모듈 이름 내의 상수를 출력한다.
v[ar] g[lobal]	전역 변수를 출력한다.
v[ar] l[ocal]	지역 변수를 출력한다.
v[ar] i[stance] obj	obj의 인스턴스 변수를 출력한다.
wat[ch] expr	expr이 참이면 중단한다.
w[here]	현재 스택 프레임을 출력한다.

표 6. 디버거 명령어

2부

루비 세팅하기

15장

루비와 세상

우리가 만들 애플리케이션이 결함이 있는 세상을 다루어야만 한다는 것은 불행한 사실이다. 이번 장에서는 그런 환경과 루비가 어떻게 상호 작용하는지 알아볼 것이다. 21장에서는 마이크로소프트 윈도 플랫폼에 대해 좀 더 자세히 다룰 것이다.

15.1 명령행 인자

"태초에 명령행이 있었다."[1] 루비가 설치된 시스템이 슈퍼 하이엔드 워크스테이션이건, 임베디드 PDA 디바이스건 루비 인터프리터를 띄웠다면 루비에 명령행 인자를 넘길 기회도 있다.

　루비 명령행은 세 부분으로 나뉜다. 루비 인터프리터 옵션, 그리고 실행해야 할 프로그램 이름, 그 프로그램의 매개 변수 집합이다. 프로그램 이름이나 프로그램에 넘길 매개 변수는 생략 가능하다.

ruby 〈옵션〉 〈--〉 〈프로그램 파일〉 〈매개 변수〉*

루비 옵션은 명령행 중에서 하이픈으로 시작하지 않은 부분이 나오기 전까지 또는 특별한 플래그인 --(하이픈 두 개)가 나오기 전까지다.

　명령행에 파일 이름이 포함되지 않았거나 파일 이름이 하나의 하이픈(-)이라면 루비는 표준 입력에서 프로그램 소스를 읽는다.

1　닐 스티븐슨이 쓴 걸작 에세이의 제목이다(http://www.cryptonomicon.com/beginning.html).

프로그램의 매개 변수는 프로그램 이름 다음에 온다. 예를 들면 다음과 같이 사용한다.

```
$ ruby -w - "Hello World"
```

앞선 예제는 경고 출력을 활성화하고, 표준 입력에서 프로그램을 읽고 문자열 "Hello World"를 매개 변수로 전달한다.

명령행 옵션

-0[octal]

숫자 0 플래그는 레코드 구분 문자(어떠한 숫자도 명시되지 않는다면 \0)를 명시한다. -00으로 문단 모드(paragraph mode)가 되며 두 개의 연속되는 기본 레코드 구분자로 구분된다. \0777을 사용하면 파일을 한 번에 읽어온다. 이에 해당하는 문자가 존재하지 않기 때문이다. $/을 설정한다.

-a

-n이나 -p와 함께 사용하면 자동 분할을 가리킨다. 각 루프 반복 첫 부분에 $F=$_.split를 실행하는 것과 동일하다.

-C 디렉터리

실행하기 전에 작업 디렉터리를 이동한다.

-c

문법 검사만 실행한다. 프로그램은 실행하지 않는다.

--copyright

저작권을 보여주고 종료한다.

-d, --debug

$DEBUG와 $VERBOSE를 true로 설정한다. 이 옵션은 프로그램을 추가로 추적(디버깅)할 수 있도록 도와준다.

--disable-all

rubygems와 RUBYOPT 옵션을 비활성화한다(이어지는 설명 참조).

--disable-gems

require로 루비젬을 자동으로 로드하지 않도록 한다. 반대 옵션으로 --enable-gems 옵션이 있다.

--disable-rubyopt

루비가 RUBYOPT 환경 변수를 참조하지 않도록 한다. 이는 보안이 필요한 환경에서 사용할 수 있다. 이에 반대되는 --enable-rubyopt 옵션이 있다.

--dump option...

루비의 내부 상태를 담은 다양한 정보를 덤프한다. options...에는 쉼표(,)나 공백으로 구분되는 하나 이상의 옵션이 올 수 있다. 사용 가능한 옵션으로는 copyright, insns, parsetree, parsetree_with_comment, syntax, usage, version, yydebug가 있다. 이 옵션은 루비 코어 개발자들이 사용한다.

--enable-all

rubygems, RUBYOPT 옵션을 활성화한다(이어지는 설명을 참조).

--enable-gems

require로 루비젬을 자동으로 로드하도록 한다. 반대 옵션으로 --disable-gems 옵션이 있다.

--enable-rubyopt

루비가 RUBYOPT 환경 변수를 사용하도록 설정한다(기본값이다). 보안상의 이유로 이 옵션을 비활성화할 수 있다.

-E encoding, --encoding encoding, --encoding=encoding

외부 세계에 대한 읽기와 쓰기에 대해 사용할 기본 문자 인코딩을 지정한다. 외부 인코딩(파일 내용에 사용되었을 거라고 추정되는 인코딩)을 설정하며, 필요하다면 기본 내부 인코딩(파일 내용을 읽을 때 이 인코딩으로 변환되며, 쓰기 작업을 할 때는 이 인코딩으로부터 외부 인코딩으로 변환된다)도 설정할 수 있다. -E 외부인코딩, -E 외부인코딩:내부인코딩, -E :내부인코딩 형식 중 하나로 지정할 수 있다. '17장 문자 인코딩'을 참조하라. -U 옵션도 참고하라.

-e 'command'

command를 한 줄의 루비 소스 코드로 실행한다. 이 옵션을 여러 번 사용할 수 있으며, 한 프로그램의 여러 줄로 인식된다. 프로그램 파일이 생략되고 -e 옵션이 존재하면 -e 옵션에 지정한 명령어를 실행하고 실행을 종료한다. -e로 실행되는 프로그램은 조건문에서 이전 버전의 범위와 조건 표현식 사용 방법을 따른다. 즉, 정수의 범위는 현재까지 입력받은 줄 수와 비교하고, 정규 표현식은 $_에 매치한다.

--external-encoding=encoding

    명시적으로 프로그램의 기본 외부 인코딩을 지정한다.

-F pattern

    split 메서드에서 기본값으로 사용되는 구분자($;)를 명시적으로 지정한다. 이는 -a 옵션에 영향을 준다.

-h, --help

    짧은 도움말 화면을 보여준다.

-I 디렉터리

    $LOAD_PATH ($:) 앞에 붙일 디렉터리를 명시한다. 여러 개의 -I 옵션을 사용할 수도 있다. 하나의 -I 옵션에 여러 개의 디렉터리를 지정할 수도 있다. 유닉스 계열 시스템에서는 콜론(:)으로 디렉터리를 구분하고, 도스/윈도 계열 시스템에서는 세미콜론(;)으로 디렉터리를 구분한다.

-i [확장자]

    ARGV 변수에 있는 파일을 즉시 수정한다. ARGV에 포함된 각 파일에 대해, 루비 프로그램이 출력하는 모든 내용을 다시 그 파일의 내용으로 저장한다. 이때 확장자를 명시하면 백업 파일이 만들어진다.

```
$ ruby -pi.bak -e "gsub(/Perl/, 'Ruby')" *.txt
```

--internal-encoding=인코딩

    기본적으로 사용할 내부 인코딩을 명시한다.

-l

    자동 행 종료를 활성화한다. $\에 $/의 값을 할당하고, 입력받는 모든 줄을 자동으로 chop한다.

-n

    입력한 프로그램이 while get; ...; end 루프 사이에 있는 것처럼 작동한다. 예를 들어 간단한 grep 명령은 다음과 같이 구현할 수 있다.

```
$ ruby -n -e "print if /wombat/" *.txt
```

-p

    입력한 프로그램이 while gets; ...; print; end 루프 사이에 있는 것처럼 행동한다.

```
$ ruby -p -e "$_.downcase!" *.txt
```

-r library

실행하기 전에 해당 라이브러리를 require한다.

-S

RUBYPATH나 PATH 등의 환경 변수를 이용하여 프로그램 파일을 찾는다.

-s

프로그램 이름 다음에 오는 명령행 스위치들 중에서 프로그램 파일 이름 뒤에, 그리고 파일 이름 옵션, 또는 -- 이전까지의 것들은 모두 ARGV에서 제거되고 대신 스위치 이름을 전역 변수로 해서 저장된다. 다음 예에서는 전역 변수 $opt의 값이 'electric'으로 저장된다.

```
$ ruby -s prog -opt=electric ./mydata
```

-Tlevel

오염 여부와 신뢰 검사에 영향을 주는 안전 수준을 정한다(26장 참조). $SAFE 변수가 설정된다.

-U

기본 내부 인코딩을 UTF-8로 설정한다. '17장 문자 인코딩'을 참조하라. -E 옵션도 참고하라.

-v, --verbose

$VERBOSE 변수를 true로 설정해서 verbose 모드가 된다. 또한 버전 번호를 출력한다. verbose 모드에서는 컴파일 경고가 표시된다. 명령행에 프로그램 파일이 주어지지 않으면, 그냥 종료된다.

--version

루비의 버전 번호를 출력한 뒤 종료한다.

-w

verbose 모드를 활성화한다. -v와는 달리 명령행에 프로그램 파일 이름이 없을 경우 표준 입력에서 프로그램을 읽는다. 루비 프로그램을 실행할 때 -w 옵션을 사용하기를 추천한다.

-W 수준

경고를 발생시키는 수준을 설정한다. 수준을 2로 설정하거나 명시적으로 지정하지 않으면 -w 옵션과 같은 효과를 가진다. 즉, 추가적인 경고들이 출력된다. 등급이 1이면 기본 경고 수준으로 돌아간다. -W0은 아무런 경고 메시지도 보여주지 않는다(Object#warn을 이용해 발생시킨 이슈도 포함해서).

-X 디렉터리
실행하기 전에 작업 디렉터리를 해당 디렉터리로 변경한다. -C 옵션과 같다.

-x [디렉터리]
#!ruby 라인 전까지의 문자들을 모두 없애고, 디렉터리가 주어진 경우 작업 디렉터리를 이 값으로 바꾼다.

-y, --yydebug
파서의 yacc 디버깅을 활성화한다(정보가 너무 많아진다).

인자 분석: ARGV와 ARGF

프로그램 파일 이름 뒤에 매개 변수는 프로그램 내에서 전역 변수 배열 객체 ARGV로 이용 가능하다. 예를 들어 test.rb 파일이 다음과 같다고 하자.

```
ARGV.each {|arg| p arg }
```

이 파일을 다음처럼 실행해보자.

```
$ ruby -w test.rb "Hello World" a1 1.6180
```

이것은 다음과 같은 출력 결과를 내놓을 것이다.

```
"Hello World"
"a1"
"1.6180"
```

여기서 C 프로그래머들이 주의해야 할 점이 하나 있다. C와는 달리 ARGV[0]이 프로그램의 첫 번째 매개 변수이지, 프로그램 이름이 아니라는 것이다. 현재 프로그램의 이름은 전역 변수 $0이나 별칭 $PROGRAM_NAME에 저장되어 있다. ARGV의 모든 값은 문자열이라는 사실도 기억하자.

프로그램이 표준 입력으로부터 읽으려고 한다면(또는 다음 절에서 이야기할 특수 파일인 ARGF를 사용하려 한다면) ARGV의 프로그램 매개 변수는 파일 이름으로 간주되어, 루비가 이 파일들을 읽을 것이다. 프로그램이 일반적인 매개 변수와 파일 이름을 섞어서 받는다면, 파일을 읽기 전에 ARGV 배열에서 파일 이름이 아닌 값을 모두 지워주어야 한다.

ARGF

명령행 프로그램에서 프로그램이 처리하려는 0개 이상의 파일 목록을 받아오는 방법은 흔히 사용된다. 그리고 그 파일들을 차례로 읽어가며 프로그램을 실행한다.

루비는 이를 위해 ARGF라고 하는 넘겨받은 파일들에 쉽게 접근할 수 있도록 도와주는 객체를 제공한다. 프로그램이 실행되면 ARGF가 초기화되고 ARGV를 참조한다. 이는 참조이므로 ARGV를 변경하면(예를 들어 옵션을 처리하고 삭제하면) ARGF에도 영향을 준다.

ARGF에서 읽어오거나(예를 들어 ARGF.gets로), 표준 입력을 읽어오면(예를 들어 단순히 gets로) 루비는 ARGV의 첫 번째 요소의 이름을 가진 파일을 열고, 여기에 I/O 작업을 수행한다. 계속 읽어나가면 파일의 마지막에 다다를 것이고, 이때 루비는 파일을 닫고 ARGV 배열의 다음 요소로 넘어가서 파일을 연다. 계속해서 파일을 읽고 모든 파일을 다 읽어 마지막 파일의 EOF에 다다를 것이다 (이때 gets를 호출하면 nil을 반환할 것이다). ARGV가 비어 있다면 ARGF는 표준 입력으로부터 읽어올 것이다.

현재 읽고 있는 파일의 이름은 ARGF.filename으로 얻어올 수 있고, 현재 파일 객체는 ARGF.file로 얻어올 수 있다. ARGF의 모든 줄 수는 ARGF.lineno를 통해 알 수 있으며, 현재 파일의 줄 번호는 ARGV.file.lineno를 통해 알 수 있다. 다음은 이러한 정보를 사용하는 프로그램 예제다.

```
while line = gets
  printf "%d: %10s[%d] %s", ARGF.lineno, ARGF.filename, ARGF.file.lineno, line
end
```

이를 실행하면 파일 이름들을 넘겨주고 그 안에 들어있는 파일 내용을 복사할 것이다.

```
$ ruby copy.rb testfile otherfile
1:   testfile[1] This is line one
2:   testfile[2] This is line two
3:   testfile[3] This is line three
4:   testfile[4] And so on...
5:  otherfile[1] ANOTHER LINE ONE
6:  otherfile[2] AND ANOTHER LINE TWO
7:  otherfile[3] AND FINALLY THE LAST LINE
```

제자리 편집

제자리 편집(in-place editing)은 펄에서 유래한 트릭이다. 이는 명령행에서 넘겨진 파일을 바로 편집할 수 있도록 해 주며, 원래 파일의 콘텐츠를 별도로 백업

해서 보관해 준다.

제자리 편집을 사용하려면 루비에 백업 파일 확장자를 지정해 줘야 한다. 이는 -i [ext] 명령행 옵션이나 코드상에서 ARGF.inplace_mode=ext를 통해 할 수 있다.

이제 명령행을 통해 파일을 읽어올 때 루비는 원래 파일의 이름을 변경하고 주어진 백업 확장자를 덧붙인다. 이를 통해 원래 이름을 가진 새로운 파일을 생성하고 이를 열어서 표준 출력에 쓴다. 다음과 같이 작성할 수 있다.

```
while line = gets
  puts line.chomp.reverse
end
```

이 프로그램은 다음과 같이 사용한다.

```
$ ruby -i.bak reverse.rb testfile otherfile
```

이제 testfile과 otherfile은 각 줄이 뒤집어졌으며 원래의 파일은 testfile.bak과 otherfile.bak에서 찾을 수 있다.

ARGF의 메서드들을 사용하면 이 파일들에 대한 I/O를 통해 좀 더 세세한 조작을 할 수 있다. 이러한 방법은 매우 드물게 활용된다. 따라서 여기서는 다루지 않으니 ri나 웹 문서를 찾아보기 바란다.

15.2 프로그램 종료

Object#exit 메서드는 프로그램을 종료하고, 운영 체제에 종료 상태값을 반환한다. 하지만 다른 언어와 달리 exit 메서드가 프로그램을 즉시 종료시키지 않는다. Object#exit는 일단 SystemExit 예외를 발생시키는데 이를 잡아서 등록된 at_exit 메서드와 객체 소멸자를 포함한 정리 동작을 수행한다. 자세한 내용은 레퍼런스의 Object#at_exit(714쪽)에서 다룬다.

15.3 환경 변수

미리 정의된 변수 ENV를 사용하면 운영 체제에 정의된 환경 변수에 접근할 수 있다. 이 변수에는 Hash 메서드를 사용할 수 있다.[2]

---

2 ENV는 실제로 해시는 아니지만 필요하다면 ENV#to_hash를 호출해 Hash로 변환할 수 있다.

```
ENV['SHELL']
ENV['HOME']
ENV['USER']
ENV.keys.size
ENV.keys[0, 4]
```

일부 환경 변수의 값은 루비가 처음 실행될 때 읽는다. 이러한 변수들의 값은 인터프리터의 동작 방식을 변화시킨다.

루비에서 사용하는 환경 변수는 다음 표에서 다룬다.

변수 이름	설명
DLN_LIBRARY_PATH	동적으로 로딩되는 모듈들을 찾는 경로
HOME	사용자의 홈 디렉터리를 가리킨다. 파일 이름과 디렉터리에 쓰인 ~을 확장하는 데 사용한다.
LOGDIR	$HOME이 설정되어 있지 않다면 사용자의 홈 디렉터리로 이 값을 사용한다. Dir. chdir에서만 사용된다.
OPENSSL_CONF	OpenSSL 설정 파일의 위치를 나타낸다.
RUBYLIB	루비 프로그램에 대해 추가 검색 경로를 지정하다. $SAFE 값이 0이어야 작동한다.
RUBYLIB_PREFIX	(윈도에서만 사용 가능한 변수로) RUBYLIB의 검색 경로 각각에 해당 프리픽스를 추가한다.
RUBYOPT	루비에 추가 명령행 옵션을 준다. 실제 명령행 옵션을 파싱한 후에 찾는다. $SAFE 값이 0이어야만 작동한다.
RUBYPATH	-S 옵션으로 루비 프로그램의 검색 경로를 명시한다(기본값은 PATH다).
RUBYSHELL	윈도에 프로세스를 만들 때 사용하기 위한 셸. 설정되어 있지 않다면 SHELL이나 COMSPEC 변수를 참조한다.
RUBY_TCL_DLL	TCL 공유 라이브러리나 DLL의 기본 이름을 재정의한다.
RUBY_TK_DLL	Tk 공유 라이브러리나 DLL의 기본 이름을 재정의한다. 이것과 RUBY_TCL_DLL 모두 사용하기 전에 미리 정의해야 한다.

다른 환경 변수들은 루비 가상 머신이 다양한 작업을 수행하는 가운데 메모리를 할당하는 방법에 영향을 줄 수 있다.[3]

---

3   이는 MRI에만 적용된다.

변수 이름	설명
RUBY_THREAD_VM_STACK_SIZE	스레드를 만들 때 VM 스택 크기를 지정한다. 128KB(32비트 CPU) 또는 256KB(64비트 CPU)
RUBY_THREAD_MACHINE_STACK_SIZE	스레드를 만들 때 머신 스택 크기를 지정한다. 512KB(32비트 CPU) 또는 1024KB(64비트 CPU)
RUBY_FIBER_VM_STACK_SIZE	파이버를 만들 때 VM 스택 크기를 지정한다. 64KB 또는 128KB
RUBY_FIBER_MACHINE_STACK_SIZE	파이버를 만들 때 머신 스택 크기를 지정한다. 256KB 또는 512KB

시스템상의 이 환경 변수들의 현재 값은 RubyVM::DEFAULT_PARAMS에서 확인할 수 있다.

환경 변수에 쓰기

루비 프로그램은 ENV 객체에 값을 쓸 수 있다. 대부분의 시스템에서 이를 통해 대응되는 환경 변수의 값을 바꿀 수 있다. 하지만 이 변경 내용은 해당 프로세스와 그 이후에 생성된 자식 프로세스에만 적용된다. 이러한 환경 변수의 상속은 다음 코드에서 볼 수 있다. 하위 프로세스가 환경 변수를 바꾸고 이 변경은 그 안쪽의 하위 프로세스에서 볼 수 있다. 하지만 본래의 부모 프로세스에 적용되지는 않는다(이것은 부모 프로세스는 자식 프로세스가 어떤 동작을 하는지 알지 못한다는 의미다).

```ruby
puts "In parent, term = #{ENV['TERM']}"
fork do
  puts "Start of child 1, term = #{ENV['TERM']}"
  ENV['TERM'] = "ansi"
  fork do
    puts "Start of child 2, term = #{ENV['TERM']}"
  end
  Process.wait
  puts "End of child 1, term = #{ENV['TERM']}"
end
Process.wait
puts "Back in parent, term = #{ENV['TERM']}"
```

실행 결과:

```
In parent, term = xterm
Start of child 1, term = xterm
Start of child 2, term = ansi
End of child 1, term = ansi
Back in parent, term = xterm
```

환경 변수를 nil로 설정하면 해당하는 환경 변수의 값을 제거할 수 있다.

15.4 루비가 라이브러리를 찾는 곳

특정 라이브러리를 루비 프로그램에서 사용하기 위해 require와 load를 사용할 수 있다. 라이브러리는 루비에 기본적으로 내장되어 있는 것도 있고 루비젬에서 패키지로 설치했을 수도 있다. 그것도 아니면 직접 만들었을 수도 있다. 루비는 이 라이브러리들을 어디에서 찾을까?

간단한 것부터 시작해 보자. 루비를 특정 머신에 맞추어 빌드하면, 라이브러리 코드가 저장되는 표준 디렉터리 목록을 미리 만들어둔다. 물론 이 디렉터리가 어디 위치하는지는 머신에 따라 달라진다. 이 값은 다음과 같은 명령행으로도 알 수 있다.

```
$ ruby -e 'puts $:'
```

OS X과 RVM을 사용하고 있다면 다음과 같은 경로들을 볼 수 있을 것이다.

```
/Users/dave/.rvm/rubies/ruby-2.0.0-p195/lib/ruby/site_ruby/2.0.0
/Users/dave/.rvm/rubies/ruby-2.0.0-p195/lib/ruby/sitc_ruby/2.0.0/x86_64-darwin12.4.1
...
```

site_ruby 디렉터리에는 직접 추가한 모듈과 확장 기능이 들어간다. 아키텍처 의존적인 디렉터리에는(앞선 예제에서는 x86_64-darwin...) 실행 파일과 특정 머신에서만 사용하는 것들이 들어간다. 그리고 이 디렉터리들은 모두 루비가 라이브러리를 찾을 때 살펴보는 디렉터리 목록에 자동으로 추가된다.

때로는 이것으로 충분하지 않을 때도 있다. 루비로 만들어진 큰 프로젝트를 수행한다면 아마 프로젝트 내에 상당한 양의 라이브러리를 구축했을 것이다. 팀원 모두가 이 라이브러리에 접근할 수 있어야 한다. 그러기 위해 선택 가능한 방법이 두 가지 있다. 프로그램을 안전 수준 0(26장에서 자세히 설명한다)에서 돌린다면 RUBYLIB 환경 변수 검색에 사용할 디렉터리를 하나 이상 추가할 수도 있다.[4] 그리고 프로그램이 setuid를 사용하지 않는다면, 명령행 옵션 -I를 써도 같은 효과를 얻을 수 있다.

루비 변수 $:는 불러올 파일을 검색하는 경로를 담은 배열이다. 앞에서 본 것처럼 이 변수는 초깃값으로 기본 디렉터리 목록을 가지며, 여기에 RUBYLIB과 -I에서 지정해준 디렉터리가 더해진다. 그리고 프로그램 실행 중 언제든지 이 배열에 디렉터리를 추가할 수 있다. 루비 1.9 이전에는 다음과 같은 관용적인 표현을 사용했다.

---

4 윈도에서는 구분자로 세미콜론(;)이 사용되며 유닉스 기반 시스템에서는 콜론(:)이 사용된다.

```
$: << File.dirname(__FILE__)
require 'other_file'
```

이는 현재 파일이 있는 디렉터리를 검색 경로에 포함시켜 같은 디렉터리상의
other_file.rb를 읽어올 수 있도록 해 준다. 이제 같은 일을 require_relative를 통
해 할 수 있다.

```
require_relative 'other_file'
```

15.5 루비젬 통합

이번 절은 이 책의 2판에서 채드 파울러(Chad Fowler)가 작성한 '루비젬을 이용한 패키지 관
리'의 내용에 기반을 두고 있다.

루비젬은 루비 라이브러리와 애플리케이션의 표준화된 패키징과 설치를 지원하
는 프레임워크다. 루비젬으로 루비 패키지를 쉽게 검색, 설치, 업그레이드, 삭제
할 수 있다.

루비젬이 등장하기 이전에는, 새로운 라이브러리를 설치하려면 웹에서 검색
하고 패키지를 다운로드하고 직접 설치하는 수고를 해야 했다. 물론 의존성이
발목을 잡지 않았을 때 이야기다. 그러나 원하는 라이브러리가 루비젬을 이용하
여 패키징되어 있다면, 루비젬 설치 명령을 내리기만 하면 된다(모든 의존성은
자동으로 해결된다). 모든 것이 우리를 위해 준비되어 있다.

루비젬 세계에서 개발자는 자신의 애플리케이션과 라이브러리를 젬이라는 단
일 파일에 묶어 넣는다. 젬 파일은 표준화된 포맷을 따르며 일반적으로 인터넷
상의 저장소에 저장되어 있다(필요하다면 자신의 저장소를 만들 수도 있다).

루비젬 시스템에서는 젬 파일을 조작하기 위한 gem이라는 적절한 이름의 명
령행 도구도 지원한다. 또한 프로그램에서 라이브러리로 젬에 접근할 수 있도록
해 주는 기능도 루비에 내장되어 있다.

루비 1.9 이전에 루비젬을 사용하기 위해서는 사용자가 직접 설치해야만 했
다. 하지만 이제 루비젬은 루비에 포함되었다.

컴퓨터에 젬 설치하기

XML을 대량으로 처리하는 애플리케이션을 만들고 있다고 하자. 이를 직접 코딩
을 할 수도 있지만 누군가 짐 와이어리크(Jim Weirich)가 만든, XML을 루비 코
드처럼 조작할 수 있는 Builder 라이브러리를 추천해 주었다.

바로 Builder를 젬으로 사용할 수 있는지 알아보자.

```
$ gem query --details --remote --name-matches builder
AntBuilder (0.4.3)
    Author: JRuby-extras
    Homepage: http://jruby-extras.rubyforge.org/
    AntBuilder: Use ant from JRuby. Only usable within JRuby
builder (2.1.2)
    Author: Jim Weirich
    Homepage: http://onestepback.org
    Builders for MarkUp.
```

--details 옵션을 통해 검색된 젬에 대한 자세한 정보를 확인할 수 있다. --remote 옵션을 통해 외부 저장소도 검색할 수 있다. 그리고 --name-matches 옵션을 통해 중앙 젬 저장소에서 이름이 /builder/ 정규 표현식에 매치되는 모든 젬을 검색할 수 있다(각각 축약형인 -d, -r, -n을 사용할 수도 있다). 검색 결과를 통해 이름에 builder가 들어가는 젬들을 확인할 수 있다. 우리가 찾는 젬은 이름이 정확히 builder인 젬이다.

이름 다음에 오는 숫자는 최신판을 나타낸다. --all 옵션을 사용해 사용 가능한 모든 버전을 확인할 수 있다. 이름이 정확히 일치하는 젬만 볼 수 있도록 list 명령어를 사용할 수 있다.

```
$ gem list --details --remote --all builder
*** REMOTE GEMS ***

builder (2.1.2, 2.1.1, 2.0.0, 1.2.4, 1.2.3, 1.2.2, 1.2.1, 1.2.0, 1.1.0, 0.1.1)
    Author: Jim Weirich
    Homepage: http://onestepback.org
    Builders for MarkUp.
```

최신판을 다운로드할 때는 버전을 명시적으로 지정하지 않아도 된다. 버전을 명시하지 않으면 기본적으로 최신판을 다운로드한다.

```
$ gem install builder
Successfully installed builder-2.1.2
1 gem installed
Installing ri documentation for builder-2.1.2...
Installing RDoc documentation for builder-2.1.2...
```

이 과정에서 몇 가지 일이 일어난다. 먼저 Builder의 최신판(2.1.2)을 설치하는 걸 알 수 있다. 다음으로 루비젬은 이 젬의 문서가 존재하는지 확인하고 RDoc을 통해 이를 설치한다.

유닉스 계열 시스템을 사용하고 rvm을 사용하고 있지 않다면 gem install 명령어를 사용할 때 앞에 sudo를 붙여줘야 한다. 이는 로컬 젬이 기본적으로 시스템 공유 디렉터리에 설치되기 때문이다.

로컬 머신에 설치된 젬 목록을 확인하기 위해 다음 명령어를 입력한다.

```
$ gem list
*** LOCAL GEMS ***
builder (2.1.2)
```

젬 문서 읽기

Builder를 처음 사용한다면 어떻게 사용하는지 모를 것이다. 다행히도 루비젬은 Builder를 설치할 때 Builder의 문서도 같이 설치한다. 따라서 이 문서를 찾아보면 된다.

　루비젬은 다른 파일들과 마찬가지로 각 젬의 문서 파일들도 시스템 중앙에 보호되어 있는 루비젬 고유의 공간에 저장한다. 저장 위치는 시스템에 따라서 상이하며 젬을 설치할 때 명시적으로 지정해줄 수도 있다. 문서를 찾는 가장 확실한 방법은 gem 명령어를 사용해 루비젬이 설치된 메인 디렉터리를 찾는 것이다.

```
$ gem environment gemdir
/usr/local/lib/ruby/gems/1.9.3
```

젬을 설치하면서 생성된 문서들은 앞의 디렉터리의 doc/이라는 서브 디렉터리에 저장된다.

　이 문서를 보는 가장 쉬운 방법은 루비젬에 포함되어 있는 gem server라는 유틸리티를 사용하는 것이다. 다음 명령어로 쉽게 서버를 실행할 수 있다.

```
$ gem server
Server started at http://[::ffff:0.0.0.0]:8808
Server started at http://0.0.0.0:8808
```

gem server 명령어는 현재 사용 중인 컴퓨터에서 웹 서버를 실행한다. 기본적으로 8808 포트를 사용하며 루비젬의 기본 디렉터리에 저장되어 있는 젬과 이 젬들의 문서를 확인할 수 있다. 포트 번호와 gem 디렉터리는 각각 -p 옵션과 -d 옵션을 통해 명시적으로 지정할 수 있다.

　gem server를 실행하고 나면 웹 브라우저에서 http://localhost:8808로 접속해 설치된 젬들의 문서를 웹에서 읽을 수 있다. 브라우저로 접속하면 설치된 젬들의 목록과 간단한 설명, 그리고 RDoc 문서의 링크를 찾을 수 있다. Builder의 rdoc 링크를 클릭하면 다음과 같은 화면이 나타날 것이다.

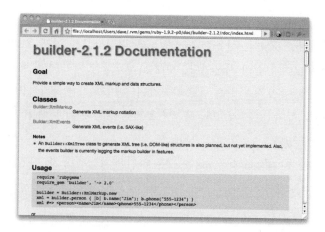

젬 사용하기

젬을 설치하고 나면 다른 루비 라이브러리와 마찬가지로 require해야 프로그램
에서 사용할 수 있게 된다.

```
require 'builder'

xml = Builder::XmlMarkup.new(target: STDOUT, indent: 2)
xml.person(type: "programmer") do
  xml.name do
    xml.first "Dave"
  end
  xml.location "Texas"
  xml.preference("ruby")
end
```

실행 결과:
```
<person type="programmer">
  <name>
    <first>Dave</first>
  </name>
  <location>Texas</location>
  <preference>ruby</preference>
</person>
```

젬과 버전

누군가는 오래 전부터 Builder 젬을 사용해 왔을 수도 있다. 과거에 사용하던
인터페이스는 지금과는 조금 다르다. 1.0 이전의 버전에서는 다음과 같이 사용
했다.

```
xml = Builder::XmlMarkup.new(STDOUT, 2)
xml.person do
  name("Dave Thomas")
 end
```

생성자에서 위치 매개 변수를 받는다는 점에 주목하자. 또한 do 블록에서 name(...)이라는 표현을 사용한다는 점도 달라 보인다. 현재 Builder에서는 xml.name(...)과 같이 사용한다. 오래된 코드를 가다듬어 새로운 버전의 Builder에서 작동하도록 만드는 것도 가능하며, 아마 그것이 장기적으로는 최선의 방법이라고 할 수 있을 것이다. 하지만 루비젬을 통해 이 문제를 좀 더 간단히 해결할 수도 있다.

우선 Builder 젬 저장소에 존재하는 모든 버전을 확인해 보자. 다양한 버전이 저장되어 있음을 확인할 수 있다.[5]

```
$ gem list --details --remote --all builder
*** REMOTE GEMS ***
builder (2.1.2, 2.1.1, 2.0.0, 1.2.4, 1.2.3, 1.2.2, 1.2.1, 1.2.0, 1.1.0, 0.1.1)
```

앞서 Builder 젬을 설치할 때는 버전을 명시하지 않았다. 버전을 명시하지 않으면 루비젬은 자동으로 사용 가능한 최신판을 설치한다. 하지만 젬을 설치할 때 직접 특정 버전을 명시하거나, 특정 조건을 만족하는 버전을 설치하는 것도 가능하다. 다음 예제에서는 버전 번호가 1보다 낮은 최신판을 설치한다.

```
$ gem install builder --version '< 1'
Successfully installed builder-0.1.1
1 gem installed
Installing ri documentation for builder-0.1.1...
Installing RDoc documentation for builder-0.1.1...
```

이렇게 설치하면 앞서 설치한 Builder 2.1.2 버전은 사라지는 걸까? 로컬에 설치된 젬 목록을 출력해서 확인해 보자.

```
$ gem list builder
*** LOCAL GEMS ***
builder (2.1.2, 0.1.1)
```

두 버전 모두 로컬에 설치되어 있다는 것을 확인할 수 있다. 그렇다면 어떻게 오래된 코드에서는 과거 버전을 사용하고 새로운 코드에서는 최신판을 사용하도록 할 수 있을까? 루비젬은 최신판을 자동으로 불러오므로 269쪽의 코드는 정상으로 작동할 것이다. 젬을 로드할 때 버전을 명시하려면 다음과 같이 루비젬을 사용해 버전을 명시해 줄 필요가 있다.

```
gem 'builder', '< 1.0'
require 'builder'

xml = Builder::XmlMarkup.new(STDOUT, 2)
```

---

5 독자가 이 책을 읽을 때는 사용 가능한 버전들이 달라져 있을 것이다.

```
xml.person do
  name("Dave Thomas")
  location("Texas")
end
```

gem으로 시작하는 줄은 "Builder 젬을 찾을 때 오직 1.0보다 낮은 버전만 찾을 것"을 명시한다. 이어지는 require에서는 이에 따라 원하는 버전의 Builder를 불러들인다. gem의 "< 1.0"은 특정 버전을 지정하는 지시자다. 버전 숫자는 각각 주버전.부버전.패치레벨로 분류된다. 루비젬에서 지원하는 지시자들은 다음과 같다.

연산자	설명
=	정확히 같은 버전. 주 버전, 부 버전, 패치 레벨 모두가 같은 버전
!=	어떤 버전이건, 주어진 버전과는 다른 버전
>	주어진 버전보다 (최소한 패치 레벨이라도) 큰 버전
<	주어진 버전보다 작은 버전
>=	주어진 버전보다 같거나 큰 버전
<=	주어진 버전보다 같거나 작은 버전
~>	안전한(boxed) 버전 연산자. 버전보다 반드시 크거나 같아야 하며, 부 버전이 1 증가한 후의 버전보다는 작아야 한다. 이것은 부 버전 업그레이드 시에 API 호환성이 깨지는 문제를 방지하기 위해 사용한다.

표 7. 버전 연산자

필요한 경우 버전 여러 개의 버전 지시자를 사용할 수 있다.

```
gem 'builder', '> 0.1', '< 0.1.5'
```

이는 정상으로 작동하지만 안타깝게도 문제가 있다. 과거 버전의 Builder는 루비 1.9에서 작동하지 않는다. 이 코드를 루비 1.8에서 실행하는 데는 문제가 없지만, 루비 1.9 이후 버전에서 사용하고자 한다면 새로운 버전의 Builder를 사용해야 한다.

젬은 단순히 라이브러리가 아니다

젬에 따라서는 애플리케이션 내에서 사용 가능한 라이브러리 외에도 명령행에서 사용 가능한 유틸리티를 포함하고 있는 경우가 있다. 이러한 유틸리티는 대부분 젬에 포함된 라이브러리의 래퍼(wrapper)다. 예를 들어 마셀 몰리나(Marcel Molina)가 만든 AWS:S3 젬은 아마존 S3의 기능을 프로그램에서 사용하도록 해 주는 라이브러리이지만, s3sh 명령어를 통해 s3에 직접 접근 가능한 명령행 유틸리티도 포함하고 있다. 이 젬을 설치하면 자동으로 루비 인터프리터 가 포함된 bin/ 디렉터리에 s3sh 명령어가 설치된다.

이렇게 설치되는 유틸리티에는 문제가 하나 있다. 젬은 다중 버전을 지원하지 만, 이러한 유틸리티 프로그램은 다중 버전을 지원하지 않는다는 점이다. 즉, 같 은 이름을 가진 명령어는 마지막에 설치된 것이 살아남는다.

15.6 레이크(Rake) 빌드 도구

짐 와이어리크는 Builder 젬뿐 아니라 레이크라는 매우 유용한 유틸리티 프로그 램도 만들었다. 루비 1.9 이전에는 레이크를 별도의 젬으로 설치해야 했지만, 현 재는 루비 배포판에 기본적으로 포함되어 있다.

레이크는 범용 빌드 도구로 사용되는 메이크(Make)의 루비 버전으로 구현되 었다. 하지만 레이크를 빌드 유틸리티라고 하는 것은 레이크를 과소평가하는 일 이다. 좀 더 정확히 이야기하자면 레이크는 범용적인 자동화 도구다. 레이크를 사용하면 프로젝트에서 실행되는 모든 태스크를 한 장소에서 관리하고 깔끔하 게 정리할 수 있다.

간단한 예제에서 시작해 보자. 편집기에서 파일을 편집하다 보면 작업 파일에 백업 파일이 쌓이는 경우가 있다. 유닉스 기반 시스템에서는 이러한 백업 파일 은 일반적으로 원래 파일 이름 뒤에 물결 문자(~)를 덧붙여 만들어지는 경우가 많다. 윈도에서는 bak 확장자를 추가로 붙이는 경우가 많다.

레이크를 통해 이러한 임시 백업 파일들을 한꺼번에 삭제하는 프로그램을 만 들 수 있다. 유닉스에서는 다음과 같이 작성할 수 있다.

```
require 'fileutils'
files = Dir['*~']
FileUtils::rm files, verbose: true
```

FileUtils 모듈에는 파일과 디렉터리를 조작하는 다양한 메서드가 정의되어 있다 (자세한 내용은 레퍼런스(865쪽)에서 다룬다). 앞의 코드에서는 rm 메서드를 사 용한다. 백업 파일들을 찾는 데는 Dir 클래스를 사용했으며 이를 통해 찾은 백업 파일들을 rm 메서드에 넘겨준다.

이를 레이크를 통해 실행할 수 있는 태스크로 만들어 보자.

기본적으로 Rake 명령어는 현재 디렉터리(또는 그 상위 디렉터리)의 Rakefile 을 찾는다. Rakefile에는 레이크가 실행할 수 있는 태스크들의 정의가 포함된다.

다음 코드를 Rakefile로 저장해 보자.

```
desc "Remove files whose names end with a tilde"
task :delete_unix_backups do
  files = Dir['*~']
  rm(files, verbose: true) unless files.empty?
end
```

이 파일에는 .rb 확장자를 붙이지 않지만 루비 코드 파일이다. 레이크는 desc와 task 등의 메서드를 포함한 환경을 정의하고 Rakefile을 실행한다.

desc 메서드는 이어지는 task를 설명하는 한 줄로 된 문서를 넘겨받는다. task 메서드에는 Rake로 명령행을 통해 실행될 때 동작할 코드를 정의한다. 매개 변수는 태스크의 이름(심벌)이 되며 블록은 실행될 코드가 된다. 여기서는 단순히 rm 메서드만을 사용하지만 FileUtils의 모든 메서드는 Rakefile 안에서 사용할 수 있다.

다음과 같이 명령행에서 실행할 수 있다.

```
$ rake delete_unix_backups
(in /Users/dave/BS2/titles/ruby4/Book/code/rake)
rm entry~
```

첫 번째 줄은 레이크가 Rakefile을 찾은 디렉터리를 의미한다. 이는 현재의 작업 디렉터리나 현재 작업 디렉터리의 상위 디렉터리가 될 수 있다. 다음 줄은 rm 메서드를 사용할 때의 출력이다. 여기서는 entry~ 파일 하나를 삭제한다는 것을 출력한다.

이제 같은 Rakefile에 두 번째 태스크를 만들어 보자. 이번에는 윈도의 백업 파일을 삭제한다.

```
desc "Remove files with a .bak extension"
task :delete_windows_backups do
  files = Dir['*.bak']
  rm(files, verbose: true) unless files.empty?
end
```

이는 rake delete_windows_backups 명령어로 실행할 수 있다.

자, 이제 애플리케이션이 윈도와 유닉스에서 모두 실행 가능할 때 현재 플랫폼에 대응하는 백업 파일을 삭제하려고 하면 어떻게 해야 할까. 두 가지 일을 모두 하는 태스크를 만들 수도 있지만 레이크는 태스크를 조합할 수 있는 방법을 제공한다. 다음은 태스크들을 조합해 새로운 태스크를 정의하는 예제다.

```
desc "Remove Unix and Windows backup files"
task :delete_backups => [ :delete_unix_backups, :delete_windows_backups ] do
  puts "All backups deleted"
end
```

새로운 태스크의 이름은 delete_backups가 되며 이는 앞서 정의한 두 태스크에 의존적인 태스크다. 여기에 레이크만의 특별한 문법은 존재하지 않는다. 그저 task 메서드에 태스크의 이름을 키로, 조합되는 태스크들의 배열을 값으로 하는 해시를 넘겨줬을 뿐이다. 레이크는 플랫폼에 의존적인 태스크를 실행한 다음에 delete_backups 태스크를 실행한다.

```
$ rake delete_backups
rm entry~
rm index.bak list.bak
All backups deleted
```

현재 Rakefile에는 유닉스와 윈도의 삭제 태스크에 중복된 부분이 있다. 이는 단순히 루비 코드이므로 루비 메서드를 통해 단순화할 수 있다.

```
def delete(pattern)
  files = Dir[pattern]
  rm(files, verbose: true) unless files.empty?
end

desc "Remove files whose names end with a tilde"
task :delete_unix_backups do
  delete "*~"
end

desc "Remove files with a .bak extension"
task :delete_windows_backups do
  delete "*.bak"
end

desc "Remove Unix and Windows backup files"
task :delete_backups => [ :delete_unix_backups, :delete_windows_backups ] do
  puts "All backups deleted"
end
```

Rake를 매개 변수 없이 호출하면 default라는 이름을 가진 태스크가 실행된다.

다음 명령어를 통해 Rakefile에 정의된 태스크들(정확히 말하면 설명이 정의되어 있는 태스크)을 확인할 수 있다.

```
$ rake -T
(in /Users/dave/BS2/titles/ruby4/Book/code/rake)
rake delete_backups         # Remove Unix and Windows backup files
rake delete_unix_backups    # Remove files whose names end with a tilde
rake delete_windows_backups # Remove files with a .bak extension
```

이 절에서는 레이크가 가진 기능의 극히 일부만을 다뤘을 뿐이다. 이 외에도 파일 간의 의존성 관리(예를 들어 하나의 파일이 변경되었을 때 이에 의존하는 실행 파일을 재빌드하는 경우), 테스트 실행, 문서 파일 작성, 젬 패키지 작성 등을 태스크로 정의해서 실행할 수 있다. 마틴 파울러가 이미 훌륭한 레이크 소개 글을 작성한 바 있으므로 관심이 있다면 이 글을 찾아보면 도움이 될 것이다.[6] 이 외에도 현재 디렉터리에 무관하게 레이크를 사용할 수 있게 해주는 세이크 (Sake)[7]라는 도구가 있으며, 루비 명령행 도구를 쉽게 만들 수 있도록 도와주는 토르(Thor)[8]라는 도구도 있다.

15.7 빌드 환경

루비를 특정 아키텍처에 맞춰 빌드하면 빌드 시에 사용된 모든 설정(컴파일이 실행된 머신의 아키텍처, 컴파일러 옵션, 소스 코드 디렉터리 등)이 rbconfig.rb 라이브러리 파일 내의 RbConfig 모듈에 출력된다. 루비 설치가 끝난 이후에도 루비에서는 현재 프로그램이 컴파일된 방법을 확인할 수 있다.

```
require 'rbconfig'
include RbConfig
CONFIG["host"]   # => "x86_64-apple-darwin12.4.1"
CONFIG["libdir"] # => "/Users/dave/.rvm/rubies/ruby-2.0.0-p195/lib"
```

확장 라이브러리는 특정 아키텍처 위에서 정상으로 컴파일, 링크되므로 이 설정 파일을 사용한다. 이 책 이전 판의 온라인 버전인 http://pragprog.com/titles/ ruby3 페이지에 접속해서 Contents/Extracts 탭에서 확장 라이브러리 작성에 대한 문서를 읽을 수 있다.

---

6 http://martinfowler.com/articles/rake.html
7 http://errtheblog.com/posts/60-sake-bomb
8 http://github.com/wycats/thor

16장

p r o g r a m m i n g   r u b y

이름 공간, 소스 파일, 배포

프로그램은 시간이 지남에 따라 성장한다. 프로그램이 성장해 나감에 따라 프로그램을 구조화해야 할 필요성이 생긴다. 단순히 모든 코드를 하나의 거대한 파일에 서상하면 관리 불가능한 상태에 빠지게 된다(또한 코드의 일부를 나른 프로그램에서 재사용하기도 어려워진다). 이에 따라 프로젝트를 다수의 파일로 나누고 프로그램을 실행할 때 이러한 파일들을 적절히 읽어 들여 사용하는 방법에 대해 고민할 필요가 있다.

코드를 구성하는 데는 크게 두 가지 측면을 고려해야 한다. 첫 번째는 서로 다른 코드가 같은 이름을 가지고 있을 때 어떻게 충돌을 방지할 것인가 하는 문제. 두 번째는 다수의 소스 파일을 어떻게 프로젝트로 구성할 것인가 하는 문제다.

16.1 이름 공간

루비가 프로그램 내에서 이름을 어떻게 관리하는지에 대해서는 이미 다룬 바 있다. 어떤 클래스 내부에 정의된 메서드나 상수의 이름은 그 클래스(인스턴스 메서드의 경우에는 클래스 객체)의 맥락에서만 사용 가능하다.

```
class Triangle
  SIDES = 3
  def area
    # ..
  end
end

class Square
  SIDES = 4
  def initialize(side_length)
    @side_length = side_length
```

```
    end
  def area
    @side_length * @side_length
  end
end

puts "A triangle has #{Triangle::SIDES} sides"

sq = Square.new(3)
puts "Area of square = #{sq.area}"
```

실행 결과:

```
A triangle has 3 sides
Area of square = 9
```

두 클래스에 모두 SIDES라는 상수와 area라는 인스턴스 메서드가 정의되어 있지만 이 상수와 메서드들이 혼동되는 일은 없다. 인스턴스 메서드에 접근하려면 정의된 클래스를 통해 생성된 객체를 사용해야 하며, 상수에 접근하려면 클래스 이름에 콜론을 붙이고 상수 이름을 지정해야만 한다. 이중 콜론(::)은 루비의 이름 공간 충돌을 해결해 주는 연산자다. 이중 콜론의 좌측에는 클래스 이름이나 모듈 이름이 와야 하며 우측에는 클래스나 모듈에 정의된 상수를 지정해야 한다.[1]

따라서 모듈 또는 클래스 안에 코드를 작성하는 것은 서로 다른 코드를 분리하는 괜찮은 방법이다. 루비의 Math 모듈은 이런 방식을 활용하는 좋은 예제다. Math 모듈에는 Math::PI와 Math::E 같은 상수를 비롯해 Math.sin, Math.cos 같은 메서드가 정의되어 있다. 이러한 상수와 메서드는 Math 모듈 객체를 통해 접근할 수 있다.

```
Math::E              # => 2.718281828459045
Math.sin(Math::PI/6.0)  # => 0.49999999999999994
```

(모듈의 또 다른 중요한 사용법으로 믹스인 기능이 있다. 이는 '5.3 믹스인'에서 다뤘다.)

루비는 흥미로운 비밀 하나를 가지고 있다. 클래스와 모듈의 이름은 단순히 상수에 불과하다.[2] 따라서 클래스나 모듈 내부에 또 다른 클래스나 모듈을 정의하면 내부 클래스 이름은 다른 상수와 같은 이름 공간 규칙을 따르게 된다.

```
module Formatters
  class Html
    # ...
  end
```

---

1 ::의 오른편에는 클래스나 모듈 메서드가 올 수도 있지만, 이러한 방법은 더 이상 추천되지 않는다. 대신 마침표(.)를 사용하는 것이 일반적인 메서드 호출이라는 것을 좀 더 명시적으로 나타낸다.
2 루비의 모든 것이 객체라고 했던 것을 기억하기 바란다. 따라서 클래스와 모듈 또한 객체다. 클래스에서 사용하는 String과 같은 이름은 클래스를 나타내는 객체를 담은 루비의 상수에 불과하다.

```
    class Pdf
      # ...
    end
  end
end
html_writer = Formatters::Html.new
```

클래스와 모듈은 다른 클래스나 모듈 안에 정의될 수 있다. 이러한 중첩에 특별한 제한은 없다(하지만 현실적으로 세 번 이상 중첩하는 경우는 드물다).

여기까지 클래스와 모듈을 사용해 프로그램의 이름 공간을 나누는 법을 이야기했다. 두 번째 문제는 소스 코드들을 어떻게 구성하느냐 하는 문제다.

16.2 소스 코드 조직하기

이 절에서는 두 가지 연관된 문제를 다룬다. 즉 소스 코드를 다수의 파일로 분할하는 방법과 이렇게 분할한 파일을 파일 시스템 어디에 배치할지에 대해 이야기한다.

자바와 같은 언어에서는 이 문제를 매우 쉽게 해결한다. 이러한 언어에서는 외부 레벨의 클래스는 자신의 파일에 정의되어 있어야 하며, 그 파일은 클래스 이름에 따라서 이름을 붙이도록 되어 있다. 루비를 비롯한 다른 언어들에는 소스 코드와 파일에 대한 특별한 제약이 존재하지 않는다. 코드를 어떻게 구조화하건 만드는 사람 마음이다.

하지만 현실에서는 일관적인 규칙이 없다면 많은 어려움이 발생한다. 일관적으로 파일을 구성하면 프로젝트 내에서 특정 파일을 찾아내는 것도 쉬워지며, 다른 사람의 코드를 읽는 것도 쉬워진다.

따라서 루비 커뮤니티에는 실질적인 표준이 점점 더 자리 잡아 가고 있다. 많은 점에서 이러한 표준은 자바의 모델을 따르고 있지만 자바 프로그래머들을 고통스럽게 하는 일부 규칙은 제외한다. 간단한 것부터 시작해 보자.

작은 프로그램

작고 자기 완결적인 스크립트는 하나의 파일에 저장된다. 하지만 이렇게 하면 프로그램 자동 테스트를 작성하는 게 어려워진다. 이는 테스트 코드가 테스트하고자 하는 대상 소스를 로드하려면 프로그램 자체를 실행해야만 하기 때문이다. 따라서 작은 프로그램을 작성하면서 테스트도 자동화하기 위해서는 프로그램을 외부 인터페이스(코드에서 명령행을 다루는 부분)를 제공하는 작은 드라이버와 그 부분을 포함하는 하나 또는 그 이상의 파일로 나눠야 한다. 이를 통해 메인 프로그램을 실행하지 않고도 분리되어 있는 각 파일을 실행할 수 있다.

이를 확인해 보자. 사전에 실린 아나그램(어떤 단어의 알파벳 순서를 바꿔도 의미를 가지는 단어)을 검색하는 간단한 프로그램을 구상해 보자. 프로그램에 하나 이상의 단어를 넘겨주면 각 단어의 아나그램을 반환한다. 예를 들면 다음과 같다.

```
$ ruby anagram.rb teaching code
Anagrams of teaching: cheating, teaching
Anagrams of code: code, coed
```

이 프로그램에 대해 재사용을 고려하지 않고 가볍게 사용하고자 한다면 하나의 파일에 작성해도 무방하다. 이는 아마 anagram.rb 파일이 될 것이다. 그리고 내용은 다음과 같을 것이다.[3]

packaging/anagram.rb

```ruby
#!/usr/bin/env ruby

require 'optparse'

dictionary = "/usr/share/dict/words"

OptionParser.new do |opts|

  opts.banner = "Usage: anagram [ options ] word..."

  opts.on("-d", "--dict path", String, "Path to dictionary") do |dict|
    dictionary = dict
  end

  opts.on("-h", "--help", "Show this message") do
    puts opts
    exit
  end

  begin
    ARGV << "-h" if ARGV.empty?
    opts.parse!(ARGV)
  rescue OptionParser::ParseError => e
    STDERR.puts e.message, "\n", opts
    exit(-1)
  end
end

# "wombat"을 "abmotw"로 변환한다. 모든 아나그램은 특징을 공유한다.
def signature_of(word)
  word.unpack("c*").sort.pack("c*")
end

signatures = Hash.new

File.foreach(dictionary) do |line|
```

---

3 word.unpack("c*").sort.pack("c*") 부분이 무슨 일을 하는지 궁금할 것이다. unpack 메서드를 통해 문자열을 정렬된 문자들의 배열로 만들고 이를 다시 pack 메서드를 통해 문자열로 만든다.

```
  word = line.chomp
  signature = signature_of(word)
  (signatures[signature] ||= []) << word
end

ARGV.each do |word|
  signature = signature_of(word)
  if signatures[signature]
    puts "Anagrams of #{word}: #{signatures[signature].join(', ')}"
  else
    puts "No anagrams of #{word} in #{dictionary}"
  end
end
```

다른 사람이 이 코드를 사용하고 싶다고 한다면 당황스러울 것이다. 이 코드는
테스트도 없고 패키지화도 되어 있지 않다.

코드를 자세히 보면 분명히 세 부분으로 나뉘어 있다. 처음 25행은 옵션 분석
을 수행하며, 다음 10행은 사전을 읽어 들이고 변환을 수행하고, 나머지 부분에
서는 명령행 인자에 지정된 단어를 찾아 검색을 수행하고 결과를 반환한다. 즉,
이 하나의 파일을 네 개로 나눠 볼 수 있다.

- 옵션 분석기(parser)
- 아나그램 검색 테이블이 저장된 클래스
- 명령행에 지정된 단어를 가져오는 클래스
- 간단한 명령행 인터페이스

앞선 세 부분은 실질적으로 라이브러리화가 가능하며, 마지막 인터페이스 부분
을 통해 사용된다.

이러한 파일을 어디에 저장하면 좋을까? 여기에 대해서는 루비 커뮤니티에 오
래된 관습이 있다. 이 관습은 아오키 미네로의 setup.rb에서 시작되었으며, 이후
루비젬 시스템에서 공식적으로 사용하고 있다. 여기서는 프로젝트 디렉터리를
생성하고 세 개의 서브 디렉터리를 생성한다.

```
anagram/      <- 프로젝트 디렉터리
    bin/      <- 명령행 인터페이스는 여기에 들어간다.
    lib/      <- 라이브러리 파일은 여기에 들어간다.
    test/     <- 테스트 파일은 여기에 들어간다.
```

먼저 라이브러리 파일들에 대해 살펴보자. 앞서 아나그램 탐색기의 내용을 최
소한 세 개의 클래스로 나눌 수 있다고 이야기한 바 있다. 현 시점에 이러한 클
래스들은 준비된 명령행 인터페이스에서만 사용되지만 다른 개발자가 이 라이
브러리를 자신의 코드에서 사용하고 싶어 할 수도 있다는 것을 고려할 필요가

있다. 따라서 우리는 예의 바른 코드를 작성할 필요가 있으며 루비의 최상위 이름 공간을 직접 작성한 클래스로 오염시켜서는 안 된다. 여기서는 단 하나의 최상위 레벨 모듈 Anagram만을 생성하며 이 모듈 아래에 모든 클래스를 정의한다. 이에 따라서 여기서 작성하고자 하는 옵션 분석기 클래스의 전체 이름은 Anagram::Options가 될 것이다.

이 선택은 클래스에 대응하는 소스 코드를 어디에 저장할지를 암시한다. Options 클래스는 Anagram 모듈 아래에 존재하기 때문에 options.rb 파일은 lib/ 디렉터리 아래의 anagram 디렉터리에 저장되는 것이 적절하다. 이를 통해 미래에 이 코드를 읽을 사람이 코드의 위치를 유추할 수 있다. 예를 들어 A::B::C라는 이름을 만나게 되면 c.rb라는 파일이 라이브러리 디렉터리 아래의 a/b/ 디렉터리 아래에 있다고 생각할 수 있기 때문이다. 따라서 저장되는 디렉터리의 구조와 여기에 저장되는 파일의 일부가 결정된다.

```
anagram/
    bin/
        anagram    <- 명령행 인터페이스
    lib/
        anagram/
            finder.rb
            options.rb
            runner.rb
    test/
        ... 다양한 테스트 파일
```

그럼 옵션 분석기부터 다뤄보자. 옵션 분석기가 하는 일은 명령행에서 옵션을 배열로 읽어 들여 디렉터리 파일의 경로와 아나그램을 찾고자 하는 단어 목록을 반환하는 일이다. lib/anagram/options.rb 파일의 소스 코드는 다음과 같을 것이다. Anagram 모듈 아래에 Options 클래스를 정의하고 있다는 점에 주목하자.

packaging/anagram/lib/anagram/options.rb

```ruby
require 'optparse'

module Anagram
  class Options
    DEFAULT_DICTIONARY = "/usr/share/dict/words"
    attr_reader :dictionary, :words_to_find

    def initialize(argv)
      @dictionary = DEFAULT_DICTIONARY
      parse(argv)
      @words_to_find = argv
    end

  private

    def parse(argv)
      OptionParser.new do |opts|
```

```
      opts.banner = "Usage: anagram [ options ] word..."
      opts.on("-d", "--dict path", String, "Path to dictionary") do |dict|
        @dictionary = dict
      end

      opts.on("-h", "--help", "Show this message") do
        puts opts
        exit
      end

      begin
        argv = ["-h"] if argv.empty?
        opts.parse!(argv)
      rescue OptionParser::ParseError => e
        STDERR.puts e.message, "\n", opts
        exit(-1)
      end
    end
  end
end
end
```

단위 테스트도 작성해 보자. 이는 비교적 간단하다. options.rb 파일은 자기 완결적인 소스 코드이기 때문이다. 유일한 의존성은 루비의 표준 라이브러리인 OptionParser뿐이다. 여기에서는 루비의 표준 테스트 라이브러리인 Test::Unit 프레임워크를 Shoulda 젬으로 확장해서 사용한다.[4] 이 테스트 코드를 test/test_options.rb 파일에 작성할 것이다.

packaging/anagram/test/test_options.rb

```
require 'test/unit'
require 'shoulda'
require_relative '../lib/anagram/options'

class TestOptions < Test::Unit::TestCase

  context "specifying no dictionary" do
    should "return default" do
      opts = Anagram::Options.new(["someword"])
      assert_equal Anagram::Options::DEFAULT_DICTIONARY, opts.dictionary
    end
  end

  context "specifying a dictionary" do
    should "return it" do
      opts = Anagram::Options.new(["-d", "mydict", "someword"])
      assert_equal "mydict", opts.dictionary
    end
  end

  context "specifying words and no dictionary" do
    should "return the words" do
      opts = Anagram::Options.new(["word1", "word2"])
      assert_equal ["word1", "word2"], opts.words_to_find
    end
```

---

4 Shoulda에 대해서는 '13.4 Rspec과 Shoulda'에서 자세히 다룬다.

```
    end

  context "specifying words and a dictionary" do
    should "return the words" do
      opts = Anagram::Options.new(["-d", "mydict", "word1", "word2"])
      assert_equal ["word1", "word2"], opts.words_to_find
    end
  end
end
```

이 파일에서 다음 행에 주목하자.

```
require_relative '../lib/anagram/options'
```

이 행을 통해 방금 작성한 Options 클래스의 소스 코드를 읽어 들일 수 있다. 여기서는 require_relative를 사용한다. 이 메서드는 require와 달리 항상 이 메서드를 호출하는 파일이 있는 디렉터리를 기준으로 상대 경로를 통해 파일을 불러온다.

```
$ ruby test/test_options.rb
Run options:
# Running tests:
....
Finished tests in 0.003907s, 1023.8034 tests/s, 1023.8034 assertions/s.
4 tests, 4 assertions, 0 failures, 0 errors, 0 skips
ruby -v: ruby 2.0.0p195 (2013-05-14 revision 40734) [x86_64-darwin12.4.1]
```

검색 코드(lib/anagram/finder.rb)는 원래 버전을 조금 수정했다. 테스트를 쉽게 만들기 위해 기본 생성자가 파일 이름이 아닌 단어들을 받도록 변경되었다. 다음으로 팩터리 메서드 from_file을 추가했다. 이 메서드는 파일 이름을 받아 이 파일을 사용하는 새로운 Finder를 생성한다.

packaging/anagram/lib/anagram/finder.rb

```
module Anagram
  class Finder

    def self.from_file(file_name)
      new(File.readlines(file_name))
    end

    def initialize(dictionary_words)
      @signatures = Hash.new
      dictionary_words.each do |line|
        word = line.chomp
        signature = Finder.signature_of(word)
        (@signatures[signature] ||= []) << word
      end
    end

    def lookup(word)
      signature = Finder.signature_of(word)
      @signatures[signature]
    end
```

```
    def self.signature_of(word)
      word.unpack("c*").sort.pack("c*")
    end
  end
end
```

이 파일 역시 Finder 클래스는 최상위 레벨 Anagram 모듈 안에 정의되었다. 또
한 이 코드도 자기완결적인 코드이므로 간단한 단위 테스트를 작성할 수 있다.

packaging/anagram/test/test_finder.rb

```
require 'test/unit'
require 'shoulda'
require_relative '../lib/anagram/finder'

class TestFinder < Test::Unit::TestCase

  context "signature" do
    { "cat" => "act", "act" => "act", "wombat" => "abmotw" }.each do
      |word, signature|
        should "be #{signature} for #{word}" do
          assert_equal signature, Anagram::Finder.signature_of(word)
      end
    end
  end

  context "lookup" do
    setup do
      @finder = Anagram::Finder.new(["cat", "wombat"])
    end

    should "return word if word given" do
      assert_equal ["cat"], @finder.lookup("cat")
    end

    should "return word if anagram given" do
      assert_equal ["cat"], @finder.lookup("act")
      assert_equal ["cat"], @finder.lookup("tca")
    end

    should "return nil if no word matches anagram" do
      assert_nil @finder.lookup("wibble")
    end
  end
end
```

이 코드를 test/test_finder.rb에 저장하자.

```
$ ruby test/test_finder.rb
Run options:
# Running tests:
......
Finished tests in 0.003306s, 1814.8820 tests/s, 2117.3624 assertions/s.
6 tests, 7 assertions, 0 failures, 0 errors, 0 skips
ruby -v: ruby 2.0.0p195 (2013-05-14 revision 40734) [x86_64-darwin12.4.1]
```

이 모든 코드가 적절한 위치에 배치되었다. 이제 실행하는 일만 남았다. 사용자
가 실제로 사용하게 되는 명령행 인터페이스는 되도록이면 가볍게 만들자. 파일

명은 bin/ 디렉터리 아래에 anagram이다(rb 확장자는 실행 파일에는 어울리지 않으므로 생략한다).[5]

packaging/anagram/bin/anagram

```
#! /usr/local/rubybook/bin/ruby
require 'anagram/runner'

runner = Anagram::Runner.new(ARGV)
runner.run
```

이 스크립트는 lib/anagram/runner.rb 파일을 통해 다른 라이브러리들도 함께 읽어 들인다.

packaging/anagram/lib/anagram/runner.rb

```
require_relative 'finder'
require_relative 'options'

module Anagram
  class Runner
    def initialize(argv)
      @options = Options.new(argv)
    end

    def run
      finder = Finder.from_file(@options.dictionary)
      @options.words_to_find.each do |word|
        anagrams = finder.lookup(word)
        if anagrams
          puts "Anagrams of #{word}: #{anagrams.join(', ')}"
        else
          puts "No anagrams of #{word} in #{@options.dictionary}"
        end
      end
    end
  end
end
```

이 예제에서는 finder와 options 라이브러리가 runner와 같은 디렉터리 아래에 존재하기 때문에 require_relative에 의해 문제없이 로드된다.

이를 통해 모든 파일이 적절한 위치에 배치되었으며 명령행에서 프로그램을 실행할 수 있게 되었다.

```
$ ruby -I lib bin/anagram teaching code
Anagrams of teaching: cheating, teaching
Anagrams of code: code, coed
```

cheating coed가 teaching code를 하는 일 같은 건 없다.

---

5 윈도를 사용하고 있다면 스크립트를 실행하는 .cmd 파일을 만들어야 할 것이다.

16.3 코드 배포하고 설치하기

코드를 정리했으니 다른 사용자가 이 코드를 사용할 수 있도록 만들어야 한다. zip이나 tar 파일로 압축해서 보내는 것도 가능하지만 이렇게 할 경우 파일을 받는 사람이 -I lib 옵션을 사용해야 하는 등 번거로울 수 있다. 나아가 라이브러리 파일을 재이용하고자 할 때 문제가 발생할 수 있다. 이는 라이브러리가 루비가 사용하는 표준적인 위치가 아닌 임의의 위치에 저장되기 때문이다. 이러한 방법 대신 다른 사람들이 표준적인 방법으로 우리가 작성한 라이브러리를 다운로드 하고 설치하는 방법을 고민해 볼 필요가 있다.

루비를 설치하면 표준적인 구조로 설치가 된다. 루비가 설치되면 루비의 명령 어들(ruby, ri, irb)은 바이너리 파일들을 저장하는 디렉터리에 설치된다. 또한 루비에 포함된 라이브러리들은 다른 디렉터리에 저장되고, 문서도 또 다른 어딘 가에 저장된다. 따라서 루비가 설치된 시스템 상의 이러한 표준적인 구조에 따라서 애플리케이션의 코드들을 각각 적절한 위치에 배포하는 스크립트를 작성 하는 것을 고려해 볼 수 있다.

패키지 작성에 관한 규칙을 따르기

지금까지는 코드를 배포하기 전에 고려해야 하는 몇 가지 점을 무시해 왔다. 배포하고자 하는 프로젝트 디렉터리 아래에는 라이브러리가 하는 일과 저작권과 관련된 사항을 담은 README 문서가 포함되어야만 한다. 또한 설치 과정을 담은 INSTALL 문서와 라이선스를 담은 LICENSE 파일도 가지고 있어야 한다.

일반적으로 라이브러리와 함께 문서도 배포하게 될 것이다. 문서는 lib이나 bin 디렉터리와 같은 깊이의 doc/ 디렉터리 아래에 포함된다.

나아가 라이브러리에 C 언어로 만든 확장이 포함되어 있을 수도 있다. 이 확장은 프로젝트 디렉터리 아래 ext/에 포함된다.

루비젬 사용하기

루비젬 패키지 관리 시스템(젬이라고도 불린다)은 루비 패키지를 배포하고 관리 하는 표준적인 시스템이 되었다. 루비 1.9부터는 루비 자체에 포함되어 함께 설 치된다.[6]

---

6   루비젬이 보급되기 이전에는 setup.rb를 통해 라이브러리를 배포하기도 했었다. 이를 통해 로컬 머신에 설치 된 루비의 표준적인 구조에 직접 라이브러리를 설치했다.

루비젬은 작성한 코드를 패키지로 만드는 데 편리한 기능들을 제공한다. 작성한 코드를 누구에게나 공개하고자 한다면 루비젬은 최선의 선택이라고 할 수 있다. 단순히 회사 내부나 몇 명의 친구에게 공개하고자 할 때도 루비젬은 의존성과 라이브러리 설치를 관리해 준다. 머지않아 이 기능에 감탄하는 날을 맞이할 것이다.

루비젬은 디렉터리 구조에는 포함되지 않는 프로젝트에 대한 정보를 필요로 한다. 이는 Gemspec이라고 불리는 짧은 루비젬 스펙 파일로 만들어야 한다. 이름이 project-name.gemspec인 파일을 생성하고 이를 프로젝트 디렉터리 최상단에 위치시킨다. 앞선 예제의 경우 anagram.gemspec이 된다.

packaging/anagram/anagram.gemspec

```
Gem::Specification.new do |s|
  s.name        = "anagram"
  s.summary     = "Find anagrams of words supplied on the command line"
  s.description = File.read(File.join(File.dirname(__FILE__), 'README'))
  s.requirements =
    [ 'An installed dictionary (most Unix systems have one)' ]
  s.version     = "0.0.1"
  s.author      = "Dave Thomas"
  s.email       = "dave@pragprog.com"
  s.homepage    = "http://pragdave.pragprog.com"
  s.platform    = Gem::Platform::RUBY
  s.required_ruby_version = '>=1.9'
  s.files       = Dir['**/**']
  s.executables = [ 'anagram' ]
  s.test_files  = Dir["test/test*.rb"]
  s.has_rdoc    = false
end
```

파일의 첫 부분에서는 젬의 이름을 알려준다. 여기서 지정한 이름은 패키지 이름의 일부로 사용되며 설치 시에 젬의 이름으로 표시되기 때문에 매우 중요하다. 이름에는 대소문자 모두 사용 가능하지만 헷갈릴 수 있으므로 가능하면 소문자만을 사용하기를 권장한다.

version 문자열 또한 중요한다. 루비젬에서 버전 정보는 패키지 이름에도 사용하고 의존성 관리 시에도 사용한다. 버전 정보는 x.y.z 형식을 따라야 한다.[7]

platform 필드는 이 라이브러리가 순수한 루비 코드로만 이루어져 있는지를 알려준다. 예를 들어 어떤 젬에는 윈도 exe 파일이 포함되어 있을 수 있다. 이 경우에는 Gem::Platform::Win32 상수를 사용한다.

빼먹기 십상인 그다음 줄 역시 중요하다. 예를 들어 앞선 예제에서 사용한

---

7   각 숫자의 의미는 http://www.rubygems.org/read/chapter/7을 참조하기 바란다.

require_relative 기능은 루비 1.9와 그 이후의 버전에서만 사용할 수 있는 기능이다.

다음으로 루비젬에 젬 패키지를 생성할 때 포함할 파일들을 알려준다. 여기서는 Dir['**/**'] 표현을 사용해 일괄적으로 모든 파일을 포함시켰다. 물론 직접 파일을 하나하나 지정한 배열을 넘겨주는 것도 가능하다.

s.excutables 행은 라이브러리를 설치했을 때 사용자 컴퓨터에 anagram 명령어를 설치하도록 해 준다.

지면 관계상 소스 파일에 RDoc 문서화를 위한 주석은 추가하지 않았다(RDoc에 대해서는 '19장 루비 문서화'에서 자세히 다룬다). 이 스펙 파일의 마지막 행에서는 젬을 설치할 때 문서를 추출하지 않도록 설정한다.

여기서 설명한 내용에는 많은 부분이 생략되어 있다. GemSpec에 대한 완전한 설명[8]과 루비젬에 대한 다른 문서들[9]은 웹에서 찾아볼 수 있다.

루비젬 패키지 만들기

젬 스펙 파일을 완성하고 나면 배포 가능한 .gem 파일을 만들 수 있다. 단지 프로젝트 디렉터리 바로 아래에서 다음 명령어를 실행하기만 하면 된다.

```
$  gem build anagram.gemspec
WARNING: no rubyforge_project specified
  Successfully built RubyGem
  Name: anagram
  Version: 0.0.1
  File: anagram-0.0.1.gem
```

이제 anagram-0.0.1.gem이 생성된 것을 확인해 보자.

```
$ ls *gem
anagram-0.0.1.gem
```

이 젬 파일을 설치할 수도 있다.

```
$ sudo gem install pkg/anagram-0.0.1.gem
Successfully installed anagram-0.0.1
1 gem installed
```

anagram이 설치된 것을 확인해 보자.

```
$ gem list anagram -d
*** LOCAL GEMS ***
anagram (0.0.1)
```

---

8 http://www.rubygems.org/read/book/4
9 http://www.rubygems.org/

```
Author: Dave Thomas
Homepage: http://pragdave.pragprog.com
Installed at: /usr/local/lib/ruby/gems/1.9.0

Find anagrams of words supplied on the command line
```

이제 이 .gem 파일을 친구나 동료에게 보낼 수 있으며, 서버를 통해 공유할 수도 있다. 루비젬 서버를 사용하면 좀 더 손쉽게 젬 파일을 공유할 수 있다.

루비젬이 설치된 로컬 머신을 통해 네트워크를 통해 바로 젬을 공유할 수 있다. 다음 명령어를 실행한다.

```
$ gem server
Server started at http://[::ffff:0.0.0.0]:8808
Server started at http://0.0.0.0:8808
```

이 명령어 하나로 젬 서버를 실행할 수 있다. 이 서버는 기본적으로 8808 서버에서 실행되며 --port 옵션을 통해 다른 포트를 통해 실행할 수도 있다. 이 서버의 젬을 이용하고자 하면 다음과 같이 --source 옵션을 통해 특정 젬 서버를 지정할 수 있다.

```
$ gem list --remote --source http://dave.local:8808
*** REMOTE GEMS ***
anagram (0.0.1)
builder (2.1.2, 0.1.1)
..
```

이는 작성한 라이브러리가 최소한으로 노출되어야 하는 회사 환경에서 사용하기 적합하다.

정적인 인덱스를 작성해서 젬 파일을 손쉽게 찾을 수 있도록 할 수도 있다. 이에 대해서는 gem generate_index의 설명을 참조한다.

루비젬에 라이브러리 공개하기

RubyGems.org(http://rubygems.org)는 루비 라이브러리와 프로젝트들의 메인 저장소가 되었다. RubyGems.org 계정을 만든다면 공개 서버에 자신의 .gem을 올리는 것도 가능하다.

```
$ gem push anagram-0.0.1.gem
Enter your RubyGems.org credentials.
Email: dave@pragprog.com
Password:
Pushing gem to RubyGems.org...
Successfully registered gem: anagram (0.0.1)
```

이와 같이 루비젬에 라이브러리를 올리면 전 세계 루비 사용자가 이 라이브러리를 사용할 수 있게 된다.

```
$ gem search -r anagram
*** REMOTE GEMS ***
anagram (0.0.1)
```

더욱 간단히 다음과 같이 설치할 수도 있다.

```
$ gem install anagram
Adding Even More Automation
```

자동화 추가하기

Jeweler 라이브러리[10]는 이번 장에서 제시한 가이드라인을 따르는 프로젝트 골격을 생성해 준다. 또한 프로젝트를 젬으로 만들고 관리해 주는 레이크 명령어 세트를 함께 제공한다.

레일스를 사용한다면 애플리케이션에서 사용하는 젬들을 관리하는 bundler를 사용해 봤을 것이다. bundler는 이보다 더 일반적인 도구다. 이는 루비 코드에서 사용되는 젬들을 관리할 수 있는 기능들을 제공한다.

어떤 사람들은 이러한 도구들의 기능을 활용하기 좋아하고, 또 어떤 사람들은 자신이 직접 이러한 부분을 처리하길 좋아한다. 어떤 방식을 선택하건 자신이 만든 애플리케이션이나 라이브러리를 패키지화하는 데 들이는 시간은 몇 배로 보상받게 될 것이다.

깃허브

마지막으로 자신이 루비 애플리케이션이나 라이브러리를 만들고 있다면 이를 공유하고 저장하기 위해 깃허브(GitHub)를 사용할 수 있다.[11] 깃허브는 단순히 깃 저장소를 제공하기 위한 서비스로 시작되었지만, 이제는 프로그래머를 위한 커뮤니티가 되었다. 이제 깃허브는 루비 커뮤니티의 새로운 집으로 자리매김하고 있다.

---

10 http://github.com/technicalpickles/jeweler
11 http://github.com

문자 인코딩

루비 1.9 이전에는 루비 프로그램에서 기본적으로 아스키 문자 인코딩이 사용되었다. -K 명령행 옵션을 사용해 인코딩을 변경하는 것이 가능했지만, 이렇게 하면 문자열을 조작하거나 파일 I/O를 사용할 때 문제가 발생하곤 했다.

루비 1.9에서는 모든 것이 달라졌다. 루비는 이제 문자 인코딩이라는 개념을 지원한다. 여기서 더 나아가 소스 파일 인코딩과 독립적으로 실행 중인 프로그램의 객체나 I/O 스트림의 인코딩을 지정할 수 있다.

자세한 내용을 다루기에 앞서 먼저 소스 파일과 변수, I/O 스트림에서 왜 개별적인 인코딩을 지원해야 하는지 생각해 보자. 일본 개발자 유이는 소스 코드에서 일본어를 쓰고 싶어 한다. 유이가 사용하는 편집기는 일본어 인코딩 Shift JIS(SJIS)를 지원하고 이를 통해 변수 이름에 가타카나와 한자를 사용한다. 하지만 루비는 기본적으로 소스 파일의 인코딩을 아스키로 추정하므로 SJIS 인코딩 문자열은 인식하지 못한다. 하지만 소스 파일을 컴파일할 때 인코딩을 설정하면 루비는 SJIS 인코딩으로 작성된 프로그램을 분석할 수 있다.

유이는 여기서 한 걸음 더 나아가 자신의 프로그램을 젬으로 만들어 전 세계의 루비 프로그래머들이 이 프로그램을 사용하도록 만들었다. 미국의 댄은 일본어를 모르기 때문에 유이가 만든 프로그램의 내용을 전혀 이해할 수 없다. 하지만 소스 파일에 인코딩 정보가 포함되어 있기 때문에 루비는 유이의 코드를 정상적으로 해석할 수 있다. 댄은 유이가 작성한 코드가 일반적인 아스키 문자를 포함한 파일에서도 정상적으로 작동하는지 테스트하고 싶었다. 이 또한 문제없이 작동한다. 파일의 인코딩은 루비 소스 인코딩에 따르지 않고, 댄이 사용하는 환경의 지역(locale) 정보에 의해 결정되기 때문이다. 비슷한 경우로 소피는 파리에서 같은 젬을 사용하는데 사용하는 데이터는 ISO-8859-1(아스키 코드에서 127 이상의 위치에 유럽에서 사용하는 문자와 기호가 추가된 인코딩)로 인코딩되어 있다. 역시 문제없다.

한편 일본의 유이는 라이브러리에 새로운 기능을 추가했다. 읽어 들인 데이터로부터 간단한 PDF 요약본을 만들고 싶다는 사용자들의 요구가 있었는데, 유이가 사용하는 PDF 쓰기 라이브러리는 ISO-8859-1만을 지원한다. 따라서 프로그램 소스 코드의 인코딩과 읽어올 파일의 인코딩과 관계없이 8859-1 문자열을 런타임에 생성할 수 있어야 한다. 앞선 경우와 마찬가지로 각 객체의 인코딩을 다른 모든 것들로부터 분리할 필요가 있다.

굉장히 복잡하게 느껴지는데⋯, 실제로 복잡하다. 좋은 소식이 있다. 루비 팀은 오랜 시간에 걸쳐 코드를 작성하는 일을 비교적 쉽게 할 수 있는 방법을 찾아 왔다. 이번 절에서는 다양한 인코딩을 사용하는 방법을 소개한다. 또한 다언어 지원 환경에서 실행하는 코드를 작성하기 위해 지켜야 하는 관례들을 소개한다.

17.1 인코딩

루비 인코딩 시스템의 핵심은 새롭게 등장한 Encoding 클래스다.[1] Encoding 클래스의 객체들은 각각 서로 다른 인코딩 방법을 나타낸다. Encoding.list 메서드는 내장된 인코딩 목록을 반환하며, Encoding.aliases 메서드는 키가 별칭, 값이 대응하는 베이스 인코딩으로 이루어진 해시를 반환한다. 이 두 메서드를 사용해서 다음과 같이 익히 알려진 인코딩 이름들의 표를 만들 수 있다.

encoding/list_encodings.rb

```
encodings = Encoding
            .list
            .each.with_object({}) do |enc, full_list|
                full_list[enc.name] = [enc.name]
            end

Encoding.aliases.each do |alias_name, base_name|
  fail "#{base_name} #{alias_name}" unless encodings[base_name]
  encodings[base_name] << alias_name
end

puts(encodings
     .values
     .sort_by {|base_name, *| base_name.downcase}
     .map do |base_name, *rest|
       if rest.empty?
```

---

[1] 조엘 스폴스키가 2003년에 인코딩, 문자세트, 유니코드에 대한 멋진 해설을 작성한 바 있다. 이는 http://www.joelonsoftware.com/articles/Unicode.html에서 읽을 수 있다.

```
        base_name
      else
        "#{base_name} (#{rest.join(', ')})"
      end
    end)
```

표 8은 인코딩과 그 별칭들의 목록을 담고 있다.

ASCII-8BIT (BINARY)	Big5	Big5-HKSCS (Big5-HKSCS:2008)
Big5-UAO	CP50220	CP50221
CP51932	CP850 (IBM850)	CP852
CP855	CP949	CP950
CP951	Emacs-Mule	EUC-JP (eucJP)
EUC-JP-2004 (EUC-JISX0213)	EUC-KR (eucKR)	EUC-TW (eucTW)
eucJP-ms (euc-jp-ms)	GB12345	GB18030
GB1988	GB2312 (EUC-CN, eucCN)	GBK (CP936)
IBM437 (CP437)	IBM737 (CP737)	IBM775 (CP775)
IBM852	IBM855	IBM857 (CP857)
IBM860 (CP860)	IBM861 (CP861)	IBM862 (CP862)
IBM863 (CP863)	IBM864 (CP864)	IBM865 (CP865)
IBM866 (CP866)	IBM869 (CP869)	ISO-2022-JP (ISO2022-JP)
ISO-2022-JP-2 (ISO2022-JP2)	ISO-2022-JP-KDDI	ISO-8859-1 (ISO8859-1)
ISO-8859-10 (ISO8859-10)	ISO-8859-11 (ISO8859-11)	ISO-8859-13 (ISO8859-13)
ISO-8859-14 (ISO8859-14)	ISO-8859-15 (ISO8859-15)	ISO-8859-16 (ISO8859-16)
ISO-8859-2 (ISO8859-2)	ISO-8859-3 (ISO8859-3)	ISO-8859-4 (ISO8859-4)
ISO-8859-5 (ISO8859-5)	ISO-8859-6 (ISO8859-6)	ISO-8859-7 (ISO8859-7)
ISO-8859-8 (ISO8859-8)	ISO-8859-9 (ISO8859-9)	KOI8-R (CP878)
KOI8-U	macCentEuro	macCroatian
macCyrillic	macGreek	macIceland
MacJapanese (MacJapan)	macRoman	macRomania
macThai	macTurkish	macUkraine
Shift_JISS	JIS-DoCoMoS	JIS-KDDI
SJIS-SoftBank	stateless-ISO-2022-JP	stateless-ISO-2022-JP-KDDI
TIS-620	US-ASCII (ASCII, ANSI_X3.4-1968, 646)	UTF-16
UTF-16BE (UCS-2BE)	UTF-16LE	UTF-32
UTF-32BE (UCS-4BE)	UTF-32LE (UCS-4LE)	UTF-7 (CP65000)
UTF-8 (CP65001)	UTF8-DoCoMo	UTF8-KDDI
UTF8-MAC (UTF-8-MAC, UTF-8-HFS)	UTF8-SoftBank	Windows-1250 (CP1250)
Windows-1251 (CP1251)	Windows-1252 (CP1252)	Windows-1253 (CP1253)
Windows-1254 (CP1254)	Windows-1255 (CP1255)	Windows-1256 (CP1256)
Windows-1257 (CP1257)	Windows-1258 (CP1258)	Windows-31J (CP932, csWindows31J, SJIS, PCK)
Windows-874 (CP874)		

표 8. 인코딩과 그 별칭

하지만 이게 전부는 아니다. 루비는 인코딩을 동적으로 읽어 들인다. 실제로 루비는 이 목록에 나온 것보다 더 많은 인코딩을 가지고 있다.

문자열 정규 표현, 심벌, I/O 스트림 프로그램 소스 파일은 모두 이 중 특정 인코딩 객체와 연관되어 있다.

루비 프로그램에 자주 사용되는 인코딩으로는 아스키(7비트 문자), ASCII-8비트,[2] UTF-8, Shift JIS가 있다.

17.2 소스 파일

먼저 간단한 규칙으로부터 시작하자. 소스 파일에서 오직 7비트 아스키 문자밖에 사용하지 않는다면 소스 파일의 인코딩이 문제가 되는 경우는 없다. 따라서 어디에서라도 동작하는 소스 파일을 만드는 가장 간단한 방법은 7비트 아스키 문자만을 사용하는 것이다.

하지만 최상위 비트가 설정된 바이트 문자가 소스 파일에 포함되어 있으면 편안하던 아스키 세상을 떠나 악몽과도 같은 문자 인코딩의 세계가 기다리고 있다. 이제 그 문자열 인코딩을 살펴보자.

소스 파일에 7비트 아스키 이외의 문자를 포함하고 있다면 이를 루비에게 알려줄 필요가 있다. 인코딩은 소스 파일의 속성이며, 파일이 사용되는 환경과는 아무런 관계도 없다. 루비에서는 새로운 매직 코멘트(magic comment)를 사용해서 파일마다 인코딩을 설정할 수 있다. 파일 맨 앞의 주석 부분[3](또는 첫 번째 행이 #! 쉬뱅으로 시작되는 경우에는 두 번째 줄)에서 coding: 문자열을 찾는다. 이 문자열을 찾으면 공백을 건너뛰고 인코딩 이름을 검색한다. 이때 대소문자는 구분하지 않는다. 따라서 소스 파일이 UTF-8 인코딩이면 다음과 같이 주석을 기록한다.

```
# coding: utf-8
```

루비는 단순히 coding:이라는 문자열을 검색하므로 다음과 같이 사용해도 무방하다.

```
# encoding: ascii
```

---

2 실제로 ASCII-8비트라는 인코딩은 존재하지 않는다. 이는 루비에서만 사용되지만 유용한 개념이다. 이에 대해서는 뒤에서 자세히 다룬다.
3 또는 eval에 넘겨진 문자열

이맥스(Emacs) 사용자라면 다음 방식을 더 선호할 것이다.

```
# -*- encoding: shift_jis -*-
```

(다른 편집기에서도 인코딩을 설정하는 특수한 주석을 지원할 것이다.)

쉬뱅 행이 있는 경우엔 인코딩 주석은 두 번째 줄에 작성한다.

```
#!/usr/local/rubybook/bin/ruby
# encoding: utf-8
```

또한 루비는 UTF-8의 BOM(byte order mark)으로 시작하는 파일을 판별할 수 있다. \xEF\xBB\xBF 바이트 시퀀스로 시작하는 소스 파일이 있으면 루비는 이 파일을 UTF-8 인코딩을 가진 소스로 간주한다.

특별한 상수 __ENCODING__은 현재 파일의 인코딩을 반환한다.

루비 1.9 대 루비 2.0

루비 1.9에서 기본 소스 파일 인코딩은 US-ASCII였다. 따라서 소스 파일에 바이트 값이 127을 넘는 문자가 하나라도 있으면 루비에게 파일의 인코딩을 명시적으로 알려줄 필요가 있었다. 그렇지 않으면 루비는 "invalid multibyte char" 같은 예외를 발생시켰다. 다음은 UTF-8 문자열이 포함된 루비 프로그램 예제다.

```
π = 3.14159
puts "π = #{π}"
```

루비 1.9에서는 최상단에 encoding: utf-8과 같은 주석이 없다면 이 코드는 예외를 발생시킨다.

하지만 루비 2.0에서는 기본 소스 파일 인코딩을 UTF-8로 간주하며 앞선 예제는 문제없이 실행된다.

π가 하나의 문자로 인식되는 것을 알 수 있다.

```
# encoding: utf-8
PI = "π"
puts "The size of a string containing π is #{PI.size}"
```

실행 결과:
```
The size of a string containing π is 1
```

좀 더 나아가 보자. 2바이트 시퀀스 \xcf\x80은 UTF-8에서 π 문자를 나타내지만 SJIS 인코딩에서는 어떠한 문자도 나타내지 않는 유효하지 않은 바이트 시퀀스다. 앞선 예제에서 소스 파일의 인코딩을 SJIS로 지정하면 어떻게 될까(이때 문자열 시퀀스 자체는 동일하다는 것을 기억할 필요가 있다. 단지 루비에게 문자열 인코딩만 다르게 알려줄 뿐이다)?

```
# encoding: sjis
PI = "π"
puts "The size of a string containing π is #{PI.size}"
```

실행 결과:

```
puts "The size of a string containing π is #{PI.size}"
         ^
prog.rb:2: invalid multibyte char (Windows-31J)
prog.rb:3: syntax error, unexpected tCONSTANT, expecting end-of-input
```

지정된 인코딩에서는 유효하지 않은 바이트 시퀀스를 담고 있기 때문에 루비는 에러를 발생시킨다. 더욱 혼란스러운 건 분석기가 유효한 SJIS 문자를 구성하기 위해 π 다음의 큰따옴표(")를 삼켜버린 점이다. 이어지는 The라는 문자열이 프로그램의 일부로 해석되어 두 번째 에러를 발생시킨다.

인코딩을 가지는 소스 요소

문자열 리터럴은 항상 그 문자열의 내용에 관계없이 그 문자열을 포함하는 소스 파일의 인코딩을 사용해 부호화(encode)된다.

```
# encoding: utf-8
def show_encoding(str)
  puts "'#{str}' (size #{str.size}) is #{str.encoding.name}"
end
show_encoding "cat"  # latin 'c', 'a', 't'
show_encoding "ðog"  # greek delta, latin 'o', 'g'
```

실행 결과:

```
'cat' (size 3) is UTF-8
'ðog' (size 3) is UTF-8
```

7비트 문자만으로 구성된 심벌과 정규 표현식 리터럴은 US-ASCII로 부호화된다. 그 외에는 심벌이나 정규 표현식이 포함된 파일의 인코딩을 사용한다.

```
# encoding: utf-8
def show_encoding(str)
  puts "#{str.inspect} is #{str.encoding.name}"
end
show_encoding :cat
show_encoding :ðog

show_encoding /cat/
show_encoding /ðog/
```

실행 결과:

```
:cat is US-ASCII
:ðog is UTF-8
/cat/ is US-ASCII
/ðog/ is UTF-8
```

\u 이스케이프를 사용해서 문자열이나 정규 표현식 안에서 특정한 유니코드 문자열을 만들 수 있다. 이 이스케이프는 두 가지 형식을 가진다. \uxxxx를 사용하면 네 개의 16진수를 통해 부호화되며, \u{x... x... x...}를 사용하면 각 문자가 가변 길이의 16진수로 구성된 가변 길이의 문자를 지정할 수 있다.

```
# encoding: utf-8
"Greek pi: \u03c0"              # => "Greek pi: π"
"Greek pi: \u{3c0}"            # => "Greek pi: π"
"Greek \u{70 69 3a 20 3c0}"   # => "Greek pi: π"
```

\u 시퀀스를 포함하는 리터럴은 소스 파일의 인코딩과 무관하게 항상 UTF-8로 부호화된다.

String#bytes 메서드는 문자열 객체 내의 바이트 구조를 파악하는 데 편리하다. 이어지는 코드는 16비트 코드 포인트를 2바이트 UTF-8 인코딩으로 변환한다.

```
# encoding: utf-8
"pi: \u03c0".bytes # => [112, 105, 58, 32, 207, 128]
```

8비트 클린 인코딩

루비는 ASCII-8비트라는 가상 인코딩을 지원한다. 이 인코딩 이름에는 ASCII가 들어 있지만, 바이너리 데이터를 포함하는 데이터 스트림에서 사용하기 위한 인코딩이다. 따라서 이 인코딩의 별칭은 BINARY이다. 하지만 이 인코딩을 소스 파일 인코딩으로도 사용할 수 있다. 이때 128보다 작은 문자는 모두 일반적인 아스키 문자로 부호화되며, 그 이외의 문자는 변수 이름에서 유효한 구성 요소로 간주한다. 이는 자신도 모르는 인코딩을 사용할 수 있게 해 주는 특별한 기법이다. 상위 비트가 설정된 문자는 출력 가능한 문자로 간주한다.

```
# encoding: ascii-8bit
π = 3.14159
puts "π = #{π}"
puts "Size of 'π' = #{'π'.size}"
```

실행 결과:

```
π = 3.14159
Size of 'π' = 2
```

출력된 마지막 줄은 소스 파일 인코딩으로 ASCII-8비트를 사용하는 게 위험한 이유를 보여준다. UTF-8 인코딩에서 사용하는 문자라는 것을 모르기 때문에 π가 두 글자로 취급되기 때문이다.

파일 단위 소스 인코딩

당연히 규모가 큰 애플리케이션은 다수의 소스 파일들로 구성된다. 이러한 파일 중에는 외부 개발자가 만든 젬이나 라이브러리도 포함될 것이다. 이럴 때는 각 파일들에서 사용된 모든 인코딩을 제어할 수 없게 된다.

루비에서는 이에 대응하기 위해 프로젝트를 구성하고 있는 파일들이 서로 다른 인코딩을 가질 수 있도록 허용한다. 각 파일은 기본 인코딩인 US-ASCII로 시작되어, coding: 문자열을 포함한 주석이나 UTF-8 BOM을 찾아 인코딩을 설정한다.

다음 예제는 iso-8859-1.rb라는 이름을 가진 파일의 내용이다. 명시적으로 인코딩을 지정하고 있는 것을 알 수 있다.

encoding/iso-8859-1.rb

```
# -*- encoding: iso-8859-1 -*-
STRING_ISO = "ol\351" # \x6f \x6c \xe9
```

그리고 다음은 UTF-8을 지정한 예제다.

encoding/utf.rb

```
# file: utf.rb, encoding: utf-8
STRING_U = "∂og" # \xe2\x88\x82\x6f\x67
```

그리고 이 두 파일을 require하는 세 번째 파일이 있다고 하자. 이때 이 파일의 인코딩은 명시적으로 SJIS로 지정해 본다.

```
# encoding: sjis

require_relative 'iso-8859-1'
require_relative 'utf'

def show_encoding(str)
  puts "'#{str.bytes.to_a}' (#{str.size} chars, #{str.bytesize} bytes) " +
       "has encoding #{str.encoding.name}"
end

show_encoding(STRING_ISO)
show_encoding(STRING_U)
show_encoding("cat")
```

실행 결과:

```
'[111, 108, 233]' (3 chars, 3 bytes) has encoding ISO-8859-1
'[226, 136, 130, 111, 103]' (3 chars, 5 bytes) has encoding UTF-8
'[99, 97, 116]' (3 chars, 3 bytes) has encoding Windows-31J
```

각 파일은 독립적인 인코딩을 가지며 문자열 리터럴은 다른 파일에서 사용되더라도 각각 고유의 인코딩을 가지고 있다. encoding 주석은 단지 파일 내의 문자를 해석하는 방법과 아스키 이외의 문자를 포함하는 문자열 리터럴이나 정규 표현식에서 사용하는 인코딩을 루비에게 알려줄 뿐이다. 루비는 문자를 읽어 들일 때 소스 파일의 실제 바이트를 절대로 변경하지 않는다.

17.3 트랜스코딩

앞서 살펴보았듯이 문자열, 심벌, 정규 표현식에는 인코딩 정보가 함께 저장되어 있다. 문자열의 인코딩은 String#encode 메서드를 통해 변경할 수 있다. 다음 예제에서는 문자열 olé의 인코딩을 UTF-8에서 ISO-8859-1로 변경한다.

```
# encoding: utf-8
ole_in_utf = "olé"
ole_in_utf.encoding      # => #<Encoding:UTF-8>
ole_in_utf.bytes.to_a    # => [111, 108, 195, 169]

ole_in_8859 = ole_in_utf.encode("iso-8859-1")
ole_in_8859.encoding     # => #<Encoding:ISO-8859-1>
ole_in_8859.bytes.to_a   # => [111, 108, 233]
```

encode 메서드를 사용할 때는 주의해야 할 부분이 있다. 원래 문자열에 있는 문자 중에 변경하려는 인코딩에 포함되지 않는 문자열이 있으면 예외가 발생한다. 예를 들어 π는 UTF-8에는 있지만 ISO-8859-1에는 없는 문자다.

```
# encoding: utf-8
pi = "pi = π"
pi.encode("iso-8859-1")
```

실행 결과:
```
        from prog.rb:3:in `<main>'
prog.rb:3:in `encode': U+03C0 from UTF-8 to ISO-8859-1
(Encoding::UndefinedConversionError)
```

이 예외에 대해서는 직접 변환할 수 없는 문자에 대해 기본적인 변환값(place-holder character)을 설정해서 처리할 수 있다(자세한 내용은 String#encode 레퍼런스(781쪽)에서 설명한다).

```
# encoding: utf-8
pi = "pi = π"
puts pi.encode("iso-8859-1", :undef => :replace, :replace => "??")
```

실행 결과:
```
pi = ??
```

바이너리 데이터를 포함하는 문자열을 다룰 때 이 데이터가 특정 인코딩을 따르는 것처럼 인식시킬 수도 있다. 이 경우엔 문자열의 내용을 직접 바꿔버리는 encode 메서드는 적절하지 않다. 이때는 문자열의 인코딩 정보만 변환하는 방법을 사용해야 한다. String#force_encoding이 바로 그러한 역할을 하는 메서드다.

```
# encoding: ascii-8bit
str = "\xc3\xa9"      # e-acute in UTF-8
str.encoding    # => #<Encoding:ASCII-8BIT>
str.force_encoding("utf-8")
str.bytes.to_a # => [195, 169]
str.encoding    # => #<Encoding:UTF-8>
```

마지막으로 원래의 문자열이 ASCII-8비트 인코딩을 가질 때 encode 메서드에
두 개의 매개 변수를 사용하면 두 인코딩 간에 변환이 가능하다. 예를 들어 파일
에서 바이너리 모드로 데이터를 읽어 들였을 때, 읽어 들인 시점에 부호화를 하
지 않을 때가 있다. 다음 예제에서는 ISO-8859-1 시퀀스(예를 들어 olé)를 포함
하는 ASCII-8비트 문자열을 만들어서 이러한 상황을 만들어 낸다. 여기서는 이
문자열을 UTF-8로 변환한다. 이를 위해서는 encode의 두 번째 매개 변수로 바
이트들의 실제 문자열을 넘겨주어야 한다.

```
# encoding: ascii-8bit
original = "ol\xe9"       # e-acute in ISO-8859-1
original.bytes.to_a # => [111, 108, 233]
original.encoding      # => #<Encoding:ASCII-8BIT>
new = original.encode("utf-8", "iso-8859-1")
new.bytes.to_a         # => [111, 108, 195, 169]
new.encoding           # => #<Encoding:UTF-8>
```

다수의 인코딩을 지원하는 프로그램을 만들어야 한다면, '17.5 기본 외부 인코
딩'이 아주 큰 도움이 될 것이다.

17.4 입출력 인코딩

프로그램 내부에서 인코딩을 다루는 것은 전혀 문제가 없지만, 실제로 마주하게
되는 대부분의 작업은 외부 파일을 읽거나 쓰는 일이다. 파일 데이터들은 특정
한 인코딩을 따른다.

　루비의 I/O 객체는 데이터의 인코딩과 트랜스코딩을 모두 지원하고 있다.

　즉 모든 I/O 객체는 연관된 외부 인코딩을 가진다는 의미다. 이 인코딩은 프
로그램 외부에 대해 읽거나 쓰기를 할 때 사용된다. '17.5 기본 외부 인코딩'에서
설명하겠지만 모든 루비 프로그램은 기본적으로 외부 인코딩이라는 개념에 의
해 실행된다. 객체를 생성할 때 기본값을 바꾸지 않는다면(예를 들어 파일을 읽
어올 때) 이 기본 외부 인코딩이 I/O 객체에 의해 사용된다.

　이번엔 프로그램에서 다른 인코딩을 내부적으로 다룰 때를 생각해 보자. 예를
들어 ISO-8859-1로 부호화되어 있는 파일들을 가지고 있지만 루비 프로그램에
서는 이를 UTF-8로 다루려고 한다. 루비 I/O 객체는 내부 인코딩이라는 옵션을

사용해 이러한 상황에 대응할 수 있다. 내부 인코딩을 설정하면 입력은 읽어 올 때 외부 인코딩에서 내부 인코딩으로 변환되며, 쓰기 작업을 할 때는 내부 인코딩에서 외부 인코딩으로 변환되어 출력된다.

간단한 예제를 살펴보자. OS X 시스템에서 기본 외부 인코딩은 UTF-8이다. 이를 덮어쓰지 않는다면 사용하는 모든 파일의 I/O는 UTF-8이 된다. I/O 객체의 외부 인코딩은 IO#external_encoding 메서드를 통해 확인할 수 있다.

```
f = File.open("/etc/passwd")
puts "File encoding is #{f.external_encoding}"
line = f.gets
puts "Data encoding is #{line.encoding}"
```

실행 결과:

```
File encoding is UTF-8
Data encoding is UTF-8
```

이 예제를 통해 아마도 7비트 아스키로만 구성되어 있을 파일의 데이터가 UTF-8로 부호화된 것을 알 수 있다. '8비트 데이터가 포함되어 있을 때 인코딩을 변환하라'는 규칙은 오직 루비 소스 파일에 포함된 리터럴에 대해서만 적용된다.

I/O 객체를 열었을 때 외부 인코딩을 강제로 지정하는 것도 가능하다. 강제로 지정하는 방법은 모드 문자열 다음에 콜론(:)을 붙이고 이어서 인코딩 이름을 입력하면 된다. 단, 읽어 들이는 데이터의 내용을 변환하는 방법이 아님에 주의할 필요가 있다. 이는 단지 읽어 들이는 데이터의 인코딩 정보를 지정한다.

```
f = File.open("/etc/passwd", "r:ascii")
puts "File encoding is #{f.external_encoding}"
line = f.gets
puts "Data encoding is #{line.encoding}"
```

실행 결과:

```
File encoding is US-ASCII
Data encoding is US-ASCII
```

읽거나 쓰는 시점에 데이터를 강제적으로 트랜스코드(인코딩 변환)할 수도 있다. 이렇게 하려면 모드 문자열 뒤에 콜론과 인코딩 이름을 두 번 연결해 준다. 예를 들어 iso-8859-1.txt 파일이 ISO-8859-1인코딩을 따르는 단어 olé를 포함하고 있을 때 é 문자는 하나의 바이트 \xe9로 구성된다. 명령행의 od 명령어를 사용해 파일의 내용을 hex 코드로 확인할 수 있다(윈도 사용자는 debug 모드의 d 명령어를 통해 확인할 수 있다).

```
0000000   6f  6c  e9  0a
0000004
```

이 파일의 기본 외부 인코딩은 UTF-8을 사용하려고 시도하는데 이때 문제가 발생한다.

```
f = File.open("iso-8859-1.txt")
puts f.external_encoding.name
line = f.gets
puts line.encoding
puts line
```

실행 결과:

```
UTF-8
UTF-8
ol?
```

이 문제는 é의 바이트 시퀀스가 ISO-8859-1과 UTF-8 인코딩 간에 상이하기 때문에 발생한다. 루비는 파일에 UTF-8 문자열이 포함되어 있다고 생각하고 UTF-8로 읽어 들인다.

이 문제를 해결하기 위해 파일을 읽어 들일 때 직접 ISO-8859-1 인코딩을 지정할 수 있다.

```
f = File.open("iso-8859-1.txt", "r:iso-8859-1")
puts f.external_encoding.name
line = f.gets
puts line.encoding
puts line
```

실행 결과:

```
ISO-8859-1
ISO-8859-1
ol?
```

여전히 문제가 해결되지 않았다. 이번엔 인코딩 설정은 제대로 되었지만 운영체제에서 출력될 문자열을 UTF-8이라고 생각하기 때문이다.

이를 해결하기 위해서는 파일을 열 때 ISO-8859-1 인코딩을 UTF-8로 바꿔야 한다.

```
f = File.open("iso-8859-1.txt", "r:iso-8859-1:utf-8")
puts f.external_encoding.name
line = f.gets
puts line.encoding
puts line
```

실행 결과:

```
ISO-8859-1
UTF-8
olé
```

I/O 객체를 열 때 두 개의 인코딩을 설정하면 첫 번째 인코딩은 외부 인코딩이 되고, 두 번째 인코딩은 내부 인코딩이 된다. 데이터를 읽어올 때 외부 인코딩으로부터 내부 인코딩으로 변환되며, 외부로 출력될 때 다시 내부 인코딩에서 외부 인코딩으로 변환된다.

바이너리 파일

과거에 유닉스 기반 시스템 사용자들은, 윈도를 사용하는 사람들이 바이너리 파일을 열기 위해 특수한 메서드를 사용하는 데 대해 비꼬는 투로 이야기하곤 했다. 하지만 이제는 윈도 사용자들이 거꾸로 그렇게 생각할지도 모른다. 루비에서 바이너리 데이터가 포함된 파일을 열기 위해서는 반드시 (8비트 클린한 ASCII-8비트 인코딩을 자동으로 선택해 주는) 바이너리 플래그를 명시해야 한다. 이를 명시적으로 나타내기 위해 'binary'라는 인코딩을 사용할 수 있다.

```
f = File.open("iso-8859-1.txt", "rb")
puts "Implicit encoding is #{f.external_encoding.name}"
f = File.open("iso-8859-1.txt", "rb:binary")
puts "Explicit encoding is #{f.external_encoding.name}"
line = f.gets
puts "String encoding is #{line.encoding.name}"
```

실행 결과:

```
Implicit encoding is ASCII-8BIT
Explicit encoding is ASCII-8BIT
String encoding is ASCII-8BIT
```

17.5 기본 외부 인코딩

컴퓨터에서 텍스트 파일을 볼 때 대부분은 같은 인코딩을 사용한다. 미국에서는 UTF-8이나 아스키를 사용할 것이다. 유럽이라면 UTF-8이나 ISO-8859-x 인코딩을 사용할 것이다. 윈도를 사용하고 있다면 다른 인코딩을 사용하고 있을 수도 있다(현재 코드 페이지는 chcp 명령어를 통해 확인할 수 있다). 하지만 어떤 인코딩을 사용하건 간에 대부분의 작업은 그 인코딩을 사용하게 될 것이다.

유닉스 계열 시스템에서는 LANG 환경 변수가 있다. 어떤 OS X 시스템에서 이 환경 변수에 en_US.UTF-8이 설정되어 있다고 하자.

이는 미국 지역에서 영어를 사용하고 있으며, 기본 코드 세트가 UTF-8이라는 의미다. 루비를 실행하면 환경 변수를 찾아보고, 정의되어 있으면 코드 세트 컴포넌트를 기반으로 기본 외부 인코딩을 설정한다. 따라서 이 시스템에서 루비 1.9 프로그램은 기본 외부 인코딩을 UTF-8로 설정할 것이다. 이와 달리 LANG

환경 변수가 ja_JP.sjis 값을 가진다면 기본 외부 인코딩은 SJIS가 될 것이다. 기본 외부 인코딩은 Encoding 클래스를 통해 확인할 수 있다. 다음 예제에서는 LANG 환경 변수의 값을 변경해서 어떤 변화가 일어나는지 확인해 본다.

```
$ echo $LANG
en_US.UTF-8
$ ruby -e 'p Encoding.default_external.name'
"UTF-8"
$ LANG=ja_JP.sjis ruby -e 'p Encoding.default_external.name'
"Shift_JIS"
$ LANG= ruby -e 'p Encoding.default_external.name'
"US-ASCII"
```

환경 변수를 기반으로 설정된 인코딩에 따라 루비 소스 파일 인코딩이 영향을 받지는 않는다. 영향을 받는 것은 어디까지나 프로그램에서 읽거나 쓰는 데이터의 인코딩이다.

마지막으로 I/O 객체의 기본 외부 인코딩은 다음과 같이 명령행의 -E(--encoding 옵션과 같다) 옵션을 사용해 직접 설정할 수도 있다.

```
$ ruby -E utf-8 -e 'p Encoding.default_external.name'
"UTF-8"
$ ruby -E sjis -e 'p Encoding.default_external.name'
"Shift_JIS"
$ ruby -E sjis:iso-8859-1 -e 'p Encoding.default_internal.name'
"ISO-8859-1"
```

17.6 인코딩 호환성

루비 인터프리터에서는 문자열이나 정규 표현식을 포함하는 작업을 수행할 때 우선 이러한 작업이 정상적인지 확인한다. 예를 들어 인코딩이 다른 두 개의 문자열이 있을 때 두 문자열이 같은지 비교할 수는 있지만 두 문자열을 연결할 수는 없다. 이러한 검증은 다음과 같은 순서로 이루어진다.

1. 두 객체가 인코딩이 같다면 작업은 정상적이다.
2. 두 객체가 둘 다 7비트 문자밖에 포함하지 않는다면 인코딩에 관계없이 이 작업은 정상적이다.
3. 두 객체의 인코딩이 호환 가능하다면(이에 대해서는 뒤에서 다룬다) 작업은 정상적이다.
4. 앞의 경우에 해당하지 않는다면 예외를 발생시킨다.

예를 들어 마크업을 포함하는 텍스트 파일들을 가지고 있다고 해 보자. 어떤 파일들에서는 생략 부호를 … 시퀀스를 통해 표현한다. UTF-8 인코딩을 가진 또 다른 파일들에서는 생략 부호를 \u2026 바이트로 표현한다. 이를 세 개의 점으로 변환하고 싶다고 하자.

다음과 같은 간단한 방법을 적용해 볼 수 있다.

```
# encoding: utf-8
while line = gets
  result = line.gsub(/&hellip;/, "...")
                .gsub(/\u2026/, "...") # unicode ellipsis
  puts result
end
```

내 환경에서는 파일의 내용을 기본적으로 UTF-8로 추정한다. 아스키 파일과 UTF로 부호화된 파일을 이 프로그램에 넘겨주었을 때는 문제없이 작동한다. 하지만 ISO-8859-1 문자를 포함하는 파일을 넘겨주면 예외가 발생한다.

```
dots.rb:4:in `gsub': broken UTF-8 string (ArgumentError)
```

이는 루비가 ISO-8859-1로 부호화된 텍스트를 UTF-8로 해석하려고 하기 때문이다. 주어진 문자열은 정상적인 UTF 바이트 시퀀스가 아니므로 실패하는 것이다.

이를 해결하기 위한 세 가지 방법이 있다. 먼저 첫 번째 방법은 ISO-8859-1로 인코딩된 파일과 UTF-8로 인코딩된 파일을 구분하는 방법 없이 같은 프로그램에서 처리하는 것은 의미가 없다고 보는 방법이다. 말 그대로 이는 무의미하다. 이렇게 하려면 일부 명령행 옵션을 사용해야 하고, force_encoding도 사용해야 하며, 각 파일의 인코딩에 따라서 서로 다른 패턴 매칭을 할 수 있도록 위임하는 코드를 구현해야 한다.

두 번째는 데이터와 프로그램을 둘 다 ASCII-8비트로 취급해서 모든 비교 연산을 바이트 단위로 하는 방법이다. 이는 신뢰성이 떨어지지만, 일부 환경에서는 잘 작동한다.

세 번째 방법은 미리 마스터 인코딩을 정해서 매치를 하기 전에 마스터 인코딩으로 변환을 하는 방법이다. 루비는 default_internal 인코딩을 통해 이를 지원한다.

17.7 기본 내부 인코딩

루비는 기본적으로 읽기나 쓰기를 수행할 때 자동 인코딩 변환을 하지 않는다. 하지만 두 개의 명령행 옵션을 사용해 이러한 기본 설정을 변경할 수 있다.

외부 파일의 내용을 지정한 기본 인코딩으로 변환해 주는 -E 옵션은 앞서 살펴
보았다. -E xxx와 같이 옵션을 사용하면 기본 외부 인코딩은 xxx가 된다. -E 옵
션은 하나의 옵션을 더 받을 수 있다. File#open 메서드를 사용할 때 외부 인코
딩과 내부 인코딩을 설정하는 방법과 마찬가지로 -E 외부인코딩:내부인코딩 형
식으로 사용할 수 있다.

예를 들어 모든 파일이 ISO-8859-1 인코딩으로 쓰였더라도, 프로그램에서는
UTF-8 인코딩처럼 사용하고자 한다면 다음과 같이 사용한다.

```
$ ruby -E iso-8859-1:utf-8
```

콜론(:) 앞의 내용을 생략하면 외부 인코딩을 지정하지 않아도 내부 인코딩을 지
정할 수 있다.

```
$ ruby -E :utf-8
```

UTF-8은 인코딩 변환에 있어 가장 보편적으로 사용되므로 명령행에서 내부 인
코딩을 UTF-8로 변환하는 -U 옵션을 지원한다.

코드 안에서 기본 내부 인코딩을 확인하려면 Encoding.default_internal 메서
드를 사용한다. 이 메서드는 기본 내부 인코딩이 설정되어 있지 않으면 nil을 반
환한다.

마지막으로 하나 주의해야 할 점이 있다. 루비 인터프리터는 두 개의 다른 인
코딩을 가진 문자열을 비교하려고 할 때 이를 정규화하지 않는다. UTF-8의 'é'
문자는 ISO-8859-1의 'é'와 바이트 표현이 다르므로 다른 문자로 평가된다.

17.8 유니코드와 놀기

대니얼 버거(Daniel Berger)가 이야기한 것처럼[4], 메서드와 변수 이름에 UTF-8
문자를 사용해 다음과 같은 것도 가능하다.

```
# encoding: utf-8
def ∑(*args)
  args.inject(:+)
end
puts ∑ 1, 3, 5, 9
```

실행 결과:
```
18
```

---

[4] http://www.oreillynet.com/ruby/blog/2007/10/fun_with_unicode_1.html

물론 실제로 이런 식으로 코드를 작성하면 매우 불분명하고 사용하기도 어렵다 (예를 들어 앞선 예제의 메서드 이름은 합계 기호 \u2211인지, 그리스 문자 시그마 \u03a3인지 불분명하다). 가능하다고 해서 꼭 써야 하는 건 아니라는 사실을 기억하기 바란다.

18장

대화형 루비 셸

'14.2 대화형 루비 셸'에서 소개한 것처럼 irb는 루비 프로그램을 대화식으로 입력하고 실행 결과를 바로 볼 수 있게 해 주는 루비 모듈이다. 이번 장에서는 irb의 사용법과 실정법을 너 사세히 알아보자.

18.1 명령행

irb는 명령행에서 실행한다.

```
irb ⟨irb 옵션⟩ ⟨루비 스크립트⟩ ⟨프로그램 인자⟩
```

irb의 명령행 옵션은 표 9에서 자세히 다룬다. 보통은 아무런 옵션 없이 irb를 실행한다. 하지만 특정 스크립트를 실행하고 스크립트가 실행된 환경에서 여러 가지 시도를 해 보고 싶다면 irb에 루비 스크립트의 이름과 그 스크립트를 실행하기 위한 옵션과 함께 irb를 실행한다.

irb가 실행되면 프롬프트가 화면에 출력되고 입력을 기다린다. irb는 루비 언어를 분석할 수 있으며, 따라서 불완전한 문장은 판별할 수 있다. 불완전한 문장을 입력받으면 커서는 다음 줄로 이동한다(다음 예제에서는 irb의 기본 프롬프트를 사용한다).

```
ruby 2.0 > 1 + 2
=> 3
ruby 2.0 > 3 +
ruby 2.0 > 4
=> 7
```

irb를 종료하고자 할 때는 exit나 quit을 입력하면 된다. IGNORE_EOF 모드가

옵션	설명
--back-trace-limit n	위의 n개와 최근의 n에 대한 역추적(backtrace) 정보를 출력한다. 기본값은 16이다.
--context-mode n	:CONTEXT_MODE에 대해선 318쪽에서 설명한다.
-d	$DEBUG를 true로 설정한다(ruby -d 와 같다).
-E enc	루비의 -E 옵션과 같다.
-f	~/.irbrc를 읽지 않도록 한다.
-h, --help	사용법을 출력한다.
-I 디렉터리	루비의 -I와 같다.
--inf-ruby-mode	irb가 이맥스 환경에서 inf-ruby-mode로 실행되도록 한다. --prompt inf-ruby --noreadline과 같다.
--inspect, --noinspect	출력 결과에 Object#inspect를 사용하거나 사용하지 않는다 (수학 모드가 아니면 --inspect가 기본값이다).
--irb_debug n	내부 디버그 수준을 n으로 설정한다(irb 개발에서만 사용된다).
-m	수학 모드(분수와 행렬을 지원한다)
--noprompt	프롬프트를 표시하지 않는다. --prompt null과 같다.
--prompt prompt-mode	프롬프트를 변경한다. 기본으로 지원하는 프롬프트 모드로는 null, default, classic, simple, xmp, inf-ruby가 있다.
--prompt-mode prompt-mode	--prompt와 같다.
-r module	모듈을 require한다. 루비의 -r 옵션과 같다.
--readline, --noreadline	readline 확장 모듈을 사용하거나 사용하지 않는다.
--sample-book-mode	--prompt simple과 같다
--simple-prompt	--prompt simple과 같다
--single-irb	중첩된 irb 세션은 같은 문맥을 공유한다.
--tracer	명령어의 실행을 위한 trace를 출력한다.
-U	루비의 -U 옵션과 같다.
-v, --version	irb의 버전을 출력한다.

표 9. irb 명령행 옵션

설정되어 있지 않으면 end-of-file 문자를 입력해도 된다.

irb 세션 안에서 실행한 모든 코드는 irb의 작업 공간에 저장된다. 직접 선언한 변수와 메서드, 클래스는 모두 기억되므로 같은 세션 내에서 계속 사용할 수 있다.

```
ruby 2.0 > def fib_up_to(n)
ruby 2.0 ?>   f1, f2 = 1, 1
ruby 2.0 ?>   while f1 <= n
ruby 2.0 ?>     puts f1
```

```
ruby 2.0 ?>      f1, f2 = f2, f1+f2
ruby 2.0 ?>    end
ruby 2.0 ?> end
=> nil
ruby 2.0 > fib_up_to(4)
1
1
2
3
=> nil
```

실행 결과가 nil을 반환하는 데 주목하자. 이는 메서드 정의와 그 실행에 대한 반환값이다. 이 메서드는 피보나치수열을 출력한 후 nil을 반환한다.

irb를 이용했을 때 얻을 수 있는 또 하나의 장점은 이전에 작성한 코드를 실험해 볼 수 있다는 점이다. 버그를 추적해 보고 싶거나, 간단하게 코드를 사용해볼 요량이라면 irb가 제격이다. 직접 작성한 프로그램을 irb에 로드하면, 프로그램에서 선언한 클래스의 인스턴스를 만들 수 있고 메서드도 실행해 볼 수 있다. 예를 들어 code/irb/fibbonacci_sequence.rb 파일에는 다음과 같은 메서드 선언이 있다.

irb/fibonacci_sequence.rb

```ruby
def fibonacci_sequence
  Enumerator.new do |generator|
    i1, i2 = 1, 1
    loop do
      generator.yield i1
      i1, i2 = i2, i1+i2
    end
  end
end
```

이 프로그램을 irb에 로드하면 메서드를 사용해 볼 수 있다.

```
ruby 2.0 > load 'code/irb/fibonacci_sequence.rb'
=> True
ruby 2.0 > fibonacci_sequence.first(10)
=> [1, 1, 2, 3, 5, 8, 13, 21, 34, 55]
```

앞선 예제에서는 irb 세션에 파일을 로드하는 데 require 대신에 load를 사용했다. 이는 우리의 경험에서 나온 것이다. load는 같은 파일이라도 여러 번 새로 로딩할 수 있으므로 버그를 찾거나 파일을 수정할 때 현재 irb 세션에 이 파일을 다시 읽어 들일 수 있어 유용하다.

탭 자동 완성

설치된 루비 인터프리터가 readline 라이브러리를 지원한다면, irb에서 자동 완성 기능을 사용할 수 있다. 이 기능이 로드되면(잠시 후 로드하는 방법을 설명할 것이다) 자동 완성 기능은 irb 프롬프트 코드를 입력할 때 탭 키의 동작 방식을 바꾸어버린다. 단어를 입력하는 도중 탭 키를 누르면 irb는 현시점에서 적용 가능한 자동 완성을 찾고자 시도한다. 자동 완성 후보가 하나라면 irb는 이 단어로 채워질 것이다. 가능한 옵션이 둘 이상이라면 irb는 아무 일도 하지 않는다. 탭을 한 번 더 누르면 이 위치에서 가능한 자동 완성 목록을 보여준다.

예를 들어 irb 세션 안에서 a라는 변수에 문자열 객체를 할당했다고 해 보자.

```
ruby 2.0 > a = "cat"
=> "cat"
```

이제 이 객체의 String#reverse 메서드를 실행하려고 한다. a.re까지 입력하고 탭 키를 두 번 누르면,

```
ruby 2.0 > a.re<탭><탭>
a.replace a.respond_to? a.reverse a.reverse! a.respond_to_missing?
```

irb는 이 객체가 지원하는 re로 시작하는 모든 메서드 이름을 보여준다. 우리가 필요한 것은 reverse이므로, 다음 글자인 v를 누르고 탭 키를 눌러보자.

```
ruby 2.0 > a.rev<탭>
ruby 2.0 > a.reverse
=> "tac"
```

irb는 탭 키가 눌렸을 때 현재 위치의 이름에 가능한 한 많은 글자를 확장하려고 한다. 그래서 앞선 예제에서는 reverse가 되었다. 이 상태에서 탭 키를 두 번 누르면 reverse와 reverse! 메서드 이름을 보여줄 것이다. 하지만 여기서는 reverse를 사용하고자 하므로 엔터 키를 눌러 코드를 실행하면 된다.

탭 자동 완성은 내장 모듈에 국한되지 않는다. irb에서 클래스를 선언하고 이 클래스의 메서드를 사용할 때도 자동 완성은 동작한다.

```
ruby 2.0 > class Test
ruby 2.0 ?>   def my_method
ruby 2.0 ?>     end
ruby 2.0 ?>   end
=> nil
ruby 2.0 > t = Test.new
=> #<Test:0x000001009fc8c8>
ruby 2.0 > t.my<탭>
ruby 2.0 > t.my_method
=> nil
```

탭 자동 완성은 확장 라이브러리로 구현되어 있다. 몇몇 시스템에서는 이 라이브러리를 자동으로 읽어 들인다. 하지만 어떤 시스템에서는 이 라이브러리를 irb 실행 시에 명시적으로 읽어 들여야 한다.

```
$ irb -r irb/completion
```

물론 irb가 실행 중일 때도 자동 완성 라이브러리를 읽어올 수 있다.

```
ruby 2.0 > require 'irb/completion'
```

항상 탭 자동 완성 기능을 사용하는데 시스템에서 기본적으로 로드되지 않는다면 .irbrc에 이 라이브러리를 로드하도록 해 두는 것이 가장 편리할 것이다.

서브세션

irb는 동시에 여러 개의 세션을 지원한다. 하나는 현재 사용 중인 것이고, 나머지들은 활성화될 때까지 유휴 상태로 있게 된다. irb 세션 안에서 irb라고 명령을 입력하면 새로운 서브세션이 생성된다. jobs 명령은 모든 세션의 목록을 보여주고 fg를 입력하면 유휴 상태의 특정 세션을 활성화한다. 다음 예제에서는 -r 명령행 옵션도 사용하고 있다. 이 옵션은 irb를 시작하기 전에 지정된 파일을 읽어 들인다.

```
dave[ruby4/Book 13:44:16] irb -r ./code/irb/fibonacci_sequence.rb
ruby 2.0 > result = fibonacci_sequence.first(5)
 => [1, 1, 2, 3, 5]
ruby 2.0 > # Created nested irb session
ruby 2.0 > irb
ruby 2.0 > result = %w{ cat dog elk }
 => ["cat", "dog", "elk"]
ruby 2.0 > result.map(&:upcase)
 => ["CAT", "DOG", "ELK"]
ruby 2.0 > jobs
 => #0->irb on main (#<Thread:0x00000100887678>: stop)
#1->irb#1 on main (#<Thread:0x00000100952710>: running)
ruby 2.0 > fg 0
 => #<IRB::Irb: @context=#<IRB::Context:0x000001008ea6d8>, ...
ruby 2.0 > result
 => [1, 1, 2, 3, 5]
ruby 2.0 > fg 1
 => #<IRB::Irb: @context=#<IRB::Context:0x00000100952670>, ...
ruby 2.0 > result
 => ["cat", "dog", "elk"]
ruby 2.0 >
```

서브세션과 바인딩

서브세션을 만들 때 객체를 지정해 주면, 이 객체를 바인딩의 self 값으로 사용한다. 이는 특정 객체를 테스트할 때 유용하다. 다음 예제에서는 "wombat" 문자열을 기본 객체로 서브세션을 생성한다. 따라서 수신자가 없는 메서드들은 모두이 객체에 의해 처리된다.

```
ruby 2.0 > self
 => main
ruby 2.0 > irb "wombat"
ruby 2.0 > self
 => "wombat"
ruby 2.0 > upcase
 => "WOMBAT"
ruby 2.0 > size
 => 6
ruby 2.0 > gsub(/[aeiou]/, '*')
 => "w*mb*t"
ruby 2.0 > irb_exit
 => #<IRB::Irb: @context=#<IRB::Context:0x000001009dc4d8>, ...
ruby 2.0 > self
 => main
ruby 2.0 > upcase
NameError: undefined local variable or method `upcase' for main:Object
        from (irb):4
        from /Users/dave/.rvm/rubies/ruby 2.0/bin/irb:17:in `<main>'
```

irb는 다양한 방법으로 설정할 수 있다. 명령행을 통해 설정값을 넘겨도 되고, 초기화 파일도 지원하며, irb 세션 내에서 직접 설정을 적용할 수도 있다.

초기화 파일

irb는 초기화 파일을 지원하는데 이 파일에는 공통으로 사용하는 옵션을 지정하거나 매번 실행될 필요가 있는 루비 코드를 적어둔다. irb가 실행될 때 ~/.irbrc, .irbrc, irb.rc, _irbrc, $irbrc 파일들을 차례대로 검색해 제일 먼저 발견된 초기화 파일을 적용한다.

초기화 파일에서는 임의의 루비 코드를 실행할 수 있다. 그리고 설정값을 적어둘 수도 있다. 사용할 수 있는 설정 변수의 목록은 'irb 설정 옵션'(318쪽)에서 설명한다. 이 중 설정 파일에서 사용할 수 있는 값은 콜론으로 시작되는 심벌로 표시되어 있다. 이 심벌을 이용해서 IRB.conf 해시에 값을 설정하면 된다. 예를 들어 모든 irb 세션에 기본 프롬프트 모드를 SIMPLE로 사용하고자 한다면, 다음과 같이 초기화할 수 있다.

```
IRB.conf[:PROMPT_MODE] = :SIMPLE
```

여기서 재미있는 점은 IRB.conf[:IRB_RC]의 값으로 Proc 객체를 설정할 수 있다는 점이다. 이를 통해 irb에서 문맥이 바뀔 때마다 이 Proc 객체가 호출된다. 그리고 문맥에서 부여된 설정값이 매개 변수로 전달된다. 따라서 이 기능을 이용하면 문맥에 따라 동적으로 설정값을 변경하는 것이 가능하다. 예를 들어 다음 .irbrc 파일은 메인 프롬프트에서만 irb 수준을 표시하고 이어지는 프롬프트와 결과는 그냥 들여쓰기만 맞춰준다.

```
IRB.conf[:IRB_RC] = lambda do |conf|
  leader = " " * conf.irb_name.length
  conf.prompt_i = "#{conf.irb_name} --> "
  conf.prompt_s = leader + ' \-" '
  conf.prompt_c = leader + ' \-+ '
  conf.return_format = leader + " ==> %s\n\n"
  puts "Welcome!"
end
```

이 .irbrc 파일을 사용하는 irb 세션은 다음과 같이 동작할 것이다.

```
$ irb
Welcome!
irb --> 1 + 2
    ==> 3

irb --> 2 +
    \-+ 6
    ==> 8
```

irb 확장하기

irb에서 입력하는 것은 모두 루비 코드로 해석되기 때문에, 새로운 최상위 레벨 메서드를 정의하는 방식으로 irb를 효과적으로 확장할 수 있다. 예를 들어 특정한 처리를 수행하는 데 걸리는 시간을 측정하고 싶은 경우가 있다. 직접 Benchmark 라이브러리 내의 measure 메서드를 사용할 수도 있지만, 이를 헬퍼 메서드로 제공할 수 있다.

.irbrc 파일에 다음 메서드를 추가한다.

```
def time(&block)
  require 'benchmark'
  result = nil
  timing = Benchmark.measure do
    result = block.()
  end
  puts "It took: #{timing}"
  result
end
```

irb를 재실행하면 이제 앞에서 정의한 메서드를 사용해 시간을 측정할 수 있다.

```
ruby 2.0 > time { 1_000_000.times { "cat".upcase } }
It took:   0.320000   0.000000   0.320000 (   0.323104)
=> 1000000
```

대화형 셸에서 직접 설정하기

대부분의 설정값은 irb를 실행하고 있는 도중에도 바꿀 수 있다. 'irb 설정 옵션'(318쪽)에 정리된 값 중 conf.xxx 형식을 여기에 사용할 수 있다. 예를 들어 프롬프트 모드를 다시 SIMPLE로 바꾸려면 다음과 같이 실행한다.

```
ruby 2.0 > 1 +
ruby 2.0 > 2
=> 3
ruby 2.0 > conf.prompt_mode = :SIMPLE
=> :SIMPLE
>> 1 +
?> 2
=> 3
```

irb 설정 옵션

다음 설명에서 :XXX 형태의 옵션은 초기화 파일에서 사용하는 IRB.conf 해시의 키 값을 의미한다. 그리고 conf.xxx 형태의 값은 대화형 셸에서 사용할 수 있는 값이다. 설명의 마지막에 대괄호로 싸여 있는 값은 해당 옵션의 기본값을 의미한다.

:AUTO_INDENT / auto_indent_mode
   true라면 중첩 구조에 대해 자동으로 들여쓰기를 한다. [true]

:BACK_TRACE_LIMIT / back_trace_limit
   처음 n줄과 마지막 n줄에 대해 역추적(backtrace)을 보여준다. [16]

:CONTEXT_MODE
   새로운 작업 공간을 만들 때 어떤 바인딩을 사용할지 결정한다. 0→최상위의 proc, 1→로딩된 익명 파일에 바인딩, 2→로딩된 파일에 스레드별로 바인딩, 3→최상위 함수에 바인딩. [3]

:DEBUG_LEVEL / debug_level
   내부적인 디버그 수준을 n으로 설정한다. irb의 렉서(lexer)를 디버깅할 때 유용하다. [0]

:IGNORE_EOF / ignore_eof
   입력 중에 파일의 끝(EOF)을 만났을 때 취할 행동을 결정한다. true이면 이를 무시하고 false이면 irb를 종료한다. [false]

:IGNORE_SIGINT / ignore_sigint
   false이면 ^C(Ctrl+c)로 irb를 종료한다. 입력 도중 ^C를 만나면 현재 입력을 중단하고 최상위 수준으로 돌아간다. 실행 중이라면 현재 수행 중인 작업을 중단한다. [true]

:INSPECT_MODE / inspect_mode

값을 출력하는 방법을 설정한다. true는 inspect를 사용함을 의미한다. false

이면 to_s를 사용하고, nil이면 수학 모드가 아닌 경우에는 inspect를 이용하

고 그 외에는 to_s를 이용한다. [nil]

:IRB_RC

irb 세션(또는 서브세션)이 시작될 때 호출되는 proc 객체를 설정한다. [nil]

last_value

irb가 출력한 마지막 값 [...]

:LOAD_MODULES / load_modules

-r 명령행 옵션을 통해 로드된 모듈의 목록 [[]]

:MATH_MODE / math_mode

true이면 mathn 라이브러리를 로딩하고(레퍼런스(877쪽) 참조) irb를 실행

하며 값을 화면에 보여줄 때 inspect를 사용하지 않는다. [false]

prompt_c

이어지는 문장(예를 들면 if까지만 입력하면 그다음 줄)을 위한 프롬프트 [설

정에 따라 다름]

prompt_i

표준 최상위 프롬프트 [설정에 따라 다름]

:PROMPT_MODE / prompt_mode

출력할 프롬프트의 스타일 [:DEFAULT]

prompt_s

이어지는 문자열을 위한 프롬프트 [설정에 따라 다름]

:PROMPT

'프롬프트 설정하기'(322쪽) 참조 [...]

:RC / rc

false이면 초기화 파일을 로드하지 않는다. [true]

return_format

대화형 셸에서 입력된 표현식의 결과를 출력하는 형태 [설정에 따라 다름]

:SAVE_HISTORY / save_history

    irb 세션에서 저장하는 명령의 개수 [nil]

:SINGLE_IRB

    true이면 중첩된 irb 세션이 모두 같은 바인딩을 공유한다. 이외에는 :CONTEXT_MODE의 값에 따라 새로운 바인딩을 작성한다. [nil]

thread

    현재 실행 중인 Thread 객체에 대한 읽기 전용 참조 [현재 스레드]

:USE_LOADER / use_loader

    load/require에서 irb만의 파일 리더를 사용할지 여부 [false]

:USE_READLINE / use_readline

    이 옵션이 false 또는 nil이 아니고 readline 라이브러리(906쪽)를 사용할 수 있다면 readline 라이브러리를 사용한다. false나 nil이면 readline을 사용하지 않는다. 또한 inf-ruby-mode에서도 readline을 사용하지 않는다. [설정에 따라 다름]

:USE_TRACER / use_tracer

    true이면 명령의 실행을 추적한다. [false]

:VERBOSE / verbose

    이론적으로 true일 때 더 많은 추적(trace) 결과를 보여줘야 하지만, 대부분의 경우에는 차이가 없다. [true]

18.2 명령어

irb 프롬프트가 나타나면 그곳에 올바른 루비 코드를 입력하여 결과를 볼 수 있다. 이외에도 다음 명령어를 사용하여 irb 세션을 제어할 수 있다.[1]

help ClassName, string, 또는 symbol

    지정한 대상에 대한 ri 문서를 출력한다.

```
irb(main):001:0> help "String.encoding"
----------------------------------------------- String#encoding
obj.encoding => encoding
------------------------------------------------------------------------
Returns the Encoding object that represents the encoding of obj.
```

---

[1] 이유는 불분명하지만 이 명령어들은 대개 아홉 개의 별칭을 가지고 있다. 이러한 별칭을 모두 소개하지는 않았다.

exit, quit, irb_exit, irb_quit

irb 세션이나 서브세션을 종료한다. 바인딩을 바꾸기 위해 cb 명령(다음 참조)을 사용했다면 이 바인딩 모드에서 빠져나온다.

conf, context, irb_context

현재 설정을 보여준다. conf 메서드를 실행하면 현재 설정을 변경할 수 있다. 'irb 설정 옵션'(318쪽)에 사용 가능한 conf의 설정값 목록이 있으니 참조하자. 예를 들어 프롬프트를 좀 더 공손하게 바꾸고자 한다면 다음과 같이 설정한다.

```
irb(main):001:0> conf.prompt_i = "Yes, Master? "
=> "Yes, Master? "
Yes, Master? 1 + 2
```

cb, irb_change_binding ‹obj›

자신만의 지역 변수 유효 범위(scope)를 갖는 새로운 바인딩(워크스페이스라고도 불린다)을 만들어서 그 바인딩을 적용한다. obj가 매개 변수로 주어지면 새로운 바인딩에서는 obj를 self로 사용한다.

pushb obj, popb

현재 바인딩을 푸시(push)하거나 팝(pop)한다.

bindings

현재 바인딩의 목록을 보여준다.

irb_cwws

현재 작업 공간에 바인딩된 객체를 출력한다.

irb ‹obj›

irb 서브세션을 시작한다. obj가 인자로 주어지면 obj를 self로 사용한다.

jobs, irb_jobs

irb 서브세션 목록을 출력한다.

fg n, irb_fg n

특정 irb 세션으로 변환한다. n은 irb 서브세션 번호, 스레드 ID, irb 객체, 특정 서브세션을 실행한 객체(self) 중 하나를 넣을 수 있다.

kill n, irb_kill n

irb 서브세션을 종료한다. n은 irb_fg에서 설명한 것 중 하나의 값이 될 수 있다.

source filename

　filename을 로드하고 실행하고 소스 코드를 보여준다.

프롬프트 설정하기

irb의 프롬프트는 매우 유연하며 입맛대로 설정해서 사용할 수 있다. 모든 프롬프트는 해시의 형태로 IRB.conf[:PROMPT]에 저장된다.

　예를 들어 MY_PROMPT라는 이름의 새로운 프롬프트를 만들고 싶으면, 다음과 같이 적어주면 된다(irb 프롬프트에 직접 입력하거나 .irbrc 파일에 설정한다).

```
IRB.conf[:PROMPT][:MY_PROMPT] = { # 프롬프트 모드의 이름
  :PROMPT_I => '-->',               # 보통의 프롬프트
  :PROMPT_S => '--"',               # 이어지는 문자열을 위한 프롬프트
  :PROMPT_C => '--+',               # 이어지는 문장을 위한 프롬프트
  :RETURN => " ==>%s\n"             # 반환값을 위한 서식
}
```

이제 irb를 실행할 때 앞에서 정의한 프롬프트를 사용하도록 지정해 보자. 명령행에서 --prompt 옵션을 사용하면 된다(프롬프트 이름은 자동으로 대문자로 변환되고 하이픈은 밑줄(_)로 바뀜에 주의하자).

```
$ irb --prompt my-prompt
```

이 프롬프트를 다른 irb 세션에도 적용하고 싶으면 .irbrc 파일에 설정값으로 저장해 두면 된다.

```
IRB.conf[:PROMPT_MODE] = :MY_PROMPT
```

심벌 :PROMPT_I, :PROMPT_S, :PROMPT_C를 사용하여 각 상황에 맞는 프롬프트 서식을 지정할 수 있다. 프롬프트 서식 안에서 % 시퀀스는 특정 문자열로 확장된다.

　예를 들어 기본 프롬프트는 다음과 같이 정의되어 있다.

```
IRB.conf[:PROMPT][:DEFAULT] = {
  :PROMPT_I => "%N(%m):%03n:%i> ",
  :PROMPT_S => "%N(%m):%03n:%i%l ",
  :PROMPT_C => "%N(%m):%03n:%i* ",
  :RETURN   => "=> %s\n"
}
```

부호	설명
%N	현재 명령
%m	메인 객체(self)에 to_s를 적용한 값
%M	메인 객체(self)에 inspect를 적용한 값
%l	구분 문자 종류. 여러 줄에 걸쳐서 이어지는 문자열에서 %l은 문자열의 시작을 알리는 구분 문자를 나타낸다. 물론 구분 문자로 닫혀야 한다. 구분 문자는 ", ', /,], ` 중 하나를 사용할 수 있다.
%ni	들여쓰기 수준 옵션 값으로 n이 주어질 수 있으며, 이 값은 printf("%nd")에서 폭을 지정해 주는 것과 같은 역할을 한다.
%nn	현재의 라인 넘버(n은 들여쓰기 수준).
%%	퍼센트 부호 리터럴

표 10. irb 프롬프트 서식 문자열

세션 이력 저장하기

irb가 readline을 지원하면(즉 위쪽 화살표를 누르면 이전 명령어가 나오는 환경), 입력된 명령어를 세션이 종료되어도 기억할 수 있도록 설정할 수 있다. 다음 라인을 .irbrc 파일에 추가하면 된다.

```
IRB.conf[:SAVE_HISTORY] = 50 # 뒤에서 50개 표현식을 저장
```

19장

루비 문서화

RDoc은 루비 소스 코드 파일에 포함된 문서를 추출하고 포매팅해 주는 도구로 루비에 포함되어 있다. 이 도구는 루비 내장 클래스와 모듈을 문서화하는 데도 사용된다. 계속 추가되는 많은 라이브러리와 확상 기능 역시 이 방식에 따라 문서화된다.[1]

RDoc의 기능은 두 가지다. 먼저 루비와 C 소스 파일을 분석해서 마크다운 같은 형식에 따라 문서화에 필요한 정보를 찾는다.[2] 두 번째 기능은 이렇게 찾은 정보들을 읽기 쉬운 형식으로 변환한다. 다음 그림은 브라우저 창의 RDoc 출력을 보여준다. 오른쪽 상자 안에는 이 문서를 생성하는 데 사용된 소스 코드가 있다.

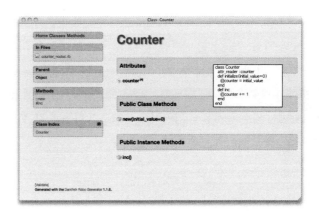

---

1 Rdoc이 유일한 루비 문서화 도구는 아니다. 좀 더 형식적이고 태그 기반의 스킴을 통한 문서화를 하고 싶다면 야드(Yard)를 살펴보기 바란다. http://yardoc.org
2 RDoc은 포트란 77 프로그램을 문서화할 수도 있다.

소스 코드에 내부 문서가 하나도 없어도 RDoc은 유용한 정보를 뽑아낼 수 있다. 화면의 맨 위 부분에는 세 개의 패널이 보이는데, 각각 문서화된 파일, 클래스, 메서드를 나타낸다. Counter 클래스에 대한 설명 부분에서는 속성과 메서드 문서와 사용법을 함께 볼 수 있다. 그리고 메서드 용법을 클릭하면 RDoc은 해당 메서드의 소스 코드를 보여주는 창을 띄운다.

소스 코드에 주석이 포함되어 있다면 RDoc은 이 정보들을 생성하는 문서에 포함시킨다.

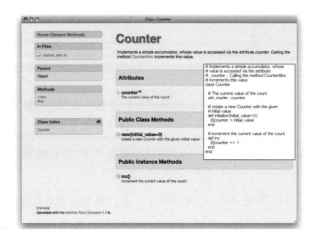

각 요소 앞의 주석들이 RDoc 출력에서 HTML 형식으로 어떻게 변환되었는지 볼 수 있다. RDoc이 주석에서 어떻게 하이퍼링크를 찾아내는지는 비교적 불분명하다. 클래스에 대한 주석에는 Counter#inc의 메서드 설명에 대한 링크가 포함되어 있다. 그리고 new 메서드에도 Counter 클래스에 대한 링크가 포함되었다. 이는 RDoc의 핵심 기능이다. 변환을 할 때 루비 소스 파일을 더럽히지 않으면서도 충분히 똑똑하게 작동하도록 설계되었다.

RDoc은 또한 ri 명령행 도구를 사용해서 읽을 수 있는 문서도 생성한다. 예를 들어 앞선 예제에서 나온 문서를 ri 명령어로 불러오면 다음과 같은 형식으로 출력될 것이다.

```
$ ri Counter
---------------------------------------- Class: Counter
     Implements a simple accumulator, whose value is
     accessed via the attribute counter. Calling the
     method Counter#inc increments this value.
----------------------------------------------------------

Class methods:
     new
```

```
Instance methods:
    inc
Attributes:
    counter
------------------------------------------------------------------
Counter#inc
    inc()
------------------------------------------------------------------
    increment the current value of the count
```

루비 배포판에는 내장 클래스와 모듈(그리고 일부 라이브러리)을 위한 ri 문서가 포함되어 있다.[3] 다음 예제는 ri Proc 명령을 실행했을 때 출력 결과를 보여준다.

```
$ ri Proc
Proc < Object
(from ruby core)
------------------------------------------------------------------
Proc objects are blocks of code that have been bound to a set of local
variables. Once bound, the code may be called in different contexts and still
access those variables.

    def gen_times(factor)
      return Proc.new {|n| n*factor }
    end

    times3 = gen_times(3)
    times5 = gen_times(5)

    times3.call(12)              #=> 36
    times5.call(5)               #=> 25
    times3.call(times5.call(4))  #=> 60
------------------------------------------------------------------
Class methods:
  new
Instance methods:
  ===, [], arity, binding, call, curry, hash, inspect, lambda?, parameters,
source_location, to_proc, to_s, yield ==
```

많은 프로젝트에는 README, 사용법, 체인지 로그를 비롯한 다양한 문서가 포함되어 있다. RDoc은 이를 찾아 자동으로 문서 형식으로 생성한다. 이는 페이지라고 불린다. 접근 가능한 페이지에 대해서는 ri 명령어에 검색어를 넘겨줄 때 뒤에 콜론(:)을 붙여주면 된다.

```
$ ri ruby:
Pages in ruby core

ChangeLog
NEWS
README
README.EXT
: :
```

특정한 페이지를 읽기 위해서는 콜론(:) 뒤에 페이지 이름을 붙여준다.

---

3 rvm을 사용한다면 rvm docs generate 명령을 실행할 필요가 있다.

```
$ ri ruby:NEWS
NEWS for Ruby 2.0.0

This document is a list of user visible feature changes made between
releases except for bug fixes.
```

19.1 루비 코드에 RDoc 작성하기

RDoc은 루비 소스 파일을 분석해서 주요 구성 요소(클래스, 모듈, 메서드 속성 등)를 추출한다. 파일에서 각 요소 앞에 주석 블록을 추가해서 이 주석을 문서화할 수 있다.

RDoc의 디자인 목표 중 하나는 소스 코드를 자연스럽게 보이게 하는 것이다. 대부분의 경우 루비 코드 내에서 RDoc이 문서화하려는 부분을 찾을 수 있도록 하기 위해 특별한 문법을 사용할 필요는 없다. 예를 들어 주석 블록은 아주 자연스럽게 쓰일 수 있다.

```
# 데브린크스키(Debrinski)의 알고리즘을 이용해 그래프에서 최소 비용을 갖는 경로를 계산한다.
# 이 알고리즘은 고립된 종단 노드에 최적화된 인버스 프루닝(inverse pruning)을 수행한다.
def calculate_path
  . . .
end
```

또한 =begin .. =end 문법을 통해 블록 주석을 사용할 수도 있다. 이를 사용할 경우에는 해당 블록을 다른 문서화 형식과 구분하기 위해 반드시 rdoc이라고 표시해 주어야 한다.

```
=begin rdoc
데브린크스키(Debrinski)의 알고리즘을 이용해 그래프에서 최소 비용을 갖는 경로를 계산한다.
이 알고리즘은 고립된 종단 노드에 최적화된 인버스 프루닝(inverse pruning)을 수행한다.
=end
def calculate_path
  . . .
end
```

문서화를 목적으로 하는 주석 안에서 문단은 들여쓰기가 같은 줄들로 구성된다. 이보다 더 들여 쓴 텍스트는 원문에 입력한 대로 출력할 구문이다.

그 외의 텍스트 마크업도 사용할 수 있다. 한 단어를 이탤릭체, 볼드체, 타자기체로 나타내려면, 각각 _단어_, *단어*, +단어+를 사용하면 된다. 여러 단어나 특수 문자를 포함한 문자열에 같은 효과를 주고 싶다면, 〈em〉여러 단어〈/em〉, 〈b〉몇 마디 더〈/b〉, 〈tt〉아직도 할 말이〈/tt〉라고 써주면 된다. 이런 마크업 포맷 직전에 역슬래시를 써주면 마크업은 무시된다.

RDoc은 #--로 시작되는 줄을 만나면 그 이후의 주석에 대해서는 변환 작업을 하지 않는다. 이 기능은 내부 주석과 문서 생성을 위한 주석을 구분해야 할 때나, 작성 중인 주석문이 메서드, 클래스, 모듈 등의 문서로 연관되는 것을 원치 않을 때 유용하다. 반대로 #++로 시작하는 줄을 만나면 문서화 작업이 다시 시작된다.

```
# 나이를 추출하고
# 생일을 계산한다.
#--
# FIXME: 생일이 2월 29일이거나, 설치된 루비가 음수의 time_t를 지원하지 않는다면
# 기준일 이전 출생자의 경우에는 메서드가 실패할 것이다.
#++
# 생일을 Time 객체로 반환한다.
#--
# Date 클래스를 사용하도록 수정하는 편이 나아 보인다.

def get_dob(person)
  ...
end
```

하이퍼링크

클래스 이름, 소스 파일, 메서드 이름이 밑줄(_)을 포함하거나, 해시 문자로 시작하면 자동으로 주석 문자열에서 해당 설명으로 연결하는 하이퍼링크가 생성된다.

또한 RDoc은 http:, mailto:, ftp:, www: 등으로 시작하는 인터넷 하이퍼링크도 인식한다. 그리고 외부의 이미지 파일을 참조하는 HTTP URL에 대해서는 자동으로 〈img〉 태그로 변환한다. link:로 시작하는 하이퍼링크는 --op 디렉터리(결과가 저장되는)를 기준으로 한 상대 경로의 로컬 파일로 연결된다.

하이퍼링크는 레이블[url]의 형태로 쓸 수도 있는데, 이 경우 레이블이 url을 타깃으로 하는 링크가 된다. 레이블이 여러 개의 단어인 경우에는 {두 단어}[url]처럼 중괄호로 묶어줄 수 있다.

목록

다음과 같은 조건을 갖추고 들여쓰기된 문단은 목록으로 변환된다.

- 별표(*)나 하이픈(-)은 번호 없는 리스트가 된다.
- 숫자에 이은 마침표는 번호 리스트가 된다.
- 알파벳 문자(대소문자 구분 없이)에 이은 마침표는 알파벳 리스트가 된다.

예를 들어 앞의 설명을 RDoc 형식으로 작성하면 다음과 같다.

```
# 다음과 같은 조건을 갖추고 들여쓰기된 문단은 목록으로 변환된다.
# * 별표(*) 또는 하이픈(-)은 번호 없는 리스트가 된다.
# * 숫자에 이은 마침표는
#   번호 리스트가 된다.
# * 알파벳 문자(대소문자 구분 없이)에 이은
#   마침표는 알파벳 리스트가 된다.
```

목록의 각 항목에서 내용이 이어지면 다음 줄에서도 첫 번째 줄의 내용이 시작되는 부분과 들여쓰기를 맞췄다는 점을 유심히 보자.

레이블 리스트(때로는 설명 리스트라고 불린다)를 위해서는 대괄호 안에 레이블을 적어준다.

```
# [cat]   고양이, 작은 가축.
# [+cat+] 표준 입력을 표준 출력에
#         복사하는 명령어
```

레이블 리스트를 만드는 또 다른 방법은 레이블 뒤에 콜론(:)을 두 개 써 주는 것이다. 이는 결과를 테이블 형식으로 쓰게 해서 설명 부분이 모두 한 줄로 나란히 오게 한다.

```
# cat:: 고양이, 작은 가축
# +cat+:: 표준 입력을 표준 출력에
#         복사하는 명령어
```

설명 부분이 레이블과 같은 줄에서 시작하면, 앞에서 설명한 두 가지 레이블 리스트 모두 설명 부분의 시작 위치가 나머지 문장의 들여쓰기를 결정한다. 설명 부분을 레이블 다음 줄에 적어줄 수도 있는데, 이 경우 레이블의 시작 위치에서 몇 칸 들여쓰기를 하면 된다. 레이블이 길어지는 경우에는 이 방식이 선호된다. 다음 두 가지 형태 모두 레이블 리스트를 만드는 올바른 표현이다.

```
# <tt>--output</tt> <i>name [, name]</i>::
#       하나 이상의 출력 파일 이름을 명시한다. 여러 파일이 오면
#       첫 번째 파일은 인덱스로 사용한다.
#
# <tt>--quiet:</tt>:: 처리 과정에서 이름, 크기, 바이트 수,
#                     인덱스 영역, 유닛의 비트 비율 등을
#                     화면에 표시하지 않는다.
```

제목

등호(=)로 시작하는 줄은 제목으로 간주된다. 등호가 여러 개일수록 소제목이 된다.

```
# = 1단계 제목
# == 2단계 소제목
# 등등...
```

세 개 이상의 하이픈(-)이 오면 가로줄을 의미한다.

```
# 문서화...
# ----
# 다음 절...
```

문서 변경자

RDoc은 메서드 매개 변수 목록을 추출해서 메서드 설명과 함께 보여준다. 메서드가 yield를 사용하고 있다면 yield 문에 건네진 매개 변수 목록까지도 추출해서 보여준다. 예를 들면 다음과 같다.

```
def fred
  # ...
  yield line, address
```

앞의 메서드는 다음과 같이 문서화된다.

```
fred() {|line, address| ... }
```

메시드 신언부와 같은 줄에 :yields: ...를 포함하는 주석문을 달면 앞의 문서화를 재정의할 수 있다.

```
def fred # :yields: index, position
  # ...
  yield line, address
```

생성된 문서는 다음과 같다.

```
fred() {|index, position| ... }
```

앞에서 살펴본 :yield:는 문서 변경자의 한 예다. 이런 문서 변경자는 변경하고자 하는 문서 요소 바로 다음에 적어주면 된다. 그 외의 다른 문서 변경자를 살펴보자.

:nodoc: ‹all›

이 요소를 문서에 포함하지 말라는 의미다. 클래스와 모듈의 경우에는 해당 클래스나 모듈에 포함된 메서드, 별칭, 상수, 속성들이 문서에서 함께 제외된다. 하지만 기본값으로는 클래스나 모듈 안에 중첩된 클래스와 모듈은 모두 문서화에 포함된다. 이 설정은 all 변경자를 함께 사용해서 변경할 수 있다. 다음 예제에서는 SM::Input 클래스만이 문서화된다.

```
module SM #:nodoc:
  class Input
  end
end
```

```
module Markup #:nodoc: all
  class Output
  end
end
```

:doc:

> 문서화 대상이 되지 않는 메서드나 속성들을 문서화 대상으로 강제로 포함시킨다. 예를 들어 private 메서드를 문서에 포함하고 싶을 때 유용하게 사용할 수 있다.

:notnew:

> (initialize 인스턴스 메서드에만 해당한다) 일반적으로 RDoc은 #initialize 메서드의 매개 변수를 해당 클래스의 new 메서드의 것으로 문서화한다. 클래스에 new 메서드가 있는 것처럼 말이다. 하지만 :notnew: 변경자를 사용하면 #initialize가 new 메서드로 문서화되지 않는다. #initialize는 protected 메서드이며 -a 명령행 옵션을 사용하지 않으면 문서화되지 않는다는 사실을 기억하기 바란다.

그 외의 변경자

주석문에는 다음 변경자를 사용할 수 있다.

:call-seq: lines...

> 문서를 생성할 때 비어 있는 줄이 나올 때까지의 내용을 호출 시퀀스로 사용한다(메서드 매개 변수 목록을 분석한 것보다 우선한다). #으로 시작하는 줄도 비어 있는 걸로 간주한다. 이 변경자에 한해서 앞쪽 콜론은 선택 사항이다.

:include: filename

> 현재 위치에 주어진 파일의 내용을 모두 포함한다. 이 파일은 --include 옵션으로 주어진 디렉터리 목록이나 현재 디렉터리에 위치해야 한다. 파일의 내용은 :include:의 앞쪽 :에 맞춰서 들여쓰기된다.

:title: text

> 문서의 제목을 정한다. 명령행 인자 --title과 동일하다(명령행 인자가 소스 파일의 :title: 변경자보다 우선한다).

:main: name

　　명령행 인자의 --main과 동일하다. 문서의 첫 페이지를 정한다.

:stopdoc: / :startdoc:

　　문서화를 멈추거나 다시 시작한다. 이를 통해 원하지 않는 부분을 문서화 하지 않을 수 있다. 예를 들어 클래스에 문서에 포함되기를 원치 않는 상수 들이 많다면, 첫 번째 상수 앞에 :stopdoc:을 명시해 주고 마지막 상수 뒤에 :startdoc:을 명시해 준다. :startdoc:을 명시하지 않으면, 전체 클래스나 모듈 이 문서에서 제외된다.

:enddoc:

　　현재 위치에서 그 이후는 문서화하지 않는다.

더 큰 예제는 '19.4 Rdoc으로 루비 소스 파일 문서화하기'에서 찾아볼 수 있다.

19.2 C 확장에 RDoc 작성하기

RDoc은 C 언어로 쓰인 루비 확장 기능에도 사용할 수 있으며 앞에서 설명한 문 법들이 똑같이 적용된다.

　대부분의 C 확장 기능은 Init_Classname 함수를 포함하고 있다. RDoc은 이 함수를 클래스 선언으로 여긴다. 즉, Init_ 함수 앞에 있는 C 주석문을 이 클래스 의 문서로 사용한다.

　일반적으로 Init_ 함수는 C 함수를 루비 메서드 이름으로 연관시키는 데 사용 한다. 예를 들면 Cipher 확장 기능은 salt= 메서드를 선언하는데, 이 메서드가 C 함수 salt_set 함수로 구현되어 있다면 다음과 같이 적어준다.

```
rb_define_method(cCipher, "salt=", salt_set, 1);
```

RDoc은 앞의 호출을 분석하여 클래스 문서에 salt= 메서드를 추가한다. 그다음 C 소스 파일에서 C 함수 salt_set 함수를 찾는다. 이 함수의 앞쪽에 주석문이 달 려 있다면, 이 부분이 메서드에 대한 문서로 사용된다.

　기본적인 기능에 대해서는 함수의 주석 부분에 일반적인 문서를 적는 것으로 충분하다. 하지만 RDoc은 해당 루비 메서드에 대한 호출 형식을 자동으로 찾아 내지 못한다. 앞선 예에서 RDoc 처리 결과를 보면 "arg1"이라는 다소 의미 없는 이름을 갖는 하나의 매개 변수가 있다고 문서화된다. 이런 동작은 함수의 주석 부분에 call-seq 변경자를 사용해서 재정의할 수 있다. call-seq 다음에 오는 줄

(빈 줄이 나올 때까지)은 메서드의 호출 형식에 대한 문서다.

```
/*
 * call-seq:
 *   cipher.salt = number
 *   cipher.salt = "string"
 *
 * Sets the salt of this cipher to either a binary +number+ or
 * bits in +string+.
 */

static VALUE
salt_set(cipher, salt)
...
```

메서드가 의미 있는 값을 반환한다면, call-seq에서 -〉를 사용해서 문서화해야
한다.

```
/*
 * call-seq:
 *   cipher.keylen -> Fixnum or nil
 */
```

비교적 단순한 확장 기능에 대해서는 RDoc의 휴리스틱이 클래스나 메서드의
주석을 잘 찾아낸다. 하지만 복잡한 구현체라면 이야기가 달라진다. 이 경우
Document-class:나 Document-method: 지시자를 이용해서 각각의 C 주석 부
분을 해당 클래스나 메서드에 연관시킬 수 있다. 이 지시자는 문서화하고 있는
루비 클래스나 모듈의 이름을 매개 변수로 받는다.

```
/*
 * Document-method: reset
 *
 * 현재 버퍼를 모두 지우고 새로운
 * 암호화를 준비한다. 지금까지 누적된
 * 암호 문자도 모두 지운다.
 */
```

마지막으로 Init_ 함수가 다른 C 소스 파일에 있는 C 함수를 루비 메서드에 연결
시키는 경우를 살펴보자. RDoc은 우리의 도움 없이 이 함수를 찾을 수 없다. 이
함수 선언을 포함하는 파일 이름을 rb_define_method 호출 다음에 주석으로 적
어주는 것이 필요하다. 다음 예제에서는 md5.c 파일을 참조하여 md5 메서드에
대응하는 C 함수와 설명(주석)을 찾을 것이다.

```
rb_define_method(cCipher, "md5", gen_md5, -1); /* in md5.c */
```

더 자세한 예제는 '19.5 Rdoc으로 C 소스 파일 문서화하기'에서 찾아볼 수 있다.
공간을 절약하기 위해 내부 함수들의 구현 부분은 제거하였다.

19.3 RDoc 실행하기

다음 형식으로 명령행에서 RDoc을 실행할 수 있다.

```
$ rdoc <options>* <filenames...>*
```

먼저 최신 옵션 목록을 보고 싶다면 --help 옵션을 사용하기 바란다.

RDoc은 출력물을 생성하기 이전에 모든 파일을 분석하고 그 파일에 포함된 정보를 수집한다. 따라서 파일 간의 상호 참조가 모두 가능하다. 디렉터리 이름이 주어지면 이 디렉터리를 탐색한다. 그리고 파일 목록을 명시하지 않으면 현재 디렉터리와 그 하위 디렉터리의 모든 루비 파일을 찾아서 처리한다.

일반적으로 RDoc은 루비 소스 패키지(RDoc 자신과 같은)의 문서를 생성하기 위해 사용한다.

```
$ rdoc
```

이 명령은 현재 디렉터리 아래의 모든 루비 파일과 C 소스 파일에 대한 문서를 HTML 형식으로 생성한다. 그리고 생성한 문서들을 하위 디렉터리 doc/에 저장한다.

RDoc은 각 파일을 어떻게 처리할지 판단하기 위해 확장자를 사용한다. .rb와 .rbw로 끝나는 파일은 루비 소스 파일로 간주한다. .c로 끝나는 파일은 C 소스 파일이다. .rdoc으로 끝나는 파일은 RDoc 포맷으로 작성된 파일로 인식되며, .md로 끝나는 파일은 마크다운 문법으로 작성된 파일로 인식된다. 그 외의 모든 파일은 일반적인 마크업만을 포함한 파일로 간주한다(# 주석 표시가 있건 없건). 디렉터리 이름이 RDoc에 전달되면, 이 디렉터리에서 C와 루비 파일만 재귀적으로 찾아내어 처리한다. README 파일 같은 소스가 아닌 파일을 포함하고 싶으면 명령행에 명시적으로 적어주어야 한다.

루비 라이브러리를 작성할 때, public 인터페이스를 구현한 소스 파일도 있겠지만 대부분은 문서에 포함할 필요가 없는 내부적인 것이다. 이 경우 디렉터리에 .document 파일을 생성하면 이 파일에 포함된 파일들만 문서화에 포함된다. RDoc은 .document 파일이 포함된 디렉터리에 들어가면 .document 파일 내의 이름에 지정된 파일만을 처리한다. .document 파일의 한 줄 한 줄에는 파일 이름, 디렉터리 이름, 와일드 카드(파일 시스템의 glob 패턴)가 올 수 있다. 예를 들어 main으로 시작하는 모든 루비 파일과 constants.rb 파일을 문서화 대상으로 하고 싶다면 .document 파일을 다음과 같이 작성한다.

```
main*.rb
constants.rb
```

일부 프로젝트 규격은 최상위 디렉터리에 README 파일을 만들 것을 요구한다. 이 파일을 RDoc 포맷으로 작성하여 이 문서를 메인 클래스의 문서에 :include: 지시자를 이용해 포함하면 편리할 것이다.

ri를 위한 문서 만들기

RDoc의 또 다른 기능은 추후에 ri를 통해 출력될 문서를 만드는 것이다.

ri를 실행하면 문서 파일을 기본적으로 다음 세 군데에서 찾게 된다.[4]

- 루비 배포판이 문서를 담고 있는 시스템 문서 디렉터리. 루비 설치 시에 만들어진다.
- 나중에 추가된 로컬 패키지의 문서를 담고 있는 사이트(site) 디렉터리
- 사용자의 홈 디렉터리 아래에 저장된 사용자 문서 디렉터리

앞의 세 디렉터리는 ri --list-doc-dirs 명령어를 통해 확인할 수 있다.

```
$ ri --list-doc-dirs
/Users/dave/.rvm/rubies/ruby-2.0.0-p195/share/ri/2.0.0/system
/Users/dave/.rvm/rubies/ruby-2.0.0-p195/share/ri/2.0.0/site
/Users/dave/.rdoc
/Users/dave/.rvm/gems/ruby-2.0.0-p195/doc/activerecord-4.0.0/ri
/Users/dave/.rvm/gems/ruby-2.0.0-p195/doc/aspectr-0.3.7/ri
/Users/dave/.rvm/gems/ruby-2.0.0-p195/doc/asset_uploader-0.0.3/ri
/Users/dave/.rvm/gems/ruby-2.0.0-p195/doc/bcrypt-ruby-3.1.1/ri
/Users/dave/.rvm/gems/ruby-2.0.0-p195/doc/bundler-1.3.5/ri
/Users/dave/.rvm/gems/ruby-2.0.0-p195@global/doc/bundler-unload-1.0.1/ri
/Users/dave/.rvm/gems/ruby-2.0.0-p195/doc/daemons-1.1.9/ri
/Users/dave/.rvm/gems/ruby-2.0.0-p195/doc/eventmachine-1.0.3/ri
/Users/dave/.rvm/gems/ruby-2.0.0-p195/doc/ffi-1.9.0/ri
/Users/dave/.rvm/gems/ruby-2.0.0-p195/doc/httparty-0.11.0/ri
/Users/dave/.rvm/gems/ruby-2.0.0-p195/doc/kramdown-1.1.0b/ri
/Users/dave/.rvm/gems/ruby-2.0.0-p195/doc/mini_portile-0.5.2/ri
/Users/dave/.rvm/gems/ruby-2.0.0-p195/doc/multi_xml-0.5.5/ri
/Users/dave/.rvm/gems/ruby-2.0.0-p195/doc/nokogiri-1.6.0/ri
/Users/dave/.rvm/gems/ruby-2.0.0-p195@global/doc/rake-10.1.0/ri
/Users/dave/.rvm/gems/ruby-2.0.0-p195/doc/rb-fsevent-0.9.3/ri
/Users/dave/.rvm/gems/ruby-2.0.0-p195@global/doc/rubygems-bundler-1.2.0/ri
/Users/dave/.rvm/gems/ruby-2.0.0-p195@global/doc/rvm-1.11.3.8/ri
/Users/dave/.rvm/gems/ruby-2.0.0-p195/doc/thin-1.5.1/ri
```

ri에 문서를 추가하기 위해서는 RDoc을 실행할 때 어떤 디렉터리에 만들지 알려주어야 한다. 혼자 사용하기 위한 것이라면 --ri 옵션을 사용하는 게 가장 쉬운 방법이다. 이 옵션을 사용하면 문서는 ~/.rdoc에 저장된다.

---

4 이 설정은 RDoc의 --op 옵션을 통해 재정의할 수 있다. ri에서는 --doc-dir 옵션을 이용하면 된다.

```
$ rdoc --ri file1.rb file2.rb
```

사이트 디렉터리에 문서를 설치하고 싶다면 --ri-site 옵션을 사용한다.

```
$ rdoc --ri-site file1.rb file2.rb
```

--ri-system 옵션은 보통 루비의 내장 클래스나 표준 라이브러리에 대한 문서를
설치할 때만 사용된다. 이 문서는 루비 소스 배포판(설치된 라이브러리가 아닌)
을 통해 다시 생성할 수도 있다.

```
$ cd ruby source base/lib
$ rdoc --ri-system
```

19.4 RDoc으로 루비 소스 파일 문서화하기

```
# 이 모듈에는 피보나치수열을 생성하기 위한 기능들이
# 캡슐화되어 있다.
#--
# Copyright (c) 2004 Dave Thomas, The Pragmatic Programmers, LLC.
# Licensed under the same terms as Ruby. No warranty is provided.
module Fibonacci

  # 1, 1로부터 시작하는 _count_ 개의 피보나치 숫자를 계산한다.
  #
  # :call-seq:
  #   Fibonacci.sequence(count)              -> array
  #   Fibonacci.sequence(count) {|val| ... } -> nil
  #
  # 블록이 주어지면 이어지는 값들을 블록에 넘겨주고
  # +nil+을 반환한다. 그 외에는 모든 값들을 배열로 반환한다.
  def Fibonacci.sequence(count, &block)
    result, block = setup_optional_block(block)
    generate do |val|
      break if count <= 0
      count -= 1
      block[val]
    end
    result
  end

  # _max_를 상한으로 하는 피보나치 숫자들을 계산한다.
  #
  # :call-seq:
  #   Fibonacci.upto(max)              -> array
  #   Fibonacci.upto(max) {|val| ... } -> nil
  #
  # 블록이 주어지면 이어지는 값들을 블록에 넘겨주고
  # +nil+을 반환한다. 그 외에는 모든 값들을 배열로 반환한다.
  def Fibonacci.upto(max, &block)
    result, block = setup_optional_block(block)
    generate do |val|
      break if val > max
      block[val]
    end
    result
  end
```

```
    private

    # 피보나치 수들을 블록에 넘겨준다(Yield).
    def Fibonacci.generate
      f1, f2 = 1, 1
      loop do
        yield f1
        f1, f2 = f2, f1+f2
      end
    end

    # 블록 매개 변수가 주어지면 이를 사용하고, 그렇지 않으면 배열에 누적한다.
    # 결괏값이나 사용하기 위한 블록을 반환한다.
    def Fibonacci.setup_optional_block(block)
      if block.nil?
        [ result = [], lambda {|val| result << val } ]
      else
        [ nil, block ]
      end
    end
  end
```

19.5 RDoc으로 C 소스 파일 문서화하기

```c
#include "ruby.h"
#include "cdjukebox.h"

static VALUE cCDPlayer;
static void cd_free(void *p) { ... }
static VALUE cd_alloc(VALUE klass) { ... }
static void progress(CDJukebox *rec, int percent) { ... }

/* call-seq:
 * CDPlayer.new(unit) -> new_cd_player
 *
 * 새로 생성한 CDPlayer를 유닛에 할당한다.
 */
static VALUE cd_initialize(VALUE self, VALUE unit) {
  int unit_id;
  CDJukebox *jb;

  Data_Get_Struct(self, CDJukebox, jb);
  unit_id = NUM2INT(unit);
  assign_jukebox(jb, unit_id);
  return self;
}

/* call-seq:
 * player.seek(int_disc, int_track) -> nil
 * player.seek(int_disc, int_track) {|percent| } -> nil
 *
 * 디스크에서 주어진 트랙을 찾고
 * 현재까지 실행된 %를 넘겨준다.
 */
static VALUE
cd_seek(VALUE self, VALUE disc, VALUE track) {
  CDJukebox *jb;
  Data_Get_Struct(self, CDJukebox, jb);
  jukebox_seek(jb, NUM2INT(disc), NUM2INT(track), progress);
  return Qnil;
```

```
}

/* call-seq:
 * player.seek_time -> Float
 *
 * 현재 유닛에 대한 평균 탐색 시간을 초로 반환한다.
 */
static VALUE
cd_seek_time(VALUE self)
{
  double tm;
  CDJukebox *jb;
  Data_Get_Struct(self, CDJukebox, jb);
  tm = get_avg_seek_time(jb);
  return rb_float_new(tm);
}

/* Spinzalot[http://spinzalot.cd]에 대한 인터페이스
 * CD Player 라이브러리
 */
void Init_CDPlayer() {
  cCDPlayer = rb_define_class("CDPlayer", rb_cObject);
  rb_define_alloc_func(cCDPlayer, cd_alloc);
  rb_define_method(cCDPlayer, "initialize", cd_initialize, 1);
  rb_define_method(cCDPlayer, "seek", cd_seek, 2);
  rb_define_method(cCDPlayer, "seek_time", cd_seek_time, 0);
}
```

## 20장

루비와 웹

루비는 인터넷과 어색한 사이가 아니다. 루비로 SMTP 서버, FTP 데몬, 웹 서버를 만들 수 있을 뿐 아니라, 흔히 CGI(Common Gateway Interface) 프로그래밍과 PHP 내체용으로 루비를 사용하기도 한다.

　루비를 사용해서 웹 애플리케이션을 구현하는 데는 너무나 다양한 방법이 있기 때문에, 이 한 장에서 모든 것을 다루기는 불가능하다. 그 대신 핵심적인 부분을 설명하고, 도움이 될 만한 라이브러리와 리소스를 소개할 것이다.

　간단한 것부터 시작해 보자. 루비 프로그램을 CGI로 실행해 보자.

20.1 CGI 스크립트 작성하기

루비를 사용해서 CGI 스크립트를 작성하기는 매우 쉽다. 다음 루비 스크립트는 HTML 형식의 결과물을 생성한다.

```
#!/usr/bin/ruby
print "Content-type: text/html\r\n\r\n"
print "<html><body>Hello World! It's #{Time.now}</body></html>\r\n"
```

이 스크립트를 CGI 디렉터리에 넣고, 실행 가능하도록 한다. 그러면 이제 브라우저에서 이 스크립트에 접근할 수 있을 것이다(해당 웹 서버가 자동으로 헤더를 덧붙여 주지 않는다면, 직접 응답 헤더를 추가해야 한다).

```
#!/usr/bin/ruby
print "HTTP/1.0 200 OK\r\n"
print "Content-type: text/html\r\n\r\n"
print "<html><body>Hello World! It's #{Time.now}</body></html>\r\n"
```

그렇지만 이런 것들을 직접 하기엔 너무 귀찮다. 이렇게 접근한다면 요청 해석,

세션 관리, 쿠키 조작, 출력 이스케이핑 등을 위한 코드를 직접 작성해야만 한다. 다행히도 이러한 것들을 쉽게 할 수 있는 방법이 있다.

20.2 cgi.rb 사용하기

CGI 클래스는 CGI 스크립트 작성을 위한 기능을 제공한다. CGI 클래스를 사용해서 폼(form), 쿠키(cookies), 환경 변수 등을 다루고 상태 보존 세션을 유지할 수 있다. 꽤 큰 클래스이지만 세부 기능들을 간단히 살펴보자.

인용하기

URL과 HTML 코드를 다룰 때, 어떤 문자는 주의해서 인용해야만 한다. 예를 들어 슬래시 문자(/)는 URL에서 특별한 의미를 가진다. 따라서 슬래시를 경로명의 일부로 사용하지 않을 때는 반드시 이스케이프해 주어야 한다. 즉, URL 쿼리 부분에 있는 /는 모두 %2F로 변환되어야 하며, 사용할 때는 /로 다시 변환해 주어야 한다. 마찬가지로 공백과 앰퍼샌드(&)도 특수한 문자다. 이를 다루기 위해 CGI는 CGI.escape와 CGI.unescape 메서드를 지원한다.

```
require 'cgi'
puts CGI.escape("Nicholas Payton/Trumpet & Flugel Horn")
```

실행 결과:
```
Nicholas+Payton%2FTrumpet+%26+Flugel+Horn
```

HTML 특수 문자를 이스케이핑해야 하는 경우는 더 많을 것이다.

```
require 'cgi'
puts CGI.escapeHTML("a < 100 && b > 200")
```

실행 결과:
```
a &lt; 100 &amp;&amp; b &gt; 200
```

더 멋진 결과를 얻기 위해, 문자열 내의 임의의 HTML 요소만 이스케이프하기로 결정할 수도 있다.

```
require 'cgi'
puts CGI.escapeElement('<hr><a href="/mp3">Click Here</a><br>','A')
```

실행 결과:
```
<hr>&lt;a href=&quot;/mp3&quot;&gt;Click Here&lt;/a&gt;<br>
```

여기서는 a 요소만 이스케이프되고, 다른 요소들은 그대로 남는다. 이러한 유형의 메서드 각각에 대해 원래 문자열로 되돌리기 위한 'un-'으로 시작하는 메서드가 있다.

```
require 'cgi'
puts CGI.unescapeHTML("a &lt; 100 &amp;&amp; b &gt; 200")
```

실행 결과:

```
a < 100 && b > 200
```

쿼리 매개 변수

브라우저로부터 애플리케이션에 들어온 HTTP 요청은 매개 변수를 포함할 수 있다. 이 매개 변수는 URL의 일부 또는 요청 본문 내에 내장된 데이터의 형태로 전달된다.

매개 변수를 처리하는 것이 쉽지 않은 이유는 특정 이름을 가진 값이 하나의 요청 내에서도 여러 번 반복해서 반환될 수도 있기 때문이다. 예를 들어 사람들이 루비를 왜 좋아하는지 조사하는 프로그램을 작성하고 있다고 해 보자. HTML 폼은 다음과 같다.

```
<html>
  <head>
    <title>Test Form</title>
  </head>

  <body>
    <p>
      I like Ruby because:
    </p>
    <form action="cgi-bin/survey.rb">
      <p>
        <input type="checkbox" name="reason" value="flexible" />
        It's flexible
      </p>
      <p>
        <input type="checkbox" name="reason" value="transparent" />
        It's transparent
      </p>
      <p>
        <input type="checkbox" name="reason" value="perlish" />
        It's like Perl
      </p>
      <p>
        <input type="checkbox" name="reason" value="fun" />
        It's fun
      </p>
      <p>
        Your name: <input type="text" name="name"/>
      </p>
      <input type="submit"/>
    </form>
  </body>
</html>
```

이 설문에 참여하는 사람은 루비를 좋아하는 이유들을 체크할 것이다(그림 참조).

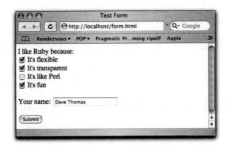

그림에서는 체크된 박스가 세 개이므로 reason이라는 이름을 갖는 폼 데이터는 세 개의 값을 가질 것이다.

CGI 클래스는 폼 데이터에 접근하기 위해 몇 가지 방법을 제공한다. 첫 번째 방법은 CGI 객체를 해시처럼 사용하는 것이다. 이 해시는 필드 이름으로 색인되며 필드 값을 반환한다.

```
require 'cgi'
cgi = CGI.new
cgi['name']   # => "Dave Thomas"
cgi['reason'] # => "flexible"
```

하지만 이 방법은 reason 필드를 제대로 다루지 못한다. 세 개의 값 중 단 하나만 얻을 수 있기 때문이다. CGI#params 메서드를 사용하면 모든 값을 요청할 수 있다. params 메서드가 반환하는 값은 요청 매개 변수를 포함한 해시처럼 동작한다. 이 해시에 대해 값을 읽거나 쓸 수 있다(값을 쓰는 것으로 요청과 연관된 데이터를 수정할 수 있다). 해시의 각 값이 실제로는 배열이라는 것에 주의하라.

```
cgi = CGI.new
cgi.params              # => {"name"=>["Dave Thomas"], "reason"=>["flexible",
                        # .. "transparent", "fun"]}
cgi.params['name']      # => ["Dave Thomas"]
cgi.params['reason']    # => ["flexible", "transparent", "fun"]
```

특정 매개 변수가 요청 안에 존재하는지 여부는 CGI#has_key? 메서드를 사용해 알 수 있다.

```
require 'cgi'
cgi = CGI.new
cgi.has_key?('name') # => true
cgi.has_key?('age')  # => false
```

CGI.rb로 HTML 생성하기

CGI는 HTML을 생성하는 데 사용하는 수많은 메서드(HTML 요소마다 하나씩)를 제공한다. 이 메서드들을 사용하려면 CGI.new를 호출해서 CGI 객체를 생성해야 한다. 이때 작성할 HTML의 버전을 넘겨준다. 예제에서는 html4를 사용할 것이다.

요소 간의 포함 관계를 더 쉽게 정의하기 위해 이러한 메서드는 자신의 내용을 코드 블록 형태로 넘겨받을 수 있다. 코드 블록은 반드시 문자열을 반환해야 하며, 반환된 문자열은 요소 내부의 내용으로 사용된다.

```
require 'cgi'
cgi = CGI.new("html4") # HTML 생성 메서드 추가
cgi.out do
  cgi.html do
    cgi.head { cgi.title { "This Is a Test"} } +
    cgi.body do
      cgi.form do
        cgi.hr +
        cgi.h1 { "A Form: " } +
        cgi.textarea("get_text") +
        cgi.br +
        cgi.submit
      end
    end
  end
end
```

비록 매우 흥미로운 방법이기는 하지만, 이런 식으로 HTML을 생성하는 것은 매우 손이 많이 가는 작업이고, 아마 실제로는 많이 사용되지 않을 것이다. 대부분의 사람들은 HTML을 직접 쓰거나, 템플릿 시스템을 이용하거나, 레일스 같은 웹 애플리케이션 프레임워크를 사용할 것이다. 불행히도 여기서 레일스를 다루기에는 지면이 부족하다. 이에 대한 자세한 내용은 웹 사이트 http://rubyonrails.org의 문서를 참조하기 바란다. 여기서는 템플릿에 대해 알아본다 (여기서 다루게 될 erb는 레일스에서도 템플릿 엔진으로 사용된다).

20.3 템플릿 시스템

템플릿 시스템은 애플리케이션의 표현 계층과 로직 계층을 분리할 수 있도록 돕는다. 어떤 면에서는 루비를 이용해서 웹 애플리케이션을 작성하는 모든 사람은 템플릿 시스템을 개발하고 있다고 볼 수 있다. 2008년에 비다 혹스타드(Vidar Hokstad)[1]가 작성한 리뷰에는 열아홉 개에 달하는 템플릿 시스템이 열거되어

---

[1] http://www.hokstad.com/mini-reviews-of-19-ruby-template-engines.html

있다. 여기서는 Haml과 erb/eruby 두 가지 템플릿을 살펴본다. XHTML이나
XML을 생성하고자 한다면 Builder 젬을 사용할 수 있다는 사실도 잊지 말자.

Haml

Haml은 템플릿으로부터 HTML 문서를 생성하는 라이브러리다.[2] Haml은 다른
템플릿 언어들과는 달리 들여쓰기를 통해 포함 관계가 정의된다(파이썬과 비슷
하다). 예를 들어 Haml에서 ⟨ul⟩ 태그는 다음과 같이 사용한다.

```
%ul
  %li item one
  %li item two
```

다음 명령어로 Haml을 설치할 수 있다.

```
$ gem install haml
```

Haml은 다양한 입력 구문을 지원하며 기능도 강력하다. 다음 예제에서 소개하
는 내용은 Haml의 극히 일부 기능에 불과하다. %로 시작하는 행은 HTML 태그
로 변환되며, 들여쓰기 단계에 따라서 태그 안에 중첩이 이루어진다. 등호는 이
어지는 루비 코드를 HTML에서 값으로 치환하라는 의미이며, 마이너스 부호는
루비 코드를 실행하되 값으로 치환하지는 말라는 의미다. 다음 예제에서는 테이
블 내용을 생성하기 위해 마이너스 부호를 사용한다.

    템플릿에 값을 전달하기 위한 다양한 방법이 있다. 다음 예제에서는 render의
두 번째 매개 변수에 해시를 넘기는 방법을 사용한다. 이를 통해 템플릿이 변환
될 때 해시 내의 각 키와 같은 이름을 가지는 지역 변수에 값이 대입된다.

```
require 'haml'
engine = Haml::Engine.new(%{
%body
  #welcome-box
    %p= greeting
  %p
    As of
    = Time.now
    the reasons you gave were:
  %table
    %tr
      %th Reason
      %th Rank
    - for reason in reasons
      %tr
        %td= reason[:reason_name]
        %td= reason[:rank]
})
```

---

2 http://haml-lang.com/

```
data = {
  greeting: 'Hello, Dave Thomas',
  reasons: [
    { reason_name: 'flexible',    rank: '87' },
    { reason_name: 'transparent', rank: '76' },
    { reason_name: 'fun',         rank: '94' },
  ]
}

puts engine.render(nil, data)
```

실행 결과:

```
<body>
  <div id='welcome-box'>
    <p>Hello, Dave Thomas</p>
  </div>
  <p>
    As of
    2013-11-14 16:31:33 -0600
    the reasons you gave were:
  </p>
  <table>
    <tr>
      <th>Reason</th>
      <th>Rank</th>
    </tr>
    <tr>
      <td>flexible</td>
      <td>87</td>
    </tr>
    <tr>
      <td>transparent</td>
      <td>76</td>
    </tr>
    <tr>
      <td>fun</td>
      <td>94</td>
    </tr>
  </table>
</body>
```

erb와 eruby

지금까지 루비를 사용해서 HTML을 출력하는 것에 대해 살펴보았다. 이제는 문제를 뒤집어 보자. 우리는 HTML 문서 내에 루비를 포함시킬 수 있다.

몇몇 종류의 문서, 특히 HTML 페이지 내에 루비 명령어를 내장할 수 있도록 하는 패키지가 몇 가지 있다. 이러한 패키지를 통칭하여 eRuby라고 부른다. 실제로 erubis와 erb를 포함하여 eRuby에 대한 몇 가지 다른 구현이 있다. erubis는 젬으로 이용이 가능하며, erb는 순수하게 루비로 작성되었으며 루비 표준 배포판에 포함되어 있다. 여기서는 erb를 살펴본다.

HTML에 루비를 내장하는 것은 매우 강력한 개념이다. 기본적으로 ASP, JSP,

PHP 등과 동등한 수준의 도구이지만, 루비의 모든 기능을 사용할 수 있기 때문이다.

erb 사용하기

erb는 일반적으로 필터처럼 사용한다. 입력 파일의 텍스트는 다음 예외 경우만 제외하고 모두 그대로 전달한다.

표현식	설명
<% ruby code %>	구분자 사이의 루비 코드를 실행한다.
<%= ruby expression %>	루비 표현식의 결괏값을 얻은 후, 그 값으로 치환한다.
<%# ruby code %>	구분자 사이의 루비 코드는 무시한다(테스트에 유용하다).
% 루비 코드 한 줄	퍼센트로 시작하는 행은 그냥 루비 코드인 것으로 해석한다.

erb는 명령행에서 실행할 수 있다.

```
erb <options> <document>
```

document가 생략되었다면 eruby는 표준 입력의 내용을 읽는다. erb의 명령행 옵션은 다음 표에서 자세히 다룬다.

옵션	설명
-d	$DEBUG를 true로 설정한다.
-E ext[:int]	외부/내부 인코딩을 설정한다.
-n	템플릿에서 변환된 루비 스크립트를 행 번호와 함께 출력한다.
-r library	지정된 라이브러리를 로드한다.
-P	%로 시작하는 행에 대해서는 erb 처리를 하지 않는다.
-S level	안전 수준을 설정한다.
-T mode	트림(trim) 모드를 설정한다.
-U	기본 인코딩을 UTF-8로 설정한다.
-v	verbose 모드를 활성화한다.
-x	템플릿에서 변환된 루비 스크립트를 출력한다.

간단한 예제를 몇 가지 살펴보자. 다음과 같은 입력에 대해 erb를 실행해 본다.

web/f1.erb

```
% 99.downto(96) do |number|
<%= number %> bottles of beer...
% end
```

퍼센트 기호로 시작하는 행은 단순히 주어진 루비 문장을 실행한다. 여기서는 % 기호로 시작하는 행들 사이로 반복문을 실행하고 있다. 〈%= number %〉시퀀스는 number를 넘겨받아 템플릿의 값으로 치환한다.

```
$ erb f1.erb
99 bottles of beer...
98 bottles of beer...
97 bottles of beer...
96 bottles of beer...
```

erb는 입력받은 내용을 루비 스크립트로 변환한 다음 해당 스크립트를 실행한다. erb가 생성한 루비 스크립트는 -n 또는 -x 옵션을 사용해서 직접 확인할 수 있다.

```
$ erb -x f1.erb
#coding:ASCII-8BIT
_erbout = ''; 99.downto(96) do |number|
_erbout.concat(( number ).to_s); _erbout.concat " bottles of beer...\n"
; end
_erbout.force_encoding(__ENCODING__)
```

erb가 템플릿의 정적 문자열과 표현식 실행 결과(여기서는 number의 값)를 모두 포함하고 있는 문자열, 즉 _erbout을 어떻게 작성하고 있는지 볼 수 있다.

erb를 코드에 내장하기

여기까지는 erb를 명령행에서 실행해 왔다. 하지만 erb는 코드 내에서 라이브러리로 사용되는 것이 좀 더 일반적이다(레일스 erb 템플릿에서도 이러한 방법을 사용한다).

```
require 'erb'

SOURCE =
%{<% for number in min..max %>
The number is <%= number %>
<% end %>
}

erb = ERB.new(SOURCE)

min = 4
max = 6
puts erb.result(binding)
```

실행 결과:

```
The number is 4

The number is 5

The number is 6
```

erb 템플릿 내에서 지역 변수를 사용하는 법에 주목하자. 이 코드가 제대로 동작하는 이유는 현재 바인딩이 result 메서드에 넘겨지기 때문이다. erb는 이 바인딩을 사용해 템플릿을 호출하는 쪽의 콘텍스트에서 평가된 것처럼 보이게 할 수 있다.

erb에는 훌륭한 문서가 준비되어 있으며 ri를 통해 읽을 수 있다. 레일스를 사용한다면 알아두어야 하는 사실이 한 가지 있다. 표준 버전의 erb에서는 -%〉을 사용해 빈 행을 출력하지 않는 것이 불가능하다(앞선 예제의 출력에 비어 있는 행들이 포함되어 있는 이유도 이 때문이다). 비어 있는 행을 다루는 방법에 대해서는 ERB.new 문서의 트림 모드 설명을 참조하기 바란다.

20.4 쿠키

쿠키는 웹 애플리케이션이 자신의 상태를 사용자의 컴퓨터에 보관할 수 있도록 하는 수단이다. 어떤 사람들은 쿠키를 싫어하지만, 쿠키는 여전히 세션 정보를 보관하기 위한 (불안하지만) 편리한 방법이다.

루비 CGI 클래스는 쿠키를 쉽고 편하게 읽고 쓸 수 있는 방법을 제공한다. CGI#cookies 메서드를 사용해서 현재 요청에 연관되는 쿠키에 접근할 수 있다. 또한 CGI#out의 cookie 매개 변수가 하나의 쿠키 또는 쿠키 배열을 참조하게 함으로써 브라우저에 쿠키를 만들 수 있다.

web/cookies.rb

```ruby
#!/usr/bin/ruby
require 'cgi'

COOKIE_NAME = 'chocolate chip'

cgi = CGI.new
values = cgi.cookies[COOKIE_NAME]
  if values.empty?
msg = "It looks as if you haven't visited recently"
  else
msg = "You last visited #{values[0]}"
end

cookie = CGI::Cookie.new(COOKIE_NAME, Time.now.to_s)
cookie.expires = Time.now + 30*24*3600 # 30 days
cgi.out("cookie" => cookie ) { msg }
```

세션

쿠키만으로 유용한 일을 하기에는 다소 부족하다. 우리가 정말로 원하는 것은 특정 웹 브라우저에서 오는 요청 사이에 보존되는 세션 정보다. 세션은 CGI::Session 클래스에 의해 다뤄진다. 쿠키를 사용하지만 좀 더 높은 수준으로 추상화된 것이다.

쿠키와 마찬가지로 세션 역시 해시처럼 동작한다. 즉 키와 값을 연관시켜 사용한다. 쿠키와는 다르게 세션은 대부분의 정보를 서버에 저장한다. 브라우저에 저장되는 쿠키는 단지 서버 측 데이터를 식별하기 위해서만 사용한다. 세션은 또한 이러한 데이터에 대한 저장 기법을 선택할 수도 있다. 이 데이터는 정규 파일에 저장될 수도 있고, PStore(레퍼런스(903쪽) 참조), 메모리, 또는 직접 구현한 최적화된 장소에 저장될 수도 있다.

세션은 사용이 끝나면 반드시 닫혀야 한다. 그래야 저장소에 그들의 데이터를 기록하는 것을 보장할 수 있다. 세션과 관련된 작업이 완전히 끝났다면, 그 세션을 삭제해야 한다.

web/session.rb

```
require 'cgi'
require 'cgi/session'

cgi = CGI.new("html4")
sess = CGI::Session.new(cgi, "session_key" => "rubyweb",
                              "prefix"      => "web-session.")

if sess['lastaccess']
  msg = "<p>You were last here #{sess['lastaccess']}.</p>"
else
  msg = "<p>Looks like you haven't been here for a while</p>"
end

count = (sess["accesscount"] || 0).to_i
count += 1

msg << "<p>Number of visits: #{count}</p>"

sess["accesscount"] = count
sess["lastaccess"] = Time.now.to_s
sess.close

cgi.out {
  cgi.html {
    cgi.body {
      msg
    }
  }
}
```

앞선 예제의 코드는 세션에 대한 기본 저장 메커니즘, 즉 기본 임시 디렉터리(Dir.tmpdir 참조)에 파일로 영속 데이터를 저장하는 메커니즘을 사용한다. 해당 파일 이름은 모두 web-session으로 시작하며, 세션 번호의 해시 값으로 끝날 것이다. 더 자세한 내용은 CGI::Session의 레퍼런스 문서를 참조하기 바란다.

20.5 웹 서버 선택하기

지금까지 우리는 아파치 웹 서버의 통제 아래서 루비 스크립트를 실행해 왔다. 하지만 루비에는 웹릭(WEBrick)이라는 순수하게 루비로 구현된 HTTP 서버 툴킷이 포함되어 있다. 웹릭은 HTTP 요청과 응답을 처리하는 서버를 작성할 수 있도록 제공되는 확장 가능한 플러그인 기반 프레임워크다. 다음은 문서와 디렉터리 인덱스를 제공하는 기본 HTTP 서버다.

web/webrick1.rb

```ruby
#!/usr/bin/ruby
require 'webrick'
include WEBrick

s = HTTPServer.new(Port: 2000,DocumentRoot: File.join(Dir.pwd, "/html"))

trap("INT") { s.shutdown }
s.start
```

HTTPServer 생성자는 2000번 포트에 새 웹 서버를 생성한다. 그리고 현재 디렉터리의 하위 디렉터리 html/을 문서 디렉터리(document root)로 설정한다. 다음으로 서버를 실행하기 전에 Object#trap을 사용해서 인터럽트 발생 시 서버를 중지시킨다. 이제 웹 브라우저를 통해 http://localhost:2000에 접속하면 html 서브 디렉터리의 파일 목록을 볼 수 있을 것이다.

웹릭을 통해 단순히 정적인 콘텐츠를 제공하는 것 외에도 다양한 일을 할 수 있다. 웹릭을 마치 자바 서블릿 컨테이너처럼 사용할 수도 있다. 다음 코드는 /hello 위치에 간단한 서블릿을 배치한다. 요청이 들어오면 do_GET 메서드가 호출된다. 서블릿은 response 객체를 사용해서 사용자 브라우저(user agent) 정보와 요청에 주어진 매개 변수를 출력한다.

web/webrick2.rb

```ruby
#!/usr/bin/ruby

require 'webrick'
include WEBrick

s = HTTPServer.new(Port: 2000)

class HelloServlet < HTTPServlet::AbstractServlet
  def do_GET(req, res)
    res['Content-Type'] = "text/html"
```

```
    res.body = %{
      <html><body>
        <p>Hello. You're calling from a #{req['User-Agent']}</p>
        <p>I see parameters: #{req.query.keys.join(', ')}</p>
      </body></html>}
  end
end

s.mount("/hello", HelloServlet)
trap("INT"){ s.shutdown }
s.start
```

20.6 프레임워크

이제 누구도 CGI를 직접 사용해서 루비로 웹 애플리케이션을 만들지 않는다. 웹 애플리케이션은 대부분 프레임워크를 통해 만들어진다. 프레임워크를 사용하면 웹 개발에 관련된 다양한 저수준 구현들이 추상화되어 개발하고 유지 보수하기 쉬운 코드를 작성하는 데 도움이 된다.

이 글을 작성하는 시점에는 루비 온 레일스(Ruby on Rails)[3]가 루비 웹 프레임워크로 가장 많이 사용되고 있다. 루비 온 레일스 커뮤니티는 매우 활발하며 매우 다양한 플러그인이 존재하므로, 애플리케이션을 만드는 데 도움을 줄 다양한 코드를 찾아볼 수 있다. 이 외에도 캠핑(Camping), 패드리노(Padrino), 시나트라(Sinatra), 라메이즈(Ramaze)[4] 같은 웹 프레임워크가 있다. 독자들이 이 글을 읽을 때에는 이 목록이 더 늘어날 것이다. 자신만의 프레임워크를 만들고자 한다면, 어떤 웹 서버에 대해서건 독립적일 수 있도록 랙(Rack)[5] 위에서 프레임워크를 만드는 걸 고려하기 바란다.

---

3 http://www.rubyonrails.org
4 http://camping.rubyforge.org/files/README.html, http://padrinorb.com, http://www.sinatrarb.com/, http://ramaze.net/
5 http://rack.rubyforge.org/

21장

루비와 마이크로소프트 윈도

루비는 다양한 환경에서 사용할 수 있다. 다양한 환경에는 유닉스를 기반으로 한 시스템도 포함되며 마이크로소프트 윈도도 포함된다. 루비는 유닉스에 익숙한 사람들에 의해 만들어졌지만, 시간이 지나면서 윈도 세상에서도 대부분의 기능을 사용할 수 있게 되었다. 이 장에서는 이러한 기능들과 윈도 환경에서 루비를 효율적으로 사용하기 위한 몇 가지 비밀을 공유해 볼 것이다.

21.1 윈도에서 루비 실행하기

루비의 윈도 배포판에는 두 개의 실행 파일이 포함되어 있다.

ruby는 유닉스 버전과 마찬가지로 명령행 프롬프트(DOS 셸)에서 사용한다. 표준 입출력에서 읽거나 쓰는 애플리케이션이라면 이것으로 충분한다. 하지만 이 버전은 ruby를 실행할 때마다, 원하지 않더라도 DOS 셸이 나타난다. 윈도는 새 명령행 프롬프트 창을 생성할 것이며 루비가 실행되는 동안 그 창이 보일 것이다. Tk와 같이 그래픽 인터페이스를 사용하는 루비 스크립트를 더블 클릭해서 실행하거나, 백그라운드 작업 또는 다른 프로그램 내부에서 동작하는 루비 스크립트를 실행한다면, 또 다른 도스 셸이 뜨는 것은 적절치 않은 동작이다.

이러한 경우에는 rubyw를 사용하면 된다. rubyw는 표준 입출력과 표준 에러 출력을 제공하지 않으며 실행될 때 도스 셸이 나타나지 않는다는 점을 제외하면 ruby와 완전히 동일하다.

assoc과 ftype 명령어를 사용해서 파일을 연결해 두면, 루비 스크립트의 이름을 더블 클릭해서 루비를 자동으로 실행할 수 있다.

```
C:\> assoc .rb=RubyScript
C:\> ftype RubyScript="C:\ruby1.9\bin\ruby.exe" %1 %*
```

이 명령어가 제대로 동작하기 위해서는 프로그램을 실행할 때 적절한 권한이 주어져야 한다. 이를 위해 아이콘에 오른쪽 버튼을 누르고 '관리자 권한으로 실행'을 선택한다.

rb 확장자를 입력하고 싶지 않다면 루비 스크립트를 PATHEXT에 추가하면 된다.

```
C:\> set PATHEXT=.rb;%PATHEXT%
```

21.2 Win32API

루비 프로그래밍을 하면서 윈도 32 API 함수에 직접 접근할 필요가 있거나, 특정 DLL에 있는 진입점(entry point)을 사용할 필요가 있다면, 매우 좋은 소식이 있다. 바로 Win32API 라이브러리다.

예를 들어 루비 책 주문 처리 시스템에서 운송장과 영수증을 내려 받고 출력하는 데 사용하는 다소 커다란 윈도 애플리케이션의 일부 코드가 여기에 있다고 하자. 웹 애플리케이션은 PDF 파일을 생성하며 윈도에서 실행되는 루비 스크립트는 생성된 PDF 파일을 로컬 파일로 저장한다. 그런 다음 이 스크립트는 윈도의 print 셸 명령을 사용해서 이 파일을 출력한다.

```
arg = "ids=#{resp.intl_orders.join(",")}"
fname = "/temp/invoices.pdf"

site = Net::HTTP.new(HOST, PORT)
site.use_ssl = true
http_resp, = site.get2("/ship/receipt?" + arg,
                       'Authorization' => 'Basic ' +
                       ["name:passwd"].pack('m').strip )

File.open(fname, "wb") {|f| f.puts(http_resp.body) }

shell = Win32API.new("shell32","ShellExecute",
                     ['L','P','P','P','P','L'], 'L' )
shell.Call(0, "print", fname, 0,0, SW_SHOWNORMAL)
```

함수의 이름과 그 함수를 포함하고 있는 DLL의 이름, 그리고 함수 서명(signature, 인자 유형과 반환 유형)을 지정해서 특정 DLL 진입점에 대한 호출을 표현하는 Win32API 객체를 생성한다. 앞의 예제에서 변수 shell은 shell32 DLL에 들어 있는 윈도 함수 ShellExecute를 감싼 것이다. 두 번째 매개 변수는 메서드가 받아들이는 매개 변수의 타입을 나타내는 문자의 배열이다. n과 l은 숫자, i는 정

수, p는 문자열에 저장된 데이터의 포인터, v는 void 타입(export 매개 변수에서
만 사용)을 나타낸다. 이 문자열들은 대소문자를 구분하지 않는다. 따라서 앞선
예제에서 메서드는 하나의 숫자, 네 개의 문자열 포인터, 마지막으로 하나의 숫
자를 받는다. 마지막 매개 변수는 메서드가 숫자를 반환하는 것을 알려준다. 결
과로 반환되는 객체는 더 낮은 수준의 ShellExecute 함수의 프락시이며, 다운로
드한 파일을 인쇄하는 명령어를 호출할 수 있다.

DLL 함수에 대한 매개 변수의 상당수는 임의의 형태를 갖는 바이너리 구조체
다. Win32API에서는 이 바이너리 구조체를 넘겨주는데 루비 String 객체를 사
용한다. 따라서 문자열을 필요한 형태로 팩(pack)하고 언팩(unpack)할 필요가
있을 것이다.

21.3 윈도 자동화

저수준 윈도 API에서 허우적대는 것에 관심이 없다면, 윈도 자동화에 관심이 갈
것이다. 다행히 루비를 윈도 자동화 클라이언트로 사용할 수 있다. 바로 스케타
마사키가 만든 Win32OLE라는 루비 확장 덕이다. WIN32OLE는 표준 루비 배포
판에 포함되어 있다.

윈도 자동화는 자동화 컨트롤러(클라이언트)가 마이크로소프트 엑셀, 워드,
파워포인트 등의 자동화 서버에 명령어나 질의(query)를 보낼 수 있도록 한다.

자동화 서버의 메서드를 실행하려면 WIN32OLE 객체에서 같은 이름의 메서
드를 호출하면 된다. 예를 들어 인터넷 익스플로러를 실행하는 WIN32OLE 클라
이언트를 생성해서 홈페이지를 방문하도록 명령을 내릴 수 있다.

win32/gohome.rb
```
require 'win32ole'
ie = WIN32OLE.new('InternetExplorer.Application')
ie.visible = true
ie.gohome
```

특정 페이지를 방문하도록 할 수도 있다.

win32/navigate.rb
```
require 'win32ole'
ie = WIN32OLE.new('InternetExplorer.Application')
ie.visible = true
ie.navigate("http://www.pragprog.com")
```

WIN32OLE에 알려지지 않은 메서드(visible, gohome, navigate)는 WIN32
#invoke 메서드를 통해 적절한 형태로 서버에 전달한다.

프로퍼티 읽고 쓰기

자동화 서버의 프로퍼티는 자동적으로 WIN32OLE 객체의 속성으로 설정된다. 이는 프로퍼티를 객체의 속성으로 설정할 수 있다는 것을 의미한다. 예를 들어 인터넷 익스플로러의 Height 속성을 지정하는 스크립트는 다음과 같이 작성할 수 있다.

win32/get_set_height.rb

```ruby
require 'win32ole'
ie = WIN32OLE.new('InternetExplorer.Application')
ie.visible = true
puts "Height = #{ie.Height}"
ie.Height = 300
```

다음 예제에서는 오픈오피스(OpenOffice) 의 자동화 인터페이스를 통해 스프레드시트를 생성하고 일부 셀을 채워 넣는다.[1]

win32/open_office.rb

```ruby
require 'win32ole'

class OOSpreadsheet
  def initialize
    mgr = WIN32OLE.new('com.sun.star.ServiceManager')
    desktop = mgr.createInstance("com.sun.star.frame.Desktop")
    @doc = desktop.LoadComponentFromUrl("private:factory/scalc", "_blank", 0, [])
    @sheet = @doc.sheets[0]
  end

  def get_cell(row, col)
    @sheet.getCellByPosition(col, row, 0)
  end

  # tl: top_left, br: bottom_right
  def get_cell_range(tl_row, tl_col, br_row, br_col)
    @sheet.getCellRangeByPosition(tl_row, tl_col, br_row, br_col, 0)
  end
end

spreadsheet = OOSpreadsheet.new
cell = spreadsheet.get_cell(1, 0)
cell.Value = 1234

cells = spreadsheet.get_cell_range(1, 2, 5, 3)
cols = cells.Columns.count
rows = cells.Rows.count

cols.times do |col_no|
  rows.times do |row_no|
    cell = cells.getCellByPosition(col_no, row_no)
    cell.Value = (col_no + 1)*(row_no+1)
  end
end
```

---

1 http://udk.openoffice.org/common/man/tutorial/office_automation.html 이 링크는 오픈오피스 자동화에 관련된 내용을 포함하고 있다.

명명된 매개 변수

비주얼 베이직 같은 자동화 클라이언트 언어는 명명된 매개 변수(named arguments)라는 개념을 지원한다. 다음과 같은 서명을 갖는 비주얼 베이직 루틴이 있다고 해 보자.

```
Song(artist, title, length):   rem Visual Basic
```

지정된 순서대로 세 개의 매개 변수 전부를 주면서 호출하는 대신, 명명된 매개 변수를 사용할 수 있다.

```
Song title := 'Get It On':     rem Visual Basic
```

이 코드는 Song(nil, "Get It On", nil)을 호출하는 것과 동일하다.

    루비에서는 명명된 매개 변수를 해시로 전달함으로써 이러한 기능을 사용할 수 있다.

```
Song.new('title' => 'Get It On')
for each
```

비주얼 베이직은 서버 내의 아이템 컬렉션을 순회하기 위해 'for each' 구문을 지원한다. WIN32OLE 객체는 같은 목적으로 each 메서드(블록을 지원하는)를 갖는다.

win32/win32each.rb

```
require 'win32ole'

excel = WIN32OLE.new("excel.application")

excel.Workbooks.Add
excel.Range("a1").Value = 10
excel.Range("a2").Value = 20
excel.Range("a3").Value = "=a1+a2"

excel.Range("a1:a3").each do |cell|
  p cell.Value
end
```

이벤트

루비로 작성된 자동화 클라이언트는 다른 프로그램에서 이벤트를 받을 수 있도록 자신을 등록할 수 있어야 한다. 이것은 WIN32OLE_EVENT 클래스를 사용해서 이루어진다.

이 예제(WIN32OLE 0.1.1 배포판 코드에 기반을 둠)는 사용자가 인터넷 익스플로러를 사용하는 동안 둘러본 URL을 기록하는 이벤트 싱크 사용법을 보여준다.

win32/record_navigation.rb

```ruby
require 'win32ole'

urls_visited = []
running = true

def default_handler(event, *args)
  case event
  when "BeforeNavigate"
    puts "Now Navigating to #{args[0]}..."
  end
end

ie = WIN32OLE.new('InternetExplorer.Application')
ie.visible = TRUE
ie.gohome
ev = WIN32OLE_EVENT.new(ie, 'DWebBrowserEvents')

ev.on_event {|*args| default_handler(*args)}
ev.on_event("NavigateComplete") {|url| urls_visited << url }
ev.on_event("Quit") do |*args|
  puts "IE has quit"
  puts "You Navigated to the following URLs: "
  urls_visited.each_with_index do |url, i|
    puts "(#{i+1}) #{url}"
  end
  running = false
end

# 메시지를 처리한다.
WIN32OLE_EVENT.message_loop while running
```

최적화

대부분의 고수준 언어가 그렇듯이(전부는 아니라도), 코드를 계속해서 만들다 보면 참기 어려울 정도로 느려지곤 한다. 하지만 약간의 수정만으로도 이러한 문제를 고칠 수 있는 경우가 있다.

WIN32OLE를 사용할 때는 불필요한 동적 열람을 하지 않도록 주의해야 한다. 가능하다면 WIN32OLE 객체를 변수에 대입한 뒤, 요소를 그 변수로부터 참조하는 것이 좋다. 즉, "."을 통한 메서드 체이닝은 피하는 것이 좋다.

예를 들어 다음과 같이 작성하는 대신에,

```
workbook.Worksheets(1).Range("A1").value = 1
workbook.Worksheets(1).Range("A2").value = 2
workbook.Worksheets(1).Range("A3").value = 4
workbook.Worksheets(1).Range("A4").value = 8
```

연산식의 앞부분을 임시 변수에 저장해 둠으로써, 앞부분의 공통된 부분을 제거하고 변수로부터 호출하여 사용한다.

```
worksheet = workbook.Worksheets(1)

worksheet.Range("A1").value = 1
worksheet.Range("A2").value = 2
worksheet.Range("A3").value = 4
worksheet.Range("A4").value = 8
```

또한 특정한 윈도 타입 라이브러리에 대해 루비 스텁(stub)을 만들 수도 있다. 이 스텁은 OLE 객체를 루비 클래스로 싸서 진입점마다 하나의 메서드를 제공한다. 내부적으로 스텁은 진입점의 이름이 아닌 일련번호를 사용하므로 더 빠르게 동작한다.

　루비 소스 저장소의 olegen.rb 스크립트를 사용해 래퍼(wrapper) 클래스를 생성할 수 있다.[2] 래퍼를 작성할 타입 라이브러리의 이름만 적어 주면 된다.

```
C:\> ruby olegen.rb 'Microsoft TAPI 3.0 Type Library' >tapi.rb
```

타입 라이브러리의 외부 메서드와 이벤트는 지정된 파일에 루비 메서드로 쓴다. 이렇게 만든 파일을 프로그램에 포함시키고 생성된 메서드를 직접 호출할 수 있다.

더욱 도움이 되는 것

만일 루비를 사용해서 윈도 NT, 2000, XP를 다룰 일이 있다면 다니엘 버거(Daniel Berger)의 Win32Utils 프로젝트(http://rubyforge.org/projects/win32utils/)를 살펴보면 좋을 것이다. 이 프로젝트에서는 윈도의 클립보드, 이벤트 로그, 스케줄러 등에 접근할 수 있는 인터페이스 모듈을 찾을 수 있다.

　또한 Fiddle 라이브러리(레퍼런스(864쪽)에서 간략히 다룬다)를 사용하면 루비 프로그램에서 동적 로딩된 공유 객체의 메서드를 호출할 수 있다. 윈도의 경우, 루비 코드에서 윈도 DLL을 로드하고 진입점을 호출할 수 있다는 의미다. 예를 들면 표준 루비 배포판의 DL 소스 코드에서 가져온 다음 코드는 윈도에서 메

2　http://svn.ruby-lang.org/repos/ruby/trunk/ext/win32ole/sample/olegen.rb

시지 박스를 출력하고 어느 버튼을 사용자가 클릭했는지 알아낸다.

win32/dl.rb

```ruby
require 'fiddle'

user32 = DL.dlopen("user32.dll")
msgbox = Fiddle::Function.new(user32['MessageBoxA'],
                              [TYPE_LONG, TYPE_VOIDP, TYPE_VOIDP, TYPE_INT],
                              TYPE_INT)
MB_OKCANCEL = 1
msgbox.call(0, "OK?", "Please Confirm", MB_OKCANCEL)
```

이 코드에서는 User32 DLL을 감싸고, MessageBoxA 메서드를 실행하는 루비의 프락시 메서드를 정의한다. 또한 반환값과 매개 변수 타입을 지정할 수도 있다. 이를 통해 루비가 객체와 해당하는 운영 체제 시스템 타입 간에 정확한 마샬링을 할 수 있도록 한다.

래퍼 객체는 DLL 내의 메시지 박스 진입점을 호출하는 데 사용된다. 반환값은 결과(이 예제에서는 사용자에 의해 눌린 버튼의 식별자)와 넘겨진 매개 변수 배열(이 예제에서는 무시된다)이다.

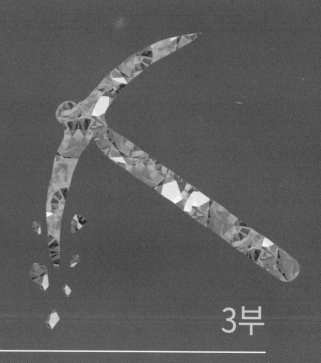

3부

루비 완성하기

22장

루비 언어

이번 장에서는 루비 프로그래밍 언어를 상향식으로 살펴볼 것이다. 이 장의 대부분은 루비 언어의 문법과 의미에 관한 것이다. 내장 클래스와 모듈은 여기서 다루지 않는다(이에 대해서는 27장에서 자세히 다룬다). 하지만 루비에서는 다른 언어에서 기본 문법으로 구현되어 있는 기능들이 라이브러리로 구현되어 있는 경우가 있다. 따라서 이러한 메서드들 중 일부는 이 장에 포함되어 있다.

여기서 다루는 내용은 어딘가 친숙하게 느껴질 것이다. 그럴 수밖에 없는 이유가 있다. 모두 앞서 다뤄온 내용이기 때문이다. 이번 장을 루비 언어의 핵심 부분에 대한 독립적인 참조 설명서라고 생각하면 좋겠다.

22.1 소스 파일 인코딩

루비 1.9 프로그램은 기본 설정으로 7비트 아스키 문자를 사용하며 이는 US-ASCII라고도 불린다. 7비트 아스키 문자가 아닌 문자를 포함하는 소스 파일에서는 맨 앞에 주석을 써야 하는데 그 주석에는 coding:이라고 쓰고 그 다음에 인코딩 이름을 적어준다. 첫 번째 줄에서 쉬뱅(shebang) 주석이 사용된다면, coding: 주석은 두 번째 줄에 작성해야 한다. 루비는 주석에서 coding: 앞에 있는 모든 문자열을 무시한다. 루비 2에선 기본적으로 소스 파일을 UTF-8로 추정한다. 이는 coding: 주석을 통해 덮어쓸 수 있다.

# coding: utf-8	# -*- encoding: iso-8859-1 -*-	#!/usr/bin/ruby
		# fileencoding: us-ascii
UTF-8 소스	ISO-8859-1 소스	ASCII 소스

22.2 소스 레이아웃

루비는 라인 중심(line-oriented) 언어다. 루비 파서가 불완전한 문장(예를 들어, 마지막 토큰이 쉼표나 연산자인 경우)으로 판단하는 경우를 제외하면 모든 표현식과 문장이 하나의 줄로 완결된다. 한 줄에 여러 문장을 쓸 때는 세미콜론으로 구분할 수 있다. 그리고 다음 줄까지 이어지는 문장이라면 해당하는 줄 마지막 끝에 역슬래시를 사용한다. #으로 시작하는 주석은 그 줄의 끝까지 영향을 미친다. 그리고 이 주석은 문법 분석에서 제외한다.

```
a = 1
b = 2; c = 3
d = 4 + 5 +
    6 + 7      # '\'는 필요 없다.
e = 8 + 9 \
    + 10       # '\'가 필요하다.
```

=begin으로 시작하는 줄과 =end로 시작하는 줄 사이의 모든 줄도 마찬가지로 주석으로 해석되어 무시된다. 이 주석은 코드의 일부를 주석 처리하거나 문서를 코드 안에 포함시킬 때 사용된다.

특정 프로그램을 루비 인터프리터의 표준 입력에 연결(pipe)할 수 있다.

```
$ echo 'puts "Hello"' | ruby
```

루비가 앞뒤로 공백 문자 없이 '__END__'만을 포함한 줄을 만나면 여기를 프로그램의 끝으로 간주한다. 즉, 이후의 줄들은 모두 프로그램 코드로 보지 않는다. 하지만 전역 IO 객체인 DATA를 사용하면 실행 중인 프로그램에서 '__END__' 이후의 줄을 읽어올 수 있다.

BEGIN과 END 블록

모든 루비 소스 파일은 파일을 로드할 때 실행하는 블록(BEGIN 블록)과 프로그램 실행을 마친 후에 실행하는 블록(END 블록)을 선언할 수 있다.

```
BEGIN {
  begin code
}

END {
  end code
}
```

한 프로그램이 여러 개의 BEGIN과 END 블록을 가질 수도 있다. BEGIN 블록은 인터프리터가 해석하는 순서에 따라 실행한다. END 블록은 그 반대 순서로 실행된다.

일반적인 구분 문자열

문자열, 문자열들의 배열, 심벌, 정규 표현식, 셸 명령어 등을 표현하기 위해 일반적으로 사용되는 인용(quoting) 메커니즘 외에, 이것들을 표현하는 또 다른 방법도 있다. 바로 일반화된 구분자 문법이다. 리터럴은 모두 퍼센트 문자(%)로 시작하고 그다음에 하나의 문자가 따라오는데, 이 문자가 구분자의 종류를 결정한다. 사용 가능한 문자들이 이어지는 표에 정리되어 있다. 실제 리터럴에 대한 내용은 이 장 뒷부분에서 자세히 설명한다.

타입	의미	예제
%q	작은따옴표 문자열	%q{\a and #{1+2} are literal}
%Q, %	큰따옴표 문자열	%Q{\a and #{1+2} are expanded}
%w, %W	문자열 배열	%w[one two three]
%i, %I	심벌 배열	%i[one two three]
%r	정규 표현식 패턴	%r{cat|dog}
%s	심벌	%s!a symbol!
%x	셸 명령어	%x(df -h)

소문자를 사용한 경우와는 달리 %I, %Q, %W을 사용할 때는 문자열 보간법을 사용할 수 있다.

```
%i{ one digit#{1+1} three } # => [:one, :"digit\#{1+1}", :three]
%I{ one digit#{1+1} three } # => [:one, :digit2, :three]
%q{ one digit#{1+1} three } # => " one digit\#{1+1} three "
%Q{ one digit#{1+1} three } # => " one digit2 three "
%w{ one digit#{1+1} three } # => ["one", "digit\#{1+1}", "three"]
%W{ one digit#{1+1} three } # => ["one", "digit2", "three"]
```

타입 문자 다음에 따라오는 것이 구분자다. 이 구분자는 알파벳과 멀티바이트 문자를 제외하면 어떤 문자라도 올 수 있다. 구분자가 (, [, {, 〈 중 하나라면 이에 대응하는 닫는 구분자가 나오는 곳까지가 리터럴이 된다. 이때 구분자가 중첩되는 경우도 고려한다. 그 외의 모든 구분자에서는 구분자가 한 번 더 나타나는 곳까지가 리터럴이 된다.

```
%q/this is a string/
%q-string-
%q(a (nested) string)
```

구분자를 사용한 문자열은 여러 줄에 걸쳐 쓸 수도 있다. 이때는 줄 바꿈과 다음 줄의 시작부터 이어지는 공백들이 전부 문자열에 포함된다.

```
meth = %q{def fred(a)
           a.each {|i| puts i }
         end}
```

22.3 기본 타입

루비에서 기본 타입은 숫자, 문자열, 배열, 해시, 범위, 심벌, 정규 표현식이다.

정수와 부동소수점

루비의 정수는 Fixnum이나 Bignum 클래스의 객체를 의미한다. Fixnum 객체는 네이티브 머신 워드에서 1비트를 뺀 크기에 맞는 정수를 저장한다. 그리고 Fixnum이 이 범위를 초과하면 그 객체는 자동으로 Bignum 객체로 변환된다. Bignum 객체의 최대 크기는 시스템의 메모리 크기에 달려 있다. Bignum 간의 연산 결과가 Fixnum 범위 안에 포함된다면 계산된 결과는 Fixnum 객체로 반환될 것이다.

정수는 부호, 지시어(0은 8진수, 0x는 16진수, 0b는 2진수) 등과 함께 쓸 수 있다. 지시어 다음에는 진법에 맞는 숫자들이 따라온다. 숫자를 쓸 때, 밑줄(_)은 무시된다.

```
123456                      => 123456  # Fixnum
0d123456                    => 123456  # Fixnum
123_456                     => 123456  # Fixnum - 밑줄은 무시된다.
-543                        => -543    # Fixnum - 음수
0xaabb                      => 43707   # Fixnum - 십육진수
0377                        => 255     # Fixnum - 8진수
0o377                       => 255     # Fixnum - 8진수
-0b10_1010                  => -42     # Fixnum - 2진수(음수)
123_456_789_123_456_789     => 1234567891123456789 # Bignum
```

소수점과 지수가 이어지는 숫자 리터럴은 운영 체제 고유의 double 타입에 상응하는 Float 객체로 변환된다. 소수점 뒤에는 반드시 숫자가 와야 한다. 예를 들어 루비는 1.e3을 Fixnum 객체 1에 대해 e3이라는 이름의 메서드를 호출하는 것으로 해석한다. 소수점 앞에는 적어도 한 자리 이상의 숫자가 와야 한다.

```
12.34      # => 12.34
-0.1234e2  # => -12.34
1234e-2    # => 12.34
```

유리수와 복소수

유리수(분수)와 복소수를 표현하는 클래스는 루비 해석기에 내장되어 있다. 하지만 루비는 이러한 숫자 클래스들을 언어 수준에서 지원하지는 않는다. 예를 들어 유리수나 복소수를 나타내는 리터럴은 없다. 자세한 내용은 Complex(550쪽)와 Rational(762쪽)을 참조하기 바란다.

문자열

루비는 리터럴 문자열을 만드는 다양한 메커니즘을 제공한다. 다양한 방법을 통해 String 객체를 생성할 수 있다. 각 메커니즘 간의 차이는 문자열을 어떻게 구분하고 리터럴에 대해 얼마나 많은 치환 작업을 수행하느냐에 있다. 리터럴 문자열은 문자열이 포함된 파일의 소스 인코딩에 의해 인코딩된다.

작은따옴표 문자열 리터럴('stuff'와 %q/stuff/)에서는 최소한의 치환만이 이뤄진다. 둘 다 \\를 하나의 역슬래시로 치환하며, 하나의 역슬래시를 통해 작은따옴표나 문자열 구분자를 이스케이프할 수 있다. 다른 모든 역슬래시는 문자열에서 그대로 사용된다.

```
'hello'                      # => hello
'a backslash \'\\\''         # => a backslash '\'
%q/simple string/            # => simple string
%q(nesting (really) works)   # => nesting (really) works
%q(escape a\) with backslash) # => escape a) with backslash
%q no_blanks_here ;          # => no_blanks_here
```

큰따옴표 문자열("stuff", %Q/stuff/, %/stuff/)에서는 몇 가지 치환을 추가로 지원한다. 다음 표를 참조하기 바란다.

\#{code}	code의 값	\b	백스페이스(0x08)	\t	탭(0x09)
\nnn	8진수 nnn	\cx	컨트롤 + x	\uxxxx	유니코드 문자
\x	x	\e	이스케이프(0x1b)	\u{xx xx xx}	유니코드 문자열
\C-x	컨트롤 + x	\f	폼피드(formfeed, 0x0c)	\v	수직 탭(0x0b)
\M-x	메타키 + x	\n	줄 바꿈(0x0a)	\xnn	16진수 nn
\M-\C-x	메타키 + 컨트롤 + x	\r	리턴(0x0d)		
\a	벨/경고(0x07)	\s	스페이스(0x20)		

표 11. 큰 따옴표 문자열에서 일어나는 치환

다음은 간단한 예제들이다.

```
a = 123
"\123mile"                          # => Smile
"Greek pi: \u03c0"                  # => Greek pi: π
"Greek \u{70 69 3a 20 3c0}"         # => Greek pi: π
"Say \"Hello\""                     # => Say "Hello"
%Q!"I said 'nuts'\!," I said!       # => "I said 'nuts'!," I said
%Q{Try #{a + 1}, not #{a - 1}}      # => Try 124, not 122
%<Try #{a + 1}, not #{a - 1}>       # => Try 124, not 122
"Try #{a + 1}, not #{a - 1}"        # => Try 124, not 122
%{ #{ a = 1; b = 2; a + b } }       # => 3
```

마지막으로 사용 빈도는 적은 문법이지만, 아스키 문자 앞에 물음표를 사용하면 그 문자에 대응하는 문자열을 얻을 수 있다.

?a	"a"	아스키 문자
?\n	"\n"	줄 바꿈(0x0a)
?\C-a	"\u0001"	컨트롤 a (0x65 & 0x9f) == 0x01
?\M-a	"\xE1"	메타 a
?\M-\C-a	"\x81"	메타 컨트롤 a
?\C-?	"\u007F"	삭제 문자

문자열은 여러 줄에 걸쳐 이어질 수 있는데, 이 경우 문자열에 줄 바꿈이 포함될 것이다. 긴 문자열을 표현할 때는 히어 도큐먼트(here document) 형식을 사용한다. 루비는 〈〈 구분자나 〈〈 인용된 문자열을 파싱할 때, 이어지는 입력 줄들을 문자열 리터럴로 해석해 치환한다. 이런 치환 작업은 종결자(구분자나 인용된 문자열)로 시작하는 줄이 나올 때까지 계속한다. 〈〈 문자 뒤에 마이너스 기호를 넣으면 종결자 왼쪽에 들여쓰기를 할 수 있다. 인용된 문자열을 종결자로 사용할 때는 종결자에 적용한 인용 규칙이 히어 도큐먼트에도 적용될 것이다. 인용 규칙을 따로 명시하지 않으면 큰따옴표를 적용한다.

```
print <<HERE
Double quoted \
here document.
It is #{Time.now}
HERE

print <<-'THERE'
    This is single quoted.
    The above used #{Time.now}
    THERE
```

실행 결과:

```
Double quoted here document.
It is 2013-11-14 16:31:34 -0600
    This is single quoted.
    The above used #{Time.now}
```

앞선 예제에 Double quoted 다음의 역슬래시(\)는 다음 행에서 현재 행의 내용이 이어진다는 논리적 줄 바꿈을 의미한다.

입력에 작은따옴표와 큰따옴표 문자열을 인접해서 사용했다면 이 모두를 연결해서 하나의 String 객체를 생성한다.

```
'Con' "cat" 'en' "ate" # => "Concatenate"
```

문자열 리터럴을 대입하거나 매개 변수로 사용할 때는 항상 새로운 문자열 객체를 생성한다.

```
3.times do
  print 'hello'.object_id, " "
end
```

실행 결과:
```
70308963291420 70308963290740 70308963290320
```

더 자세한 내용은 String 클래스 레퍼런스(772쪽)에서 다룬다.

범위

비교 표현식을 사용해야 하는 문맥이 아니라도 expr..expr이나 expr...expr 문법을 통해 Range 객체를 생성할 수 있다. 이때 점이 두 개이면 범위 내의 수를 모두 포함하는 범위이고, 세 개이면 마지막 요소를 포함하지 않는다. 더 자세한 내용은 Range 클래스 레퍼런스(756쪽)에서 다룬다. 범위 객체의 다른 사용 방법인 '논리 표현식에서 사용하는 범위'(396쪽)도 참조하기 바란다.

배열

Array 클래스 리터럴은 객체 참조들을 쉼표로 구분해 나열하고 이것을 대괄호로 감싸서 만들 수 있다. 이때 마지막 쉼표는 무시된다.

```
arr = [ fred, 10, 3.14, "This is a string", barney("pebbles"), ]
```

문자열 배열은 단축 표기법인 %w와 %W를 이용하여 만들 수 있다. 여기서 소문자 형식은 공백으로 구분된 토큰을 추출해서 이를 연속적인 요소(element)로 하는 배열을 만든다. 이때 각 문자열에 대해 어떠한 치환도 일어나지 않는다. 대문자 형식도 단어들을 배열로 반환하지만, 각 단어는 큰따옴표에 둘러싸인 문자로 해석된다. 단어에 포함된 공백은 역슬래시를 이용해서 이스케이핑할 수 있다. 이것은 일반적인 구분 문자열의 한 형태로, 367쪽에서 설명한 바 있다.

```
arr = %w( fred wilma barney betty great\ gazoo )
arr       # => ["fred", "wilma", "barney", "betty", "great gazoo"]
arr = %w( Hey!\tIt is now -#{Time.now}- )
arr       # => ["Hey!\tIt", "is", "now", "-#{Time.now}-"]
arr = %W( Hey!\tIt is now -#{Time.now}- )
arr       # => ["Hey! It", "is", "now", "-2013-11-14 16:31:34 -0600-"]
```

해시

루비 해시 리터럴은 중괄호 사이에 키/값 쌍 목록을 넣어서 만들 수 있다. 키와 값은 =>로 분리된다.[1]

```
colors = { "red" => 0xf00, "green" => 0x0f0, "blue" => 0x00f }
```

키가 심벌 객체라면 다음과 같은 대체 문법을 사용할 수 있다.

```
colors = { red: 0xf00, green: 0x0f0, blue: 0x00f }
```

특정한 해시의 키나 값들이 반드시 같은 형식일 필요는 없다.

해시 키에 대한 요구 사항

해시 키는 반드시 hash 메시지에 응답하고 해시 코드를 반환해야 한다. 그리고 주어진 키에 대한 해시 코드는 결코 바뀌지 않아야 한다. 또한 해시에 사용하는 키는 eql?을 사용해 비교할 수 있어야 한다. 두 개의 키에 대해 eql?이 참을 반환했다면, 이 키들은 같은 해시 코드를 가져야 한다. 즉, Array나 Hash 같은 클래스의 객체는 키로 쓰기엔 부적절하다. 이 객체들은 내용에 따라서 해시 코드가 변경되기 때문이다.

어떤 객체가 외부 참조를 키로 사용하고 있을 때, 이 참조를 사용한 객체를 변경해서 해시값이 변경되어 버리면 이 키로 해시를 검색하는 것이 불가능해진다. 이럴 때는 rehash 메서드를 사용해 해시를 강제적으로 재구축해야 한다.

```
arr = [1, 2, 3]
hash = { arr => 'value' }
hash[arr] # => "value"
arr[1] = 99
hash       # => {[1, 99, 3]=>"value"}
hash[arr] # => nil
hash.rehash
hash[arr] # => "value"
```

문자열은 키로 가장 자주 사용되지만 그 내용도 자주 바뀌기 때문에, 루비는 문

---

1 루비 1.9부터 해시 리터럴의 키와 값을 구분하는 문자로 쉼표(,)를 사용할 수 없다. 단, 각 키/값 쌍 사이에 쉼표를 붙이는 건 이전처럼 사용할 수 있다.

자열 키를 조금 특별한 방법으로 다룬다. String 객체를 해시로 사용하면 해시는 문자열을 내부적으로 복제하며, 이 복사본을 키로 이용한다. 그리고 복사본을 동결시킨다. 따라서 원래 문자열이 바뀌어도 해시에는 영향을 끼치지 않는다.

직접 작성한 클래스를 해시 키 인스턴스로 이용할 경우 다음을 유의할 필요가 있다. (a) 키로 사용하는 객체의 해시는 일단 객체가 생성된 이후에는 바뀌지 않아야 한다. (b) 아니면, 키 해시가 바뀔 때마다 해시를 다시 색인하기 위해 Hash#rehash 메서드를 호출하는 것을 잊지 말라.

심벌

루비 심벌은 대응하는 문자열(대부분 이름)에 해당하는 식별자다. 이름 앞에 ':'(콜론)을 붙이면 그 이름에 대한 심벌을 만들 수 있다. 또는 문자열 리터럴 앞에 콜론을 붙여 임의의 문자열에 대한 심벌을 만들 수도 있다. 큰따옴표 문자열에서는 치환도 그대로 적용된다. 특정 이름이나 문자열이 프로그램에서 어떻게 사용되는지에 무관하게 항상 같은 심벌을 만든다. %s를 구분자 문법으로 심벌들을 생성할 수도 있다.

```
:Object
:my_variable
:"Ruby rules"
a = "cat"
:'catsup'    # => :catsup
:"#{a}sup"   # => :catsup
:'#{a}sup'   # => :"\#{a}sup"
```

다른 언어는 이 과정을 인터닝(interning)이라 부르며, 심벌을 아톰(atom)이라고 부르기도 한다.

정규 표현식

루비 1.9에서는 오니구루마(Oniguruma) 정규 표현식 엔진을 사용했다. 루비 2.0부터는 오니그모(Onigmo)라는 오니구루마 엔진의 확장을 사용한다. 이 확장에 대해서도 설명할 것이다.

정규 표현식에 대해서는 7장에서 좀 더 자세히 다룬다.

정규 표현식 리터럴은 Regexp 타입의 객체이다. Regexp.new 생성자를 이용하여 명시적으로 생성하거나 /pattern/과 %r{pattern} 리터럴을 사용해 암시적으로 생성할 수 있다. %r 생성자는 일반적인 구분 문자열의 하나다.

```
/pattern/
/pattern/options
%r{pattern}
%r{pattern}options
Regexp.new('pattern'‹,options›)
```

option에는 i(대소문자 무시), o(한 번만 치환), m(개행 문자열에 매치), x(공백 과 주석 허용)를 지정할 수 있다. 패턴의 기본 인코딩을 n(인코딩 없음-아스키), e(EUC), s(Shift_JIS), u(UTF-8) 중 하나로 지정할 수 있다.

정규 표현식 패턴

(이 부분에는 구판과 달라진 내용이 다수 포함되어 있다. 루비 1.9는 오니구루마 정규 표현식 엔진을 사용한다.)[2]

별표가 붙어 있으면(유니코드 옵션이 활성화돼 있을 때) 이는 아스키 캐릭터 를 넘어 확장된다는 의미다.

정규 문자

. | ( ) [\ ^ { + $ * ?을 제외한 문자로 자기 자신에 매치된다. 앞에 열거한 특 수 문자들에 매치를 하려면 \(역슬래시)를 사용한다.

\a \cx \e \f \r \t \unnnn \v \xnn \nnn \C-\M-x \C-x \M-x

표 11(369쪽)에 따른 문자에 매치되며, 큰따옴표 문자열의 치환 규칙을 따 른다.

^, $

해당하는 행의 맨 앞과 맨 뒤에 매치한다.

\A, \z, \Z

문자열의 앞뒤에 매치, 이때 \Z는 마지막의 \n을 무시한다.

\d, \h

10진수나 16진수([0-9a-fA-F])에 매치한다.

\s

공백 문자. 즉 탭, 줄 바꿈, 수평 탭, 폼피드, 리턴, 스페이스 문자에 매치한다.

---

2 여기서 다루는 내용의 일부는 http://www.geocities.jp/kosako3/oniguruma/doc/RE.txt의 내용에 기반을 둔다.

\w

단어 문자. 알파벳, 숫자, 밑줄로 구성된 단어에 매치한다.

\D, \H, \S, \W

\d, \h, \s, \w의 반대. 즉 10진수가 아닌 문자, 16진수가 아닌 문자, 공백 문자가 아닌 문자, 단어가 아닌 문자에 매치한다.

\b, \B

단어의 경계. 단어가 아닌 문자열의 경계.

\G

이전에 반복 검색이 완료된 위치(이번 매치 개시 위치)

\K

\K의 왼편에서 매치된 부분은 버린다.

\R

일반적인 줄 바꿈 문자.

\X

유니코드 문자소

\p{property}, \P{property}, \p{!property}

주어진 속성을 가진 문자에 매치한다(문자 속성에 대해서는 표 4(144쪽)에서 다룬다).

.(마침표)

괄호 밖에서 사용되면 줄 바꿈을 제외한 모든 문자열에 매치한다(/m 옵션을 사용하면 줄 바꿈에도 매치된다).

[characters]

지정한 문자열 집합에 포함된 문자 중 하나에 매치. '문자 클래스'(124쪽)를 참조하라.

re*

0회 이상 re가 반복되는 경우에 매치한다.

re+

1회 이상 re가 반복되는 경우에 매치한다.

re{m,n}

　　re가 m회 이상 n회 이하 반복될 때 매치한다.

re{m,}

　　최소 m번 이상 re가 반복되는 경우에 매치한다.

re{,n}

　　최대 n번 re가 반복되는 경우에 매치한다.

re{m}

　　re가 정확히 m번 반복되는 경우에 매치한다.

re?

　　re가 0회나 1회 반복되는 경우에 매치한다.

　　?, *, +, {m,n} 변경자는 기본적으로 탐욕적(greedy) 방법으로 매치한다. 물음표를 뒤에 붙여주면 이들 변경자가 최소한만 매칭하도록 할 수 있다. + 기호를 붙여주면 탐욕적이지만 백트래킹은 하지 않는 방법으로 매치한다.

re1 | re2

　　re1이나 re2에 매치한다.

(...)

　　정규 표현식을 그룹화하고 확장을 활성화한다.

#{...}

　　문자열과 마찬가지로 루비 표현식을 평가한다. 기본적으로 정규 표현식 리터럴이 평가될 때마다 #{} 안의 표현식이 평가된다. /o 옵션을 사용하면 처음에 평가될 때만 식을 전개한다.

\1, \2, ... \n

　　n 번째 그룹의 부분 표현에 매치한다.

(?# comment)

　　패턴에 주석을 추가한다.

(?:re)

　　역참조를 생성하지 않는 그룹을 생성한다.

(?=re), (?!re)

　　re가 현재 위치에 있거나 없는 경우에 매치. 이때 이를 소비하지 않는다.

(?<=re), (?<!re)

　　re가 현재 위치 바로 앞에 있거나 없는 경우에 매치. 이때 이를 소비하지 않는다.

(?>re)

　　re에 매치하지만 백트래킹을 하지 않는다.

(?adimux), (?-imx)

　　a, d, i, m, u, x에 해당하는 옵션을 활성화한다. 그룹 안에서 사용하면 그 효과는 그룹에만 적용된다.

(?adimux:re), (?-imx:re)

　　re에 대해 i, m, x를 활성화하거나 비활성화한다.

\n, \k'n', \k<n>

　　n 번째로 캡처된 서브 패턴

(?<name>...) 또는 (?'name'...)

　　캡처한 그룹에 이름을 붙인다.

\k<name> 또는 \k'name'

　　이름을 가진 그룹의 내용

\k<name>+/-n 또는 \k'name'+/-n

　　주어진 중첩 수준에서 이름을 가진 그룹의 내용

\g<name> 또는 \g<number>

　　이름을 가진 그룹이나 number 번째 그룹을 호출한다.

22.4 이름

루비에서 이름은 상수, 변수, 메서드, 클래스, 모듈을 참조하는 데 사용한다. 이름의 첫 문자는 루비에서 해당 이름이 사용되는 용도를 암시한다. 다음 표에 나열된 이름들은 예약어로서 변수, 메서드, 클래스, 모듈 이름 등으로 사용할 수 없다.

__ENCODING__		__FILE__	__LINE__	BEGIN	END	alias	and	begin
break	case	class	def	defined?	do	else	elsif	end
ensure	false	for	if	in	module	next	nil	not
or	redo	rescue	retry	return	self	super	then	true
undef	unless	until	when	while	yield			

표 12. 예약 키워드

메서드 이름에 대해서는 '22.7 메서드 정의'에서 자세히 설명한다.

이 설명에서 대문자란 A에서 Z, 0에서 9를 포함하는 문자열을 가리키며, 소문자는 a에서 z와 밑줄(_)을 의미한다. 사용 중인 인코딩에서 유효한 7비트 문자가 아닌 문자는 소문자로 다뤄진다.[3]

이름을 만들 때는 대문자, 소문자, 밑줄 다음에 이름 문자를 사용한다. 여기서 이름 문자들은 대소문자, 밑줄, 숫자들의 조합이다.

지역 변수 이름은 소문자와 그 뒤를 따르는 이름 문자들로 구성된다. 여러 단어로 된 이름을 위해 카멜케이스(camalCase)를 쓰기보다는 밑줄을 사용하는 것이 관례이지만 인터프리터의 강제 사항은 아니다.

```
fred anObject _x three_two_one
```

소스 파일 인코딩이 UTF-8이라면 ∂elta나 été는 둘 다 지역 변수 이름으로 사용 가능하다.

인스턴스 변수 이름은 'at' 부호(@)로 시작하고 그 뒤에 이름이 온다. @ 다음에는 일반적으로 소문자를 사용하는 것이 좋다. @ 부호는 인스턴스 변수 이름에 포함된다.

```
@name @_ @size
```

클래스 변수 이름은 'at' 부호 두 개(@@)로 시작하고 그 뒤에 이름이 온다.

```
@@name @@_ @@Size
```

상수 이름은 대문자로 시작하고 그 뒤에 이름 문자들이 온다. 클래스 이름과 모듈 이름은 상수이므로 이 이름 규칙을 따른다.

관례적으로 상수 객체 참조는 처음부터 끝까지 대문자와 밑줄로만 이루어지지만 클래스와 모듈 이름으로는 대소문자를 섞어서 사용한다.

---

3 인코딩이 다른 소스 파일에서는 이러한 이름을 사용하는 것이 불가능하다.

```
module Math
  ALMOST_PI = 22.0/7.0
end
class BigBlob
end
```

전역 변수와 몇몇 특별한 시스템 변수의 이름은 달러($)로 시작한다. 이와 더불어 루비는 달러로 시작하고 두 번째 글자가 기호로 이루어진 두 글자로 된 전역 변수들을 가지고 있다. 이렇게 미리 정의된 변수들에 대해서는 '미리 정의된 변수' 절(384쪽)에서 다룬다. 마지막으로 $- 다음에 영문 한 글자가 따라오거나 밑줄(_)이 오는 형태로 전역 변수를 만들 수도 있다. 이는 일반적으로 대응하는 명령행 옵션의 설정값을 복제한 것이다(자세한 설명은 '실행 환경 변수'(386쪽)에서 다룬다).

```
$params $PROGRAM $! $_ $-a $-K
```

변수와 메서드 이름 간의 모호성

루비 표현식에서 a라는 이름을 만나면, 루비는 이것이 지역 변수에 대한 참조인지, 매개 변수 없는 메서드 호출인지 결정해야 한다. 루비는 이를 판단하기 위해 휴리스틱(heuristic)을 사용한다. 루비는 소스 파일을 읽으면서 대입이 일어난 심벌들을 추적한다. 그리고 이 심벌들은 변수로 간주한다. 다음으로 변수가 될 수도 있고 메서드가 될 수도 있는 심벌을 만나면 이를 판단하기 위해 해당 심벌에 대한 대입이 일어난 적이 있는지 살핀다. 그렇다면 이 심벌은 변수다. 그렇지 않다면 메서드 호출로 판단한다. 클레멘스 힌쩨(Clemens Hintze)가 올린 다음 코드 조각은 모호성에 대한 다소 병적인 예제다.

```
def a
  puts "Function 'a' called"
  99
end

for i in 1..2
  if i == 2
    puts "i==2, a=#{a}"
  else
    a = 1
    puts "i==1, a=#{a}"
  end
end
```

실행 결과:

```
i==1, a=1
Function 'a' called
i==2, a=99
```

분석 중에 루비가 첫 번째 print 문에서 a를 만났을 때는 아직 a에 대한 대입이 일어난 적이 없기 때문에, 이는 메서드 호출이라고 판단한다. 잠시 후 두 번째 print 문에 다다랐을 때, 이때는 대입문을 이미 보았으므로 이는 변수로 판단된다.

대입문이 꼭 실행될 필요가 없음을 주지하자. 루비는 단지 이를 '보기만' 할 뿐이기 때문이다. 다음 프로그램을 실행해도 에러는 발생하지 않는다.

```
a = 1 if false; a # => nil
```

22.5 변수와 상수

루비 변수와 상수들은 객체에 대한 참조를 담고 있다. 변수 자체가 갖는 고유한 타입은 없다. 미리 타입이 정해지는 대신 변수의 타입은 변수가 참조한 객체가 응답하는 메시지에 의해서만 결정될 수 있다(우리가 변수에 타입이 없다고 이야기하는 것은, 어떤 변수가 매번 다른 종류의 객체들을 참조할 수 있음을 의미한다).

루비에서는 상수(constant) 또한 객체에 대한 참조다. 상수는 (일반적으로 클래스나 모듈 정의 내에서) 처음 대입될 때 생성된다. 비록 경고 메시지를 보여주기는 하지만 루비는 경직된 다른 언어들과는 달리 상숫값을 바꾸는 것도 허용한다.

```
MY_CONST = 1
puts "First MY_CONST = #{MY_CONST}"

MY_CONST = 2 # MY_CONST에 2를 대입하지만, 경고를 출력한다.
puts "Then MY_CONST = #{MY_CONST}"
```

실행 결과:
```
prog.rb:4: warning: already initialized constant MY_CONST
prog.rb:1: warning: previous definition of MY_CONST was here
First MY_CONST = 1
Then MY_CONST = 2
```

상수는 바뀌지 않아야 하지만, 해당 상수가 참조하고 있는 객체의 내부 상태는 바꿀 수 있다. 물론 이를 막기 위해 객체를 동결시키는 방법도 있다. 이는 일반적으로 대입이 객체에 대한 별칭을 생성하며, 같은 객체에 대한 두 개의 참조를 만들기 때문이다.

```
MY_CONST = "Tim"
MY_CONST[0] = "J"   # 상수가 참조하는 문자열을 변경
MY_CONST # => "Jim"
```

상수와 변수의 유효 범위

클래스나 모듈 내에서 정의하면 상수는 클래스나 모듈 내 어디서든지 그대로 접근할 수 있다. 클래스나 모듈 밖에서는 범위 연산자인 ::을 이용하여 접근할 수 있는데, 이 연산자를 표현식 앞에 붙이면 적절한 클래스나 모듈 객체를 반환한다. 클래스나 모듈 외부에서 정의한 상수는 이름 그대로 접근할 수도 있고, 범위 연산자(::) 앞에 아무것도 붙이지 않음으로써 접근할 수도 있다. 메서드 내에서는 상수를 정의할 수 없다. 클래스나 모듈이 이미 존재할 때도 그 외부에서 상수를 추가할 수 있다. 이를 위해서는 새로 추가할 상수 이름 앞에 클래스나 모듈 이름과 범위 연산자를 써주면 된다.

```
OUTER_CONST = 99
class Const
  def get_const
    CONST
  end
  CONST = OUTER_CONST + 1
end
Const.new.get_const  # => 100
Const::CONST         # => 100
::OUTER_CONST        # => 99
Const::NEW_CONST = 123
```

전역 변수는 프로그램 전체에서 사용할 수 있다. 특정 전역 이름에 대한 참조는 모두 같은 객체를 반환한다. 그리고 초기화되지 않은 전역 변수를 참조했다면 nil을 반환한다.

클래스 변수는 클래스나 모듈 본문에서 사용할 수 있다. 클래스 변수는 사용하기 전에 반드시 초기화해야 한다. 클래스 변수는 클래스의 모든 인스턴스가 공유하며 클래스 자체 내에서 사용할 수 있다.

```
class Song
  @@count = 0

  def initialize
    @@count += 1
  end

  def Song.get_count
    @@count
  end
end
```

클래스 변수는 가장 안쪽에서 자신을 둘러싼 클래스나 모듈에 속한다. 최상위 수준에서 클래스 변수를 선언했다면 이는 Object 클래스에 속하고, 마치 전역 변수처럼 작동한다. 다음 예제에서 알 수 있듯이 약간의 문제가 있지만, 루비 1.9에서 클래스 변수는 정의되는 클래스의 private 변수가 된다.

```
class Holder # => prog.rb:13: warning: class variable access from toplevel
  @@var = 99

  def Holder.var=(val)
    @@var = val
  end

  def var
    @@var
  end
end

@@var = "top level variable"

a = Holder.new
a.var # => "top level variable"
Holder.var = 123
a.var # => 123
```

클래스 변수는 하위 클래스에 의해 상속되며 모든 하위 클래스에서 공유된다.

```
class Top
  @@A = "top A"
  @@B = "top B"
  def dump
    puts values
  end
  def values
    "#{self.class.name}: @@A = #@@A, @@B = #@@B"
  end
end
class MiddleOne < Top
  @@B = "One B"
  @@C = "One C"
  def values
    super + ", C = #@@C"
  end
end
class MiddleTwo < Top
  @@B = "Two B"
  @@C = "Two C"
  def values
    super + ", C = #@@C"
  end
end
class BottomOne < MiddleOne; end
class BottomTwo < MiddleTwo; end

Top.new.dump
MiddleOne.new.dump
MiddleTwo.new.dump
BottomOne.new.dump
BottomTwo.new.dump
```

실행 결과:

```
Top: @@A = top A, @@B = Two B
MiddleOne: @@A = top A, @@B = Two B, C = One C
MiddleTwo: @@A = top A, @@B = Two B, C = Two C
BottomOne: @@A = top A, @@B = Two B, C = One C
BottomTwo: @@A = top A, @@B = Two B, C = Two C
```

이런 이유로 클래스 변수를 사용하지 않을 것을 권장한다.

인스턴스 변수는 클래스 본문 내의 인스턴스 메서드 내에서 사용할 수 있다. 초기화되지 않은 인스턴스 변수를 참조하면 nil을 반환한다. 그리고 클래스의 인스턴스 각각이 고유한 인스턴스 변수 집합을 갖는다.

지역 변수는 유효 범위 내에서 유일하다. 지역 변수의 범위는 정적으로 정해지지만 존재 여부는 동적으로 정해진다.

프로그램 실행 중에 어떤 변수에 값이 처음 대입되면, 이때 동적으로 지역 변수가 생성된다. 하지만 지역 변수의 범위는 바로 위의 블록까지 정적으로 결정된다. 이 범위란 메서드 선언, 클래스 선언, 모듈 선언, 최상위 수준 등이다. 같은 이름을 가진 지역 변수라도 서로 겹치지 않는 범위에서 나타난다면, 이는 다른 변수다.

메서드 매개 변수는 그 메서드의 지역 변수로 간주된다.

블록 매개 변수는 블록을 호출할 때 대입하는 값이다.

지역 변수가 블록 안에서 처음 대입되었디면, 이는 그 블록의 지역 변수다.

하지만 그렇지 않고 블록이 실행되었을 때 이미 같은 이름의 변수가 있다면 블록에서 그 변수를 물려받을 것이다. 여기에는 두 가지 예외가 있다. 먼저 블록 매개 변수는 항상 블록에서 지역 변수다. 두 번째로 블록의 매개 변수 리스트 마지막에 세미콜론 뒤에 지정된 변수는 항상 블록에 대해 지역 변수가 된다.

```
a = 1
b = 2
c = 3

some_method { |b; c| a = b + 1; c = a + 1; d = c + 1 }
```

앞선 예제에서 블록 안의 변수 a는 이를 둘러싸고 있는 스코프로부터 공유된다. 변수 b와 변수 c는 블록 매개 변수 목록에 포함되어 있으므로 공유되지 않는다. 또한 변수 d는 블록 안에서만 존재하므로 공유되지 않는다.

블록은 블록이 만들어질 때 존재하는 지역 변수를 자신의 바인딩에 포함시킨다. 변수의 바인딩은 블록이 생성된 시점에 고정되어 있지만 블록이 실행될 때, 이러한 변수들의 현재 값에 접근할 수 있다. 심지어 원래 감싸고 있던 범위가 파괴된 상황에서도 바인딩이 이들 변수를 유지한다.

while, until, for 반복의 본문은 이들을 포함하는 범위의 일부다. 즉, 반복 안에서 이전부터 존재하는 지역 변수를 사용할 수 있고, 반복 안에서 새롭게 정의한 변수들도 본문을 마친 이후 바깥에서 계속 사용할 수 있다.

미리 정의된 변수

다음 변수들은 루비 인터프리터가 미리 정의한 것들이다. 설명에서 [r/o]라고 표기한 부분은 변수가 읽기 전용임을 의미한다. 따라서 프로그램에서 읽기 전용 값을 바꾸려 하면 에러가 발생할 것이다. 무엇보다 자신이 정치가가 아니라면 프로그램이 실행되는 동안 true의 값을 바꾸고 싶지는 않을 것이다. [thread]라고 표시한 부분은 스레드 지역 변수다.

많은 수의 전역 변수들은 마치 만화 캐릭터 스누피가 맹세하고 있는 모습처럼 보인다. 예를 들어 $_, $!, $& 등이다. 이는 역사적인 이유 때문인데 이것들 대부분이 펄에서 온 것이다. 이 모든 변수명을 외우기 어렵다면, English라는 라이브러리(857쪽)를 불러오자. 이를 사용하면 자주 사용하는 전역 변수를 좀 더 친근한 이름으로 사용할 수 있다.

이어지는 변수와 상수에 대한 표에서는 변수 이름, 참조하는 객체의 타입, 설명을 볼 수 있다.

예외 정보

$! → Exception

  raise에 전달된 예외 객체 [thread]

$@ → Array

  가장 최근 예외에 의해 생성된 역참조 스택. 자세한 정보는 Object#caller(715쪽) 참조. [thread]

패턴 매칭 변수

패턴 매칭에 실패하면 $=를 제외한 모든 변수는 nil로 설정된다.

$& → String

  매칭된 문자열(패턴 매칭 성공 후). 이 변수는 현재 유효 범위에 대한 지역 변수다. [r/o, thread]

$+ → String

  패턴 매칭 성공 후, 마지막에 매칭된 그룹의 내용을 담는다. 예를 들어 "cat" =~ /(c|a)(t|z)/라는 정규 표현식이 있을 때, $+는 t가 된다. 이 변수는 현재 유효 범위에 대한 지역 변수다. [r/o, thread]

$` → String

패턴 매칭 성공 후, 매칭 이전의 문자열을 담는다. 이 변수는 현재 유효 범위에 대한 지역 변수다. [r/o, thread]

$' → String

패턴 매칭 성공 후, 매칭 이후의 문자열을 담는다. 이 변수는 현재 유효 범위에 대한 지역 변수다. [r/o, thread]

$1...$n → String

패턴 매칭 성공 후 차례로 매칭된 그룹을 담는다. 예를 들어 "cat" =~ /(c|a)(t|z)/라는 정규 표현식이 있을 때 $1에는 "a"가, $2에는 "t"가 저장된다. 이 변수는 현재 유효 범위에 대한 지역 변수다. [r/o, thread]

$~ → MatchData

성공적인 패턴 매칭의 결과를 객체로 캡슐화한다. $&, $`, $', $1에서 $9 변수들은 모두 $~에서 파생된 변수다. $~에 값을 대입하면 파생된 변수의 값도 모두 바뀐다. 이 변수는 현재 유효 범위에 대한 지역 변수다. [thread]

$= 변수는 루비 1.9에서 삭제되었다.

입출력 변수

$/ → String

입력 레코드 구분자(기본값은 줄 바꿈)를 나타낸다. 이는 Object#gets 같은 루틴이 레코드 경계를 정하는 데 사용하는 값이다. nil로 설정하면 gets를 사용해 전체 파일을 읽어온다.

$-0 → String

$/ 변수와 같다.

$\ → String

Object#print나 IO#write 같은 메서드를 호출할 때마다 출력의 뒤에 덧붙이는 문자열. 기본값은 nil이다.

$, → String

Object#print나 Array#join 같은 메서드에서 매개 변수 사이에 출력할 구분자 문자열. 기본값은 nil이므로 어떠한 문자열도 추가하지 않는다.

$. → Fixnum

현재 입력 파일에서 가장 최근에 읽은 줄 수

$; → String

String#split에서 사용하는 구분자 패턴의 기본값. 명령행에서 -F 옵션을 사용해 설정할 수도 있다.

$< → ARGF.class

ARGF와 같다. 'ARGF'(261쪽)를 참조하라.

$> → IO

Object#print나 Object#printf가 출력하는 곳. 기본값은 STDOUT이다.

$_ → String

Object#gets나 Object#readline에서 마지막으로 읽은 줄. Kernel 모듈의 문자열 관련 메서드 중 많은 메서드가 기본값으로 $_에 작업을 수행한다. 이 변수는 현재 유효 범위에 대한 지역 변수다. [thread]

$-F → String

$; 변수와 같다.

$stderr, $stdout, $stdin, → IO

현재의 표준 에러, 표준 출력, 표준 입력 스트림.

$defout과 $deferr 변수는 루비 1.9에서 삭제됐다.

실행 환경 변수

$0 → String

실행된 최상위 루비 프로그램의 이름. 일반적으로 이 값은 프로그램의 파일 이름이 된다. 일부 운영 체제에서는 이 값에 대입을 하면, (예를 들어) ps(1) 명령어 사용에서 보이는 프로세스 이름이 바뀐다.

$* → Array

프로그램을 실행할 때 건네진 명령행 옵션 문자열을 담고 있는 배열이다. 루비 인터프리터에서 사용한 옵션은 제거된 상태다. [r/o]

$" → Array

require를 사용해 로딩한 모듈의 파일 이름들을 담은 배열 [r/o]

$$ → Fixnum

실행된 프로그램의 프로세스 숫자 [r/o]

$? → Process::Status

가장 최근에 종료된 자식 프로세스의 종료 상태 [r/o, thread]

$: → Array

load와 require 메서드에서 로딩할 루비 스크립트나 이진 확장 기능을 찾기 위해 탐색하는 디렉터리를 명시한 문자열의 배열. 초깃값에는 명령행 옵션 -I 를 통해 전달된 매개 변수의 값이 오고, 그 뒤에 설치한 때 정의한 표준 라이 브러리의 위치가 온다. 루비 1.9.2부터 현재 디렉터리는 더 이상 $:에 포함되 지 않는다. 기본 탐색 경로를 변경하기 위해 프로그램 안에서 이 변수를 설정 하기도 한다. 전형적으로 프로그램에서는 dir을 경로에 추가하기 위해 $: 〈〈 dir처럼 쓴다. [r/o]

$-a → Object

명령행에 -a 옵션이 있으면 true가 설정된다. [r/o]

__callee__ → Symbol

현재 실행 중인 메서드의 이름. 메서드 밖에서 불리면 nil을 반환한다.

$-d → Object

$DEBUG 변수와 같다.

$DEBUG → Object

명령행 옵션 -d가 지정되었으면 true가 설정된다.

__ENCODING__ → String

현재 소스 파일의 인코딩 [r/o]

__FILE__ → String

현재 소스 파일의 이름 [r/o]

$F → Array

명령행 옵션 -a를 사용했다면, 입력 줄을 자른 결과를 이 배열에 저장한다.

$FILENAME → String

현재 입력 파일의 이름. $〈.filename과 같다. [r/o]

$-i → String

(명령행 옵션의 -i 옵션을 사용해서) 제자리 편집(in-place edit)이 활성화되어 있다면 $-i는 백업 파일을 만들 때 사용할 파일 확장자를 저장한다. $-i에 값을 대입하면 제자리 편집 기능이 활성화된다.

$-I → Array

$: 변수와 같다. [r/o]

$-l → Object

명령행을 통해 (line-end 처리를 활성화하는 옵션인) -l이 활성화되어 있다면 true가 설정된다. 옵션 설명(258쪽)을 참조하라. [r/o]

__LINE__ → String

소스 파일의 현재 행 번호 [r/o]

$LOAD_PATH → Array

$: 변수와 같다. [r/o]

$LOADED_FEATURES → Array

$" 변수와 같다. [r/o]

__method__ → Symbol

현재 실행 중인 메서드의 이름. 메서드 밖에서 불리면 nil을 반환한다.

$PROGRAM_NAME → String

$0 변수와 같다.

$-p → Object

명령행을 통해 (프로그램 앞뒤로 암묵적인 while gets...end 반복을 집어넣는) -p 옵션이 활성화되어 있으면 true를 반환한다. 옵션 설명(258쪽)을 참조하라. [r/o]

$SAFE → Fixnum

현재 안전 수준('26.1 안전 수준' 참조). 이 변수의 값은 대입을 통해 줄일 수 없다. [thread]

$VERBOSE → Object

명령행에 -v, --version, -W, -w 옵션이 하나라도 설정되어 있으면 true다. 옵선이 주어지지 않거나 -W1 옵션을 사용하면 false가 된다. -W0 옵션을 사용하면 nil이 된다. 이 옵션을 true로 설정하면 인터프리터와 일부 라이브러리 루틴에서 추가 정보를 출력한다. 그리고 nil로 설정하면 (Object#warn을 포함한) 모든 경고를 무시한다.

$-v, $-w → Object
  $VERBOSE의 별칭

$-W → Object
  명령행에서 -W로 설정한 값을 가진다.

표준 객체

ARGF → Object
  파일 목록에 대한 접근을 제공한다. 명령행 처리에 사용된다. 'ARGF'(261쪽)를 참조하라.

ARGV → Array
  $* 변수와 같다.

ENV → Object
  프로그램의 환경 변수를 담은 해시 같은 객체. Object 클래스의 인스턴스지만, Hash의 메서드가 전부 구현되어 있다. ENV["PATH"] 같은 형식으로 환경 변수를 질의하고, ENV["term"]="ansi"와 같이 환경 변수를 설정할 수 있다.

false → FalseClass
  FalseClass의 싱글턴 인스턴스 [r/o]

nil → NilClass
  NilClass의 싱글턴 인스턴스. 초기화되지 않은 인스턴스 변수나 전역 변수의 값은 nil이다. [r/o]

self → Object
  현재 메서드의 수신자(객체) [r/o]

true → TrueClass
  TrueClass 싱글턴 인스턴스 [r/o]

전역 상수

DATA → IO
메인 프로그램이 __END__ 지시자를 포함하고 있으면, 상수 DATA를 초기화하여 소스 파일에서 __END__ 아래에 이어지는 줄들을 모두 읽을 수 있게 한다.

FALSE → FalseClass
false의 참조를 가지고 있는 상수

NIL → NilClass
nil의 참조를 가지고 있는 상수

RUBY_COPYRIGHT → String
루비 인터프리터의 저작권 정보

RUBY_DESCRIPTION → String
루비 인터프리터의 버전 번호와 아키텍처

RUBY_ENGINE → String
루비 인터프리터의 이름. MRI에서는 ruby를 반환한다. 다른 인터프리터들은 각각 macruby, ironruby, jruby, rubinius 같은 값을 가지고 있다.

RUBY_PATCHLEVEL → String
루비 인터프리터의 패치 레벨

RUBY_PLATFORM → String
이 프로그램을 실행하고 있는 플랫폼 식별자. 이 값은 GNU 설정 유틸리티에서 사용하는 플랫폼 식별자와 같은 형태의 문자열이다(우연의 일치가 아니다).

RUBY_RELEASE_DATE → String
릴리스 날짜

RUBY_REVISION → String
인터프리터의 리비전 번호

RUBY_VERSION → String
인터프리터의 버전

STDERR → IO

프로그램의 표준 에러 스트림. $stderr의 초깃값이다.

STDIN → IO

프로그램의 표준 입력 스트림. $stdin의 초깃값이다.

STDOUT → IO

프로그램의 표준 출력 스트림. $stdout의 초깃값이다.

SCRIPT_LINES__ → Hash

SCRIPT_LINES__ 상수가 정의되었고 Hash 객체를 참조하고 있다면, 루비는 분석하는 파일 각각의 내용을 이 해시에 엔트리로 저장한다. 이때 파일 이름 이 키가 되고 문자열 배열이 값이 된다. 예제는 Object#require(726쪽)를 참조하라.

TOPLEVEL_BINDING → Binding

루비의 최상위 수준 바인딩을 담고 있는 Binding 객체. 즉, 프로그램이 최초에 실행되는 곳의 바인딩이다.

TRUE → TrueClass

true의 참조를 가지고 있는 상수

흔히 상수 __FILE__과 변수 $0을 함께 이용해서, 사용자가 파일을 직접 실행했을 때만 수행하는 코드를 작성하기도 한다. 예를 들어, 라이브러리 제작자는 이를 이용해 라이브러리에 대한 테스트를 포함시킨다. 그리고 이 테스트는 라이브러리 소스를 직접 실행했을 때만 실행되고, 소스를 다른 프로그램에 로딩(require)했을 때는 실행되지 않는다.

```
# 라이브러리 코드...
if __FILE__ == $0
  # 테스트...
end
```

22.6 표현식, 조건식, 반복

표현식에서 하나의 항에는 다음 내용 중 어떤 것이라도 올 수 있다.

- 리터럴. 루비 리터럴은 숫자, 문자열, 배열, 해시, 범위, 심벌, 정규 표현식이다. 자세한 내용은 '22.3 기본 타입'에서 다룬다.

- 셸 명령어. 셸 명령어는 역따옴표 문자로 둘러싸인 문자열이거나, %x로 시작하는 일반적인 구분 문자열이다. 이 문자열의 값은 주어진 문자열이 담고 있는 명령을 호스트 운영 체제의 표준 셸에서 실행하고 그 결과를 담은 표준 출력 스트림을 표현식의 반환값으로 한다. 이렇게 실행하면 $? 변수도 설정되는데 이 값에는 명령어의 종료 상태가 들어간다.

```
filter = "*.c"
files = `ls #{filter}`
files = %x{ls #{filter}}
```

- 변수 참조 또는 상수 참조. 변수는 그 이름을 언급해 참조할 수 있다. 상수를 참조할 때는 유효 범위에 따라('상수와 변수의 유효 범위'(381쪽) 참조) 그 이름을 바로 언급하거나 또는 상수를 포함하는 클래스나 모듈 이름을 쓰고 그 뒤에 유효 범위 연산자(::)를 붙여서 범위를 제한할 수도 있다.

```
barney    # 변수 참조
APP_NAMR # 상수 참조
Math::PI # 제한된 상수 참조
```

- 메서드 호출. 메서드를 호출하는 여러 가지 방법은 '22.8 메서드 호출'에서 설명한다.

연산자 표현식

표현식은 연산자들을 조합해서 만들 수 있다. 표 13에는 루비 연산자가 우선순위대로 정렬되어 있다. ✓ 표시가 되어 있는 연산자는 메서드로 구현되어 있으며 재정의할 수 있다.

메서드	연산자	설명
✓	[ ] [ ]=	요소 참조, 요소 설정
✓	**	거듭제곱
✓	! ~ + -	역논리, 여수, 단항 플러스, 단항 마이너스(+와 -의 메서드 이름은 +@와 @-)
✓	* / %	곱하기, 나누기, 나머지
✓	+ -	더하기 빼기
✓	>> <<	오른쪽, 왼쪽 시프트(<<는 추가 연산자로도 사용된다)
✓	&	"And"(정수 비트 연산)
✓	^		배타적 'or', 일반 'or'(정수 비트 연산)
✓	<= < > >=	비교 연산자

✓	<=> == === != =~ !~	동등 비교, 패턴 매칭 연산자
	&&	논리곱
	||	논리합
	.. ...	범위(포함, 포함하지 않음)
	? :	삼항 연산자 if-then-else
	= %= /= -= += |= &= >>= <<= *= &&= ||= **= ^=	대입
	not	논리 부정
	or and	논리 구성
	if unless while until	표현식 변경자
	begin/end	블록 표현식

표 13. 루비 연산자(내림차순)

대입문 파고들기

대입 연산자는 하나 이상의 우변값(rvalue, 주로 대입문의 오른쪽에 나타난다)을 하나 이상의 좌변값(lvalue, 주로 대입문의 왼쪽에 나타난다)에 대입한다. 좌변값에 따라 대입문이 무엇을 뜻하는지 달라진다.

좌변값이 변수나 상수 이름이라면, 그 변수나 상수에는 해당하는 우변값에 대한 참조가 전달된다.

```
a = /regexp/
b, c, d = 1, "cat", [ 3, 4, 5 ]
```

좌변값이 객체 속성이라면, 해당 수신자의 속성 설정 메서드를 호출하여 우변값을 매개 변수로 넘긴다.

```
class A
  attr_writer :value
end
obj = A.new
obj.value = "hello" # obj.value=("hello") 와 같음
```

좌변값이 배열 요소에 대한 참조라면, 루비는 수신자의 요소 대입 연산자([]=)를 호출하고 매개 변수를 넘긴다. 매개 변수로는 대괄호 사이에 오는 색인값을 모두 넘기고 그 다음 우변값을 넘겨준다. 이는 다음 표에 설명되어 있다.

요소 참조	실제 메서드 호출
var[ ] = "one"	var.[ ]=("one")
var[1] = "two"	var.[ ]=(1, "two")
var["a", /^cat/] = "three"	var.[ ]=("a", /^cat/, "three")

임의의 요소들을 인덱스로 넘겨받을 수 있는 [ ]=을 작성하면 다음과 같이 편리하게 정의할 수 있다.

```
def []=(*indices, value)
  # ...
end
```

대입 표현식의 평가 결과는 우변값이다. 이는 뭔가 다른 값을 반환하는 속성 메서드에 대한 대입문에서도 성립하는 사실이다.

병렬 대입

대입 표현식은 하나 또는 하나 이상의 좌변값과 하나 또는 하나 이상의 우변값을 가질 수 있다. 이 절에서는 매개 변수의 서로 다른 조합을 루비가 어떻게 다루는지 설명한다.

- 우변값이 별표(*)로 시작하고, to_a를 구현하고 있다면 이 우변값은 배열 요소들로 대치되어 요소들 각각이 우변값을 구성하도록 한다.
- 하나의 좌변값과 다수의 우변값이 있다면, 우변값은 배열로 변환되어 좌변값에 대입된다.
- 여러 개의 좌변값과 하나의 우변값이 있다면, 우변값은 가능하다면 첫 번째 규칙의 방법으로 우변값을 구성하도록 한다.
- 우변값을 차례로 좌변값에 대입한다. 이 대입은 병렬로 이루어진다. 따라서 a,b=b,a는 a와 b의 값을 서로 교환한다.
- 좌변값의 수가 우변값보다 많다면 넘치는 것들에는 nil을 대입한다.
- 우변값이 좌변값보다 많다면 넘치는 것들은 무시한다.
- 별표(*)를 붙일 수 있는 좌변값은 딱 하나다. 별표가 붙은 좌변값은 최종적으로 배열이 되며 가능한 많은 우변값을 요소로 포함하게 된다. 별표가 붙은 좌변값의 우측에 좌변값이 더 있다면, 이 좌변값에는 마지막 우변값이 대입되며, 남은 우변값들은 가변 길이를 가지는 좌변값(*가 붙은 좌변값)에 대입된다.

- 좌변값이 괄호로 둘러싸인 목록이라면, 그 목록은 중첩된 대입 표현식으로 여겨지며 그 값에 해당되는 우변값이 앞에서 설명한 규칙에 따라 대입된다.

더 자세한 예제는 '병렬 대입'(162쪽)에서 찾아볼 수 있다. 다중 대입의 평가값은 우변값의 배열이다.

블록 표현식

```
begin
  body
end
```

표현식들은 begin과 end 사이에서 그룹으로 묶인다. 그리고 블록 표현식의 결괏값은 마지막 표현식을 실행한 결괏값이다.

블록 표현식은 예외를 다루는 데도 쓸 수 있는데, 이에 대해서는 '22.14 예외'에서 다룬다.

논리 표현식

루비에는 false와 nil이 미리 정의되어 있다. false와 nil은 참/거짓을 구하는 문맥에서 거짓으로 다뤄진다. 이를 제외한 모든 값은 true다. 명시적으로 참을 표현하는 상수 true도 있다.

And, Or, Not

and와 && 연산자는 먼저 첫 번째 피연산자의 값을 계산한다. 계산한 값이 false라면 표현식은 그 즉시 결괏값을 반환한다. 그렇지 않으면 즉 첫 번째가 true인 경우, 두 번째 피연산자의 값을 결괏값으로 반환한다.

```
expr1 and expr2
expr1 && expr2
```

or과 || 연산자는 먼저 첫 번째 피연산자의 값을 계산한다. 계산한 값이 true이면 표현식은 그 즉시 결괏값을 반환한다. 그렇지 않은 경우, 즉 첫 번째가 거짓인 경우, 두 번째 피연산자의 값을 결괏값으로 반환한다.

```
expr1 or expr2
expr1 || expr2
```

not과 ! 연산자는 먼저 피연산자의 값을 계산한다. 그 결과가 true라면 false를 반환한다. false라면 true를 반환한다.

이들 연산자 중 단어로 구성된 형태(and, or, not)는 해당 연산자의 심벌 형태 (&&, ||, !)보다 우선순위가 낮다. 자세한 내용은 표 13(393쪽)을 참조하기 바란다.

defined?

defined? 키워드는 그 인자(임의의 식)가 정의되어 있지 않으면 nil을 반환한다. 그렇지 않으면 인자의 설명을 반환한다. 이에 대한 예제는 166쪽에서 찾을 수 있다.

비교 연산자

루비 문법상에서 정의된 비교 연산자는 ==, ===, <=>, <, <=, >, >=, =~가 있다. 이들 연산자 모두 메서드로 구현되었다. 관례적으로 표준 메서드 eql?과 equal? 도 사용할 수 있다(표 5(167쪽) 참조). 연산자가 직관적인 뜻을 가지고 있기는 하지만, 적절한 비교 시맨틱을 만들어 내는 것은 그것들을 구현하는 클래스의 몫이다. 27장에서 내장 클래스들이 비교 시맨틱을 어떻게 구현했는지 설명하고 있다. Comparable 모듈은 <=> 연산자를 통해 ==, <, <=, >, >=, between? 메서드를 구현한다. === 연산자는 case 표현식에서 사용하는데 이에 대한 설명은 'case 표현식'(398쪽)에서 자세히 다룬다.

==와 =~의 부정 연산자는 각각 !=와 !~이다. 객체에 이러한 부정 연산자가 정의되어 있다면 루비는 그 메서드를 호출한다. 그렇지 않으면 a != b는 !(a == b) 로, a !~ b는 !(a =~ b)로 각각 변환된다.

논리 표현식에서 사용하는 범위

```
if expr1 .. expr2
while expr1 .. expr2
```

범위는 논리 표현식에서 플립플롭(flip-flop)처럼 동작한다. 켜짐과 꺼짐 두 개의 상태를 가지는데, 기본값은 설정되어 있지 않다.

1. ... 범위의 경우 플립플롭이 꺼짐이고 expr1이 true일 때 플립플롭이 켜진 상태가 되고 플립플롭은 true를 반환한다.
2. 최종적으로 플립플롭이 켜진 상태라면 true를 반환한다. 하지만 expr2가 true가 아니라면 플립플롭은 꺼진 상태가 된다.

3. 플립플롭이 꺼진 상태라면 false를 반환한다.

.. 범위에서는 첫 번째 단계가 조금 다르게 동작한다. 플립플롭이 꺼진 상태이고 expr1이 true일 때 루비는 expr2도 true여야만 플립플롭을 켜진 상태로 전이시 킨다.

다음 코드는 이러한 차이를 보여준다.

```ruby
a = (11..20).collect {|i| (i%4 == 0)..(i%3 == 0) ? i : nil}
a # => [nil, 12, nil, nil, nil, 16, 17, 18, nil, 20]

a = (11..20).collect {|i| (i%4 == 0)...(i%3 == 0) ? i : nil}
a # => [nil, 12, 13, 14, 15, 16, 17, 18, nil, 20]
```

논리 표현식에서 사용하는 정규 표현식

루비 1.8 이전 버전에서는 논리 표현식에 단독으로 쓰인 정규 표현식의 경우 $_ 의 현재 값을 그 대상으로 했다. 이제 이런 동작 방식은 -e 옵션, 즉 명령행에서 쓰일 때만 사용할 수 있다.

```
$ ruby -ne 'print if /one/' testfile
This is line one
```

일반적인 코드에서 암묵적인 피연산자와 $_의 사용은 점차적으로 사라지는 추 세다. 따라서 명시적으로 어떤 변수와 비교할지 지정하는 것이 좋다.

if와 unless 표현식

```
if boolean-expression <then>            unless boolean-expression <then>
  body                                    body
<elsif boolean-expression <then>        <else
  body>*                                  body>
<else                                   end
  body>
end
```

then 키워드는 본문과 조건문을 분리한다.[4] 본문이 다음 줄에서 시작한다면 then은 필요하지 않다. if나 unless 표현식의 결괏값은 본문을 평가하면서 가장 마지막에 평가된 표현식의 값이다.

---

4 루비 1.9 이전에는 then 대신에 :을 사용할 수 있었다. 이 문법은 더 이상 지원되지 않는다.

if와 unless 변경자

```
expression if boolean-expression
expression unless boolean-expression
```

논리 표현식이 참(if일 경우)이거나 거짓(unless일 경우)일 때만 표현식을 계산한다.

삼항 연산자

```
boolean-expression ? expr1 : expr2
```

논리 표현식이 참이면 expr1을 반환하고 거짓이면 expr2를 반환한다.

case 표현식

루비에서는 두 가지 형태의 case 구문을 쓸 수 있다. 첫 번째는 단순히 나열된 조건들을 하나씩 수행하면서, 처음으로 참이 되는 조건에 해당하는 코드를 실행한다.

```
case
when <boolean-expression>⁺ <then>
  body
when <boolean-expression>⁺ <then>
  body
...
<else
  body >
end
```

두 번째 형식은 case 키워드 뒤에 비교할 대상을 표현식으로 지정한다. 처음(가장 위의 왼쪽)의 식부터 차례대로 평가해서 식 === target을 만족하는 식을 찾는다.

```
case target
when <comparison>⁺ <then>
  body
when <comparison>⁺ <then>
  body
...
<else
  body>
end
```

비교 대상은 *이 앞에 붙은 배열 참조일 수도 있다. 이 경우 먼저 배열을 요소들로 확장하고 요소들 각각에 대해 비교를 수행한다. 비교가 참을 반환하면 검색을 중단하고 그 비교에 해당하는 본문을 실행한다(break는 필요하지 않다).

case는 마지막에 실행한 표현식의 값을 반환한다. 어떤 비교 대상에도 일치하지 않는 경우 else 문이 있다면 그것의 본문을 실행하고 그 외에는 조용히 nil을 반환한다.

then 키워드는 when의 조건부와 본문을 분리하지만, 본문이 줄 바꿈으로 시작하면 생략해도 무방하다.

MRI 1.9에서는 최적화를 위해 문자열 리터럴과 숫자에 대해서는 === 연산자를 사용하지 않는다.

반복

```
while boolean-expression ‹do›
  body
end
```

논리 표현식이 참인 동안 본문을 0번 또는 그 이상 실행한다.

```
until boolean-expression ‹do›
  body
end
```

논리 표현식이 거짓인 동안 본문을 0번 또는 그 이상 실행한다.

두 가지 모두, do가 논리 표현식과 본문을 분리하며, 본문이 줄 바꿈으로 시작하면 do는 생략해도 무방하다.

```
for ‹name›⁺ in expression ‹do›
  body
end
```

for 반복문은 다음 each 반복자처럼 동작하는데, 다른 점이 딱 하나 있다. for 반복문 안쪽에서 선언한 지역 변수는 밖에서도 접근할 수 있지만, each 반복자를 사용할 경우에 블록 안에서 사용한 지역 변수는 그렇지 않다.

```
expression.each do | ‹name›⁺ |
  body
end
```

loop는 자신에 결합된 블록을 반복하는데, 이것은 언어에 내장된 기능이 아니다. Kernel 모듈의 메서드일 뿐이다.

```
loop do
  print "Input: "
  break unless line = gets
  process(line)
end
```

while과 until 변경자

```
expression while boolean-expression
expression until boolean-expression
```

표현식이 begin/end 블록이 아니라면 표현식을 한 번도 실행하지 않거나, 논리
표현식이 참인 동안(while일 때) 또는 거짓인 동안(until일 때) 계속 실행한다.

표현식이 begin/end 블록이라면 그 블록은 적어도 한 번은 실행한다.

break, redo, next

break, redo, next, retry는 정상적인 while, until, for 또는 반복자가 수행하는
정상적인 흐름을 변경시킨다.[5]

break는 현재 수행 중인 반복을 즉시 종료한다. 프로그램의 수행은 블록 바
로 다음 구문에서부터 계속한다. redo는 반복문의 제일 윗부분부터 다시 시작하
지만, 조건문을 다시 판단하거나 다음 요소(반복자일 때)를 가져오지는 않는다.
next 키워드는 반복문의 끝으로 건너뛰어서 바로 다음 차례의 반복을 시작한다.

break와 next는 선택적으로 하나 또는 그 이상의 매개 변수를 받는다. 블록 안
에서 쓰인다면, 주어진 매개 변수가 yield의 반환값이 된다. while이나 until 또
는 for 반복문 안에서 쓰였다면 break에 매개 변수로 주어진 값은 그 구문의 반
환값이 된다. break가 전혀 불리지 않았거나 break에 아무런 매개 변수가 주어
지지 않으면 반복문은 nil을 반환한다.

```
match = for line in ARGF.readlines
          next if line =~ /^#/
          break line if line =~ /ruby/
        end
```

22.7 메서드 정의

```
def defname ‹(‹, arg›*) ›
  body
end
```

defname ← methodname | expr.methodname

defname은 메서드의 이름이자 선택적으로 그것이 유효한 문맥이다.

methodname(메서드 이름)은 재정의 가능한 연산자(표 13(393쪽)) 또는 이름
이다. methodname이 name이라면 그것은 반드시 소문자(또는 밑줄)로 시작해

---

[5] retry 키워드는 더 이상 loop 맥락에서 사용할 수 없다.

야 하고 그 뒤에는 대문자, 소문자, 밑줄, 숫자가 모두 올 수 있다. methodname 은 선택적으로 물음표(?), 느낌표(?), 등호(=)로 끝날 수 있다. 이때 물음표와 느낌표는 단지 이름의 일부일 뿐이다. 등호도 마찬가지지만 이 경우는 추가로 메서드가 대입문의 좌변값('쓰기 가능한 속성'(41쪽) 참조)으로 쓰일 수 있음을 알려준다.

클래스나 모듈 정의 안쪽에서 특별히 꾸미지 않은 메서드 이름을 사용해서 메서드를 정의하면 이는 인스턴스 메서드가 된다. 인스턴스 메서드는 오직 수신자에게 이름을 전달하는 방법으로만 호출할 수 있는데, 이때 수신자는 메서드를 정의한 클래스(또는 그 클래스의 하위 클래스)의 인스턴스만 가능하다.

클래스나 모듈 정의 바깥쪽에서 정의하는 메서드는 Object 클래스의 private 메서드가 되고, 어떤 문맥에서나 수신자를 지정하지 않고도 별 문제 없이 호출할 수 있다.

expr.methodname 형식의 메서드를 정의하면 어떤 표현식의 결과를 참조하는 객체에 결합된 메서드가 정의된다. 이 메서드는 해당 표현식에 의해 참조되는 객체가 수신자로 와야만 호출될 수 있다. 이러한 방식을 사용하면 특정 객체에 대해 메서드를 정의할 수 있으며 이를 싱글턴 메서드라고 부른다. 이는 클래스나 모듈 안에서 expr을 self나 클래스/모듈 이름으로 하는 메서드를 정의하는 데서 많이 사용된다. 이를 통해 (인스턴스 메서드가 아닌) 클래스나 모듈 메서드를 생성할 수 있다.

```
class MyClass
  def MyClass.method  # 정의
  end
end

MyClass.method          # 호출

obj = Object.new
def obj.method          # 정의
end

obj.method              # 호출

def (1.class).fred      # 수신자는 표현식이 될 수도 있다.
end

Fixnum.fred             # 호출
```

메서드 정의는 클래스나 모듈 정의를 포함할 수 없다. 하지만 메서드 정의에서 인스턴스 메서드나 싱글턴 메서드 정의를 중첩해서 가질 수는 있다. 내부(중첩된) 메서드는 그것을 포함하는 메서드가 실행될 때 정의된다. 내부 메서드는 중첩된 메서드의 문맥에서 클로저처럼 동작하지는 않는다. 즉, 그것만으로 완비된 것이다.

```
def toggle
  def toggle
    "subsequent times"
  end
  "first time"
end

toggle  # => "first time"
toggle  # => "subsequent times"
toggle  # => "subsequent times"
```

메서드의 본문은 begin/end 블록 안에 있는 것처럼 행동한다. 따라서 예외 처리 구문(rescue, else, ensure)을 포함할 수 있다.

메서드 매개 변수

메서드 정의는 0개나 또는 그 이상의 일반 매개 변수와 0개나 그 이상의 키워드 매개 변수를 가지며, 선택적인 *(스플랫) 매개 변수와, 선택적인 더블 *(스플랫) 매개 변수, 선택적인 블록 매개 변수가 올 수 있다. 매개 변수들은 쉼표(,)로 구분되며, 매개 변수 목록은 괄호로 둘러쌀 수 있다.

일반 매개 변수에는 지역 변수 이름이 오며, 선택적으로 매개 변수 다음에 등호와 표현식을 써서 기본값을 줄 수 있다. 이 표현식은 메서드가 호출되는 시점에서 평가하는데 이때 왼쪽에서 오른쪽으로 평가된다. 그리고 표현식에서 매개 변수 목록의 앞쪽에 있는 매개 변수를 참조할 수도 있다.

```
def options(a=99, b=a+1)
  [ a, b ]
end
options         # => [99, 100]
options(1)      # => [1, 2]
options(2, 4)   # => [2, 4]
```

기본값을 가지는 매개 변수 뒤에 기본값을 가지지 않는 매개 변수가 올 수 있다. 이러한 메서드가 호출되면 루비는 메서드에 넘겨진 매개 변수의 수가 메서드에 정의된 매개 변수의 수보다 적을 때에만 메서드의 기본값을 사용한다.

```
def mixed(a, b=50, c=b+10, d)
  [ a, b, c, d ]
end
mixed(1, 2)       # => [1, 50, 60, 2]
mixed(1, 2, 3)    # => [1, 2, 12, 3]
mixed(1, 2, 3, 4) # => [1, 2, 3, 4]
```

병렬 대입과 마찬가지로 별표(*)로 시작하는 매개 변수가 존재할 수 있다. 메서드가 호출될 때 지정한 매개 변수의 수가 메서드에 정의된 매개 변수의 수보다 많을 때 남는 매개 변수를 모두 포함하는 새로운 배열 객체로 *로 정의된 매개 변수에 넘겨진다.

```ruby
def varargs(a, *b)
  [ a, b ]
end
varargs(1)        # => [1, []]
varargs(1, 2)     # => [1, [2]]
varargs(1, 2, 3)  # => [1, [2, 3]]
```

별표(*)가 붙은 인자는 매개 변수 목록의 마지막에 위치하지 않아도 무방하다. 다중 대입 절을 참조하면 어떻게 매개 변수가 대입되는지 더 자세히 알 수 있다.

```ruby
def splat(first, *middle, last)
  [ first, middle, last ]
end
splat(1, 2)        # => [1, [], 2]
splat(1, 2, 3)     # => [1, [2], 3]
splat(1, 2, 3, 4)  # => [1, [2, 3], 4]
```

배열 매개 변수가 기본값을 가지는 일반 매개 변수 다음에 온다면, 매개 변수는 먼저 기본값을 재정의하려 한다. 그리고 나머지는 배열에 들어간다.

```ruby
def mixed(a, b=99, *c)
  [ a, b, c]
end
mixed(1)          # => [1, 99, []]
mixed(1, 2)       # => [1, 2, []]
mixed(1, 2, 3)    # => [1, 2, [3]]
mixed(1, 2, 3, 4) # => [1, 2, [3, 4]]
```

키워드 매개 변수

루비 2.0부터 name: default_value 문법을 사용해서 키워드 매개 변수를 정의할 수 있다. 키워드 매개 변수는 반드시 일반 매개 변수 뒤에 와야 한다.

```ruby
def header(name, level: 1, upper: false)
  name = name.upcase if upper
  "<h#{level}>#{name}</h#{level}>"
end

header("Introduction")               # => "<h1>Introduction</h1>"
header("Getting started", level:2)   # => "<h2>Getting started</h2>"
header("Conclusion", upper: true)    # => "<h1>CONCLUSION</h1>"
```

키워드 인자들을 가지는 메서드를 호출했을 때 메서드 호출에 대한 매개 변수 리스트 안에서 이에 해당하는 값을 넘겨주지 않으면 기본값이 사용된다. **args 를 사용하지 않는 한 키워드 매개 변수를 넘길 때 미리 선언하지 않은 인자들을 넘기면 에러가 발생한다. **args는 앞서 선언하지 않은 남은 매개 변수들을 해시로 넘길 수 있도록 해준다.

```
def header(name, level: 1, upper: false, **attrs)
  name = name.upcase if upper
  attr_string = attrs.map {|k,v| %{#{k}="#{v}"}}.join(' ')
  "<h#{level} #{attr_string}>#{name}</h#{level}>"
end
header("TOC", class: "nav", level:2, id: 123)
```

블록 매개 변수

선택적인 블록 매개 변수는 반드시 매개 변수 목록의 마지막에 와야 한다. 메서드가 호출될 때마다 루비는 이에 연관된 블록이 있는지를 확인한다. 블록이 있다면 이를 Proc 클래스의 객체로 변환하고, 블록 매개 변수로 넘겨준다. 블록이 없다면 이 매개 변수에는 nil이 설정된다.

```
def example(&block)
puts block.inspect
end

example
example { "a block" }
```

실행 결과:
```
nil
#<Proc:0x007fe6838294b8@prog.rb:6>
```

메서드 정의 무효화

undef 키워드를 사용하면 한 번 정의한 메서드를 무효화할 수 있다.

```
undef name | symbol ...
```

무효화된 메서드는 실제로는 무효화되었다고 선언되었을 뿐이고 사실은 계속 존재하고 있다. 하위 클래스의 메서드를 무효화한 다음 그 하위 클래스의 인스턴스에서 메서드를 호출하면 바로 부모 클래스에서 메서드를 탐색하지 않고 바로 NoMethodError 예외가 발생한다.

22.8 메서드 호출

```
‹receiver.›name ‹ parameters › ‹ {block} ›
‹receiver::›name ‹ parameters › ‹ {block} ›

parameters ← ( ‹param›* ‹, hashlist› ‹*array› ‹&a_proc› )

block ← { blockbody } or do blockbody end
```

매개 변수를 둘러싼 괄호는 괄호가 없어도 의미가 명확하다면 생략할 수 있다.

맨 앞의 매개 변수들에는 메서드의 실제 매개 변수들이 대입된다. 이런 매개 변수 다음에는 키 =〉 값 쌍의 목록이 올 수 있다. 이렇게 넘겨진 쌍은 하나의 새로운 Hash 객체로 모아져서 단일 매개 변수로 넘겨진다.

어떤 매개 변수에나 앞에 별표를 붙여줄 수 있다. 별표(*)가 붙은 매개 변수가 to_a 메서드를 지원한다면 to_a 메서드를 호출해서 반환된 결과를 전개해서 매개 변수로 사용한다. 별표가 붙어 있는 매개 변수가 to_a 메서드를 지원하지 않는다면 변환되지 않고 그대로 메서드에 넘겨진다.

```ruby
def regular(a, b, *c)
  "a=#{a}, b=#{b}, c=#{c}"
 end
regular 1, 2, 3, 4                     # => a=1, b=2, c=[3, 4]
regular(1, 2, 3, 4)                    # => a=1, b=2, c=[3, 4]
regular(1, *[2, 3, 4])                 # => a=1, b=2, c=[3, 4]
regular(1, *[2, 3], 4)                 # => a=1, b=2, c=[3, 4]
regular(1, *[2, 3], *4)                # => a=1, b=2, c=[3, 4]
regular(*[], 1, *[], *[2, 3], *[], 4)  # => a=1, b=2, c=[3, 4]
```

어떤 매개 변수에나 앞에 별표를 두 개 붙여줄 수도 있다. 이러한 매개 변수는 해시로 다뤄지며 각각의 키-값 쌍은 메서드 호출 시에 매개 변수로 넘겨진다.

```ruby
def regular(a, b)
  "a=#{a}, b=#{b}"
end
regular(99, a: 1, b: 2)                # => a=99, b={:a=>1, :b=>2}

others = { c: 3, d: 4 }
regular(99, a: 1, b: 2, **others)      # => a=99, b={:a=>1, :b=>2, :c=>3,
                                       # .. :d=>4}
regular(99, **others, a: 1, b: 2)      # => a=99, b={:c=>3, :d=>4, :a=>1,
                                       # .. :b=>2}
rest = { e: 5 }

regular(99, **others, a: 1, b: 2)      # => a=99, b={:c=>3, :d=>4, :a=>1,
                                       # .. :b=>2}
regular(99, **others, a: 1, b: 2, **rest) # => a=99, b={:c=>3, :d=>4, :a=>1,
                                       # .. :b=>2, :e=>5}
```

키워드 매개 변수가 포함되어 정의된 메서드가 호출되면 루비는 넘겨받은 해시의 키에서 각 매개 변수의 이름을 찾아보고 이름이 같으면 이에 해시의 값을 대입한다.

```ruby
def keywords(a, b: 2, c: 3)
  "a=#{a}, b=#{b}, c=#{c}"
end

keywords(99)                       # => a=99, b=2, c=3
keywords(99, c:98)                 # => a=99, b=2, c=98

args = { b: 22, c: 33}
keywords(99, **args)               # => "a=99, b=22, c=33"
keywords(99, **args, b: 'override') # => "a=99, b=override, c=33"
```

넘겨진 해시에 정의된 매개 변수에서 어떠한 키도 사용되지 않았을 때 **args를 사용하지 않았다면 루비는 런타임 에러를 발생시킨다. 이러한 경우 **args는 남는 키, 값 쌍을 해시를 통해 메서드에 넘겨준다.

```
def keywords1(a, b: 2, c: 3)
  "a=#{a}, b=#{b}, c=#{c}"
end

keywords1(99, d: 22, e: 33)
```

실행 결과:
```
prog.rb:5:in `<main>': unknown keywords: d, e (ArgumentError)
```

```
def keywords2(a, b: 2, c: 3, **rest)
  "a=#{a}, b=#{b}, c=#{c}, rest=#{rest}"
end

keywords2(99, d: 22, e: 33) # => a=99, b=2, c=3, rest={:d=>22, :e=>33}
```

메서드를 호출할 때 블록을 이에 결합시킬 수 있다. 블록 리터럴(메서드 호출의 가장 마지막 줄과 같은 줄에서 시작해야 함)을 사용하거나 Proc이나 Method 객체를 참조하는 매개 변수에 앰퍼샌드(&)를 붙여서 넘기면 이를 메서드 호출에 결합한다.

```
def some_method
  yield
end

some_method { }
some_method do
end

a_proc = lambda { 99 }
some_method(&a_proc)
```

루비에서는 메서드를 정의할 때 블록 매개 변수의 존재 여부와 무관하게 Object#block_given?의 값을 통해 메서드가 호출되었을 때 블록이 결합되었는지 여부를 확인할 수 있다. 메서드 호출 시에 블록이 결합되지 않으면 블록 인자는 nil로 설정된다.

```
def other_method(&block)
  puts "block_given = #{block_given?}, block = #{block.inspect}"
end
other_method { }
other_method
```

실행 결과:
```
block_given = true, block = #<Proc:0x007fd654829538@prog.rb:4>
block_given = false, block = nil
```

메서드는 수신자에 이름을 전달하는 방식으로 호출된다. 수신자를 명시하지 않으면 self로 추정한다. 수신자는 자기 자신의 클래스에서 메서드 정의를 찾아보고, 그다음 순서대로 자신의 부모들을 찾는다. 포함된 모듈의 인스턴스 메서드는 마치 이름 없는 상위 클래스에서 정의한 메서드처럼 동작한다. 메서드를 찾지 못하면 루비는 해당 수신자의 method_missing 메서드를 호출한다. 기본 동작은 Object#method_missing에 구현되어 있는데, 에러를 출력하고 프로그램을 종료한다.

메서드를 호출할 때 수신자를 명시적으로 적어준 경우에는 마침표(.), 두 개의 콜론(::)으로 수신자와 메서드 이름을 구분한다. 이 두 가지 형태의 차이는 메서드 이름이 대문자로 시작하는 경우에만 찾을 수 있다. receiver::Thing이라는 메서드 호출이 있고, 매개 변수 목록을 둘러싸고 있는 괄호가 없다면 루비는 수신자에서 상수 Thing을 찾으려 할 것이다. ::를 사용한 메서드 호출은 점점 사용되지 않고 있다.

```
Foo.Bar()      # 메서드 호출
Foo.Bar        # 메서드 호출
Foo::Bar()     # 메서드 호출
Foo::Bar       # 상수 접근
```

메서드의 반환값은 그 메서드 안에서 가장 마지막에 실행된 표현식의 결과다. 이어지는 예제의 메서드에서는 메서드에 포함된 if 문의 평가 결과를 반환한다. if 문의 평가 결과는 조건문에 따른 평가 결과 중 하나이다.

```
def odd_or_even(val)
  if val.odd?
    "odd"
  else
    "even"
  end
end
odd_or_even(26) # => "even"
odd_or_even(27) # => "odd"
```

return 식은 바로 메서드를 종료한다.

```
return ‹expr›*
```

return의 결괏값은 그것이 아무 매개 변수 없이 호출되었을 경우 nil이 되고, 하나의 매개 변수를 받았다면 그 매개 변수의 값이 되며, 여러 개의 매개 변수를 받았다면 그 인자들을 합친 배열이 된다.

super

```
super ‹ ( ‹,param›*‹,*array› ) › ‹block›
```

메서드 본문 안에서 super를 호출하는 것은 원래의 메서드를 호출하는 것과 같은데, 단지 호출된 그 메서드를 실제로 가진 객체의 상위 클래스에서 메서드를 찾는다는 것이 다를 뿐이다. 아무런 매개 변수도 주어지지 않는다면(괄호도 없고) 메서드 자신이 받은 매개 변수를 그대로 넘겨준다. 그 외에는 명시한 매개 변수들이 전달될 것이다.

연산자 메서드

```
expr operator
operator expr
expr1 operator expr2
```

연산자 표현식에 쓰인 연산자가 재정의 가능한 메서드(표 13(393쪽) 참고)라면 루비는 그 연산자 표현식을 다음처럼 실행한다.

```
(expr1).operator() or
(expr1).operator(expr2)
```

속성 대입

```
receiver.attrname = rvalue
```

대입문에서 receiver.attrname 형태가 좌변값으로 나타날 때, 루비는 receiver 객체의 attrname= 메서드를 실행하고 rvalue를 단독 매개 변수로 건네준다. 이 대입에 의해 반환되는 값은 언제나 rvalue이다(메서드의 반환값은 버려진다). 반환값에 접근하고 싶다면(rvalue가 아닌 경우는 별로 있을 것 같지 않지만 어쨌든) 대입문 대신 메시지를 직접 전달하면 된다.

```
class Demo
  attr_reader :attr
  def attr=(val)
    @attr = val
    "return value"
  end
end

d = Demo.new

# 모든 경우에, @attr은 99로 설정된다.
d.attr = 99        # => 99
d.attr=(99)        # => 99
d.send(:attr=, 99) # => "return value"
d.attr             # => 99
```

요소 참조 연산자

```
receiver[ <expr>⁺ ]
receiver[ <expr>⁺ ] = rvalue
```

대입문에서 우변값으로 쓰일 때 요소 참조는 수신자의 [] 메서드를 실행하고, 대괄호 사이의 값을 매개 변수로 전달한다.

대입문에서 좌변값으로 쓰일 때, 요소 참조는 수신자의 []= 메서드를 실행하고 대괄호 사이의 값들과 rvalue를 매개 변수로 전달한다.

22.9 별칭

```
alias new_name old_name
```

이미 있는 메서드나 연산자, 전역 변수, 정규 표현식 역참조($&, $`, $', and $+)에 새로운 이름을 만든다. 지역 변수, 인스턴스 변수, 클래스 변수, 상수에는 별칭이 허용되지 않는다. alias에 넘기는 매개 변수는 이름 또는 심벌이다.

```
class Fixnum
  alias plus +
end
1.plus(3)        # => 4

alias $prematch $`
"string" =~ /i/  # => 3
$prematch        # => "str"

alias :cmd :`
cmd "date"       # => "Thu Nov 14 16:31:35 CST 2013\n"
```

메서드에 별명이 만들어졌을 때, 새 이름은 원래 메서드의 복사본을 가리킨다. 그러므로 원래 메서드가 일부분 변경되더라도, 별칭으로 만든 메서드는 원래 메서드를 그대로 실행할 것이다.

```
def meth
  "original method"
end
alias original meth
def meth
  "new and improved"
end
meth      # => "new and improved"
original  # => "original method"
```

22.10 클래스 정의

```
class ‹scope::› classname ‹< superexpr›
  body
end

class << obj
  body
end
```

루비의 클래스 정의는 본문의 코드를 실행함으로써 Class 클래스의 객체를 새로 만들거나 확장한다. 첫 번째 형태는 주어진 이름의 클래스를 만들거나 확장한다. 결과로 만들어진 클래스는 classname이란 이름의 상수에 들어간다(다음에 나오는 유효한 범위 규칙 참조). 이 이름은 반드시 대문자로 시작해야 한다. 두 번째 형태에서는 익명의 (싱글턴) 클래스를 해당 객체에 결합한다.

superexpr이 있다면 superexpr은 Class 객체를 반환하는 표현식이어야 하고, 이 값을 정의하고자 하는 클래스의 상위 클래스로 사용한다. 이 값이 생략된다면 기본값은 Object다.

본문 안에서 대부분의 루비 표현식은 인터프리터가 정의를 읽는 것처럼 실행한다. 하지만

- 메서드 정의는 메서드를 클래스 객체의 테이블에 등록한다.
- 중첩된 클래스와 모듈 정의는 전역 상수가 아니라 클래스 안의 상수로 저장한다. 이렇게 중첩된 클래스와 모듈은 바깥쪽 클래스 이름에 ::를 붙여서 접근할 수 있다.

```
module NameSpace
  class Example
    CONST = 123
  end
end
obj = NameSpace::Example.new
a = NameSpace::Example::CONST
```

- Module#include 메서드는 주어진 이름의 모듈을 정의 중인 클래스의 익명 상위 클래스로 추가한다.

클래스 정의의 클래스 이름은 유효 범위 연산자(::)를 이용해 이미 존재하는 클래스나 모듈 이름을 앞에 붙일 수 있다. 이 문법은 앞에 붙인 모듈이나 클래스의 이름 공간에 새로운 정의를 집어넣지만, 이 정의를 바깥쪽 클래스의 유효 범위로 해석하지는 않는다. 범위 연산자로 시작하는 클래스 이름은 클래스나 모듈을

최상위 수준 유효 범위에 저장한다.

다음 예제에서 C 클래스는 A 모듈의 이름 공간에 들어가지만 A의 문맥에서 해석하지는 않는다. 그 결과로 CONST를 참조했을 때 A의 것을 사용하지 않고 해당 이름을 가진 상수를 최상위 수준에서 찾아 사용했다. 또한 싱글턴 메서드의 이름도 전체를 다 적어서 제한해야 했다. A::C라는 문맥에서 C는 알려진 상수가 아니기 때문이다.

```ruby
CONST = "outer"

module A
  CONST = "inner" # This is A::CONST
end

module A
  class B
    def B.get_const
      CONST
    end
  end
end

A::B.get_const # => "inner"

class A::C
  def (A::C).get_const
    CONST
  end
end

A::C.get_const # => "outer"
```

클래스 정의가 실행 가능한 코드라는 점을 기억하기 바란다. 클래스 정의에서 사용하는 많은 지시어들(attr이나 include 같은)이 사실은 단순히 Module 클래스의 private 인스턴스 메서드일 뿐이다(레퍼런스(680쪽) 참조). 클래스 정의의 평가값은 마지막으로 실행된 문의 값이다.

'24장 메타프로그래밍'에서는 클래스 객체가 나머지 환경과 상호 작용하는 방법을 자세히 다룬다.

클래스에서 객체 만들기

```ruby
obj = classexpr.new ‹ ( ‹,args›* ) ›
```

Class 클래스는 인스턴스 메서드인 Class#new를 정의하는데, 이것은 수신자(문법 예에서는 classexpr) 클래스의 객체를 새로 만든다. 이것은 classexpr. allocate를 호출하는 방법으로 수행된다. 그 메서드를 재정의할 수도 있지만, 구현할 때는 반드시 올바른 클래스의 객체를 반환해야 한다. 그 다음에는 새로 만든 객체의 initialize 메서드를 호출하여 new에 주어진 매개 변수들을 모두 전달한다.

클래스 정의에서 클래스 메서드 new를 재정의하고 super를 부르지 않는다면, 그 클래스의 객체는 만들어지지도 않으며, new 메서드는 조용히 nil을 반환할 것이다.

다른 메서드들처럼 initialize도 부모 클래스가 제대로 초기화되기를 원한다면 반드시 super를 호출해야 한다. 하지만 부모 클래스가 Object일 때는 필요가 없다. Object 클래스는 객체 수준에서 특별한 초기화가 필요 없기 때문이다.

클래스 속성 정의

클래스 속성 정의는 루비 문법의 일부가 아니다. 이것들은 단지 Module 클래스에 정의된 메서드들일 뿐인데, 접근자 메서드들을 자동으로 생성하는 역할을 한다.

```
class name
  attr attribute ‹, writable›
  attr_reader ‹attribute›⁺
  attr_writer ‹attribute›⁺
  attr_accessor ‹attribute›⁺
end
```

22.11 모듈 정의

```
module name
  body
end
```

모듈은 기본적으로 클래스이지만, 따로 인스턴스를 만들 수 없다는 차이점이 있다. 클래스와 비슷하게 모듈의 본문도 정의하는 도중에 실행하며, 결과로 만들어진 Module 객체를 상수에 저장한다. 모듈은 클래스와 인스턴스 메서드를 포함할 수 있으며, 상수와 클래스 변수를 정의할 수도 있다. 클래스 메서드와 마찬가지로 모듈 메서드도 Module 객체를 수신자로 하여 실행할 수 있다. 상수는 유효 범위 연산자(::)를 이용해 접근할 수 있다. 모듈 정의에서 사용하는 이름들에는 그 이름을 둘러싸고 있는 클래스나 모듈의 이름을 붙여줄 수도 있다.

```
CONST = "outer"
module Mod
  CONST = 1
  def Mod.method1     # 모듈 메서드
    CONST + 1
  end
```

```
end
module Mod::Inner
  def (Mod::Inner).method2
    CONST + " scope"
  end
end
Mod::CONST              # => 1
Mod.method1             # => 2
Mod::Inner::method2  # => "outer scope"
```

믹스인: 모듈 포함하기

```
class|module name
  include expr
end
```

include 메서드를 사용하면, 모듈을 다른 모듈이나 클래스 정의 안에 포함할 수 있다. include를 가진 모듈이나 클래스 선언은 그 선언에서 포함된 모듈의 상수, 클래스 변수, 인스턴스 메서드에 대한 접근 권한을 얻게 된다.

모듈을 클래스 정의에 포함한다면 그 모듈의 상수, 클래스 변수, 인스턴스 메서드는 그 클래스의 익명(접근 불가능한) 상위 클래스로 묶인다. 그리고 이 클래스의 객체는 모듈의 인스턴스 메서드에 보낸 메시지에도 응답할 수 있게 된다. 클래스에 정의되지 않은 메서드를 호출하면 이 메서드는 상위 클래스에 넘기기 전에 먼저 이 클래스에 믹스인된 모듈들에 전달된다. 모듈이 initialize 메서드를 정의할 수도 있는데, 이는 다음 경우에 한해 모듈이 포함된 클래스의 객체를 만들 때 실행된다. 클래스에 따로 initialize 메서드가 정의되어 있지 않을 때, 그리고 클래스 initialize에서 super를 호출했을 경우다.

최상의 수준에서도 모듈을 포함할 수 있는데 이 경우 모듈의 상수, 클래스 변수, 인스턴스 메서드를 최상위 수준에서 접근할 수 있다.

모듈 함수

모듈에 정의된 메서드들은 include 키워드를 통해 클래스에 믹스인될 수 있다. 하지만 모듈에 정의된 인스턴스 메서드를 직접 호출할 수는 없을까?

```
module Math
  def sin(x)
    #
  end
end
include Math    # Math.sin에 접근할 수 있는 유일한 방법
sin(1)
```

Module#module_function 메서드는 이러한 문제를 해결해 준다. 하나 또는 그

이상의 모듈 인스턴스 메서드를 매개 변수로 받아서 그 정의를 해당하는 모듈 메서드로 복사한다.

```
module Math
  def sin(x)
    #
  end
  module_function :sin
end
Math.sin(1)
include Math
sin(1)
```

인스턴스 메서드와 모듈 메서드는 두 개의 서로 다른 메서드다. 메서드 정의는 module_function에 의해 복사되는 것으로 별칭이 아니다.

　module_function은 매개 변수 없이 사용될 수 있다. 이때 이어지는 메서드는 모두 모듈 메서드가 된다.

22.12 접근 제어

```
private <symbol>*
protected <symbol>*
public <symbol>*
```

루비는 모듈과 클래스의 상수, 메서드를 보호하는 수준을 세 가지로 정의한다.

- public: 누구나 접근할 수 있다.
- protected: 정의한 클래스와 같은 클래스, 또는 그 자식 클래스에서만 접근할 수 있다.
- private: 함수 형태(암시적인 수신자는 self)로만 사용할 수 있다. 그러므로 private 메서드는 이를 정의한 클래스와 그 직속 자식 객체에서만 접근할 수 있다. '3.3 접근 제어'를 참조하기 바란다.

각 함수는 두 가지 방법으로 사용할 수 있다.

- 아무 매개 변수 없이 함수를 사용한다면, 이 세 가지 함수는 그다음에 오는 메서드의 기본 접근 제한 단계를 정한다.
- 매개 변수와 함께 사용한다면 그 이름에 해당하는 메서드나 상수의 접근 단계를 설정한다.

접근 제어는 메서드가 실행될 때 이루어진다.

22.13 블록, 클로저, Proc 객체

코드 블록은 중괄호나 do/end 쌍으로 감싼 루비 구문과 표현식들의 묶음이다. 블록의 시작 부분에는 수직 막대(|)에 둘러싸인 매개 변수 목록이 올 수 있다. 코드 블록은 주로 메서드 호출 바로 다음에 나타난다. 이때 블록의 시작(중괄호나 do)은 메서드를 실행하는 줄과 논리적으로 같은 줄에 있어야 한다.

```
invocation do | a1, a2, ... |        또는        invocation { | a1, a2, ... |
end                                               }
```

중괄호는 do보다 우선순위가 높다. 메서드를 호출할 때 매개 변수를 괄호로 둘러싸지 않았다면, 중괄호 형식의 블록은 마지막 매개 변수에 바인드되며, 호출 전체에 대한 블록으로 인식되지는 않을 것이다. 같은 경우에 do 형식은 호출 전체에 결합될 것이다.

실행된 메서드의 본문에서 yield 키워드를 사용하면 코드 블록을 호출할 수 있다. 이때 yield에 넘긴 매개 변수를 블록에 전달한다. 매개 변수를 하나만 받는 블록에 매개 변수를 여러 개 전달할 경우, 경고 메시지가 출력될 것이다. yield의 반환값은 가장 마지막에 평가된 표현식의 값이거나, 블록 안에서 next 구문에 넘겨진 값이다.

블록은 클로저(closure)다. 즉, 블록은 정의된 곳의 문맥을 기억한다. 그리고 실행할 때 기억하고 있는 문맥을 재사용한다. 문맥에는 self의 값, 상수, 클래스 변수, 지역 변수, 캡처된 블록 모두가 포함된다.

```ruby
class BlockExample
  CONST = 0
  @@a = 3
  def return_closure
    a = 1
    @a = 2
    lambda { [ CONST, a, @a, @@a, yield ] }
  end
  def change_values
    @a += 1
    @@a += 1
  end
end

eg = BlockExample.new
block = eg.return_closure { "original" }

block.call # => [0, 1, 2, 3, "original"]
eg.change_values
block.call # => [0, 1, 3, 4, "original"]
```

앞선 예제에서 return_closure 메서드는 지역 변수 a, 인스턴스 변수 @a, 클래스 변수 @@a, 상수 CONST에 대한 접근을 캡슐화한 lambda 객체를 반환한다. 이러한 변수들과 상수들이 정의된 범위를 벗어나더라도 이 블록을 호출할 수 있으며 클로저를 통해 이에 접근할 수 있다. 그 이후 객체를 변경하면 클로저를 통해 원래의 객체 역시 변경된다.

블록 인자

블록 인자 목록은 메서드 인자 목록과 매우 비슷하다.

- 먼저 기본값을 설정할 수 있다.
- 별표(*)를 사용해 가변 길이 인자로 지정할 수 있다.
- 마지막 인자에 앰퍼샌드(&)를 붙여서 원래 블록이 호출되었을 때 넘겨받는 블록을 호출할 수 있다.
- 블록 지역 변수는 인자 목록 뒤에 ;를 붙이고 그 뒤에 나열한다.

이 변경은 Module#define_method를 통해 블록에 기반을 둔 메서드를 정의할 수 있게 해 준다. 이는 def로 정의하는 메서드와 비슷한 기능을 한다.

Proc 객체

루비의 블록은 메서드에 붙어서 동작하는 코드 조각이다. 블록은 객체가 아니지만 Proc 클래스의 객체로 변환할 수 있다. 블록을 Proc 객체로 바꾸는 방법은 네 가지가 있다.

- 블록을 메서드에 전달할 때, 마지막 매개 변수로 앰퍼샌드(&)를 붙여서 전달한다. 그 매개 변수는 블록을 Proc 객체로 받는다.

```ruby
def meth1(p1, p2, &block)
  puts block.inspect
end
meth1(1,2) { "a block" }
meth1(3,4)
```

실행 결과:
```
#<Proc:0x007fccd0901290@prog.rb:4>
nil
```

- Proc.new를 호출하고 여기에 블록을 결합한다.[6]

---

6   내장 Object#proc 메서드도 있다. 루비 1.8에서는 lambda가 같은 용도로 사용되었으며, 루비 1.9 이후에는 Proc.new를 사용한다. proc은 새로운 코드에는 더 이상 사용되어서는 안 된다.

```
block = Proc.new { "a block" }
block # => #<Proc:0x007fb4a1035db0@prog.rb:1>
```

- Object#lambda 메서드를 호출할 때 블록을 결합한다.

```
block = lambda { "a block" }
block # => #<Proc:0x007fcf99101ab0@prog.rb:1 (lambda)>
```

- -> 문법을 사용한다.

```
lam = ->(p1, p2) { p1 + p2 }
lam.call(4, 3) # => 7
```

->와 여는 괄호 사이에 공백이 있으면 안 된다는 점에 유의하자.

처음 두 형식의 Proc 객체는 사용하는 데 차이가 없다. 우리는 이들 객체를 raw procs라고 부른다. 세 번째와 네 번째 형식, 즉 lambda와 ->로 만들어지는 경우에는 Proc 객체에 몇 가지 기능이 더해진다. 이는 잠시 후에 살펴볼 것이다. 이 객체를 람다(lambda)라고 부른다.

기억해야 하는 중요한 사항이 있다. proc 객체들의 몸체는 기본적으로 반복과 같은 제어 구조로 작동하도록 설계되었다. 반면 람다는 메서드처럼 작동하도록 만들어졌다. 따라서 람다는 넘겨받는 매개 변수에 대해 더 엄격하며, return 문을 사용할 때는 좀 더 메서드처럼 블록을 빠져나온다.

Proc 호출하기

proc은 call, yield 메서드와 [] 연산자를 통해 호출할 수 있다. 이 세 가지 형식은 모두 같은 방식으로 작동한다. 세 방식 모두 마치 일반적인 메서드를 호출하듯이 proc에 전달할 인자들을 받아서 넘겨준다. proc이 람다라면, 루비는 주어진 인자의 수를 기대하는 매개 변수의 수와 비교한다. proc은 name.(args) 문법을 사용해서 호출할 수도 있다. 이는 내부적으로 name.call(args)와 같이 작동한다.

Procs, break, next

proc과 람다 표현 둘 다, 블록 안에서 next를 호출하면 메서드를 호출한 시점으로 되돌아간다. 반환되는 값은 next에 넘겨진 값이며, next에 넘겨진 값이 없을 때는 nil을 반환한다.

```
def ten_times
  10.times do |i|
    if yield(i)
      puts "Caller likes #{i}"
```

```
      end
    end
end

ten_times do |number|
  next(true) if number ==7
end
```

실행 결과:

```
Caller likes 7
```

proc 안에서 break를 사용하면 호출된 메서드를 종료한다. 이때 반환값은 break에 넘겨진 값이 된다.

Return과 블록

raw 블록 안에서 return을 사용하면, 블록 안이 아니라 블록을 포함하는 범위에서 return이 실행될 것이다. 원래의 문맥이 더 이상 유효하지 않은 블록에서 return을 사용하면 문맥에 따라 LocalJumpError나 ThreadError를 발생시킨다. 다음 예제는 첫 번째 경우를 보여준다.

```
def meth1
  (1..10).each do |val|
    return val # returns from meth1
  end
end
meth1 # => 1
```

이어지는 예제에서는 블록의 문맥이 더 이상 유효하지 않기 때문에 예외가 발생한다.

```
def meth2(&b)
  b
end

res = meth2 { return }
res.call
```

실행 결과:

```
        from prog.rb:6:in `call'
        from prog.rb:6:in `<main>'
prog.rb:5:in `block in <main>': unexpected return (LocalJumpError)
```

다음 예제는 블록이 특정 스레드에서 생성되고 이를 다른 스레드에서 호출하기 때문에 예외가 발생한다.

```
def meth3
  yield
end

t = Thread.new do
```

```
  meth3 { return }
end

t.join
```

실행 결과:

```
        from prog.rb:2:in `meth3'
        from prog.rb:6:in `block in <main>'
prog.rb:6:in `block (2 levels) in <main>': unexpected return
(LocalJumpError)
```

Proc.new를 통해 proc을 만들었다면 true가 된다.

```
def meth4
  p = Proc.new { return 99 }
  p.call
  puts "Never get here"
end

meth4 # => 99
```

람다는 좀 더 독립적으로 동작한다. return은 단순히 블록에서 블록을 호출한 곳으로 반환된다.

```
def meth5
  p = lambda { return 99 }
  res = p.call
  "The block returned #{res}"
end

meth5 # => "The block returned 99"
```

이에 따라 Module#define_method를 사용한다면, 아마 Proc.new로 생성한 게 아니라 lambda로 생성한 proc을 건네주고 싶을 것이다. lambda에서 return은 생각한 대로 작동하지만 Proc.new로 생성한 proc 객체는 LocalJumpError를 일으킬 것이기 때문이다.

22.14 예외

루비에서 예외는 Exception 클래스나 그 자손 클래스의 객체다(모든 내장 예외의 목록은 그림 1(180쪽)에서 다룬다).

예외 발생시키기

Object#raise 메서드는 예외를 발생시킨다.

```
raise
raise string
raise thing ‹, string ‹ stack trace››
```

첫 번째 형식은 $!에 저장된 예외($!가 nil인 경우엔 RuntimeError)를 발생시킨다. 두 번째 형태는 RuntimeError 예외를 새로 만드는데, 주어진 문자열을 예외 메시지로 설정한다. 세 번째 형식은 첫 번째 인자의 exception 메서드를 호출해서 새로운 예외 객체를 만든다. 그리고 그 예외의 메시지와 역추적을 각각 두 번째, 세 번째 인자로 설정한다. Exception 클래스와 Exception 클래스의 객체들은 exception이라는 이름의 팩터리 메서드를 포함한다. 그러므로 raise의 첫 번째 매개 변수로 예외 클래스의 이름이나 인스턴스가 올 수 있다.

예외가 발생하면, 루비는 Exception 객체에 대한 참조를 전역 변수 $!에 저장한다.

예외 처리하기

예외는 다음과 같은 방법으로 처리할 수 있다.

- begin/end 블록 유효 범위 안에서

```
begin
  code...
  code...
‹rescue ‹, parm›* ‹, => var› ‹, then›
  error handling code... ›*
‹else
  no exception code... ›
‹ensure
  always executed code... ›
end
```

- 메서드 본문 안에서

```
def method name and args
  code...
  code...
‹rescue ‹, parm›* ‹, => var› ‹, then›
  error handling code... ›*
‹else
  no exception code... ›
‹ensure
  always executed code... ›
end
```

- 하나의 문장을 실행한 직후에

```
statement ‹rescue statement›*
```

블록이나 메서드는 여러 개의 rescue 절을 가질 수 있으며, 각 rescue 절마다 0개 이상의 예외 매개 변수를 지정할 수 있다. rescue 절에 매개 변수가 없을 때는 StandardError를 매개 변수로 받았다고 여긴다. 이 말은 매개 변수가 없는

rescue 절만으로는 일부 저수준 예외들을 잡을 수 없다는 것을 의미한다. 모든 예외를 잡기 위해서는 다음과 같이 하면 된다.

```
rescue Exception => e
```

예외가 발생하면, 루비는 호출 스택을 거슬러 올라가며, 코드를 감싸고 있는 begin/end 블록이나 메서드 본문, rescue 변경자가 달린 문장 등을 찾는다. 그 블록의 각 rescue 절마다 발생한 예외를 rescue 절 각각의 매개 변수와 차례로 비교한다. 이때 각 매개 변수의 검사에 쓰이는 표현식은 parameter===$!이다. 발생한 예외와 rescue 매개 변수가 매칭되면, 루비는 그 rescue의 본문을 실행하고 탐색을 멈춘다. 매칭된 rescue 절이 =)와 변수 이름으로 끝나면 해당 변수의 값을 $!로 설정한다.

　　rescue 절의 매개 변수로는 대부분 Exception 클래스의 이름이 오기는 하지만, 적당한 클래스를 반환하는 임의의 표현식(메서드 호출도 포함)이 올 수도 있다.

　　발생한 예외에 매칭되는 rescue 절이 없다면, 루비는 스택을 한 단계 올라가 매칭되는 begin/end 블록을 상위 수준에서 찾는다. rescue 절에 매칭되지 않은 채 메인 스레드의 최상위 수준까지 올라갔다면, 이때는 메시지와 함께 프로그램을 종료한다.

　　else 절이 존재하면 코드에서 아무런 예외가 발생하지 않았을 때 이 절의 본문을 실행한다. else 절을 실행하다가 예외가 발생하면 이 예외는 else와 같은 블록에 있는 rescue에 잡히지 않는다.

　　ensure 절이 존재하면 블록을 종료할 때 이 절의 본문을 항상 실행한다(심지어는 잡히지 않은 예외가 있어서 상위 수준으로 거슬러 올라가더라도 실행된다).

　　rescue 절에서 매개 변수 없이 raise를 호출하면 $!에 담긴 예외를 다시 발생시킨다.

rescue 문장 변경자

문장은 선택적으로 rescue 변경자를 가질 수 있고, 변경자 다음에는 문장이 온다(이 문장에 이어서 또 다른 rescue 변경자가 올 수 있고, 이런 식으로 계속 확장한다). rescue 변경자는 예외 매개 변수를 받지 않으므로, StandardError와 그 자손을 rescue할 수 있다.

rescue 변경자의 왼편에서 예외가 발생하면, 왼편에 있는 문장의 수행을 즉시 포기하고, 그 문장의 값을 rescue 변경자 오른편의 값으로 설정한다.

```
values = [ "1", "2.3", /pattern/ ]
result = values.map {|v| Integer(v) rescue Float(v) rescue String(v) }
result # => [1, 2.3, "(?-mix:pattern)"]
```

블록 재시도하기

rescue 절에서 retry를 이용하면, 이를 감싸고 있는 begin/end 블록을 처음부터 다시 시작한다.

22.15 catch와 throw

Object#catch 메서드는 여기에 결합된 블록을 실행한다.

```
catch ( object ) do
  code...
end
```

Object#throw 메서드는 문장의 일반적인 수행을 멈춘다.

```
throw( object ‹, obj› )
```

throw가 실행되면 루비는 이 심벌이나 문자열과 매칭되는 첫 번째 catch 블록을 찾기 위해 호출 스택을 거슬러 올라간다. 찾으면 탐색을 멈추고 catch 블록의 끝에서 실행을 재개한다. throw에 두 번째 매개 변수를 전달하면 그 값을 catch 블록의 값으로 반환한다. 루비는 catch에 해당하는 블록을 찾으며 탐색할 때도 모든 블록의 ensure 절을 실행한다.

throw에 매칭되는 catch 블록이 없다면 루비는 throw 위치에서 ArgumentError 예외를 발생시킬 것이다.

23장

오리 타입

루비에서 변수나 메서드의 타입을 선언하지 않는다는 사실은 이미 알고 있을 것이다. 모든 것은 어떤 종류의 객체일 뿐이다.

사람들이 이 말을 받아들이는 방식을 보면 크게 두 가지로 나눌 수 있다. 어떤 사람들은 이런 유연함을 좋아하고 동적 타입 변수와 메서드를 이용해 코드를 작성하는 데서 편안함을 느낀다. 여러분이 이런 사람들 중 한 명이라면 '23.1 클래스는 타입이 아니다'라고 제목이 붙은 부분을 건너뛰고 싶을지도 모른다. 그러나 어떤 사람들은 루비의 모든 객체가 명확하게 타입으로 구분되지도 않은 채 돌아다니는 것에 대해 불안하다. 특히 이전에 C#이나 자바 같은 언어를 사용했다면 루비가 '진정한' 애플리케이션을 만들기에 너무 너저분하다고 생각할 수도 있다. 그전에 사용하던 언어에서는 모든 변수와 메서드에 타입을 지정해 왔기 때문이다.

하지만 절대 그렇지 않다.

다음 몇 단락에서는 안정적인 애플리케이션을 만드는 데 정적 타입이 없다는 사실이 문제가 되지 않는다는 걸 확신시키고자 한다. 여기서는 다른 언어를 비판하려는 것이 아니다. 단지 우리가 대조법을 좋아하는 것뿐이다.

대부분의 주류 언어에서 채택하고 있는 정적 타입 시스템은 실제 프로그램의 안정성에 큰 도움이 되지 못 한다. 예를 들어 자바의 타입 시스템이 믿을 만하다면 ClassCastException을 구현할 필요는 없을 것이다. 하지만 필요하다. 자바에서 실행 시에 타입이 명확하지 않은 경우가 있기 때문이다. 물론 C++나 C# 역시 마찬가지다. 정적 타입은 코드를 최적화하는 데는 도움이 된다. 그리고 툴팁 도움말 등 통합 개발 환경의 기능에도 도움이 된다. 하지만 정적 타입이 더 믿을 만한 코드를 만든다는 증거는 그 어디에도 없다.

반면에 루비를 잠깐이라도 사용해 본다면, 동적 타입 변수가 많은 점에서 실질적으로 생산성을 향상시켜 준다는 것을 알게 된다. 그리고 타입 혼돈에 대한 우려가 근거 없는 것이었다는 사실에도 놀라게 될 것이다. 오랜 기간 실행되는 커다란 루비 프로그램은 중요한 작업을 수행하면서도 타입과 관련된 에러 하나 일으키지 않고서 잘 돌아간다. 어떻게 이런 일이 가능할까?

부분적으로 이것은 상식의 문제다. 1.5 버전 이전의 자바 코드는 모든 컨테이너에서 실제로는 타입이 없다. 컨테이너에 있는 모든 것은 단순히 Object이기 때문이다. 그리고 요소를 빼내서 사용하고자 할 때 필요한 타입으로 변환한다. 그리고 이런 프로그램을 돌릴 때도 결코 ClassCastException은 발생하지 않을 것이다. 코드의 구조상 이런 에러는 나올 수 없기 때문이다. Person 객체를 넣었다면 나중에 Person 객체를 빼내는 코드가 나올 것이다. 다른 방식으로 동작하는 코드는 절대 작성하지 않는 것이다.

이런 사실은 루비에도 똑같이 적용된다. 어떤 목적으로 변수를 사용했다면, 세 줄 뒤에 그 변수에 접근할 때도 같은 목적으로 사용될 것이다. 어떤 종류의 혼란이 일어날 가능성이 있다고 실제로 일어나는 것은 아니다.

그 외에 루비 개발자들이 특정 코딩 스타일을 따르려는 성향이 강하다는 사실도 한몫한다. 루비 개발자들은 짧은 메서드들을 많이 작성하고, 개발 과정에서 계속 테스트를 하려고 한다. 짧은 메서드는 대부분의 변수가 짧은 범위로 제한된다는 것을 의미한다. 그러므로 변수가 타입 때문에 엉망이 될 가능성은 매우 적다. 그리고 언제 일어날지 모르는 바보 같은 실수도 테스트가 막아준다. 예를 들면 오타 같은 것은 코드에 남아 있기 어렵다.

결론적으로 말해 '타입 안전성'에서 말하는 '안전성'이란 대개 허상에 불과하며, 루비 같은 동적 언어로 개발하는 것은 안전하면서도 생산적이다. 루비에 정적 타입이 없는 것이 신경 쓰인다면, 잠시만 걱정을 잊고 루비를 한번 시도해 보기 바란다. 아마도 타입과 관련된 에러가 거의 발생하지 않음을 알 수 있을 것이다. 그리고 동적 타입의 힘을 활용하게 되는 순간부터 이것이 얼마나 생산적인지 느끼게 될 것이다.

23.1 클래스는 타입이 아니다

타입에 관한 이슈는 강한 타입 옹호자와 히피-괴짜 같은 동적 타입 열광자 사이에서 벌어지고 있는 논쟁보다 훨씬 근본적인 문제다. 정말 중요한 문제는 애당초 타입이 무엇인가 하는 것이다.

전통적인 타입을 가진 언어로 개발을 해 왔다면, 한 객체의 타입은 그 객체의 클래스라고 배웠을 것이다. 모든 객체는 어떤 클래스의 인스턴스이고 그 클래스는 객체의 타입이라는 것이다. 클래스는 객체가 지원할 연산(메서드)과 메서드가 연산을 수행하는 상태(인스턴스 변수)를 정의한다. 다음 자바 코드를 보자.

```
Customer c;
c = database.findCustomer("dave"); /* 자바 */
```

앞 코드가 변수 c가 Customer의 타입이라고 선언하고, 그것을 어떤 데이터베이스 자료로부터 만들어낸 Dave라는 고객 객체에 대한 참조로 설정한다. 그러니까 c 객체의 타입은 Customer가 되는 것이다. 실제로 그런가?

아마도 그럴 것이다. 그러나 자바에서조차도 이 문제는 좀 더 깊이 들여다볼 필요가 있다. 자바는 인터페이스 개념을 지원하는데, 이는 기능이 빠진 추상 기본 클래스의 한 종류다. 그리고 자바 클래스는 다수의 인터페이스를 구현하도록 선언할 수도 있다. 이 기능을 이용하면 다음과 같이 클래스를 정의할 수 있다.

```
public interface Customer {
  long getID();
  Calendar getDateOfLastContact();
  // ...
}

public class Person
implements Customer {

  public long getID() { ... }
  public Calendar getDateOfLastContact() { ... }
  // ...
}
```

그러니 자바에서도 클래스가 항상 타입인 것은 아니다. 때로는 타입이 클래스의 하위 집합이기도 하고, 어떤 경우에는 객체가 다수의 타입을 구현한다.

루비에서는 클래스가 결코(좋다, 거의 대부분의 경우라고 해 두자) 타입이 아니다. 대신에 객체의 타입은 객체가 무엇을 할 수 있는가에 의해 더 많이 좌우된다. 루비 세계에서는 이것을 오리 타입(Duck Typing)이라고 부른다. 어떤 객체가 오리처럼 걷고, 오리처럼 말한다면, 인터프리터는 아무 걱정 없이 그것을 오리로 취급할 수 있다.

예제 하나를 보자. 열린 파일의 끝에 고객의 이름을 덧붙이는 메서드를 작성하려고 한다.

ducktyping/addcust.rb

```ruby
class Customer
  def initialize(first_name, last_name)
    @first_name = first_name
    @last_name = last_name
  end
  def append_name_to_file(file)
    file << @first_name << " " << @last_name
  end
end
```

좋은 프로그래머라면 이것에 대한 단위 테스트를 작성할 것이다. 미리 말하지만 조금 지저분하다. 이에 대한 개선은 잠시 뒤로 미루자.

```ruby
require 'test/unit'
require_relative 'addcust'

class TestAddCustomer < Test::Unit::TestCase
  def test_add
    c = Customer.new("Ima", "Customer")
    f = File.open("tmpfile", "w") do |f|
      c.append_name_to_file(f)
    end
    f = File.open("tmpfile") do |f|
      assert_equal("Ima Customer", f.gets)
    end
  ensure
    File.delete("tmpfile") if File.exist?("tmpfile")
  end
end
```

실행 결과:

```
Run options:
# Running tests:
.
Finished tests in 0.002431s, 411.3534 tests/s, 411.3534 assertions/s.
1 tests, 1 assertions, 0 failures, 0 errors, 0 skips

ruby -v: ruby 2.0.0p195 (2013-05-14 revision 40734) [x86_64-darwin12.4.1]
```

테스트를 위해 사용할 파일을 작성한 다음, 이 파일을 다시 열어 내용을 읽고 정확한 문자열이 쓰였는지 검증한다. 그리고 모든 작업을 마친 후에는 이 파일을 지워야 한다(물론 파일이 존재하는 경우에만).

이제는 오리 타입에 의존하는 코드를 만들어 보자. 테스트를 위해서는 파일처럼 걷고 말하는 무언가가 있으면 된다. 이 무언가를 메서드에 넘겨주기만 하면 된다. 이 말은 필요한 것이 어떤 것을 덧붙이는 << 메서드에 반응하는 객체가 필요하다는 뜻이다. 그런 객체를 이미 가지고 있나? 부족하지만 String은 어떤가?

```ruby
require 'test/unit'
require_relative 'addcust'
```

```ruby
class TestAddCustomer < Test::Unit::TestCase
  def test_add
    c = Customer.new("Ima", "Customer")
    f = ""
    c.append_name_to_file(f)
    assert_equal("Ima Customer", f)
  end
end
```

실행 결과:

```
Run options:
# Running tests:
.
Finished tests in 0.001999s, 500.2501 tests/s, 500.2501 assertions/s.
1 tests, 1 assertions, 0 failures, 0 errors, 0 skips

ruby -v: ruby 2.0.0p195 (2013-05-14 revision 40734) [x86_64-darwin12.4.1]
```

테스트를 진행하는 메서드는 자신이 파일에 쓰고 있다고 생각하지만 실제로는 문자열에 덧붙일 뿐이다. 마지막 부분에서 그 내용이 올바른지 검사할 수 있다.

여기서 테스트하려는 객체로 꼭 문자열을 사용할 필요는 없다. 배열이라도 잘 작동할 것이다.

```ruby
require 'test/unit'
require_relative 'addcust'

class TestAddCustomer < Test::Unit::TestCase
  def test_add
    c = Customer.new("Ima", "Customer")
    f = []
    c.append_name_to_file(f)
    assert_equal(["Ima", " ", "Customer"], f)
  end
end
```

실행 결과:

```
Run options:
# Running tests:
.
Finished tests in 0.002613s, 382.7019 tests/s, 382.7019 assertions/s.
1 tests, 1 assertions, 0 failures, 0 errors, 0 skips

ruby -v: ruby 2.0.0p195 (2013-05-14 revision 40734) [x86_64-darwin12.4.1]
```

사실 각 값이 잘 삽입되었는지 확인하고자 할 때는 앞선 형태가 더 편리하다.

보다시피 오리 타입은 테스트에 편리하다. 하지만 애플리케이션 자체의 실제 코드에는 어떨까? 앞선 예제와 마찬가지로 테스트를 만들기 편하게 해 주는 방식이 유연한 애플리케이션을 만들 때도 똑같이 적용되어 일을 쉽게 만들어 준다.

실제로 데이브는 오리 타입이 그와 그의 고객을 수렁에서 구출해 준 재미있는 경험을 했다. 그는 루비 기반의 큰 웹 애플리케이션을 만들고 있었다. 그 프로그램의 용도는 어느 대회 참가자에 대한 자세한 정보로 채워진 데이터베이스 테이블을 관리하는 것이었다. 이 시스템은 CSV(comma separated value)로 내려받기 기능을 제공하는데, 이 기능을 이용해 관리자들이 자신들의 스프레드시트로 정보를 가져갈 수 있다.

대회 시간 바로 전에 전화벨이 울리기 시작했다. 지금까지 잘 동작하던 내려받기 기능이 이제는 타임아웃이 될 정도로 오래 걸린다는 내용이었다. 관리자들이 스케줄을 정하고 메일을 보낼 때 이 정보를 활용하기 때문에 데이브가 받는 압박은 굉장히 컸다.

작은 실험을 통해 데이터베이스 질의 결과를 가져와 내려받기를 위한 CSV를 생성하는 부분에 문제가 있음을 발견했다. 문제의 코드는 대략 이런 내용이었다.

```
def csv_from_row(op, row)
  res = ""
  until row.empty?
    entry = row.shift.to_s
    if /[,"]/ =~ entry
      entry = entry.gsub(/"/, '""')
      res << '"' << entry << '"'
    else
      res << entry
    end
    res << "," unless row.empty?
  end
  op << res << CRLF
end

result = ""
query.each_row {|row| csv_from_row(result, row)}

http.write result
```

이 코드는 어느 정도 크기의 데이터 집합에서는 괜찮은 성능이 나온다. 하지만 입력 크기가 특정 크기보다 커지면 갑자기 느려지기 시작한다. 범인은? 바로 가비지 컬렉션이었다. 이 코드는 계산을 위해 수천 개의 중간값 문자열을 사용하고, 줄마다 거대한 결과 문자열을 만드는 접근을 하고 있다. 이 거대한 문자열이 더 많은 공간을 요구하면 가비지 컬렉션이 호출되고 이것은 불가피하게 중간값 문자열을 찾아서 제거해 버릴 것이다.

답은 정말 간단했고 놀라울 정도로 효과적이었다. 결과 문자열을 한 줄씩 만들어 내는 대신에 CSV의 각 줄을 요소로 하는 배열에 줄별로 저장하도록 코드를 바꾸는 것이다. 이렇게 하면 중간값 문자열은 사라지지 않고, 가비지도 발생하지 않을 것이다. 그리고 가비지 컬렉션을 일으키는 원인이었던 한없이 커지는 문자열을 매번 만들 필요도 없다는 의미다. 오리 타입 덕분에 고치는 것은 일도 아니었다.

```ruby
def csv_from_row(op, row)
  # 전과 동일하다
end

result = []
query.each_row {|row| csv_from_row(result, row)}

http.write result.join
```

수정된 부분은 csv_from_row 메서드에 배열을 넘기도록 한 것이 전부다. 이 메서드가 암묵적으로 오리 타입을 사용하고 있었기 때문에 메서드 자체에는 변화가 없었다. 이 메서드는 매개 변수가 어떤 타입인지에 대해서는 신경 쓰지 않고, 계속해서 자신이 생성한 데이터를 매개 변수에 덧붙일 수 있기만 하면 된다. 그리고 메서드가 결과를 모두 반환한 후, 모든 줄을 합쳐 하나의 거대한 문자열을 만들어 낸다. 이 작은 수정으로 3분이 넘게 걸리던 것이 단 몇 초로 단축되었다.

23.2 오리처럼 코딩하기

오리 타입 철학을 따르며 프로그램을 작성한다면 단 한 가지만 기억하면 된다. 객체의 타입은 클래스에 의해서가 아니라, 무엇을 할 수 있는가에 의해 결정된다는 것이다(이전 버전의 루비에서는 Object#type 메서드가 객체의 클래스를 반환했었다).

이것이 실제로 의미하는 바는 무엇일까? 어떤 면에서 보면 객체의 클래스를 조사하는 코드가 매우 적어진다는 의미다.

예를 들어 문자열에 노래 정보를 추가하는 루틴을 작성한다고 해 보자. 과거에 C#이나 자바로 프로그래밍을 했다면 아마 다음과 같은 코드를 작성했을 것이다.

```ruby
def append_song(result, song)
  # 매개 변수가 올바르게 넘어왔는지 검사한다.
  unless result.kind_of?(String)
    fail TypeError.new("String expected")
  end
  unless song.kind_of?(Song)
    fail TypeError.new("Song expected")
  end

  result << song.title << " (" << song.artist << ")"
end
```

```
result = ""
append_song(result, song)
```

루비의 오리 타입 개념을 도입하면, 훨씬 더 간단하게 쓸 수 있다.

```
def append_song(result, song)
  result << song.title << " (" << song.artist << ")"
end

result = ""
append_song(result, song)
```

매개 변수의 타입을 검사할 필요는 없다. result가 <<를 지원하고 song 객체가 title과 artist 메서드를 지원한다면 모든 것은 잘 돌아갈 것이다. 그렇지 않더라도 어쨌건 예외가 발생될 것이다(타입을 검사할 때와 마찬가지다). 하지만 타입 검사를 하지 않음으로써 이 메서드는 전보다 훨씬 더 유연해졌다. 이 메서드에 배열, 문자열, 파일 등 <<를 이용해 추가할 수 있는 것이라면 어떤 객체든 넘겨줄 수 있게 되었고, 모두 잘 동작할 것이다.

때로는 이런 자유방임주의(laissez-faire) 스타일의 프로그래밍으로 부족할 수 있다. 매개 변수가 필요한 일을 할 수 있는지 반드시 검사할 필요가 있는 경우도 있다. 매개 변수의 클래스를 검사한다면 오리 타입 클럽에서 쫓겨날까? 아니, 그렇지 않다.[1] 하지만 클래스보다는 객체가 가진 능력을 기반으로 검사할 것을 고려해야 한다.

```
def append_song(result, song)
  # 매개 변수가 올바르게 넘어왔는지 검사한다.
  unless result.respond_to?(:<<)
    fail TypeError.new("'result' needs `<<' capability")
  end
  unless song.respond_to?(:artist) && song.respond_to?(:title)
    fail TypeError.new("'song' needs 'artist' and 'title'")
  end

  result << song.title << " (" << song.artist << ")"
end

result = ""
append_song(result, song)
```

하지만 이런 코드를 작성하기 전에 이것이 정말 유용한지 반문해 봐야 한다. 덜 중요한 코드가 늘어나서 작성하고 유지보수해야 할 코드의 양이 많아졌다.

---

1 오리 타입 클럽에서는 회원인지조차 확인하지 않는다.

23.3 표준 규약과 강제 변환

언어의 기술적인 부분은 아니지만, 다른 언어라면 타입을 이용했을 문제에 루비 인터프리터와 표준 라이브러리는 다양한 규약을 사용한다.

어떤 객체는 자연스러운 표현법이 하나 이상일 수도 있다. 예를 들어 로마 숫자(I, II, III, IV, V 등)를 표현하는 클래스가 있다고 해 보자. 이 클래스가 반드시 Integer의 하위 클래스일 필요는 없다. 로마 숫자는 숫자 자체가 아니라 숫자의 표현법 중 하나이기 때문이다. 그렇지만 한편으로는 Integer 수준의 품질을 가져야 한다. 루비에서 정수를 써야 할 자리에 이 로마 숫자 클래스를 사용할 수 있다면 멋질 것이다.

이를 위해 루비에는 변환 규약(conversion protocols)이라는 개념이 있다. 이 것은 객체가 자신을 다른 클래스의 객체로 변환할 수 있도록 지원하는 것이다. 루비에서는 세 가지 표준적인 방법을 지원한다.

첫 번째 방법은 이미 앞서 다룬 적이 있다. to_s나 to_i 같은 메서드는 수신자를 문자열이나 정수로 변환한다. 이 변환 메서드는 그렇게 엄격하지 않다. 예를 들어 어떤 객체가 문자열로 표현될 수 있는 괜찮은 방법이 있다면 대부분 to_s 메서드를 지원할 것이다. 여기서 만드는 Roman 클래스도 숫자를 문자열 표현 (예를 들면 VII)으로 반환하기 위해 to_s를 구현할 것이다.

변환 함수의 두 번째 형식은 to_str과 to_int 같은 이름을 가진 메서드를 사용하는 것이다. 이 메서드들은 엄격하다. 따라서 특정 객체가 문자열이나 정수가 쓰이는 곳이라면 어디든 대신 사용할 수 있을 때에만 이 메서드를 구현해야 한다. 예를 들어 로마 숫자 객체는 완벽한 정수 형태이기 때문에 to_int를 구현해야 한다. 하지만 문자열을 대체하려 한다면, 좀 더 깊게 생각해 봐야 할 것이다.

로마 숫자는 문자열 표현 방법이 있기는 하다. 그렇지만 이것이 정말 문자열일까? 이 객체를 문자열을 대신해서 어디든 사용할 수 있을까? 아니다. 그렇지 않을 것이다. 논리적으로 보면 이것은 숫자의 한 가지 표현법에 불과하다. 로마 숫자를 문자열로 표현하는 것은 가능하지만, 그렇다고 이것이 문자열을 대체하는 것은 아니다. 이런 이유로 로마 숫자는 to_str을 구현하지 않는다. 로마 숫자는 진정한 문자열이 아니기 때문이다. 정리해 보자. 로마 숫자는 to_s를 이용해 문자열로 변환될 수 있다. 하지만 그것이 완전한 문자열은 아니므로 to_str을 구현하지는 않는다.

실제 상황에서 어떻게 사용되는지 살펴보기 위해 파일을 여는 코드를 보자.

File.new의 첫 번째 매개 변수에는 이미 열린 파일 기술자(정수로 표현되는)이 거나 새로 열 파일 이름이 올 수 있다. 하지만 루비에서는 단순하게 첫 번째 매 개 변수를 Fixnum인지 String인지 타입으로 검사하지는 않는다. 대신 넘겨진 객 체에게 스스로를 숫자나 문자열로 표현할 수 있는 기회를 부여한다. 루비 코드 라면 실제 구현은 다음과 같을 것이다.

```ruby
class File
  def self.new(file, *args)
    if file.respond_to?(:to_int)
      IO.new(file.to_int, *args)
    else
      name = file.to_str
      # 파일을 열기 위해 시스템 호출을 한다.
    end
  end
end
```

그렇다면 로마 숫자로 저장된 정수형 파일 기술자를 File.new 메서드에 넘기면 어떤 일이 벌어질지 살펴보자. 로마 숫자 클래스가 to_int를 구현하고 있기 때 문에 첫 번째 respond_to? 검사가 성공할 것이다. 따라서 IO.open에 로마 숫 자의 정수 표현을 넘길 것이고, 여기서 새로운 IO 객체에 감싸인 파일 기술자 (descriptor)를 얻을 것이다.

표준 라이브러리에는 몇 개의 엄격한 변환 함수가 내장되어 있다.

to_ary → Array

인터프리터가 메서드의 매개 변수로 배열을 필요로 하는 경우와 *xyz 구문을 포함하는 매개 변수와 대입문을 전개할 때 사용된다.

```ruby
class OneTwo
  def to_ary
    [ 1, 2 ]
  end
end

ot = OneTwo.new
puts ot
```

실행 결과:
```
1
2
```

to_a → Array

인터프리터가 매개 변수를 넘겨주거나 다중 대입문에서 객체를 배열로 변환 할 때 사용된다.

```ruby
class OneTwo
```

```
    def to_a
      [ 1, 2 ]
    end
end

ot = OneTwo.new
a, b = *ot
puts "a = #{a}, b = #{b}"
printf("%d -- %d\n", *ot)
```

실행 결과:

```
a = 1, b = 2
1 -- 2
```

to_enum → Enumerator

객체(또는 컬렉션)를 enumerator로 변환한다. 인터프리터에 의해 내부적으로 호출되는 일은 없다.

to_hash → Hash

인터프리터가 Hash를 요구할 때 사용된다.

to_int → Integer

인터프리터가 정수를 요구할 때 사용된다(파일 기술자나 Object#integer의 매개 변수 등).

to_io → IO

인터프리터가 IO 객체를 요구할 때 사용된다(예를 들면, IO#reopen이나 IO.select의 매개 변수 등).

to_open → IO

IO.open의 첫 번째 매개 변수에 대해 호출된다.

to_path → String

인터프리터가 파일명을 찾을 때 호출된다(예를 들어 File#open을 사용할 때).

to_proc → Proc

메서드 호출에서 앰퍼샌드(&) 표시가 붙은 객체를 변환할 때 사용된다.

```
class OneTwo
  def to_proc
    proc { "one-two" }
  end
end
def silly
  yield
end
```

```
ot = OneTwo.new
silly(&ot) # => "one-two"
```

to_regexp → Regexp

Regexp#try_convert가 매개 변수를 정규 표현식으로 변환할 때 호출된다.

to_str → String

인터프리터가 문자열을 기대하는 곳에서 사용된다. 상당히 자주 사용된다.

```
class OneTwo
  def to_str
    "one-two"
  end
end

ot = OneTwo.new
puts("count: " + ot)
File.open(ot) rescue puts $!.message
```

실행 결과:

```
count: one-two
No such file or directory - one-two
```

to_sym → Symbol

수신자를 심벌로 표현한다. 이는 인터프리터가 명령 시퀀스를 컴파일할 때 사용하지만 사용자 코드에서는 유용하지 않을 것이다.

그리고 마지막으로 알아야 할 것이 있다. Integer나 Fixnum 같은 클래스는 to_int 메서드를 구현하고, String은 to_str 메서드를 구현한다. 이러한 방법으로 여러분은 엄격한 변환 함수를 다형적으로 호출할 수 있다.

```
# obj가 Fixnum인지 로마 숫자인지는 중요하지 않다.
# 변환은 두 가지 모두 성공할 것이다.
num = obj.to_int
```

Symbol.to_proc 기법

루비에서 symbol 클래스의 객체에는 to_proc 메서드가 구현되어 있다. 문자열 배열을 모두 대문자로 변환하려는 경우를 생각해 보자. 다음과 같은 코드를 작성할 것이다.

```
names = %w{ant bee cat}
result = names.map {|name| name.upcase}
```

이는 충분히 간결해 보인다. 원래의 배열의 각 요소를 대문자로 변환해서 새로운 배열을 반환한다. 하지만 다음과 같이 작성할 수도 있다.

```
names = %w{ant bee cat}
result = names.map(&:upcase)
```

이 코드가 더 간결하다. upcase 메서드를 names의 각 요소에 적용했다.

이 코드는 어떻게 작동할까? 이는 루비의 형 변환(coercion) 기능을 사용한다. 그 과정을 차례대로 살펴보자.

names.map(&xxx)라는 코드는 xxx에 지정된 Proc 객체를 map 메서드에 블록으로 넘겨준다. xxx가 Proc 객체가 아니라면, to_proc 메시지를 보내서 Proc 객체로 변환한다.

이 예제에서 :upcase는 Proc 객체가 아니라 심벌 리터럴이다. 따라서 루비가 names.map(&:upcase)라는 코드를 만나면, 우선 to_proc을 호출해서 :upcase 심벌을 Proc 객체로 변환한다. 그런데 우연히도 루비에는 upcase라는 메서드가 있다. 이를 루비 코드로 작성하면 다음과 같은 코드가 된다.

```
def to_proc
  proc { |obj, *args| obj.send(self, *args) }
end
```

이 메서드는 Proc 객체를 생성한다. 이 Proc을 각 객체에 대해 호출하면, 해당 객체에 심벌이 그대로 보내진다. 따라서 names.map(&:upcase) 표현은 names 내부의 각 문자열에 대해 반복해서 적용된다. 즉 names의 첫 번째 요소로서 블록을 호출하고 upcase 메서드가 호출된다.

이는 형 변환과 클로저를 아주 우아하게 활용한 사례다. 단 한 가지 흠이 있다. 동적인 메서드 호출을 사용하기 때문에 앞선 경우와 같이 &:upcase를 사용한 코드는 블록을 명시적으로 코딩한 경우에 비해 속도가 절반 정도로 느려진다. 개인적으로 성능 문제가 일어날 만한 부분이 아니라면 개의치 않고 활용한다.

산술 연산에서의 강제 변환

앞서 인터프리터가 타입 변환을 수행하는 방법에는 세 가지가 있다고 이야기했다. 느슨한 변환과 엄격한 변환에 대해서는 이미 설명했다. 세 번째 방법은 산술 연산에서의 강제 변환이다.

여기 문제가 있다. 1+2라고 쓰면 루비는 1이라는 객체(Fixnum)의 + 메서드를 호출하는데, Fixnum인 2 객체를 매개 변수로 전달한다. 하지만 1+2.3이라고 쓴다면 이번에는 + 메서드가 Float 매개 변수를 받게 된다. 인터프리터가 무엇을 해야 할지 어떻게 알 수 있을까(특히나 매개 변수의 클래스를 검사하는 것은 오리 타입에 위배되지 않을까)?

그에 대한 답은 coerce 메서드에 기반을 둔 루비의 강제 변환 규약에 있다. coerce의 기본 연산은 단순하다. 먼저 하나는 수신자, 다른 하나는 매개 변수로 두 개의 숫자를 받는다. 이는 매개 변수와 수신자로 이루어진 두 개의 숫자로 이루어진 배열을 반환한다(단, 매개 변수가 먼저 오고 수신자가 뒤에 따라온다). coerce 메서드는 이 두 객체가 동일한 클래스를 가지고 있고, 따라서 그것들이 더해질(곱셈, 비교 등도 마찬가지) 수 있음을 보증한다.

```
1.coerce(2)        # => [2, 1]
1.coerce(2.3)      # => [2.3, 1.0]
(4.5).coerce(2.3)  # => [2.3, 4.5]
(4.5).coerce(2)    # => [2.0, 4.5]
```

이 배열을 얻기 위해 수신자가 매개 변수의 coerce를 호출하는 방법을 사용한다. 이중 디스패치(double dispatch)라는 이 기법은 어떤 메서드가 자신의 동작 방법을 자신이 속한 클래스뿐 아니라, 매개 변수의 클래스에 의해서도 변경될 수 있게 한다. 앞선 예제에서는 매개 변수가 정확히 어떤 클래스의 객체가 더해져야(곱셈, 나눗셈 등도 마찬가지) 하는지를 결정하도록 만들었다.

산술 연산에 쓸 목적을 가진 새로운 클래스를 작성한다고 해 보자. 강제 변환 기능을 위해서는 coerce 메서드를 구현해야 한다. 이것은 다른 종류의 숫자를 매개 변수로 넘겨받아, 같은 클래스의 두 객체를 배열로 반환한다. 반환되는 두 값은 각각 매개 변수와 자기 자신에 대응한다.

로마 숫자 클래스에서 이를 구현하기는 아주 쉽다. 로마 숫자 객체는 내부적으로 실제 값을 Fixnum 형태로 인스턴스 변수 @value에 가지고 있다. coerce 메서드는 매개 변수의 클래스 또한 Integer인지 확인한다. 그렇다면 매개 변수와 내부값을 반환한다. 아니라면 둘 다 부동소수점으로 변환하여 반환한다.

```
class Roman
  def initialize(value)
    @value = value
  end
  def coerce(other)
    if Integer === other
      [ other, @value ]
    else
      [ Float(other), Float(@value) ]
    end
  end
  # .. other Roman stuff
end

iv = Roman.new(4)
xi = Roman.new(11)

3 * iv    # => 12
1.2 * xi  # => 13.2
```

물론 이렇게 구현된 Roman 클래스는 자신을 어떻게 더해야 하는지 모른다. 앞선 예제 코드에서 xi+3이라고 쓸 수는 없는데, Roman이 + 메서드를 갖고 있지 않기 때문이다. 그리고 사실 그게 당연한 것인지도 모른다. 하지만 여기서는 좀 더 거친 방식으로 로마 숫자를 위한 더하기 메서드를 구현해 보자.

```ruby
class Roman
  MAX_ROMAN = 4999

  attr_reader :value
  protected :value

  def initialize(value)
    if value <= 0 || value > MAX_ROMAN
      fail "Roman values must be > 0 and <= #{MAX_ROMAN}"
    end
    @value = value
  end

  def coerce(other)
    if Integer === other
      [ other, @value ]
    else
      [ Float(other), Float(@value) ]
    end
  end

  def +(other)
    if Roman === other
      other = other.value
    end
    if Fixnum === other && (other + @value) < MAX_ROMAN
      Roman.new(@value + other)
    else
      x, y = other.coerce(@value)
      x + y
    end
  end

  FACTORS = [["m", 1000], ["cm", 900], ["d", 500], ["cd", 400],
             ["c",  100], ["xc",  90], ["l",  50], ["xl",  40],
             ["x",   10], ["ix",   9], ["v",   5], ["iv",   4],
             ["i",    1]]

  def to_s
    value = @value
    roman = ""
    for code, factor in FACTORS
      count, value = value.divmod(factor)
      roman << (code * count)
    end
    roman
  end
end

iv = Roman.new(4)
xi = Roman.new(11)

iv + 3      # => vii
iv + 3 + 4  # => xi
```

```
iv + 3.14159  # => 7.14159
xi + 4900     # => mmmmcmxi
xi + 4990     # => 5001
```

마지막으로 corece를 사용하는 데 주의할 점이 하나 있다. 항상 좀 더 일반적인 타입으로 변환해야 한다. 그렇지 않으면 무한히 변환을 시도할 것이다. 이 상황에서 A가 B로 변환을 시도하고 B는 다시 A로 변환을 시도하게 될 것이다.

23.4 걸어보고 말해보자

오리 타입은 논란이 되곤 하는 주제다. 이따금 이와 관련된 주제로 메일링 리스트가 격해지기도 하고, 어떤 사람은 이 개념에 반대하는 글을 블로그에 올리기도 한다. 논쟁에 참여하는 많은 사람들이 상당히 극단적인 입장을 가지고 있다.

사실 오리 타입은 어떤 규칙 집합이 아니다. 단지 프로그래밍 스타일일 뿐이다. 작성하는 프로그램이 편집증적인 엄격함과 유연함 사이에서 균형을 갖도록 설계하자. 사용자가 메서드에 넘긴 객체의 타입을 검사해야겠다는 생각이 든다면, 왜 그래야 하는지 반문해 보라. String이 와야 할 자리에 Array가 온다면 일이 어떻게 잘못될 수 있는지 규명해 보라. 때로는 이 차이가 매우 중대한 문제일 것이다. 하지만 그렇지 않은 경우가 대부분이다. 잠시 동안 좀 더 관대한 자세로 예외 처리를 하면서 어떤 나쁜 일이 일어나는지 살펴보자. 일어나지 않는다면, 오리 타입은 단지 새들을 위한 것은 아닐 것이다.

24장

메타프로그래밍

지금으로부터 200년 이상 이전에 개발된 자카드 직조기(Jacquard loom)는 펀치 카드로 제어할 수 있는 첫 기계였다. 이 기계는 각 줄에 뚫린 구멍의 수를 통해 옷을 만드는 패턴을 제어한다. 이 기계가 옷을 만드는 대신, 다시 펀치 카드에 구멍을 내고, 이 카드를 다시 입력으로 받아들이는 건 어떨까? 기계는 이렇게 짠 새로운 프로그램을 실행할 것이다. 이것이 바로 코드를 짜는 코드, 즉 메타프로그래밍이다.

프로그래밍이란 추상화 계층을 만드는 작업이다. 프로그래밍을 통해 문제를 풀어나가는 일은 냉혹한 기계적 논리로 이루어진 실리콘 세계와 애매모호하고 유동적인 현실 세계를 잇는 다리를 구축하는 일이라고 할 수 있다. C 같은 몇몇 프로그래밍 언어는 기계에 좀 더 가깝다. 따라서 C 코드와 애플리케이션 영역은 비교적 멀리 떨어져 있다. 루비 같은 또 다른 언어들은 좀 더 높은 수준의 추상화를 제공한다. 이는 코드와 애플리케이션의 거리가 좀 더 가깝다는 것을 의미한다. 어떤 언어를 선택할지에 대한 논쟁이 있음에도 불구하고, 바로 이러한 이유로 많은 사람들은 고수준 언어를 애플리케이션 개발에 좀 더 적합한 언어라고 생각한다.

하지만 메타프로그래밍을 시작하고 나면 프로그래밍 언어에 내장된 추상화 방법들의 제한에서 벗어날 수 있다. 이러한 제한에 얽매이는 대신에 새로운 추상화 방법을 만들어 내고 이를 원래의 언어에 통합하는 것도 가능하다. 달리 말하자면, 특정 분야에 특화된 새로운 언어(domain-specific programming language)를 만들 수 있다는 이야기다. 이 새로운 언어는 특정한 문제를 해결하는 방법에 대해 표현하는 수단을 제공해 줄 것이다.

루비에서는 쉽게 메타프로그래밍을 할 수 있다. 그 결과 대부분의 숙련된 루비 프로그래머들은 자신의 코드를 단순화하기 위해 메타프로그래밍을 활용한다. 이번 장에서는 메타프로그래밍을 어떻게 하는지 소개할 것이다. 하지만 메타프로그래밍 기법을 철저하게 분석하기 위한 목적으로 쓰지는 않았다. 그 대신 이번 장에서는 메타프로그래밍을 가능하게 만들어 주는 루비의 작동 원리를 살펴볼 것이다. 이를 통해 자신만의 새로운 메타프로그래밍 기법들을 만들어 나갈 수 있을 것이다.

24.1 객체와 클래스

클래스와 객체는 루비에서 가장 중요한 부분이지만 입문자에게는 혼란스럽게 느껴질 수도 있다. 클래스, 객체, 클래스 객체, 인스턴스 메서드, 클래스 메서드, 싱글턴 메서드, 가상 메서드 등 알아야 할 개념이 너무 많기 때문이다. 그러나 지금부터 논의할 루비의 클래스와 객체 구조 개념은 매우 간단한 기초 위에서 만들어졌다.

루비 객체는 플래그 모음, 인스턴스 변수, 그리고 관련 클래스 이렇게 세 가지 요소로 구성되어 있다. 또한 루비의 클래스는 Class 클래스의 객체일 뿐이다. 클래스는 객체가 가진 모든 특성과 더불어 메서드 목록과 상위 클래스(또 다른 클래스)에 대한 참조가 더해진 것이다.

기본적으로 이게 전부다. 여기서부터는 스스로 메타프로그래밍의 원리를 깨우쳐 나가야 한다. 하지만 항상 그렇듯이 깊게 파고들기 시작하면 함정이 숨어 있으니 살짝만 더 자세히 살펴보자.

self와 메서드 호출

루비에는 현재 객체라는 개념이 있다. 현재 객체는 루비에 내장된 읽기 전용 변수인 self를 통해 참조할 수 있다. self는 루비에서 두 가지 중요한 역할을 한다.

self는 루비에서 인스턴스 변수를 찾는 방법을 제어한다. 이미 모든 객체는 고유의 인스턴스 변수를 가지고 있다는 사실을 이야기한 바 있다. 인스턴스 변수에 접근하고자 시도하면 루비는 self를 통해 인스턴스 변수를 찾는다.

두 번째로 self는 메서드를 호출할 때 핵심적인 역할을 한다. 루비에서 각 메서드 호출은 어떤 객체에 대해 이루어진다. 이 객체를 메서드 호출에 있어서 수신자(receiver)라고 부른다. items.size와 같이 메서드를 호출한다면, items가 참조하는 객체가 수신자가 되고 size가 호출하고자 하는 메서드가 된다.

puts "hi"의 예처럼 명시적인 수신자가 없는 경우도 있다. 이 경우처럼 명시적인 수신자가 없을 때 루비는 현재 객체를 메서드의 수신자로 삼는다. 이를 통해 self 의 클래스에서 호출된 메서드를 검색한다. 앞의 경우에는 puts 메서드를 찾을 것이다. 그리고 이 클래스에서 메서드를 찾지 못하면 이 클래스의 상위 클래스에서 검색하고, 여기서도 찾지 못하면 상위 클래스의 상위 클래스에서 검색한다. 모든 상위 클래스를 검색하고도 메서드를 찾지 못하면 메서드 검색이 끝난다(달리 말하면 BasicObject에서도 메서드를 찾지 못하면 메서드 검색은 종료된다).[1]

items.size와 같이 명시적으로 수신자를 지정했을 때도 메서드가 호출되는 과정은 매우 비슷하다. 딱 한 가지 아주 중요한 차이점은 메서드가 호출되는 과정에서 self가 달라진다는 점이다. 메서드 검색 과정이 시작되기 전에 루비는 self를 수신자로 설정한다. 앞선 예제에서는 items를 참조하는 객체가 수신자가 된다. 그리고 메서드 호출이 끝나고 나면 self를 메서드 호출 전의 값으로 되돌려놓는다.

이 과정이 실제로 어떻게 일어나는지 살펴보자. 다음은 간단한 예제 프로그램이다.

```
class Test
  def one
    @var = 99
    two
  end
  def two
    puts @var
  end
end

t = Test.new
t.one
```

실행 결과:

99

밑에서 두 번째 줄에서 보이듯이 Test.new를 호출하면 새로운 Test 클래스의 객체를 생성하고 이를 변수 t에 대입한다. 그리고 그 다음 줄에서는 t.one을 통해 메서드를 호출한다. 이 메서드를 호출하면 루비는 self를 t로 바꾸고 t의 클래스에서 메서드를 검색한다. 루비는 두 번째 줄에 정의된 메서드를 찾아내고 이를 호출한다.

---

[1] 만약 객체의 클래스 계층에서 메서드를 찾지 못하면, 루비는 메서드 수신자에 대해 method_missing 메서드를 호출한다. 다시 self의 클래스에서 시작해 상위 클래스를 따라 메서드를 찾는다.

메서드 안에서는 인스턴스 변수 @var에 99를 대입한다. 이 인스턴스 변수는 현재 객체에 결합되어 있다. 그럼 현재 객체는 어떤 객체일까? t.one을 호출할 때 self는 t가 되므로 one 메서드 내에서 self는 Test 클래스의 특정(t.one에 의해 설정된) 인스턴스가 된다.

다음 행에서 one은 two를 호출한다. 여기서는 명시적인 수신자가 없기 때문에 self는 변하지 않는다. 따라서 루비는 t의 클래스 Test에서 메서드 two를 찾는다.

two 메서드는 인스턴스 변수 @var를 참조하고 있다. 다시 루비는 현재 객체 안에서 이 변수를 탐색하고, 메서드 one에 의해 설정된 같은 변수를 찾는다.

two 메서드 마지막의 puts 메서드를 호출할 때도 마찬가지 원리로 실행된다. 다시 한 번 설명하자면 이번에도 수신자가 없기 때문에 self는 변하지 않는다. 루비는 puts 메서드를 현재 객체의 클래스에서 찾지만 찾을 수 없다. 따라서 이번엔 Test의 상위 클래스인 Object 클래스에서 찾는다. 그런데 이번에도 puts 메서드는 찾을 수 없다. 하지만 Object 클래스에는 Kernel 모듈이 믹스인되어 있다. 여기에 대해서는 뒤에서 더 자세히 논의한다. 여기서는 믹스인된 모듈 역시 슈퍼 클래스와 마찬가지로 탐색 대상이 된다고만 알아두자. Kernel 모듈에는 puts 메서드가 정의되어 있으므로 이 메서드를 실행한다.

two와 one이 실행되고 원래 맥락으로 되돌아오면 루비는 t.one을 호출하기 전에 self를 재설정한다.

앞의 설명이 조금 복잡하게 느껴질지도 모르겠지만, 루비의 메타프로그래밍을 익히려면 이에 대한 이해가 필수적이다.

self와 클래스 정의

앞서 수신자가 명시적으로 주어지면 self가 변한다는 것을 살펴보았다. 놀랍게도 self는 클래스 정의에 의해서도 달라질 수 있다. 이는 루비에서는 클래스 정의 자체도 실행 가능한 코드이기 때문에 벌어지는 일이다. 어떤 코드를 실행할 때는 반드시 현재 객체라는 코드가 실행되는 맥락이 있어야 한다. 간단한 코드를 통해 현재 객체를 확인할 수 있다.

```
class Test
  puts "In the definition of class Test"
  puts "self = #{self}"
  puts "Class of self = #{self.class}"
end
```

실행 결과:

```
In the definition of class Test
```

```
self = Test
Class of self = Class
```

클래스 정의에서 self는 정의되고 있는 클래스의 클래스 객체로 설정되었다. 즉, 클래스 정의에서 설정된 인스턴스 변수는 클래스 메서드에서 사용할 수 있다(이는 변수를 정의할 때와 메서드를 실행할 때 self가 달라지지 않기 때문이다).

```
class Test
  @var = 99
  def self.value_of_var
    @var
  end
end

Test.value_of_var # => 99
```

클래스 정의 과정에서 self가 그 클래스 자체에 설정된다는 것은 매우 우아한 결정이었지만, 그 이유를 살펴보기 전에 싱글턴 클래스에 대해 설명할 필요가 있다.

24.2 싱글턴

루비는 특정 객체에 대해 메서드를 정의하는 기능을 제공한다. 이를 싱글턴 메서드라고 한다. 먼저 간단한 문자열 객체를 살펴보자.

```
animal = "cat"
puts animal.upcase
```

실행 결과:

```
CAT
```

이 예의 객체 구조는 이어지는 그림과 같다.

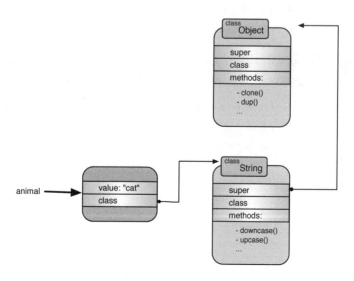

animal 변수는 "cat"을 값으로 가지는 문자열 객체를 참조하고 있으며 이 객체의 클래스인 String에 대한 포인터를 가지고 있다.

　animal.upcase를 호출할 때 루비는 animal 변수에 의해 참조되는 객체를 향하며, animal 객체가 참조하고 있는 클래스 객체에서 upcase 메서드를 찾는다. animal 객체는 문자열이므로 String 클래스에 정의된 메서드를 사용할 수 있다.

　이제 더욱 흥미롭게 만들어 보자. 다음 예제에서는 animal 변수가 참조하고 있는 문자열 객체에 싱글턴 객체를 정의할 것이다.

```
animal = "cat"
def animal.speak
  puts "The #{self} says miaow"
end

animal.speak
puts animal.upcase
```

실행 결과:
```
The cat says miaow
CAT
```

앞서 메서드가 어떻게 호출되는지 살펴보았을 때 animal.speak 메서드가 어떤 원리로 호출되는지는 이미 살펴본 바 있다. 루비는 self를 animal 변수가 참조하고 있는 문자열 객체 "cat"으로 설정하고 이 객체의 클래스에서 speak 메서드를 찾는다. 놀랍게도 메서드가 발견된다. 분명 "cat"의 클래스는 String이고 이 클래스에는 speak 메서드가 정의되어 있지 않다. 그렇다면 루비는 이렇듯 개별 객체에 대해 정의된 메서드들에 대해서는 무언가 특별한 방법으로 메서드를 찾는 것일까?

　다행히도 그렇지 않다. 루비의 객체 모델은 매우 일관적이다. 앞서 "cat" 객체에 싱글턴 메서드를 정의했을 때 루비는 자동으로 speak 메서드가 정의된 익명 클래스를 생성한다. 이 익명 클래스는 싱글턴 클래스 또는 고유 클래스(eigenclass)라고 불린다. 나는 싱글턴 메서드라는 개념과 연관이 있다고 생각하므로 싱글턴 클래스라는 표현을 선호한다.

　루비는 싱글턴 클래스를 "cat" 객체의 클래스로 만들고 String 클래스를 이 싱글턴 클래스의 상위 클래스로 설정한다. 그림으로 그려보자면 다음과 같다.

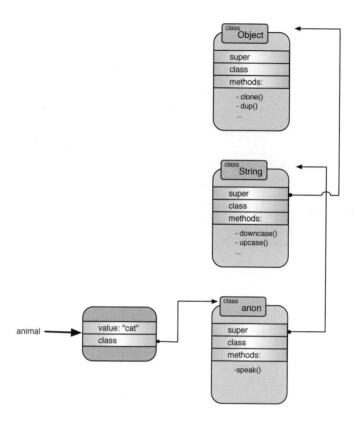

이제 animal.speak를 호출하는 과정을 쫓아가 보자. 루비는 animal이 참조하고 있는 객체를 찾아, 이 객체의 클래스에서 speak 메서드를 찾아본다. animal 객체의 클래스는 메서드 정의 시에 만들어진 싱글턴 클래스이므로 이 클래스에서 찾고 있는 메서드를 찾을 수 있다.

그렇다면 animal.upcase를 호출하는 경우는 어떨까? 일단 같은 과정으로 메서드를 찾기 시작한다. 먼저 싱글턴 클래스에서 메서드를 찾아보지만, 여기에는 upcase 메서드가 없으므로 메서드를 찾는 데 실패한다. 다시 메서드를 탐색하는 일반적인 규칙에 따라 싱글턴 클래스의 상위 클래스 체인을 따라 올라가면서 메서드를 찾아본다. 싱글턴 클래스의 상위 클래스는 String이므로 루비는 여기에서 upcase 메서드를 발견한다. 다시 한 번 강조하지만 여기에 뭔가 특별한 과정은 없다. 루비는 항상 같은 방식으로 메서드를 찾는다.

싱글턴과 클래스

앞서 클래스를 정의하는 과정에서 self는 정의하고 있는 클래스 객체로 설정된다고 이야기한 바 있다. 이는 루비 객체 모델의 또 다른 우아한 면의 기반이 되는 특징이기도 하다.

　루비에서 클래스 메서드를 정의할 때 def self.xxx이나 def ClassName.xxx

방식 중 하나를 사용한다는 점을 떠올려 보자.

```
class Dave
  def self.class_method_one
    puts "Class method one"
  end
  def Dave.class_method_two
    puts "Class method two"
  end
end

Dave.class_method_one
Dave.class_method_two
```

실행 결과:

```
Class method one
Class method two
```

바로 여기서 우리는 이 두 가지가 왜 같은 방식인지 이해할 수 있다. 클래스 정

의 안에서 self는 Dave이기 때문이다.

　그리고 앞서 싱글턴 메서드가 무엇인지 살펴보았기 때문에, 엄밀한 의미에서

클래스 메서드라는 별도의 개념은 존재하지 않는다는 것도 알 수 있다. 즉, 두

가지 방법으로 정의된 클래스 메서드들은 사실은 클래스 객체에 정의된 싱글턴

메서드들이다. 다른 싱글턴 메서드들과 마찬가지로 이를 객체를 통해 호출할 수

있다(이 예제에서는 클래스 객체인 Dave가 된다).

　두 싱글턴 메서드를 Dave 클래스에 정의하기 전에는 클래스 객체의 클래스

포인터는 Class 클래스를 향하고 있다(헷갈리게 들릴 수 있다. 다르게 말하자면

"Dave는 클래스이고, Dave의 클래스는 Class 클래스다." 이 말도 헷갈릴 수 있

지만). 현재 상태는 다음 그림과 같다.

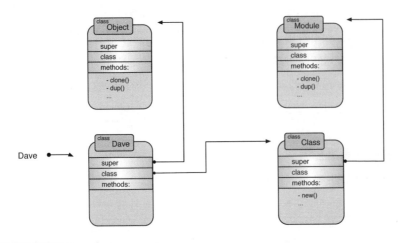

Dave 클래스에 두 클래스 메서드를 정의하고 난 상태는 다음 그림과 같다.

animal 클래스와 마찬가지로 싱글턴 클래스가 정의되었다. 이 클래스는 Dave
의 클래스가 되며 Dave의 원래 상위 클래스는 이 새로운 싱글턴 클래스의 부모
클래스가 된다.

여기서 현재 객체를 의미하는 self의 두 가지 사용법을 짚고 넘어가자. 이미
self 안에서 인스턴스 변수를 찾는 방법과 self에 대해 정의된 클래스 메서드가
싱글턴 메서드라는 점에 대해 논의한 바 있다. 이러한 특징들을 이용해 클래스
객체의 인스턴스 변수에 접근하는 메서드를 만들어 보자.

```ruby
class Test
  @var = 99
  def self.var
    @var
  end
  def self.var=(value)
    @var = value
  end
end

puts "Original value = #{Test.var}"
Test.var = "cat"
puts "New value = #{Test.var}"
```

실행 결과:

```
Original value = 99
New value = cat
```

루비를 처음 시작하는 사람들은 (앞선 예제에서 @var와 같이) 클래스 정의 내에서 인스턴스 변수를 정의하는 실수를 범하곤 한다. 그리고 인스턴스 메서드를 통해 이에 접근하려고 한다. 앞선 예제에서 알 수 있듯이 그러한 접근은 생각처럼 이루어지지 않는다. 이는 클래스 자체에 정의된 인스턴스 변수가 해당 클래스의 인스턴스가 아닌 클래스 객체 자체에 결합되기 때문이다.

싱글턴 클래스에 접근하는 다른 방법

앞서 살펴보았듯이 객체의 싱글턴 클래스에 메서드를 선언하기 위해 def animal.speak와 같이 메서드 정의에 객체에 대한 참조를 추가했다.

같은 일을 class << an_object 문법으로도 할 수 있다.

```
animal = "dog"
class << animal
  def speak
    puts "The #{self} says WOOF!"
  end
end

animal.speak
```

실행 결과:

```
The dog says WOOF!
```

이러한 클래스 정의 내부에서 self는 주어진 객체(앞선 예제에서는 animal)의 싱글턴 클래스로 설정된다. 클래스 정의의 반환값은 마지막에 평가된 값이라는 점을 이용해 다음과 같이 싱글턴 클래스 객체를 가져올 수 있다.

```
animal = "dog"
def animal.speak
  puts "The #{self} says WOOF!"
end

singleton = class << animal
  def lie
    puts "The #{self} lies down"
  end
  self      # << 싱글턴 클래스 객체를 반환한다.
end

animal.speak
animal.lie
puts "Singleton class object is #{singleton}"
puts "It defines methods #{singleton.instance_methods - 'cat'.methods}"
```

실행 결과:

```
The dog says WOOF!
The dog lies down
Singleton class object is #<Class:#<String:0x007fa112100238>>
It defines methods [:speak, :lie]
```

싱글턴 클래스를 나타내는 #〈Class:#〈String:...〉〉에 주목하자.

루비에서 싱글턴 클래스를 원래의 객체 외부 맥락에서 사용하려고 하면 문제가 발생할 것이다. 예를 들어 싱글턴 클래스에 대한 새로운 인스턴스를 생성할 수 없다.

```
singleton = class << "cat"; self; end
singleton.new
```

실행 결과:

```
        from prog.rb:2:in `<main>'
prog.rb:2:in `new': can't create instance of singleton class (TypeError)
```

인스턴스 변수, self, 싱글턴 클래스에 대해 지금까지 배운 것을 연결해 보자. 앞서 클래스 수준의 접근자 메서드를 선언해 클래스 객체에서 정의한 변수의 값에 접근하고 대입할 수 있도록 했다. 하지만 루비에는 attr_accessor와 같이 게터와 세터를 정의하는 메서드가 이미 준비되어 있다. 하지만 이러한 메서드들은 일반적으로 인스턴스 메서드로 정의되기 때문에 클래스의 인스턴스에 저장된 값에 접근한다. 이러한 접근자를 클래스 수준의 인스턴스에 대해서도 작동하게 하기 위해서는 다음과 같이 싱글턴 메서드에서 attr_accessor를 사용해야 한다.

```
class Test
  @var = 99
  class << self
    attr_accessor :var
  end
end

puts "Original value = #{Test.var}"
Test.var = "cat"
puts "New value = #{Test.var}"
```

실행 결과:

```
Original value = 99
New value = cat
```

24.3 상속과 가시성

메서드 정의와 클래스 상속이 유용하기는 하지만 이는 한편으로 매우 모호하기도 하다. 클래스 정의에 있어서 상위 클래스 안에 있는 메서드의 가시성 또한 바꿀 수 있다. 예를 들어 이런 일을 할 수 있다.

```ruby
class Base
  def a_method
    puts "Got here"
  end
  private :a_method
end

class Derived1 < Base
  public :a_method
end

class Derived2 < Base
end
```

이 예제에서 Derived1 클래스의 인스턴스 안에서 Base나 Derived2의 인스턴스를 경유하지 않고 바로 a_method를 호출할 수 있다.

그러면 루비는 두 개의 다른 가시성을 가진 하나의 메서드의 특징을 어떻게 표현할 수 있을까? 쉽게 얘기하자면 여기 속임수가 있다.

하위 클래스가 부모 클래스의 메서드의 가시성을 바꾸려 하면, 루비는 실제로 super를 이용하여 원래 메서드를 호출하는 숨겨진 프락시 메서드를 하위 클래스에 삽입한다. 그런 후에 모든 메서드 호출 요청마다 그 프락시에 설정된 가시성을 따르도록 한다. 코드로 설명하면 다음과 같다.

```ruby
class Derived1 < Base
  public :a_method
end
```

이것은 실제로 다음과 같다.

```ruby
class Derived1 < Base
  def a_method(*)
    super
  end
  public :a_method
end
```

super 호출을 하면 가시성과 무관하게 부모 클래스의 메서드에 접근할 수 있으므로, 메서드를 재작성하는 것은 하위 클래스가 그 부모 클래스의 가시성 규칙을 재정의할 수 있음을 의미한다. 상당히 무섭지 않은가?

24.4 모듈과 믹스인

루비에선 클래스에 모듈을 인클루드하면 이 모듈의 인스턴스 메서드가 클래스의 인스턴스 메서드로서 사용 가능하다. 이 믹스인에 대해서는 이미 다룬 바 있다.

```ruby
module Logger
  def log(msg)
    STDERR.puts Time.now.strftime("%H:%M:%S: ") + "#{self} (#{msg})"
  end
end

class Song
  include Logger
end

s = Song.new
s.log("created")
```

실행 결과:
```
16:31:37: #<Song:0x007f8d91034898> (created)
```

루비에서 include는 매우 간단하게 구현되어 있다. 인클루드된 모듈은 사실 정의하고 있는 클래스의 상위 클래스로 정의될 뿐이다. 즉, 모듈은 믹스인이 되는 클래스의 부모 클래스가 된다는 의미다. 기본적인 설명은 여기서 끝이지만 한가지 꼭 얘기할 것이 있다. 모듈은 상위 클래스 체인에 삽입되기 때문에 반드시 믹스인되는 클래스의 원래 부모 클래스에 대한 링크를 가지고 있어야만 한다. 그렇지 않으면 메서드를 탐색하는 상위 클래스 체인이 끊어지고 말 것이다. 하지만 같은 모듈을 다수의 클래스에 대해 믹스인할 때, 믹스인 대상이 되는 클래스들은 서로 완전히 다른 상위 클래스 체인을 가지고 있을 수 있다. 이러한 클래스들에 대해 하나의 상위 클래스를 가지는 모듈이 상위 클래스 체인에 삽입된다면, 클래스별로 고유의 상위 클래스 체인을 가지는 방법이 없어질 것이다.

　루비는 이를 현명하게 해결한다. 예를 들어 Example 클래스에서 모듈을 인클루드하면 루비는 새로운 클래스 객체를 만들고 이 객체를 Example의 원래 상위 클래스 대신 Example의 상위 클래스로 만든다. 새로 만들어진 클래스 객체는 내부적으로 모듈의 메서드들을 참조하고 있어서, 이 클래스 객체에서 메서드를 찾으면 실제로는 모듈에서 메서드를 찾는다. 다음 그림은 이를 나타내고 있다.

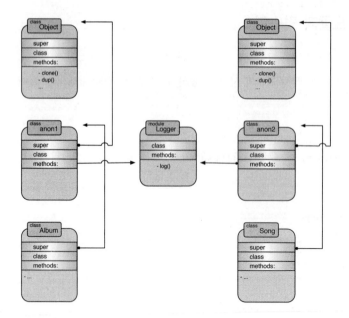

이 방법의 장점은 클래스에 인클루드되고 나서 모듈이 변경되면 이 변경 내용이 클래스(와 클래스의 객체)에도 반영된다는 점이다. 이를 통해 모듈은 클래스와 같은 방식으로 작동한다.

```
module Mod
  def greeting
    "Hello"
  end
end
class Example
  include Mod
end

ex = Example.new
puts "Before change, greeting is #{ex.greeting}"

module Mod
  def greeting
    "Hi"
  end
end

puts "After change, greeting is #{ex.greeting}"
```

실행 결과:

```
Before change, greeting is Hello
After change, greeting is Hi
```

모듈 자신이 다른 모듈을 인클루드했을 때, 어떤 클래스에서 그 모듈을 인클루드하면 직접 혹은 간접적으로 인클루드된 각 모듈에 대응하는 프락시 클래스 체인이 그 클래스에 추가된다.

마지막으로 루비는 하나의 모듈을 상속 체인에서 단 한 번만 포함한다. 상위 클래스에서 이미 인클루드된 모듈을 인클루드해도 아무런 일도 일어나지 않는다.

prepend

루비 2에는 prepend 메서드가 추가되었다. 논리적으로 이 기능은 include처럼 작동하지만, prepend되는 모듈의 메서드들은 원래 메서드의 앞단에 추가된다. 루비는 원래의 클래스 앞에 가짜 클래스를 추가해서 이러한 마법을 완성한다.[2] 그리고 그 사이에 prepend되는 모듈을 끼워넣는다.

perpend되는 모듈에 원래 클래스와 같은 이름의 메서드가 있다면, 원래 클래스에 있는 메서드 대신 이 메서드가 호출될 것이다. prepend된 메서드에서는 super를 사용해 원래의 메서드를 호출할 수 있다.

```ruby
module VanityPuts
  def puts(*args)
    args.each do |arg|
      super("Dave says: #{arg}")
    end
  end
end

class Object
  prepend VanityPuts
end

puts "Hello and", "goodbye"
```

실행 결과:
```
Dave says: Hello and
Dave says: goodbye
```

하지만 여기에는 몇 가지 문제가 있다. 방금 예제 코드에서는 전역적으로 사용되는 Object 클래스에 변화가 적용되었다. 이를 어떻게 개선해 나가는지에 대해서는 잠시 후 리파인먼트(refinement)에서 다룬다.

extend

include 메서드는 실질적으로 모듈을 self의 슈퍼 클래스로 추가한다. 클래스 정의에서 모듈을 인클루드해서 모듈 내의 인스턴스 메서드를 이 클래스의 인스턴스에서 사용할 수 있다.

---

2 실제로는 가짜 클래스를 원래의 클래스 위에 끼워넣는다. 그리고 원래 클래스의 메서드들을 이 가짜 클래스로 이동시킨다.

하지만 특정한 객체에 대해 이러한 인스턴스 메서드를 추가해야 하는 경우도 있다. 이러한 일은 Object#extend 메서드를 통해 할 수 있다. 예를 들면 다음과 같다.

```
module Humor
  def tickle
    "#{self} says hee, hee!"
  end
end

obj = "Grouchy"
obj.extend Humor
obj.tickle # => "Grouchy says hee, hee!"
```

여기서 실제 구현이 어떻게 되었을지 생각해 보기 바란다.

앞선 예제에서 루비가 obj.tickle를 실행할 때, 항상 그렇듯이 obj 클래스에서 tickle 메서드를 찾는다. extend가 작동하기 위해서는 Humor 내의 인스턴스 메서드를 obj 클래스의 슈퍼 클래스 체인에 추가해야만 한다. 이때 싱글턴 메서드를 정의할 때와 마찬가지로, 루비는 obj의 싱글턴 클래스를 만들고 이 싱글턴 클래스에 Humor 모듈을 인클루드한다. 이를 실제로 확인하기 위해 루비 1.9 인터프리터에서 extend의 C 구현을 살펴보면 다음과 같다.

```
void rb_extend_object(VALUE obj, VALUE module) {
    rb_include_module(rb_singleton_class(obj), module);
}
```

extend는 한 가지 흥미로운 점을 가지고 있다. 클래스 정의 내에서 extend를 사용하면 그 모듈의 메서드가 클래스 메서드가 된다. 이는 extend를 호출할 때 self.extend를 호출한 것과 같으므로 따라서 extend된 모듈의 메서드는 클래스 메서드가 된다.

다음 예제에서는 모듈의 메서드를 클래스 레벨에 추가한다.

```
module Humor
  def tickle
    "#{self} says hee, hee!"
  end
end
class Grouchy
  extend Humor
end

Grouchy.tickle # => "Grouchy says hee, hee!"
```

'클래스 메서드와 모듈'(462쪽)에서는 extend를 사용해 클래스에 매크로 형식의 메서드를 추가하는 법에 대해 이야기한다.

리파인먼트

앞서 모듈에 정의된 메서드를 다시 정의해서 내장 클래스를 변경하는 방법에 대해 살펴보았다. 그리고 prepend를 사용하는 것도 살펴보았다. 클래스의 인스턴스에서 메서드를 호출하면, 그 모듈에 정의된 메서드를 먼저 찾는다.

전통적으로 이 방법이 사용되어 왔다. 특히 루비 온 레일스 같은 프레임워크에서는 이러한 동작에 의존한다. 하지만 전역적으로 적용되는 변화가 생기면 이러한 동작에는 희생이 뒤따른다. 이는 단지 애플리케이션에 쓰인 코드에만 적용되는 것이 아니라, 사용하고 있는 모든 라이브러리와 젬에도 그 변화가 적용되어 버린다. 당장 작성하고 있는 애플리케이션에는 용이하지만, 애플리케이션에서 의존하는 다른 사람이 만든 라이브러리 코드를 망가뜨릴 수도 있다.[3]

루비 2.0에서는 이러한 문제를 해결하기 위한 실험적인 방법을 제공한다. 이 기술은 리파인먼트(refinement)라고 불린다.

좀 더 나아가기 전에 하나 경고할 필요가 있다. 리파인먼트는 아직 완전히 잘 작동하지는 않는다. 사실 많은 리파인먼트 기능이 루비 2.0이 릴리스되기 전 몇 주 사이에 삭제되었다. 따라서 새로운 루비 버전이 릴리스되면 여기에 나와 있는 내용은 오래된 내용이 되어버릴 수 있다. 지금부터 리파인먼트를 사용한 코드를 작성하고자 한다면 이러한 변화를 빠르게 쫓아갈 필요가 있다.

리파인먼트는 하나 이상의 클래스에 대한 변화를 패키징하는 방법이다. 리파인먼트는 모듈에 정의된다.

루비 소스 파일에서 라파인먼트를 포함한 모듈을 사용하기로 하면, 이 변화는 소스 코드에 적용될 것이다. 하지만 이 바깥쪽의 코드에는 영향을 주지 않는다.

구체적인 예를 살펴보자. 다음은 리파인먼트를 이용해 재정의한 puts의 장황한 버전이다.

```ruby
module VanityPuts
  refine Object do
    private
    def puts(*args)
      args.each do |arg|
        Kernel::puts("Dave says: #{arg}")
      end
    end
  end
end
```

---

3   이는 이론적으로 분명히 문제가 된다. 실제로 이런 문제가 발생할까? 매우 드물게 문제가 될 것이다. 하지만 결코 모든 것이 생각한 대로 작동할 것이라고 가정해서는 안 된다. 이러한 클래스들을 오버라이드하지 않았다고 하더라도, 서드 파티 클래스들에 대한 패치를 포함한 분리된 두 라이브러리를 사용하고 있다면 문제를 일으킬 수 있다.

```
using VanityPuts

puts "Hello", "world"
```

실행 결과:

```
prog.rb:2: warning: Refinements are experimental, and the behavior may change in
future versions of Ruby!
Dave says: Hello
Dave says: world
```

refinement는 VanityPuts 모듈에 포함되었다. refine 블록은 클래스와 블록을 받는다. 블록 안에서 메서드는 클래스의 메서드를 원하는 대로 수정할 수 있다. 이 시점에서는 아무런 변화가 적용되지 않는다. 메서드를 정의했지만 아직 루비에게 이를 사용하라고 이야기하진 않았다.

이것이 using 키워드가 하는 일이다. using에 하나 이상의 리파인먼트를 포함하는 모듈을 지정할 수 있다. 그리고 대상이 되는 객체에 이렇게 이야기한다. "나머지 소스 파일에서 Object 객체에 대해 메서드를 호출할 때, 먼저 리파인먼트에 그 메서드가 있는지 찾아봐." 있으면 그 메서드를 호출하고, 그렇지 않을 경우엔 원래의 메서드를 호출한다.

좀 더 힘을 내 보자. 여기서는 세 개의 파일을 정의한다. 다음은 리파인먼트를 정의를 포함하는 예제다.

metaprogramming/ref1/vanity_refinement.rb

```
module VanityPuts
  refine Object do
    private
    def puts(*args)
      args.each do |arg|
        Kernel::puts("Dave says: #{arg}")
      end
    end
  end
end
```

다음은 리파인먼트를 사용하는 예제다.

metaprogramming/ref1/file_using_refinement.rb

```
using VanityPuts

puts "I'm in #{File::basename(__FILE__)}"

def shout(msg)
  puts(msg.upcase)
end
```

마지막으로 세 번째 파일에서 이것들을 실행한다.

```
require_relative 'vanity_refinement'

puts "About to require file using refinement"
require_relative 'file_using_refinement'
puts "Back from require"

shout("finished")
```

실행 결과:

```
prog.rb:2: warning: Refinements are experimental, and the behavior may change in
future versions of Ruby!
About to require file using refinement
Dave says: I'm in file_using_refinement.rb
Back from require
Dave says: FINISHED
```

메인 프로그램에서 직접 puts를 호출한 부분에 리파인먼트가 적용되지 않았음을 알 수 있다. 하지만 리파인먼트가 적용된 파일을 실행한 부분에는 변경 사항이 적용되었다.

리파인먼트: 사용과 유효 범위

리파인먼트는 어떤 모듈에서도 사용할 수 있다. 리파인먼트는 모듈이 아닌 클래스만 가리킬 수 있다.

using은 리파인먼트 모듈을 활성화한다. 리파인먼트 모듈은 오직 최상위 수준의 스코프나 평가되는 문자열에만 올 수 있다. using은 클래스나 모듈 정의를 하는 동안에는 호출할 수 없다.[4]

기본적인 유효 범위 규칙은 간단하다. 리파인먼트는 소스 파일에서 using을 통해 활성화된다. 나머지 소스 파일에서는 리파인먼트에 정의된 메서드가 활성화된다.

리파인먼트로 디자인하기

적절한 사용법에 대한 커뮤니티의 합의를 기대하기에 리파인먼트는 아직 너무 새로운 도구다. 하지만 적어도 두 가지 사용법이 있다.

하나는 프로그래머가 서드 파티 클래스를 임의로 변경하고자 할 때다. 예를 들어 레이크 같은 도구에서는 매우 자주 system 같은 메서드를 사용해 외부 명령어를 실행하곤 한다. 이때 에러를 다르게 기록하기 위해 내장된 system 메서드를 수정하고 싶을 수 있다. 하지만 레이크의 일부분을 제외한 다른 곳에서는

4　이곳은 미래에 우리가 변경을 보게 될 영역이다.

system을 호출하더라도 로깅을 하고 싶지 않을 수 있다. 이때 자신의 파일들에 리파인먼트를 적용해 일부분에만 변경 사항을 적용할 수 있다. 이를 통해 코드를 사용하는 사람들에게서 구체적인 구현을 숨길 수 있다.

두 번째는 라이브러리 작성자가 리파인먼트를 라이브러리의 외부 인터페이스로 제공하는 경우다. 예를 들어 레일스의 액티브 서포트(Active Support) 코드에는 hours, minutes, ago 같은 메서드들이 숫자에 정의되어 있다. 이를 사용해 3.days.ago와 같이 사용할 수 있다. 그런데 이러한 숫자 클래스에 적용된 변화는 전역적으로 영향을 끼친다. 하지만 리파인먼트를 사용하면 레일스 팀은 새로운 메서드를 코드에서 사용할 수 있게 하면서 시스템 클래스들에는 이것들을 추가하지 않을 수 있다. 대신에 API에는 어떻게 이러한 기능들을 자신의 소스 파일에서 사용할 수 있는지에 대한 방법이 문서화될 것이다. 아마 이 기능을 사용하고자 하는 파일에서 다음과 같이 작성하라고 이야기할 것이다.

```
using Rails::Extensions::Durations
```

분명히 이외에도 다양한 활용 방안이 있다. 그리고 앞서 이야기한 두 가지 경우는 상호 배제적이지 않다. 레일스 프레임워크를 예로 들자면 기간(duration)에 관련된 기능들을 사용하고자 한다면, 문서화된 리파인먼트를 통해 이것들을 사용 가능하도록 해야 할 것이다. 이는 매우 흥미로운 주제다. 앞으로 커뮤니티에서는 이 리파인먼트를 어떻게 활용해 나갈지 계속해서 이야기해 나갈 것이다.

24.5 클래스 레벨 메타프로그래밍

루비를 사용한 경험이 많다면 아마 attr_accessor를 사용해 보았을 것이다. 이를 통해 인스턴스 변수를 읽어오거나 대입하는 메서드를 정의할 수 있다.

```
class Song
  attr_accessor :duration
end
```

루비 온 레일스 애플리케이션을 만들어 보았다면 has_many 메서드도 사용해 보았을 것이다.

```
class Album < ActiveRecord::Base
  has_many :tracks
end
```

두 메서드 모두 내부적으로 클래스 레벨 메서드를 정의하는 메서드다. 이러한 메서드는 더 크게 확장되기 때문에, 사람들은 이러한 메서드를 매크로라고 부르기도 한다.

작은 데서 시작해 보자. 이를 발전시켜서 실제로 현실적인 예를 만들어 나갈 것이다. 먼저 클래스의 인스턴스에 로그 기능을 추가하는 간단한 메서드부터 구현해 보자. 앞서 모듈을 사용해 이와 같은 메서드를 만든 적이 있다. 이번에는 클래스 레벨 메서드를 사용해 이를 구현한다. 처음 구현은 다음과 같다.

```ruby
class Example
  def self.add_logging
    def log(msg)
      STDERR.puts Time.now.strftime("%H:%M:%S: ") + "#{self} (#{msg})"
    end
  end

  add_logging
end

ex = Example.new
ex.log("hello")
```

실행 결과:
```
16:31:37: #<Example:0x007faee20348f8> (hello)
```

분명 이 코드에는 문제가 많아 보인다. 조금만 참고 따라오길 바란다. 먼저 이 코드에도 배울 점이 있다. 먼저 add_logging 메서드가 Example 클래스 객체의 싱글턴 클래스에 정의된 클래스 메서드라는 데 주목하자. 이를 통해 이후에 클래스 정의에서 명시적인 수신자 없이 이 메서드를 호출할 수 있다. 이는 클래스 정의 내에서 self가 클래스 객체로 설정되어 있기 때문이다.

그리고 add_logging 메서드에 중첩된 메서드 정의가 있다. 이 안쪽의 메서드 정의는 add_logging 메서드가 호출되는 시점에서 처음 실행된다. 그 결과 Example 클래스의 인스턴스 메서드로 log가 정의된다.

한 걸음 더 나아가 보자. 어떤 클래스에서 add_logging 메서드를 정의하고 하위 클래스에서 사용할 수 있다. 이는 싱글턴 클래스의 계층 구조가 일반 클래스의 계층 구조와 같기 때문에 가능한 일이다. 결과적으로 부모 클래스의 클래스 메서드는 자식 클래스에도 사용할 수 있다.

```ruby
class Logger
  def self.add_logging
    def log(msg)
      STDERR.puts Time.now.strftime("%H:%M:%S: ") + "#{self} (#{msg})"
    end
  end
end

class Example < Logger
  add_logging
end
```

```
ex = Example.new
ex.log("hello")
```

실행 결과:

```
16:31:38: #<Example:0x007f84d39003d0> (hello)
```

이 절의 처음에 제시했던 두 가지 예를 한 번 더 생각해 보자. 둘 다 같은 방법으로 작동한다. attr_accessor는 Module 클래스에 정의된 클래스 메서드이므로 모든 모듈 정의와 클래스 정의에서 사용할 수 있다. has_many는 레일스의 ActiveRecord 모듈의 Base 클래스에 정의되어 있는 클래스 메서드이므로 ActiveRecord::Base의 모든 하위 클래스에서 사용할 수 있다.

하지만 앞선 예제는 어쩐지 불편해 보이는 구석이 있다. log 메서드를 Logger 클래스의 인스턴스 메서드로 직접 추가하는 편이 더 간단해 보이기 때문이다. 그렇다면 log 메서드를 사용하는 각 클래스에 서로 다른 log 메서드를 만들고 싶을 때는 어떨까? 예를 들어 각 로그 메시지 앞에 클래스를 식별할 수 있는 문자열을 붙이는 기능을 추가한다고 해 보자. 최종적인 사용 예는 다음과 같을 것이다.

```
class Song < Logger
  add_logging "Song"
end

class Album < Logger
  add_logging "CD"
end
```

이를 위해서는 log 메서드를 동적으로 정의해야만 한다. 더 이상 def...end 방식의 메서드 정의로는 이를 구현할 수 없다. 기존의 메서드 정의 방식 대신에, 메타프로그래밍에서 가장 기본적인 도구인 define_method를 사용할 것이다. 이 메서드는 메서드 이름과 블록을 넘겨받아, 주어진 이름과 넘겨진 블록을 몸체로 하는 메서드를 정의한다. 블록 정의에 사용된 인자는 메서드를 정의할 때 매개변수로 사용된다.

```
class Logger
  def self.add_logging(id_string)
    define_method(:log) do |msg|
      now = Time.now.strftime("%H:%M:%S")
      STDERR.puts "#{now}-#{id_string}: #{self} (#{msg})"
    end
  end
end

class Song < Logger
  add_logging "Tune"
end

class Album < Logger
  add_logging "CD"
```

```
  end
song = Song.new
song.log("rock on")
```

실행 결과:

```
16:31:38-Tune: #<Song:0x007faea0a078b8> (rock on)
```

이 코드에는 미묘하면서 중요한 점이 하나 있다. log 메서드의 몸체에는 다음 내용이 포함되어있다.

```
STDERR.puts "#{now}-#{id_string}: #{self} (#{msg})"
```

now는 지역 변수, msg는 블록의 매개 변수다. 그런데 id_string은 이 메서드 정의(define_method)를 감싸고 있는 add_logging에 넘겨지는 매개 변수다. 블록에서 이 매개 변수에 접근할 수 있는 것은 블록 정의가 클로저를 만들기 때문이다. 즉, 블록을 생성하는 시점의 문맥이 그대로 저장되며 블록을 실제로 사용할 때 이 문맥에 접근할 수 있다. 이 예제에서는 클래스 수준의 메서드에서 넘겨받은 값을 정의 중인 인스턴스 메서드에서 사용하고 있는 셈이다. 이는 클래스 레벨 매크로를 만들 때 흔히 사용되는 패턴이다.

클래스 메서드에서 정의 중인 메서드의 몸체에 매개 변수를 넘겨주는 것뿐 아니라, 같은 변수를 사용해서 작성 중인 메서드의 이름을 정할 수도 있다. 다음 예제에서는 지정된 인스턴스 변수에 대한 모든 대입을 로그로 남기는 새로운 attr_accessor 메서드를 정의한다.

```
class AttrLogger
  def self.attr_logger(name)
    attr_reader name
    define_method("#{name}=") do |val|
      puts "Assigning #{val.inspect} to #{name}"
      instance_variable_set("@#{name}", val)
    end
  end
end

class Example < AttrLogger
  attr_logger :value
end
ex = Example.new
ex.value = 123
puts "Value is #{ex.value}"
ex.value = "cat"
puts "Value is now #{ex.value}"
```

실행 결과:

```
Assigning 123 to value
Value is 123
Assigning "cat" to value
Value is now cat
```

여기에서도 다시 메서드 몸체를 정의하는 블록이 클로저라는 점을 사용해서 로그 메시지에서 속성을 참조하고 있다. 그리고 attr_reader가 단순히 클래스 메서드인 점을 이용하고 있다. 클래스 메서드 내에서 attr_reader를 호출하면 속성을 읽어오는 메서드(getter)가 정의된다. 또한 instance_variable_set 메서드를 사용해 인스턴스 변수에 값을 설정했다. 이는 메타프로그래밍에서 자주 사용되는 기법 중 하나다. 이와 비슷한 _get 메서드도 있다. 이 메서드는 지정한 인스턴스 변수의 값을 반환한다.

클래스 메서드와 모듈

어떤 클래스에서 클래스 메서드를 정의하고 이 메서드를 하위 클래스들에서도 사용할 수 있다. 하지만 어떤 클래스 메서드가 정의된 클래스를 상속받는 것이 적절하지 않은 경우도 있다. 이는 다른 클래스를 상속받아야 할 필요가 있는 경우도 있고, Song이 Logger를 상속하기에는 디자인 측면에서 부적절하기 때문이다.

이때 모듈을 통해 메타프로그래밍 구현을 가지고 있을 수 있다. 이미 살펴보았듯이 클래스 정의 내에서 extend를 사용하면 모듈 내의 메서드들이 정의 중인 클래스 메서드로 추가된다.

```ruby
module AttrLogger
  def attr_logger(name)
    attr_reader name
    define_method("#{name}=") do |val|
      puts "Assigning #{val.inspect} to #{name}"
      instance_variable_set("@#{name}", val)
    end
  end
end

class Example
  extend AttrLogger
  attr_logger :value
end

ex = Example.new
ex.value = 123
puts "Value is #{ex.value}"
ex.value = "cat"
puts "Value is now #{ex.value}"
```

실행 결과:

```
Assigning 123 to value
Value is 123
Assigning "cat" to value
Value is now cat
```

정의 중인 클래스에 클래스 메서드와 인스턴스 메서드를 모두 추가하고자 할 때는 조금 교묘한 방법을 사용한다. 여기서는 레일스 프레임워크 구현에 사용된 기법을 소개한다. 이는 루비의 훅 메서드인 included를 사용하는 방법이다. included는 모듈을 클래스에 인클루드할 때 자동으로 호출되는 메서드다. 매개변수로 정의 중인 클래스의 클래스 객체를 넘겨준다.

```ruby
module GeneralLogger
  # 이 모듈을 인클루드하면 이 메서드가 추가된다.
  def log(msg)
    puts Time.now.strftime("%H:%M: ") + msg
  end

  # 추가될 클래스 메서드가 있는 모듈
  module ClassMethods
    def attr_logger(name)
      attr_reader name
      define_method("#{name}=") do |val|
        log "Assigning #{val.inspect} to #{name}"
        instance_variable_set("@#{name}", val)
      end
    end
  end

  # 인클루드하면 인클루드한 클래스의 클래스 메서드로 확장한다.
  def self.included(host_class)
    host_class.extend(ClassMethods)
  end
end

class Example
  include GeneralLogger
  attr_logger :value
end

ex = Example.new
ex.log("New example created")
ex.value = 123
puts "Value is #{ex.value}"
ex.value = "cat"
puts "Value is #{ex.value}"
```

실행 결과:

```
16:31: New example created
16:31: Assigning 123 to value
Value is 123
16:31: Assigning "cat" to value
Value is cat
```

included 콜백을 사용해서 내부 모듈 ClassMethods에서 정의한 메서드를 원래의 클래스에 대해 확장하고 있다는 점에 주목하자.

원리를 이해하기 위해 앞선 예제를 머릿속에서 작동시켜 보기 바란다. 그리고 각 행별로 self의 값이 무엇일지 생각해 보자. 이게 익숙해지면 이런 방식의 루비 메타프로그래밍은 마스터했다고 봐도 좋다.

24.6 클래스를 정의하는 다른 두 가지 방법

클래스를 정의하는 방법에 대해서는 지겨울 정도로 보았다고 생각할지도 모르지만 루비에는 아직 설명하지 않은 두 가지 클래스 정의 방법이 남아 있다.

표현식의 서브클래스화

첫 번째 방식은 특별히 새로울 것이 없다. 보통 사용하는 클래스 정의 문법을 일반화한 것뿐이다. 다음과 같은 코드는 이미 익숙할 것이다.

```
class Parent
  ...
end
class Child < Parent
  ...
end
```

하지만 〈 기호 우측에 오는 값이 반드시 클래스 이름이어야 하는 것은 아니다. 여기에는 클래스 객체를 반환하는 어떤 표현식이라도 올 수 있다. 앞선 예제에서는 Parent라는 상수를 사용한다. 이 상수는 간단한 표현식이며, 상수 Parent에는 앞에서 정의한 클래스 객체가 담겨 있다.

루비에는 데이터의 속성만을 포함하는 클래스를 정의할 수 있도록 해 주는 Struct 클래스가 있다. 예를 들어 다음과 같이 사용할 수 있다.

```
Person = Struct.new(:name, :address, :likes)

dave = Person.new('Dave', 'TX')
dave.likes = "Programming Languages"
puts dave
```

실행 결과:
```
#<struct Person name="Dave", address="TX", likes="Programming Languages">
```

Struct.new(...)의 반환값은 클래스 객체다. 이를 상수 Person에 대입해서 Person을 다른 클래스들과 마찬가지로 사용할 수 있다.

이때 구조체에 포함된 to_s 메서드를 바꾸고 싶다고 해 보자.

이를 구현하기 위해 클래스를 열고 다음 메서드를 정의하는 방법이 있을 수 있다.

```
Person = Struct.new(:name, :address, :likes)
class Person
  def to_s
    "#{self.name} lives in #{self.address} and likes #{self.likes}"
  end
end
```

하지만 다음과 같이 더 우아하게(클래스 객체를 추가하게 되지만) 작성하는 방법도 있다.

```
class Person < Struct.new(:name, :address, :likes)
  def to_s
    "#{self.name} lives in #{self.address} and likes #{self.likes}"
  end
end
dave = Person.new('Dave', 'Texas')
dave.likes = "Programming Languages"
puts dave
```

실행 결과:

```
Dave lives in Texas and likes Programming Languages
```

싱글턴 클래스 만들기

먼저 다음 루비 코드를 살펴보자.

```
class Example
end
ex = Example.new
```

Example.new를 호출하면 클래스 객체 Example에 대해 new 메서드가 호출된다. 이는 그냥 메서드를 호출하는 일이다. 루비는 Example 객체에서 new라는 메서드를 찾으며(Example 클래스 객체의 클래스 객체는 Class다) 이를 실행한다. 따라서 Class#new를 직접 호출하는 것도 가능하다.

```
some_class = Class.new
puts some_class.class
```

실행 결과:

```
Class
```

Class.new에 블록을 넘겨주면 이 블록이 클래스 몸체로 사용된다.

```
some_class = Class.new do
  def self.class_method
    puts "In class method"
  end
  def instance_method
    puts "In instance method"
  end
end

some_class.class_method
obj = some_class.new
obj.instance_method
```

실행 결과:

```
In class method
In instance method
```

기본적으로 이러한 클래스들은 Object의 직접적인 자식 클래스가 된다. 다른 클래스를 부모 클래스로 지정하기 위해서는 클래스 이름을 매개 변수로 넘겨준다.

```
some_class = Class.new(String) do
  def vowel_movement
    tr 'aeiou', '*'
  end
end

obj = some_class.new("now is the time")
puts obj.vowel_movement
```

실행 결과:
```
n*w *s th* t*m*
```

> ### 클래스 이름이 정해지는 방법
>
> Class.new로 생성한 클래스에는 이름이 없다는 것을 알아챘을 것이다. 하지만 단순히 이렇게 끝나는 것은 아니다. 루비는 이름이 없는 클래스를 상수에 대입하면 자동적으로 그 상수를 클래스 이름으로 사용한다.
>
> ```
> some_class = Class.new
> obj = some_class.new
> puts "Initial name is #{some_class.name}"
> SomeClass = some_class
> puts "Then the name is #{some_class.name}"
> puts "also works via the object: #{obj.class.name}"
> ```
>
> *실행 결과:*
> ```
> Initial name is
> Then the name is SomeClass
> also works via the object: SomeClass
> ```

이렇게 동적으로 생성된 클래스를 사용하면 재미있는 방법으로 루비를 확장할 수 있다. 예를 들어 다음 예제에서는 루비의 Struct 클래스를 조금 재구현해 보았다.

```
def MyStruct(*keys)
  Class.new do
    attr_accessor *keys
    def initialize(hash)
      hash.each do |key, value|
        instance_variable_set("@#{key}", value)
      end
    end
  end
end

Person = MyStruct :name, :address, :likes
dave = Person.new(name: "dave", address: "TX", likes: "Stilton")
chad = Person.new(name: "chad", likes: "Jazz")
chad.address = "Berlin"
```

```
puts "Dave's name is #{dave.name}"
puts "Chad lives in #{chad.address}"
```

실행 결과:

```
Dave's name is dave
Chad lives in Berlin
```

24.7 instance_eval과 class_eval

Object#instance_eval, Module#class_eval, Module#module_eval 각 메서드를 사용하면 self에 임의의 객체로 설정하고 블록 내의 코드를 평가한 다음 다시 self를 되돌린다.

```
"cat".instance_eval do
  puts "Upper case = #{upcase}"
  puts "Length is #{self.length}"
end
```

실행 결과:

```
Upper case = CAT
Length is 3
```

두 형식 모두 문자열을 넘겨받는다. 여기에는 조금 문제가 있다.

먼저 느리다. eval을 호출하는 일은 실질적으로 문자열로 된 코드를 컴파일한 다음에 실행하는 것과 마찬가지다. 이보다 더 나쁜 것은 위험하다는 점이다. eval에는 외부 데이터(애플리케이션 바깥에서 넘겨진 데이터)가 넘겨질 가능성이 있다. 이 데이터가 eval 메서드에 실제로 넘어가게 되면 어떤 코드든지 실행이 가능하게 되므로 보안 구멍이 된다.

다음은 문자열 매개 변수를 사용한 예제다.

```
"cat".instance_eval('puts "Upper=#{upcase}, length=#{self.length}"')
```

실행 결과:

```
Upper=CAT, length=3
```

class_eval과 instance_eval은 모두 블록을 실행하는 동안 self를 변경한다. 하지만 두 메서드 간에는, 메서드 정의를 위한 환경을 준비하는 방법에 차이가 있다. class_eval을 사용하면 클래스 정의 몸체에 코드를 작성하는 것처럼 작동하게 되며, 따라서 이를 통해 정의한 메서드는 인스턴스 메서드가 된다.

```
class MyClass
end

MyClass.class_eval do
  def instance_method
```

```
      puts "In an instance method"
    end
end

obj = MyClass.new
obj.instance_method
```

실행 결과:

```
In an instance method
```

반면에 instance_eval을 사용하면 self는 싱글턴 메서드 안에 있는 것처럼 작동하며, 따라서 이를 통해 메서드를 정의하면 클래스 메서드가 된다.

```
class MyClass
end

MyClass.instance_eval do
  def class_method
    puts "In a class method"
  end
end
MyClass.class_method
```

실행 결과:

```
In a class method
```

메서드를 정의할 때 class_eval과 instance_eval이 실제로는 서로 반대의 메서드를 정의한다는 것을 기억해 두면 편리하다. 즉, 겉보기와 달리 class_eval은 인스턴스 메서드를 정의하며 instance_eval은 클래스 메서드를 정의한다.

　루비에는 이와 비슷한 메서드들이 더 준비되어 있다. Object#instance_exec와 Module#class_exec, Module#module_exec는 각각 _eval로 끝나는 메서드와 같은 용도로 사용되지만 오직 블록만을 넘겨받는다. 뒤집어 말하면 문자열은 넘겨받지 않는다. 메서드에 넘겨진 매개 변수들은 블록 매개 변수로 넘겨진다. 이는 매우 중요한 기능이다. _eval 형식의 메서드를 사용할 때는 블록에 지역 변수와 인스턴스 변수를 넘겨주는 것이 불가능했다. _exec 형식을 사용하면 이것이 가능해진다.

```
@animal = "cat"
"dog".instance_exec(@animal) do |other|
  puts "#{other} and #{self}"
end
```

실행 결과:

```
cat and dog
```

instance_eval과 상수

루비 1.9에서 instance_eval과 class_eval을 사용해 블록을 실행할 때 상수를 찾는 방법이 달라졌다. 루비 1.9.2부터 다시 이전 방법을 사용한다. 루비 1.8과 1.9.2에서는 상수를 상수가 참조하고 있는 어휘적 유효 범위 내에서만 찾는다. 루비 1.9에서는 instance_eval이 호출되는 범위 내에서 상수를 찾는다. 다음 예제는 조금 인위적이지만 이 책을 썼을 때의 작동을 보여준다. 이러한 행동은 다시 변경되었을지도 모른다.

```
module One
  CONST = "Defined in One"
  def self.eval_block(&block)
    instance_eval(&block)
  end
end

module Two
  CONST = "Defined in Two"
  def self.call_eval_block
    One.eval_block do
      CONST
    end
  end
end

Two.call_eval_block # => "Defined in Two"
```

루비 1.9에서 이 코드를 실행하면 "Defined in One"이 출력된다.

instance_eval과 DSL(Domain-Specific Languages)

instance_eval은 DSL에 있어서 중요한 역할을 하는 것이 밝혀진 바 있다. 예를 들어 거북이 그래픽(turtle graphics)[5]을 위한 DSL을 만든다고 해 보자. 5×5 정사각형을 세 개 그리고자 한다면 다음과 같이 작성할 수 있다.[6]

```
3.times do
  forward(8)
  pen_down
  4.times do
    forward(4)
    left
  end
  pen_up
end
```

pen_down, forward, left, pen_up 같은 메서드들은 루비 메서드로 구현할 수 있다. 하지만 이러한 메서드들을 수신자 없이 호출하고자 한다면, 메서드들을

---

5 거북이 그래픽 시스템에 대해 이렇게 상상해 보자. 거북이가 한 마리 있고 이 거북이를 앞으로, 오른쪽으로, 왼쪽으로 이동시켜서 사각형들을 그릴 수 있다. 먼저 거북이를 들고 펜을 묶어준다. 펜을 아래를 향하도록 묶어주면, 이 펜이 그리는 선은 거북이의 이동 궤적을 보여줄 것이다. 야생에서 이러한 일을 하기는 어려우므로 컴퓨터에서 이를 시뮬레이션한다.

6 이 코드의 forward(4)는 올바르다. 최초의 포인트는 이미 그려져 있다.

정의된 클래스 내에서 사용하거나 메서드를 전역적으로 정의해야만 한다. 이때 instance_eval이 도움이 된다. 여기에서는 인스턴스 메서드로서 필요한 다양한 메서드가 정의된 Turtle 클래스를 정의한다. 이 클래스에는 거북이 DSL을 실행하기 위한 walk 메서드와 결과물을 그리기 위한 draw도 정의한다.

```
class Turtle
  def left; ... end
  def right; ... end
  def forward(n); ... end
  def pen_up; .. end
  def pen_down; ... end
  def walk(...); end
  def draw; ... end
end
```

walk 메서드를 올바르게 정의한다면 다음과 같이 사용할 수 있다.

```
turtle = Turtle.new
turtle.walk do
  3.times do
    forward(8)
    pen_down
    4.times do
      forward(4)
      left
    end
    pen_up
  end
end
turtle.draw
```

여기서 walk를 올바르게 정의한다는 게 무슨 의미일까? 먼저 블록에서 DSL 명령어를 통해 turtle 객체 내의 메서드를 호출해야 하므로 instance_eval이 필요한 건 확실해 보인다. 또한 walk 메서드가 넘겨받은 블록을 instance_eval을 호출해 평가되도록 해야 한다. 이는 다음과 같이 구현할 수 있다.

```
def walk(&block)
  instance_eval(&block)
end
```

블록을 변수로 받아서 이 변수에 담긴 블록을 instance_eval을 통해 평가한다.

거북이 그래픽 프로그램의 전체 코드는 481쪽에서 확인할 수 있다.

이 예제가 instnace_eval을 잘 사용한 경우일가? 이는 상황에 따라 다르다. 이 방식의 좋은 점은 수신자를 명시적으로 지정하지 않아도 되기 때문에 블록의 코드가 읽기 쉬워진다는 점이다.

```
4.times do
  turtle.forward(4)
  turtle.left
end
```

하지만 여기에는 단점도 있다. 블록 안의 범위가 얼핏 생각하는 것과는 달라서 다음 코드는 작동하지 않을 것이다.

```
@size = 4
turtle.walk do
  4.times do
    turtle.forward(@size)
    turtle.left
  end
end
```

인스턴스 변수를 self 안에서 찾으나, 블록 안의 self는 인스턴스 변수 @size를 설정할 때의 self와 같지 않다. 이러한 이유로 대부분의 프로그래머는 instance_eval에 블록을 넘겨주는 방법을 사용하지 않는 추세다.

24.8 훅 메서드

463쪽 GeneralLogger 모듈 예제에서는 included 메서드를 정의했다. 이 모듈이 클래스 내에 인클루드되면 루비는 자동적으로 included 메서드를 호출하고 모듈을 인클루드한 클래스에 클래스 메서드를 추가하는 예제였다.

included는 훅 메서드의 한 예다(이는 콜백이라고도 불린다). 훅 메서드는 사용자가 정의하지만 특정한 이벤트가 발생했을 때 인터프리터가 호출하는 메서드를 일컫는다. 인터프리터는 이 메서드들을 이름을 통해 호출한다. 적절한 콘텍스트에서 적절한 이름을 가진 메서드가 정의되어 있다면, 이에 대응하는 이벤트가 발생했을 때 루비는 이 메서드를 호출한다.

인터프리터 내에서 호출되는 메서드는 다음과 같다.

메서드 관련 훅

> method_added, method_missing, method_removed,
> method_undefined, singleton_method_added,
> singleton_method_removed, singleton_method_undefined

클래스, 모듈 관련 훅

> append_features, const_missing, extend_object, extended, included,
> inherited, initialize_clone, initialize_copy, initialize_dup

객체 마샬링 훅

> marshal_dump, marshal_load

강제 형 변환 훅

    coerce, induced_from, to_xxx

이번 장에서 이 메서드들 전부를 설명하지는 않는다. 대신에 간단한 예제 몇 가지만 다룰 것이다. 각 메서드에 대한 자세한 설명은 레퍼런스를 참조하기 바라며, 강제 형 변환에 대한 자세한 내용은 '23장 오리 타입'에서 다룬다.

inherited 훅

클래스에 inherited라는 이름을 가진 메서드를 정의하면, 이 클래스를 상속받았을 때 inherited 메서드가 호출된다(즉, 원래 클래스로부터 상속받은 어떤 클래스에라서도).

    inherited 훅은 부모 클래스가 이를 상속받는 자식 클래스를 추적할 필요가 있을 때 사용한다. 예를 들어 어떤 인터넷 쇼핑몰에서는 다양한 배송 방법을 지원한다. 각 배송 방법은 클래스를 통해 표현되며, 이 클래스들은 모두 Shipping 클래스를 상속받은 자식 클래스다. 부모 클래스에 다양한 배송 방법을 나타내는 클래스들을 추적하기 위해, 각 자식 클래스에서 Shipping 클래스를 상속받는 것을 기록한다. 이를 통해 사용자에게 배송 방법을 보여주고자 할 때, 부모 클래스를 통해 자식 클래스들의 목록을 가져올 수 있을 것이다.

```ruby
class Shipping      # 부모 클래스
  @children = []  # 이 변수는 인스턴스가 아니라 클래스에 속한다.

  def self.inherited(child)
    @children << child
  end

  def self.shipping_options(weight, international)
    @children.select {|child| child.can_ship(weight, international)}
  end
end

class MediaMail < Shipping
  def self.can_ship(weight, international)
    !international
  end
end

class FlatRatePriorityEnvelope < Shipping
  def self.can_ship(weight, international)
    weight < 64 && !international
  end
end

class InternationalFlatRateBox < Shipping
  def self.can_ship(weight, international)
    weight < 9*16 && international
  end
```

```
end

puts "Shipping 16oz domestic"
puts Shipping.shipping_options(16, false)

puts "\nShipping 90oz domestic"
puts Shipping.shipping_options(90, false)

puts "\nShipping 16oz international"
puts Shipping.shipping_options(16, true)
```

실행 결과:

```
Shipping 16oz domestic
MediaMail
FlatRatePriorityEnvelope

Shipping 90oz domestic
MediaMail

Shipping 16oz international
InternationalFlatRateBox
```

커맨드 인터프리터에서는 이러한 패턴이 자주 사용되곤 한다. 커맨드 인터프리터에서는 기반 클래스가 사용 가능한 명령어를 관리하고, 각 명령어는 기반 클래스의 하위 클래스에서 구현한다.

method_missing 훅

루비에서 메서드 호출을 실행할 때 우선 객체의 클래스에서 메서드를 찾고, 그리고 그 상위 클래스에 메서드를 찾고, 이러한 탐색 과정을 반복한다. 메서드를 호출할 때 명시적인 수신자가 있다면, 메서드를 탐색할 때 private 메서드는 무시하고 넘어간다. 상위 클래스를 모두 뒤지고도 메서드를 찾지 못하면 (BasicObject는 더 이상 상위 클래스를 가지지 않는다) 루비는 method_missing 이라는 훅 메서드 호출을 시도한다. 이때 다시 같은 과정이 반복된다. 루비는 먼저 객체의 클래스에서 메서드를 찾고, 상위 클래스들을 계속해서 탐색한다. 하지만 루비에선 BasicObject에 미리 method_missing이 정의되어 있으므로 보통이 메서드에서 탐색 과정이 멈추게 된다. 내장된 method_missing 메서드는 기본적으로 예외를 발생시킬 뿐이다(상황에 따라 NoMethodError나 NameError 예외를 발생시킨다).

핵심은 method_missing이 그저 루비 메서드에 불과하다는 점이다. 따라서 사용자가 정의한 클래스에서 이 메서드를 오버라이드하고, 애플리케이션에서 필요한 방식으로 정의되지 않은 메서드 호출을 처리할 수 있다.

method_missing은 간단한 형식으로 사용할 수 있지만, 많은 프로그래머들이
이에 대해 오해하곤 한다.

```
def method_missing(name, *args, &block) # ...
```

name 인자는 탐색에 실패한 호출된 메서드 이름을 받는다. 이는 심벌로 넘겨진
다. args 인자는 원래 메서드 호출에 넘겨진 인자들을 배열로 받는다. 그리고 자
주 지나쳐버리곤 하지만, 마지막 블록 인자를 통해 메서드에 넘겨진 블록을 넘
겨받는다.

```
def method_missing(name, *args, &block)
  puts "Called #{name} with #{args.inspect} and #{block}"
end

wibble
wobble 1, 2
wurble(3, 4) { stuff }
```

실행 결과:

```
Called wibble with [] and
Called wobble with [1, 2] and
Called wurble with [3, 4] and #<Proc:0x007f9e241009b8@prog.rb:7>
```

구체적인 설명에 앞서 이 메서드를 작성하기 위한 팁을 하나 주고자 한다. 사람
들이 method_missing을 사용하는 방식은 크게 두 가지로 나뉜다. 먼저 첫 번째
방식은 정의되어 있지 않은 메서드 호출을 모두 가로채서 처리하는 방법이다.
또 하나는 조금 교묘한 방법인데, 모든 호출을 가로채지만 그중 일부만 처리하
는 방법이다. 두 번째 방법을 사용할 때는 처리하지 않기로 결정한 메서드 호출
을 상위 클래스로 보내는 게 중요하다.

```
class MyClass < OtherClass
  def method_missing(name, *args, &block)
    if <some condition>
      # 호출을 처리한다.
    else
      super # 상위 클래스로 넘긴다.
    end
  end
end
```

처리하지 않는 호출을 부모 클래스에 넘기지 않으면, 애플리케이션은 클래스가
이해하지 못하는 메서드를 조용히 무시한다.

method_missing을 사용하는 몇 가지 방법을 살펴보자.

접근자 시뮬레이션을 위한 method_missing

OpenStruct 클래스는 루비에 포함되어 있다. OpenStruct 클래스를 사용하면 생성한 객체에 대입을 통해 동적으로 속성을 정의할 수 있다(이는 레퍼런스(896쪽)에서 더 자세히 다룰 것이다). 예를 들어 다음과 같이 사용할 수 있다.

```ruby
require 'ostruct'
obj = OpenStruct.new(name: "Dave")
obj.address = "Texas"
obj.likes   = "Programming"

puts "#{obj.name} lives in #{obj.address} and likes #{obj.likes}"
```

실행 결과:

```
Dave lives in Texas and likes Programming
```

여기서는 method_missing을 사용해서 직접 OpenStruct를 구현해 보자.

```ruby
class MyOpenStruct < BasicObject
  def initialize(initial_values = {})
    @values = initial_values
  end
  def _singleton_class
    class << self
      self
    end
  end
  def method_missing(name, *args, &block)
    if name[-1] == "="
      base_name = name[0..-2].intern
      _singleton_class.instance_exec(name) do |name|
        define_method(name) do |value|
          @values[base_name] = value
        end
      end
      @values[base_name] = args[0]
    else
      _singleton_class.instance_exec(name) do |name|
        define_method(name) do
          @values[name]
        end
      end
      @values[name]
    end
  end
end

obj = MyOpenStruct.new(name: "Dave")
obj.address = "Texas"
obj.likes   = "Programming"
puts "#{obj.name} lives in #{obj.address} and likes #{obj.likes}"
```

실행 결과:

```
Dave lives in Texas and likes Programming
```

루비 1.9부터 도입된 BasicObject 클래스를 부모 클래스로 사용하는 데 주목하자. BasicObject는 루비 객체 계층에서 최상위에 존재하며 최소한의 메서드들로 구현되어 있다.

```
p BasicObject.instance_methods
```

실행 결과:

```
[:==, :equal?, :!, :!=, :instance_eval, :instance_exec, :__send__, :__id__]
```

이 덕분에 MyOpenStruct 클래스에서 직접 display나 class 같은 메서드를 자유롭게 정의할 수 있다. BasicObject 클래스 대신에 MyOpenStruct 클래스의 부모로 display와 class를 비롯해 49개의 메서드를 가진 Object 클래스를 지정하면, 이미 정의된 메서드에 대해서는 method_missing이 적용되지 않는다.

또한 method_missing 안에서 자주 사용되는 패턴에도 주목하자. 객체의 속성을 처음 참조하거나 대입하면, @values 해시에 적절히 접근하거나 갱신을 수행한다. 이와 동시에 호출하려고 했던 메서드가 정의된다. 이에 따라 다음에 이 속성을 사용하면 정의된 메서드가 호출되기 때문에 더 이상 method_missing은 호출되지 않는다는 의미다. 이는 객체에 대한 접근 패턴에 따라 문제가 되지 않을 수도 있고, 문제가 될 수도 있다.

또한 메서드를 정의할 때는 일정한 순서를 따라야만 한다는 것을 주지해야 한다. 여기서는 현재 객체에 대해 메서드를 정의하고자 한다. 이를 위해 메서드를 객체의 싱글턴 클래스에 정의해야만 한다. instance_exec나 define_method를 이용해 이러한 작업을 할 수 있다. 이렇게 하기 위해서는 class << self와 같은 방법을 사용해 객체의 싱글턴 객체를 얻어와야 한다. 조금 흥미로운 구현 덕분에 define_method는 instance_exec나 class_exec 어느 쪽에서 호출하건 항상 인스턴스 메서드를 정의한다.

하지만 다음 코드는 method_missing과 BasicObject를 사용하는 약점을 여실히 보여준다.

```
obj = MyOpenStruct.new(name: "Dave")
obj.address = "Texas"

o1 = obj.dup
o1.name = "Mike"
o1.address = "Colorado"
```

실행 결과:

```
prog.rb:37:in `<main>': undefined method `name=' for nil:NilClass
(NoMethodError)
```

dup 메서드는 BasicObject 클래스에 없고, Object 클래스에 정의되어 있다. 따라서 dup 메서드를 호출하면 method_missing이 실행되며 nil이 반환된다(dup이라는 속성이 존재하지 않기 때문이다). 다음과 같이 코드를 수정하면 적어도 에러가 출력되는 것을 확인할 수 있다.

```
def method_missing(name, *args, &block)
  if name[-1] == "="
    # 앞선 예제와 같다.
  else
    super unless @values.has_key? name
    # 앞선 예제와 같다.
  end
end
```

이를 통해 객체에 대한 dup(또는 다른 메서드)을 호출할 때 에러가 발생한다. 하지만 객체에 대해 dup이나 clone을 수행하는 것은 불가능하다(또는 inspect 나 문자열을 변환하는 작업도 마찬가지로 수행할 수 없다). BasicObject는 method_missing에 아주 적합한 클래스처럼 보이지만 사실은 이러한 장점보다 단점이 더 두드러진다.

method_missing을 필터로 사용하기

앞선 예제에서 보였다시피 모든 호출을 가로채려고 시도하는 method_missing 은 문제점을 가지고 있다. 모든 호출을 가로채기보다는 특정 패턴을 인식해서, 이 패턴에 해당하는 메서드가 없을 때만 부모 클래스에 넘겨서 처리하는 편이 더 좋다.

이렇게 사용하는 예로는 루비 온 레일스 ActiveRecord 모듈의 동적 파인더 (dynamic finder) 기능을 들 수 있다. ActiveRecord는 레일스에서 사용하는 ORM 라이브러리다. 이를 사용하면 관계형 데이터베이스에 마치 객체를 사용하는 것처럼 접근할 수 있다. 특별한 기능 중 하나는 특정한 열에서 지정한 값을 가진 조건에 일치하는 행을 찾을 수 있다는 점이다. 예를 들어 Book이라는 ActiveRecord 클래스가 books라는 테이블에 매핑되어 있고, books 테이블에 title과 author 칼럼이 있을 때 다음과 같이 사용할 수 있다.

```
pickaxe = Book.find_by_title("Programming Ruby")
daves_books = Book.find_all_by_author("Dave Thomas")
```

ActiveRecord에 미리 모든 파인더 메서드가 정의되어 있는 것은 아니다. 그 대신 method_missing을 사용해 동적으로 메서드를 구현한다. method_missing 메서드 안에서 /^find_(all_)?by_(.*)/ 패턴에 매치하는 정의되어 있지 않은 메서드 호출을 찾는다.[7] 호출된 메서드가 이 패턴에 매치되지 않거나, 메서드 이름에 포함된 필드가 데이터베이스 테이블의 칼럼에 대응하지 않는 경우

---

7 이는 /^find_or_(initialize|create)_by_(.*)/ 패턴도 찾는다.

ActiveRecord는 super를 호출해서 원래의 method_missing 메시지를 출력한다.

24.9 마지막 예제

마지막으로 여기까지 설명한 메타프로그래밍에 관한 모든 정보를 총동원해서 예제를 작성해 보자. 이 예제에서는 스스로 믹스인한 클래스에 메서드 호출을 추적하는 모듈을 정의한다.

```
require_relative 'trace_calls'
class Example
  def one(arg)
    puts "One called with #{arg}"
  end
end

ex1 = Example.new
ex1.one("Hello") # 이 호출은 추적하지 않는다.

class Example
  include TraceCalls
  def two(arg1, arg2)
    arg1 + arg2
  end
end

ex1.one("Goodbye") # 하지만 이 두 메서드는 추적한다.
puts ex1.two(4, 5)
```

실행 결과:
```
One called with Hello
==> calling one with ["Goodbye"]
One called with Goodbye
<== one returned nil
==> calling two with [4, 5]
<== two returned 9
9
```

이 예제에서 바로 눈에 띄는 것이 하나 있다. TraceCalls 모듈을 클래스에 믹스인하면 그 클래스에 존재하는 인스턴스 메서드에 추적 기능을 추가할 필요가 있다. 또한 이후에 추가하는 모든 메서드에도 추적 기능을 추가해야만 한다.

　TraceCalls 모듈 전체 코드를 살펴보자.

metaprogramming/trace_calls.rb
```
module TraceCalls
  def self.included(klass)
    klass.instance_methods(false).each do |existing_method|
      wrap(klass, existing_method)
    end
    def klass.method_added(method) # note: nested definition
      unless @trace_calls_internal
        @trace_calls_internal = true
```

```
          TraceCalls.wrap(self, method)
          @trace_calls_internal = false
        end
      end
    end
    def self.wrap(klass, method)
      klass.instance_eval do
        method_object = instance_method(method)

        define_method(method) do |*args, &block|
          puts "==> calling #{method} with #{args.inspect}"
          result = method_object.bind(self).call(*args, &block)
          puts "<== #{method} returned #{result.inspect}"
          result
        end
      end
    end
end
```

이 모듈을 클래스에 인클루드하면 included 훅 메서드가 호출된다. 이 훅 메서드는 우선 instance_methods 리플렉션 메서드를 사용해 호스트 클래스에 정의된 이미 존재하는 모든 인스턴스 메서드를 검색한다(false 인자를 넘기면 탐색대상을 현재 클래스 자체로 제한하고, 상위 클래스들은 탐색하지 않는다). 그리고 이미 존재하는 각 메서드에 대해, 헬퍼 메서드 wrap을 호출해서 추적 기능을 추가한다. wrap은 잠시 뒤에서 이야기한다.

다음으로 included 메서드는 다른 훅 메서드 method_added를 사용한다. 이 훅 메서드는 수신자에 메서드가 정의되면 항상 호출된다. 여기에서는 이 훅 메서드를 included 메서드에 넘겨진 클래스 내에 정의한다는 점에 주의가 필요하다. 즉, 훅 메서드는 모듈이 아니라 이 호스트 클래스에 메서드가 추가될 때 호출된다. 이를 통해 TraceCalls를 클래스 앞에서 인클루드하고, 그 클래스에 메서드를 추가할 수 있다. 이 메서드들은 모두 method_added에 의해 처리된다.

다음으로 method_added의 본문을 살펴보자. 여기서는 잠재적인 문제를 해결할 필요가 있다. wrap 메서드의 내용을 보면 이해하겠지만, 이 예제에서는 새로운 버전의 메서드를 작성하고 그 안에서 오래된 버전의 메서드를 호출해서 메서드에 추적 기능을 추가한다. method_added 안에서는 wrap 함수를 호출해서 추적 기능을 덧붙인다. 하지만 wrap 안에서 이 래핑을 처리하기 위해 새로운 메서드를 정의하므로, 이 메서드를 정의할 때 다시 method_added가 호출되며, 다시 wrap이 호출되고, 이 과정이 호출 스택을 가득 채울 때까지 일어난다. 이를 방지하기 위해서는 인스턴스 변수를 정의해서 아직 래핑을 실행하지 않았을 때만 래핑을 하도록 해야 한다.

wrap 메서드는 클래스 객체와 감싸는 메서드의 이름을 받는다. (instance_

method를 사용해) 해당하는 메서드의 원래 정의를 찾아내서 저장한다. 그리고 이를 재정의한다. 재정의된 새로운 메서드는 추적 내용을 출력하고 원래의 메서드를 호출한다. 이때 래퍼에서 넘겨진 매개 변수와 블록을 원래의 메서드에 넘겨준다.[8] 원래의 메서드를 호출할 때 메서드 객체를 현재 인스턴스에 바인드해서 이 바인드된 메서드를 호출한다는 점에 주목하자.

이 코드뿐 아니라, 메타프로그래밍을 사용하는 대부분의 코드를 이해하기 위한 핵심은 이번 장의 시작에서 설명한 기본 원리, 즉 메서드 호출 또는 클래스 정의를 할 때 self의 값이 달라지고, 메서드를 호출하기 위해 수신자의 클래스 내부에서 메서드를 어떻게 찾아내는지를 이해하는 것이다. 막히는 부분이 있다면 이번 장에서 한 것처럼 작은 네모와 화살표를 그려보자. 이 방법은 내가 이번 장을 작성하기 위해 이야기한 규칙을 지키는 데 도움이 된다. 즉, 클래스 링크는 오른쪽으로, 상위 클래스에 대한 링크는 위쪽 방향을 향하는 방법이다. 객체가 주어지면 메서드 호출은 수신자 객체를 찾기 위해 오른쪽으로 한 번, 그리고 부모 클래스 체인을 따라 위로 메서드를 찾아갈 것이다.

24.10 최상위 실행 환경

마지막으로 메타프로그래밍 환경에 대한 이야기를 마치기 전에 조금 구체적인 이야기를 하고 넘어가자. 이 책에서는 계속해서 루비에서는 모든 것이 객체라고 이야기해 왔다. 하지만 동시에 이에 배치되는 것처럼 느껴지는 방법도 사용해 왔다.

```
puts "Hello, World"
```

이 예제에서 객체는 보이지 않는다. 포트란이나 베이직을 사용해도 이렇게 사용할 수 있을 것이다. 하지만 좀 더 깊게 들어가 보면, 이 간단한 코드 안에도 객체와 클래스가 숨어 있다는 것을 발견할 수 있다.

"Hello, World"라는 리터럴에 의해 루비 String 객체가 생성된다는 사실은 이미 알고 있을 것이다. 여기에 객체가 하나 있다. 또한 직접 호출하는 함수 형식의 메서드 puts는 사실은 self.puts를 축약한 표현이다. 그렇다면 여기서 self는 무엇일까?

```
self.class # => Object
```

---

8 루비 1.9부터 블록은 매개 변수를 받을 수 있게 되었다.

최상위 실행 환경에서는 미리 정의된 객체의 맥락에서 코드가 실행된다. 여기서 메서드를 정의하면, 사실은 Object 클래스의 (private) 인스턴스 메서드를 작성한다. 이는 기묘하게 느껴질지도 모른다. Object 클래스에 정의된 메서드들은 어디에서라도 호출할 수 있다. 그리고 현재 Object 콘텍스트 위에 있기 때문에 Object의 메서드들(믹스인된 Kernel의 메서드를 포함해)을 함수 형식으로 호출할 수 있다. puts와 같은 Kernel 메서드는 최상위 실행 환경에서(물론 루비 전체에 걸쳐) 호출할 수 있다. 이는 메서드는 모두 이 객체의 일부이기 때문이다. 최상위 환경의 인스턴스 변수도 이 최상위 환경 객체에 포함된다.

메타프로그래밍은 루비에서 가장 편리한 도구 중 하나다. 두려워하지 말고 이를 사용해 프로그래밍 실력을 갈고닦기 바란다. 하지만 동시에 이 기능은 필요에 따라서만 사용해야 한다. 메타프로그래밍을 남용한다면 이해할 수 없는 코드를 작성하게 될 것이다.

24.11 터틀(Turtle) 그래픽 프로그램

```ruby
class Turtle
  # 방위: 0 = E, 1 = S, 2 = W, 3 = N
  # 축: 0 = x, 1 = y
  def initialize
    @board = Hash.new(" ")
    @x = @y = 0
    @direction = 0
    pen_up
  end

  def pen_up
    @pen_down = false
  end

  def pen_down
    @pen_down = true
    mark_current_location
  end

  def forward(n=1)
    n.times { move }
  end

  def left
    @direction -= 1
    @direction = 3 if @direction < 0
  end

  def right
    @direction += 1
    @direction = 0 if @direction > 3
  end

  def walk(&block)
```

```ruby
      instance_eval(&block)
    end

  def draw
    min_x, max_x = @board.keys.map{|x,y| x}.minmax
    min_y, max_y = @board.keys.map{|x,y| y}.minmax
    min_y.upto(max_y) do |y|
      min_x.upto(max_x) do |x|
        print @board[[x,y]]
      end
      puts
    end
  end
end
private

  def move
    increment = @direction > 1 ? -1 : 1
    if @direction.even?
      @x += increment
    else
      @y += increment
    end
    mark_current_location
  end

  def mark_current_location
    @board[[@x,@y]] = "#" if @pen_down
  end
end

turtle = Turtle.new
turtle.walk do
  3.times do
    forward(8)
    pen_down
    4.times do
      forward(4)
      left
    end
    pen_up
  end
end
turtle.draw
```

실행 결과:

```
#### ##### #####
#   # #   # #   #
#   # # # # #   #   #
#   # # # # #   #   #
#### ##### #####
```

25장

리플렉션, ObjectSpace, 분산 루비

루비와 같은 동적 언어의 많은 장점 중 하나는 인트로스펙션(introspection: 자기 성찰)이 가능하다는 점이다. 즉, 프로그램 스스로 자기 자신이 생긴 모양을 살펴볼 수 있다는 의미다. 이는 리플렉션이라고도 부른다.

사람들이 자기 성찰을 할 때는 자신의 생각과 감정에 대해 생각한다. 사고를 통해 사고를 분석한다는 점에서 이는 매우 흥미로운 일이다. 이는 프로그램을 인트로스펙션할 때도 마찬가지이다. 이를 통해 자기 자신에 대해 다음에 열거한 정보를 얻을 수 있다.

- 객체가 갖고 있는 것
- 클래스 상속 구조
- 객체의 속성과 메서드
- 메서드에 관한 정보

이러한 정보를 사용하면 실행 도중 특정 객체를 살펴보고 어떤 메서드를 호출하면 될지 판단할 수 있다. 처음 코드를 작성할 때 아직 객체의 클래스가 존재조차 하지 않았더라도 말이다. 바로 프로그램을 실행하고 있는 동안에도 프로그램을 수정하는 것이다. 이번 장 마지막 부분에서는 리플렉션에 기반을 둔 분산 루비와 마샬링을 살펴볼 것이다. 이를 통해 세계 어디에서나 언제든지 객체를 전송할 수 있다.

25.1 객체 살펴보기

프로그램 내에 존재하는 객체를 모두 탐색하는 기능을 갈망한 적이 있었는가? 루비는 이런 기능을 이미 가지고 있다. 루비에선 ObjectSpace.each_object를 사용해서 모든 객체를 탐색할 수 있다. 이 메서드에 약간의 기교를 더하면 비슷한 유형의 일을 뭐든지 수행할 수 있다.

예를 들어 Complex 타입의 객체를 모두 나열하려면 다음과 같이 하면 된다.

```
a = Complex(1, 2)
b = Complex(99, -100)
ObjectSpace.each_object(Complex) {|x| puts x }
```

실행 결과:

```
0+1i
99-100i
1+2i
```

이 프로그램에서 정의한 적도 없는 (0+1i)는 어디서 나왔을까? Complex 클래스에는 -1의 제곱인 I가 정의되어 있다. 즉 시스템의 살아 있는 모든 객체를 보려고 하면 루비에서 미리 정의한 것들까지 나타난다.

이번엔 같은 예제를 다른 값을 통해 테스트해 보자. 이번엔 Fixnum 타입을 테스트한다.

```
a = 102
b = 95
ObjectSpace.each_object(Fixnum) {|x| p x }
```

(어떤 출력도 나오지 않는다)

방금 정의한 Fixnum 객체가 출력되지 않는다. 이는 Objectspace가 즉시값을 가지는 Fixnum, Symbol, true, false, nil, 대부분의 Float 객체는 인식하지 못하기 때문이다.

객체 내부 살펴보기

재미있는 객체를 발견하면 이 객체가 어떤 일을 할 수 있는지 알고 싶어진다. 변수의 타입에 의해 그 변수의 클래스와 지원하는 메서드가 결정되는 정적 언어와는 달리, 루비는 좀 더 자유로운 객체를 지원한다. 그 속을(under its hood) 직접 들여다보기 전까지는 그 객체가 무엇을 할 수 있는지 알 수 없다.[1] 이에 대해서는 이미 '23장 오리 타입'에서 다뤘다.

---

[1] 영국에서 작성된 객체라면 보닛 아래에서(under its bonnet)라고 표현할 수 있을 것이다.

예를 들어 다음과 같이 작성하면 객체가 응답하는 메서드 목록을 얻을 수 있다(이 목록은 객체의 클래스가 가지는 메서드와 객체의 클래스의 선조들이 가지는 클래스들의 메서드를 포함한다).

```
r = 1..10 # 범위 객체를 생성한다.
list = r.methods
list.length # => 111
list[0..3]  # => [:==, :===, :eql?, :hash]
```

또는 특정 메서드를 지원하는 객체인지 검사할 수 있다.

```
r = 1..10
r.respond_to?("frozen?")   # => true
r.respond_to?(:has_key?)   # => false
"me".respond_to?("==")     # => true
```

객체의 클래스와 그것만의 유일한 객체 ID를 판별하고 그 객체와 다른 클래스 사이의 관계를 확인할 수도 있다.

```
num = 1
num.object_id              # => 3
num.class                  # => Fixnum
num.kind_of? Fixnum        # => true
num.kind_of? Numeric       # => true
num.instance_of? Fixnum    # => true
num.instance_of? Numeric   # => false
```

25.2 클래스 살펴보기

객체에 대해 살펴보는 것은 리플렉션의 한 측면일 뿐이다. 전체 그림을 알기 위해서는 클래스에 대해서도 알아야 한다. 즉, 클래스가 가지고 있는 메서드와 상수에 대해서도 살펴볼 수 있어야 한다.

클래스 상속 구조를 알아내는 것은 쉽다. Class#superclass 메서드를 사용하면 어떤 특정 클래스의 부모를 알 수 있다. 클래스와 모듈에 대해서는 Module#ancestors 메서드를 사용해서 부모 클래스와 믹스인된 모듈의 목록 모두를 얻어올 수 있다.

```
klass = Fixnum
begin
  print klass
  klass = klass.superclass
  print " < " if klass
end while klass
puts
p Fixnum.ancestors
```

실행 결과:
```
Fixnum < Integer < Numeric < Object < BasicObject
[Fixnum, Integer, Numeric, Comparable, Object, Kernel, BasicObject]
```

전체 클래스 구조도를 만들어 내고 싶다면 시스템의 모든 클래스에 대해 앞 코드를 실행하면 된다. 다음처럼 ObjectSpace를 사용해서 모든 Class에 대해 반복하면 된다.

```
ObjectSpace.each_object(Class) do |klass|
  # ...
end
```

클래스 내부 살펴보기

특정 객체의 메서드와 상수에 대해 더 많은 내용을 알아낼 수도 있다. 단지 객체가 주어진 메시지에 대해 응답하는지 확인해 보는 것뿐 아니라, 특정 접근 수준의 메서드를 요청하거나 싱글턴 메서드들만 요청할 수도 있다. 또한 객체의 상수, 지역 변수, 인스턴스 변수를 살펴보는 것도 가능하다.

```
class Demo
  @@var = 99
  CONST = 1.23
private
  def private_method
  end
protected
  def protected_method
  end
public
  def public_method
    @inst = 1
    i = 1
    j = 2
    local_variables
  end
  def Demo.class_method
  end
end

Demo.private_instance_methods(false)      # => [:private_method]
Demo.protected_instance_methods(false)    # => [:protected_method]
Demo.public_instance_methods(false)       # => [:public_method]
Demo.singleton_methods(false)             # => [:class_method]
Demo.class_variables                      # => [:@@var]
Demo.constants(false)                     # => [:CONST]
demo = Demo.new
demo.instance_variables                   # => []
# 자신의 지역 변수들을 반환하고, 한 인스턴스 변수를 설정하기 위해
# 'public_method'를 호출한다.
demo.public_method                        # => [:i, :j]
demo.instance_variables                   # => [:@inst]
```

앞의 코드에서 false 매개 변수가 무엇을 의미하는지 궁금할 것이다. 루비 1.8에서는 기본적으로 리플렉션 메서드가 상위 클래스, 즉 부모 클래스와 다시 그들의 부모 클래스 등 모두에 대해 재귀적으로 동작하도록 설정되어 있다. false를 매개 변수로 전달하면 이런 동작을 하지 않는다.

메서드 이름 목록을 얻었으면 이 메서드를 호출해 보는 것도 좋다. 다행히도 루비에서는 매우 간단한 일이다.

25.3 동적으로 메서드 호출하기

Object#send 메서드를 사용하면 어떤 객체에 대해서도 메서드 이름으로 객체에 메서드를 호출할 수 있다.

```
"John Coltrane".send(:length)          # => 13
"Miles Davis".send("sub", /iles/, '.') # => "M. Davis"
```

메서드를 동적으로 호출하는 다른 방법으로 Method 객체를 사용할 수 있다. Method 객체는 Proc 객체와 비슷하다. 그리고 Proc 객체는 코드 집합과 실행 중인 문맥으로 구성된다. Method의 경우에는 코드가 메서드 본문이 되고, 문맥은 메서드를 생성한 객체다. 자신만의 Method 객체를 가지게 되면 그 이후에는 언제든지 call 메서드를 호출해서 Method 객체가 갖고 있는 코드를 실행할 수 있다.

```
trane = "John Coltrane".method(:length)
miles = "Miles Davis".method("sub")

trane.call             # => 13
miles.call(/iles/, '.') # => "M. Davis"
```

다른 객체와 마찬가지로 Method 객체도 여기저기에 전달할 수 있다. 그리고 이 객체의 Method#call을 호출하면 그 메서드는 마치 원래 객체에서 호출한 것처럼 작동한다. C 스타일의 함수 포인터와 비슷하지만, 여기에는 완벽히 객체 지향적인 스타일이라는 차이점이 있다.

Method 객체를 사용할 수 있는 곳에서는 proc 객체도 사용할 수 있다. Method 객체와 proc 객체 모두 반복자와 함께 사용할 수 있다.

```
def double(a)
  2*a
end

method_object = method(:double)

[ 1, 3, 5, 7 ].map(&method_object) # => [2, 6, 10, 14]
```

Method 객체는 특정 객체에 묶여 있다. 하지만 언바운드 메서드를 만들 수 있으며(클래스 UnboudMethod를 사용-), 나중에 하나 이상의 객체에 그 메서드를 묶을 수 있다. 묶을 때는 새로운 Method 객체가 생성된다. 별명(aliases)과 마찬가지로, 언바운드 메서드는 생성되는 순간의 메서드 정의를 참조한다.

```
unbound_length = String.instance_method(:length)
class String
  def length
    99
  end
end
str = "cat"
str.length          # => 99
bound_length = unbound_length.bind(str)
bound_length.call # => 3
```

좋은 일은 세 가지가 함께 온다는 말처럼, 메서드를 동적으로 호출하는 방법이 한 가지 더 있다. eval 메서드(변형으로는 class_eval, module_eval, instance_eval이 있다)는 올바른 루비 소스 코드를 포함하는 임의의 문자열을 해석하여 실행할 수 있다.

```
trane = %q{"John Coltrane".length}
miles = %q{"Miles Davis".sub(/iles/, '.')}

eval trane # => 13
eval miles # => "M. Davis"
```

현재의 문맥이 아니라 표현식이 평가되어야 하는 곳의 문맥을 명시적으로 지정해야 할 때 eval을 사용하면 편리하다. 원하는 위치에서 Object#binding을 사용하면 그 시점의 문맥을 얻을 수 있다.

```
def get_a_binding
  val = 123
  binding
end

val = "cat"

the_binding = get_a_binding
eval("val", the_binding) # => 123
eval("val")              # => "cat"
```

첫 번째 eval 호출은 메서드 get_a_binding이 실행될 때와 같은 문맥 내에서 val을 연산한다. 이 바인딩 내에서 변수 val은 123이라는 값을 갖는다. 두 번째 eval 호출은 최상위 수준 바인딩에서 val을 연산한다. 이때 val의 값은 'cat'이다.

성능에 대한 고찰

앞에서 다룬 바와 같이 루비에서는 어떤 객체에 메서드를 호출하는 방법으로 Object#send, Method#call과 함께 다양한 eval 메서드를 제공한다.

필요에 따라 이러한 방법들 중 하나를 선택할 수 있지만 eval은 다른 것들에 비해 특히 느리다는 것에 주의하자(긍정적인 표현을 선호하는 독자는 send와 call이 eval보다 훨씬 빠르다고 기억해 두자).

```ruby
require 'benchmark'
include Benchmark

test = "Stormy Weather"
m = test.method(:length)
n = 100000

bm(12) do |x|
  x.report("call") { n.times { m.call } }
  x.report("send") { n.times { test.send(:length) } }
  x.report("eval") { n.times { eval "test.length" } }
end
```

실행 결과:

```
                user        system      total         real
call        0.010000    0.000000    0.010000 (  0.011443)
send        0.010000    0.000000    0.010000 ('  0.009598)
eval        0.460000    0.030000    0.490000 (  0.490308)
```

25.4 시스템 훅

훅(hook)은 객체 생성 같은 임의의 루비 이벤트를 가로챌 수 있는 방법이다. 루비에서 자주 사용하는 훅에 대해 살펴보자.

메서드 호출 훅

가장 간단하게 사용할 수 있는 훅은 시스템 클래스에 있는 메서드 호출을 가로채는 것이다. 프로그램에서 실행하는 모든 운영 체제 명령에 대한 기록을 남기고 싶다고 해 보자. 이를 위해서는 먼저 Kernel.system의 이름을 바꾸고, 명령어 로그를 남기고, 원래의 Kernel.system 메서드를 호출하는 메서드로 대체한다.

```ruby
class Object
  alias_method :old_system, :system
  def system(*args)
    old_system(*args).tap do |result|
      puts "system(#{args.join(', ')}) returned #{result.inspect}"
    end
  end
end

system("date")
system("kangaroo", "-hop 10", "skippy")
```

실행 결과:

```
Thu Nov 14 16:31:40 CST 2013
system(date) returned true
system(kangaroo, -hop 10, skippy) returned nil
```

이 방법의 문제점은 old_system이라는 이름의 메서드가 존재하지 않는다는 사실에 의존하고 있다는 점이다. 이를 개선하기 위한 방법으로는 익명 메서드 객체를 사용하는 방법이 있다.

```ruby
class Object
  old_system_method = instance_method(:system)
  define_method(:system) do |*args|
    old_system_method.bind(self).call(*args).tap do |result|
      puts "system(#{args.join(', ')}) returned #{result.inspect}"
    end
  end
end

system("date")
system("kangaroo", "-hop 10", "skippy")
```

실행 결과:

```
Thu Nov 14 16:31:40 CST 2013
system(date) returned true
system(kangaroo, -hop 10, skippy) returned nil
```

루비 2.0은 이를 위한 새로운 방법을 제공한다. 모듈은 다른 모듈이나 클래스에 인클루드되어 인스턴스 메서드들을 추가하는 방식으로 사용할 수 있었다. 하지만 지금까지는 이렇게 추가된 새로운 메서드들은 원래 모듈이나 클래스의 메서드들 다음에 추가되었다. 즉, 원래 모듈이나 클래스에 같은 이름을 가진 메서드가 있다면 원래의 메서드가 사용된다. 루비 2에서는 모듈에 메서드를 prepend 메서드(685쪽)를 추가할 수 있다. 이를 통해 모듈의 메서드를 호스트 메서드보다 앞에 추가할 수 있다. 모듈의 메서드에서는 super를 호출해 호스트에서 같은 이름을 가진 메서드를 호출할 수 있다.

```ruby
module SystemHook
  private
  def system(*args)
    super.tap do |result|
      puts "system(#{args.join(', ')}) returned #{result.inspect}"
    end
  end
end

class Object
  prepend SystemHook
end

system("date")
system("kangaroo", "-hop 10", "skippy")
```

실행 결과:

```
Thu Nov 14 16:31:40 CST 2013
system(date) returned true
system(kangaroo, -hop 10, skippy) returned nil
```

객체 생성 훅

루비는 객체가 생성될 때 훅을 걸 수 있게 해 준다. 객체가 태어나는 순간마다 해당 객체를 조작할 수 있다면, 온갖 재미있는 것을 할 수 있다. 그것을 다른 객체로 포장할 수도 있고, 새로운 메서드를 추가하거나 삭제할 수도 있으며, 영속성을 구현하기 위한 컨테이너를 추가하거나 이름을 바꿀 수도 있다. 간단한 예제를 살펴보자. 모든 객체에 대해 생성되는 순간에 시간 기록을 추가하려 한다. 우선 시스템의 모든 객체에 timestamp 속성을 추가한다. 이를 위해서는 클래스 Object 자체를 손보면 된다.

```
class Object
  attr_accessor :timestamp
end
```

다음으로 객체 생성에 훅을 걸어서 시간 기록을 추가하도록 한다. 이것을 하는 한 가지 방법은, 새로운 객체를 위한 공간을 할당하기 위해 호출되는 Class#new에 메서드 이름 바꾸기 기법을 사용하는 것이다. 이 기법은 완벽하지는 않다. 문자열 리터럴 같은 몇몇 내장 객체들은 new를 호출하지 않고 생성되기 때문이다. 하지만 이번 예제에서 사용하려는 객체들에 대해서는 이것만으로 충분하다.

```
class Class
  old_new = instance_method :new
  define_method :new do |*args, &block|
    result = old_new.bind(self).call(*args, &block)
    result.timestamp = Time.now
    result
  end
end
```

이제 테스트를 실행해 보자. 객체 한 쌍을 몇 밀리초 간격으로 생성하고 시간 기록을 확인할 것이다.

```
class Test
end

obj1 = Test.new
sleep(0.002)
obj2 = Test.new
obj1.timestamp.to_f # => 1384468300.581311
obj2.timestamp.to_f # => 1384468300.583723
```

25.5 프로그램 실행 추적하기

리플렉션을 사용해 객체와 클래스를 모두 들여다보는 재미를 맛보고 있지만, 작성한 코드가 실제로 뭔가 하도록 만드는 본래 목적의 코드를 잊어서는 안 된다.

루비는 이런 코드들도 살펴볼 수 있게 해 준다.

먼저 코드를 실행하는 인터프리터를 살펴볼 수 있다. 루비 이전 버전에선 set_trace_func를 사용했으나 루비 2에서는 TracePoint 클래스를 사용한다. 둘 다 새로운 소스 라인이 실행되거나 메서드가 호출되거나 객체가 생성되거나 등 모든 종류의 디버깅 정보를 넘겨 proc을 실행하는 역할을 한다.

레퍼런스에서 TracePoint 클래스(829쪽)와 set_trace_func(727쪽) 메서드에 대해 좀 더 자세히 설명한다. 여기서는 간만 보고 넘어가자.

```ruby
class Test
  def test
    a = 1
  end
end

TracePoint.trace do |tp|
  p tp
end
t = Test.new
t.test
```

실행 결과:

```
#<TracePoint:c_return `trace'@prog.rb:7>
#<TracePoint:line@prog.rb:10>
#<TracePoint:c_call `new'@prog.rb:10>
#<TracePoint:c_call `initialize'@prog.rb:10>
#<TracePoint:c_return `initialize'@prog.rb:10>
#<TracePoint:c_return `new'@prog.rb:10>
#<TracePoint:line@prog.rb:11>
#<TracePoint:call `test'@prog.rb:2>
#<TracePoint:line@prog.rb:3 in `test'>
#<TracePoint:return `test'@prog.rb:4>
```

trace_var 메서드는(레퍼런스(733쪽)에서 더 자세히 다룬다) 전역 변수에 훅을 추가할 수 있게 해 준다. 전역 환경에서 대입이 일어나면 넘겨진 proc을 호출한다.

우리가 어떻게 여기 있는 거지?

좋은 질문이다. 이는 우리가 스스로에게 항상 물어봐야 할 질문이기도 하다. 기억력 감퇴에 대해서는 나중에 생각하고, 루비에서는 이를 위해 caller 메서드를 사용한다. 이 메서드는 현재의 호출 스택을 표현하는 문자열 배열을 반환한다.

```ruby
def cat_a
  puts caller
end
def cat_b
  cat_a
end
def cat_c
  cat_b
end
cat_c
```

실행 결과:

```
prog.rb:5:in `cat_b'
prog.rb:8:in `cat_c'
prog.rb:10:in `<main>'
```

루비 1.9에서는 현재 메서드의 이름을 반환하는 __callee__ 메서드를 지원한다.

소스 코드

루비는 평범한 텍스트 파일로부터 프로그램을 실행한다. 프로그램을 구성하는 소스 코드를 찾아보기 위한 기법은 여러 가지가 있는데, 이들 중 하나를 이용해 이 파일을 살펴볼 수 있다.

특별한 변수인 __FILE__은 현재 소스 파일의 이름을 나타낸다. 이것으로 정말 짧은 콰인(Quine: 자신의 소스 코드를 출력하는 프로그램)을 작성할 수 있다.

```
print File.read(__FILE__)
```

실행 결과:

```
print File.read(__FILE__)
```

앞선 절에서 살펴보았듯이 Object#caller는 호출 스택을 목록으로 반환한다. 목록의 각 항목은 파일 이름, 콜론(:), 파일 내에서의 행 번호로 시작한다. 이 정보를 해석해서 소스를 출력하는 데 사용할 수도 있다. 다음 예제에서 주 프로그램인 main.rb에서는 별도 파일인 sub.rb의 메서드를 호출한다. 호출된 메서드는 다시 블록을 실행하고, 이 블록에서는 호출 스택을 순회하며 연관된 소스 행들을 출력한다. 파일 이름에 의해 색인되는 파일 콘텐츠 해시를 사용하는 것에 유의하자.

다음은 호출 스택을 소스 정보와 함께 출력하는 코드다.

ospace/caller/stack_dumper.rb

```
def dump_call_stack
  file_contents = {}
  puts "File          Line  Source Line"
  puts "--------------+----+------------"
  caller.each do |position|
    next unless position =~ /\A(.*?):(\d+)/
    file = $1
    line = Integer($2)
    file_contents[file] ||= File.readlines(file)
    printf("%-15s:%3d - %s", File.basename(file), line,
           file_contents[file][line-1].lstrip)
  end
end
```

사소하지만 sub.rb 파일은 단 하나의 메서드를 가지고 있다.

ospace/caller/sub.rb

```
def sub_method(v1, v2)
  main_method(v1*3, v2*6)
end
```

그리고 이어지는 main 프로그램에서는 서브 메서드를 호출해 그 안에서 스택 덤퍼(stack dumper)를 호출하는 메인 메서드를 호출한다.

```
require_relative 'sub'
require_relative 'stack_dumper'

def main_method(arg1, arg2)
  dump_call_stack
end

sub_method(123, "cat")
```

실행 결과:

```
File              Line  Source Line
----------------+----+------------
prog.rb          :  5 - dump_call_stack
sub.rb           :  2 - main_method(v1*3, v2*6)
prog.rb          :  8 - sub_method(123, "cat")
```

SCRIPT_LINES__ 상수는 이 기법과 매우 밀접하게 연결되어 있다. 프로그램에서 SCRIPT_LINES__ 상수를 해시로 초기화하면, require 또는 load를 사용해서 파일을 인터프리터에 로드할 때마다 이 파일의 소스 코드 모두가 그 해시에 저장된다. 엔트리의 키는 파일 이름, 값은 문자열 배열로 이루어진 파일의 소스다.

25.6 무대 뒤에서: 루비 VM

루비 1.9에서는 YARV라는 새로운 가상 머신이 도입되었다. YARV 도입을 통해 인터프리터 실행 속도가 향상되었으며, 루비 클래스를 통해 가상 머신의 상태를 확인할 수도 있다.

자신이 작성한 코드를 루비가 어떻게 처리하고 싶은지 알고 싶다면, YARV를 통해 실행 중인 중간 코드를 출력할 수 있다. 문자열 또는 파일 안의 코드는 컴파일, 역어셈블해서 실행할 수도 있다.[2] 다음은 간단한 예제다.

```
code = RubyVM::InstructionSequence.compile('a = 1; puts 1 + a')
puts code.disassemble
```

---

2 사람들은 명령 코드를 덤프하고 이를 다시 읽어 들일 수 있는지에 대해 묻곤 한다. 답은 그럴 수 없다. 단, 인터프리터 구현에는 이러한 일을 하는 코드가 있지만 이는 사용되지 않는다. 이는 YARV에는 중간 코드를 검증하는 부분이 구현되어 있지 않기 때문이다.

실행 결과:

```
== disasm: <RubyVM::InstructionSequence:<compiled>@<compiled>>==========
local table (size: 2, argc: 0 [opts: 0, rest: -1, post: 0, block: -1] s1)
[ 2] a
0000 trace              1                                          ( 1)
0002 putobject_OP_INT2FIX_0_1_C_
0003 setlocal_OP__WC__0 2
0005 trace              1
0007 putself
0008 putobject_OP_INT2FIX_0_1_C_
0009 getlocal_OP__WC__0 2
0011 opt_plus           <callinfo!mid:+, argc:1, ARGS_SKIP>
0013 opt_send_simple    <callinfo!mid:puts, argc:1, FCALL|ARGS_SKIP>
0015 leave
```

루비가 #{...} 문법을 어떻게 처리하는지 알고 싶다면, 직접 VM에서 확인해
보자.

```
code = RubyVM::InstructionSequence.compile('a = 1; puts "a = #{a}."')
puts code.disassemble
```

실행 결과:

```
== disasm: <RubyVM::InstructionSequence:<compiled>@<compiled>>==========
local table (size: 2, argc: 0 [opts: 0, rest: -1, post: 0, block: -1] s1)
[ 2] a
0000 trace              1                                          ( 1)
0002 putobject_OP_INT2FIX_0_1_C_
0003 setlocal_OP__WC__0 2
0005 trace              1
0007 putself
0008 putobject          "a = "
0010 getlocal_OP__WC__0 2
0012 tostring
0013 putobject          "."
0015 concatstrings      3
0017 opt_send_simple    <callinfo!mid:puts, argc:1, FCALL|ARGS_SKIP>
0019 leave
```

모든 명령 코드의 목록은 RubyVM::INSTRUCTION_NAMES를 출력해 확인할
수 있다.

25.7 마샬링과 분산 루비

루비에서는 객체를 직렬화(serialize)하는 기능을 사용해 객체를 어딘가에 저장
하고 필요할 때 다시 복원해서 사용할 수 있다. 이 기능은 예를 들어 문서, CAD
도면, 노래 한 곡 등 애플리케이션 일부의 상태를 나타내는 객체 트리를 저장하
는 데 편리하다.

루비에서는 이러한 직렬화를 마샬링이라고 부른다(무언가를 싣고 있는 각 짐
차들이 길게 늘어져 하나의 열차가 되는 조차장을 떠올려보기 바란다). 객체와
그 모든(또는 일부) 속성들을 저장하기 위해 Marshal.dump 메서드를 사용한

다. 일반적으로 특정 객체 아래의 모든 트리가 그대로 저장된다. 저장된 객체는 Marshal.load 메서드를 통해 다시 복원할 수 있다.

여기 간단한 예제가 있다. 화음을 다루는 Chord 클래스를 생각해 보자. 멋진 화음이 있다면, 이 화음을 저장해 수백 명의 친구들에게 들려주고 싶을 것이다. 그러기 위해서는 보낸 화음을 루비에서 다시 읽어 들일 수 있어야 한다. Note와 Chord 클래스부터 시작해 보자.

ospace/chord.rb
```
Note = Struct.new(:value) do
  def to_s
    value.to_s
  end
end

class Chord
  def initialize(arr)
    @arr = arr
  end

  def play
    @arr.join('-')
  end
end
```

이제 멋진 화음을 만들고 Marshal.dump를 통해 직렬화된 내용을 디스크에 저장해 보자.

ospace/chord.rb
```
c = Chord.new( [ Note.new("G"),
                 Note.new("Bb"),
                 Note.new("Db"),
                 Note.new("E") ] )

File.open("posterity", "w+") do |f|
  Marshal.dump(c, f)
end
```

마지막으로 이렇게 저장된 화음을 친구들은 다음과 같이 읽어 들일 수 있을 것이다.

```
chord = Marshal.load(File.open("posterity"))
chord.play # => "G-Bb-Db-E"
```

사용자 정의 직렬화 전략

모든 객체를 덤프할 수 있는 것은 아니다. 바인딩이나 proc 객체, IO 클래스의 인스턴스, 싱글턴 객체 등은 현재 실행 중인 루비 환경 외부에 따로 저장할 수 없다(TypeError가 발생할 것이다). 그리고 덤프할 객체에 문제가 되는 부분이 전

허 없더라도, 직접 객체 직렬화를 제어해 보고 싶은 경우도 있다.

　Marshal은 직렬화에 필요한 훅을 제공한다. 맞춤 직렬화가 필요한 객체에서는 간단히 인스턴스 메서드 두 가지만 구현하면 된다. 이 중 하나는 marshal_dump이며 객체를 문자열로 출력한다. 다른 하나는 marshal_load이며, 방금 생성된 문자열을 다시 읽어서 새롭게 할당된 객체를 초기화한다(루비 이전 버전에서는 _dump와 _load라는 메서드를 사용했지만 새롭게 만들어진 메서드들이 루비 1.8의 할당 개념과 더 잘 어울린다). 인스턴스 메서드인 marhsal_dump는 덤프할 상태를 표현하는 객체를 반환해야 한다. 이후 객체가 Marshal.load를 사용해서 재구성될 때는, 이 객체에 대해 marshal_load 메서드가 호출되며, 여기에서 수신자의 상태를 설정한다. 이때 marshal_load는 로드된 클래스의 객체로 할당은 되었지만 아직 초기화되지 않은 상태의 객체 문맥 내에서 실행될 것이다.

　예를 들어보자. 다음은 사용자 정의 직렬화를 구현한 예제 클래스다. 직접 직렬화를 구현한 이유는 어찌 되었건 Special 클래스의 내부 데이터 멤버 중 @volatile을 저장하고 싶지 않아서다. 개발자는 두 개의 서로 다른 인스턴스 변수를 배열로 직렬화하기로 했다.

```ruby
class Special
  def initialize(valuable, volatile, precious)
    @valuable = valuable
    @volatile = volatile
    @precious = precious
  end

  def marshal_dump
    [ @valuable, @precious ]
  end

  def marshal_load(variables)
    @valuable = variables[0]
    @precious = variables[1]
    @volatile = "unknown"
  end

  def to_s
    "#@valuable #@volatile #@precious"
  end
end

obj = Special.new("Hello", "there", "World")
puts "Before: obj = #{obj}"
data = Marshal.dump(obj)

obj = Marshal.load(data)
puts "After: obj = #{obj}"
```

실행 결과:

```
Before: obj = Hello there World
After: obj = Hello unknown World
```

더 자세한 내용은 레퍼런스(659쪽)에서 다룬다.

마샬링을 위한 YAML

Marshal 모듈은 인터프리터에 내장되어 있으며, 객체를 외부로 저장하기 위해 이진 형식(binary format)을 사용한다. 비록 빠르기는 하지만, 이진 형식에는 중대한 결함이 있다. 인터프리터가 조금이라도 변경되면, 마샬링에 사용되는 이진 형식도 변경될 수 있으며, 기존에 출력된 파일은 더 이상 읽어 들일 수 없게 될 가능성이 있다는 것이다.

대안은 좀 덜 까다로운 외부 포맷을 사용하는 것이다. 이진 파일보다는 텍스트를 사용하는 것이 낫다. 한 가지 선택지는 표준 라이브러리로 제공되는 YAML을 이용하는 것이다.[3]

앞서 작성한 예제를 YAML을 바꿔보자. 마샬 프로세스를 제어하기 위해 의존적인 로드 또는 덤프 메서드를 구현하는 것보다는 간단하게 encode_with 메서드를 정의할 것이다. 이 메서드는 저장될 값들을 명시적으로 설정한다.

ospace/yaml.rb

```ruby
require 'yaml'

class Special
  def initialize(valuable, volatile, precious)
    @valuable = valuable
    @volatile = volatile
    @precious = precious
  end

  def encode_with(properties)
    properties['precious'] = @precious
    properties['valuable'] = @valuable
  end

  def to_s
    "#@valuable #@volatile #@precious"
  end
end

obj = Special.new("Hello", "there", "World")

puts "Before: obj = #{obj}"
data = YAML.dump(obj)
obj = YAML.load(data)
puts "After: obj = #{obj}"
```

실행 결과:

```
Before: obj = Hello there World
After: obj = Hello World
```

---

3 http://www.yaml.org. YAML은 YAML Ain't Markup Languague(YAML은 마크업 언어가 아니다)라는 뜻이지만 여기에 큰 의미는 없다.

객체 직렬화 형식으로 YAML이 생성한 결과를 살펴보자. 생성된 내용은 매우 간단하다.

```
obj = Special.new("Hello", "there", "World")
puts YAML.dump(obj)
```

실행 결과:
```
--- !ruby/object:Special
precious: World
valuable: Hello
```

분산 루비

이제 객체 또는 프로세스 외부의 저장 공간에 적당한 형태로 객체 집합을 직렬화할 수 있게 되었다. 이 기능을 사용하면 객체를 한 프로세스에서 다른 프로세스로 보낼 수도 있다. 이 능력을 네트워크와 접목하면! 와우! 이제는 분산 객체 시스템을 가지게 되었다. 이러한 코드를 작성할 때 생기는 골치 아픈 일을 피하기 위해, 세키 마사토시의 분산 루비 라이브러리(Distributed Ruby library, drb)가 표준 루비 라이브러리에 포함되었다.

drb를 사용하면 루비 프로세스가 서버처럼 행동하거나 클라이언트처럼 행동하거나 또는 둘 다처럼 행동한다. drb 서버는 객체의 제공자 역할을 하며 클라이언트는 이러한 객체의 사용자다. 클라이언트에게는 객체가 자기 프로세스에 있는 것으로 보이겠지만, 실제로는 여전히 원격에서 실행되고 있는 것이다.

서버는 주어진 포트에 객체를 연관시켜 서비스를 시작한다. 그 포트로 들어오는 요청을 다루기 위해 내부적으로 스레드를 생성한다. 그러므로 프로그램을 끝내기 전에 drb 스레드를 join시키는 것을 잊지 말자.

```
require 'drb'

class TestServer
  def add(*args)
    args.inject {|n,v| n + v}
  end
end

server = TestServer.new
DRb.start_service('druby://localhost:9000', server)
DRb.thread.join # 아직 종료하면 안 된다.
```

drb 클라이언트는 단지 drb 객체를 생성하고, 그것을 원격 서버의 객체와 연관시킬 뿐이다. 즉, 이 객체는 프락시(proxy)가 된다.

ospace/drb/drb_client.rb
```
require 'drb'
DRb.start_service()
```

```
obj = DRbObject.new(nil, 'druby://localhost:9000')
# 이제 obj를 사용한다.
puts "Sum is: #{obj.add(1, 2, 3)}"
```

클라이언트는 서버에 연결한 다음, inject를 활용해 인자들의 합을 구하는 메서드 add를 호출한다. 메서드는 결괏값을 반환하고 클라이언트는 그것을 출력했다.

```
Sum is: 6
```

DRbObject에 주어지는 기본 nil 매개 변수는 새로운 분산 객체에 연결시키기를 원한다는 의미다. 물론 이미 존재하는 객체도 사용할 수 있다.

이 부분을 읽으며 자바의 RMI나 코바(CORBA)나 뭐 그런 것들과 닮았다고 느낄지도 모른다. 바로 그렇다. 이것은 잘 동작하는 분산 객체 구조다. 하지만 단지 루비 코드 몇 백 줄로 쓰였을 뿐이다. C를 사용하지도 않았고, 특별하지도 않은 말 그대로 평범하고 오래된 루비 코드다. 물론 여기에 네이밍 서비스나 트레이더 서비스 등 코바에서 보았던 모든 것이 있는 것은 아니지만, 그래도 매우 간단하고 충분히 빠르다. 2.5GHz 파워 맥에서 이 샘플 코드는 초당 1300개의 원격 메시지를 처리할 수 있었다. 네이밍 서비스가 필요하다면, DRb는 이에 딱 맞는 링 서버(ring server)를 가지고 있다.

JINI 아키텍처 기반인 자바스페이스(JavaSpace) 같은 모양새를 좋아한다면, drb와 함께 제공되는 작은 모듈이 이것과 같은 일을 한다는 점이 매우 흥미로울 것이다. 자바스페이스는 린다(Linda)라는 기술에 기반을 두고 있다. 린다의 루비 버전은 Rinda인데, drb 일본인 개발자의 유머 감각을 느낄 수 있다.

25.8 컴파일 타임? 런타임? 아무 때나!

루비에 대해 기억해야 할 중요한 사실은 '컴파일 타임'과 '런타임' 사이에 큰 차이가 없다는 점이다. 아니 완벽히 동일하다. 루비에서는 실행 중인 프로세스에 코드를 추가할 수도 있다. 곧바로 메서드를 재정의하거나 유효 범위(scope)를 public에서 private으로 바꾼다거나 하는 것도 가능하다. 심지어 Class와 Object 같은 기본 타입까지 변경할 수 있다.

이러한 유연성을 활용하면, C++ 같은 정적 언어는 말할 것도 없고 자바와 같은 반(half-) 정적 언어로는 다시 돌아가기 어려워진다.

아니 그보다도 왜 돌아가길 원하겠는가?

p r o g r a m m i n g   r u b y

루비 안전하게 실행하기

월터 웹코더는 어느 날 포털 사이트에 담을 수 있는 멋진 아이디어를 생각해 냈다. 바로 웹 계산기다. 이를 서비스하면 온갖 종류의 수학 관련 사이트에 대한 링크와 배너 광고가 넘쳐나면서 부자가 될 것 같다. 이 웹 계산기는 입력창과 버튼으로 이루어진 간단한 폼을 가지고 있다. 사용자가 수학 계산식을 폼에 입력하고 버튼을 누르면 그 결과가 화면에 출력된다. 이 사이트가 열리는 순간 세상의 모든 계산기는 퇴물이 되고, 부자가 된 월터 씨는 은퇴해서 여생을 차량 번호판을 수집하며 살게 될 것이다.

월터가 생각하기에 계산기 구현은 간단하다. 루비의 CGI 라이브러리를 이용해 폼 필드의 내용을 가져와서 eval 메서드를 이용해서 문자열을 표현식으로 실행하면 그만인 것이다.

```ruby
require 'cgi'

cgi = CGI.new("html4")

expr = cgi["expression"].to_s # "expression" 폼 필드에서 값을 읽어온다.

begin
  result = eval(expr)
rescue Exception => detail
  # 예외 상황을 처리한다.
end
```
결과를 사용자에게 출력한다.

월터 씨가 사이트를 인터넷에 공개한 지 7초 정도가 지났을까? 텍사스 왓사하치 출신의 선천적인 장난꾸러기 사용자가 system("rm *")을 폼에 입력했다. 그 순간 컴퓨터 파일과 함께 월터 씨의 꿈은 모래와 같이 사라져 버렸다.

월터 씨는 여기서 중요한 교훈을 얻었다. 모든 외부 데이터는 위험하다. 외부 데이터를 시스템을 수정할 수 있는 인터페이스와 가까이 두면 안 된다. 앞의 경우에서는 폼 필드의 내용이 외부 데이터였고, eval 메서드를 호출하는 부분이 월터 씨의 서버에서 임의의 코드를 실행할 수 있게 해주는 보안상의 취약점이었다.

다행히도 루비에서는 이러한 위험을 줄이는 방법을 제공한다. 외부로부터 들어오는 모든 정보를 오염된 것(tainted)으로 간주하는 것이다. 안전 모드에서 실행될 때는 잠재적인 위험 요소를 가진 메서드에 오염된 객체가 넘겨지면 SecurityError가 발생한다.

26.1 안전 수준

$SAFE 변수는 루비의 편집증 수준을 결정한다.

$SAFE	제약
0	외부에서 들어오는 (오염된) 데이터를 사용할 때 어떠한 검사도 수행하지 않는다. 루비에서 사용하는 기본값이다.
≥ 1	잠재적인 위험 요소를 가진 연산에 대해 오염된 데이터의 사용을 금지한다.
≥ 2	전역적으로 쓰기가 가능한 지역에서 프로그램 로딩을 금지한다.
≥ 3	새롭게 생성된 객체들은 오염된 것으로 간주한다.
≥ 4	실행하는 프로그램을 사실상 두 부분으로 나눈다. 오염되지 않은 (안전한) 객체는 수정할 수 없다.

(각 안전 수준에서 코드가 어떻게 작동하는지에 대해서는 '26.4 안전 수준의 정의'를 참조하기 바란다)

대부분 환경에서 $SAFE의 기본값은 0이다. 하지만 루비 스크립트가 setuid나 setgid[1]가 설정된 상태거나 mod_ruby 환경에서 동작한다면 이 스크립트의 안전 수준은 자동으로 1로 맞춰진다. 안전 수준은 -T 명령행 인자를 사용하여 설정할 수 있고, 프로그램 안에서 $SAFE 변수의 값을 바꾸어 설정할 수도 있다. 하지만 프로그램 안에서 $SAFE 변수의 값을 낮추는 것은 불가능하다.

현재의 $SAFE 값은 새로운 스레드가 생성될 때도 상속된다. 하지만 각 스레드는 다른 스레드에 상관없이 $SAFE의 값을 고칠 수 있다. 이 특성을 이용하면 안전한 샌드박스(sandbox) 영역을 만들 수 있다. 샌드박스 안에서는 외부의 코

---

[1] 유닉스 스크립트에서는 스크립트를 실행하는 사용자와 다른 사용자/그룹 ID로 실행할 수 있도록 플래그를 설정할 수 있다. 이를 통해 사용자는 자신이 가지고 있지 않은 권한으로 스크립트를 실행할 수 있다. 즉 이 스크립트를 사용해 접근이 금지된 자원에 접근이 가능해진다. 이러한 스크립트는 setuid/setgid라고 부른다.

드도 시스템이나 애플리케이션의 다른 부분을 해치지 않고 안전하게 실행할 수 있다. 파일에서 읽어 들인 코드라면 자신의(또는 익명의) 모듈 안에 감싸버림으로써 샌드박스를 만들 수 있다. 이렇게 함으로써 프로그램의 이름 공간을 의도하지 않은 변경 시도로부터 보호할 수 있다.

```
File.open(filename,"w") do |f|
  f.print ... # 검증되지 않은 코드를 파일에 저장한다.
end
Thread.start do
  $SAFE = 4
  load(filename, true)
end
```

$SAFE 수준 4에서는 오로지 특정 모듈로 감싸진 파일만을 읽어올 수 있다. 자세한 내용은 레퍼런스의 Object#load(721쪽)를 참조한다.

Proc 객체가 생성될 때 이 객체의 보안 수준도 함께 저장된다. Proc 객체 실행 중에 설정된 안전 수준은 그 Proc을 호출할 때 원래 코드의 안전 수준에는 영향을 주지 않는다. 오염된 Proc 객체의 경우 블록이 만들어진 시점의 보안 수준보다 현재의 보안 수준이 높다면 이 객체를 메서드에 넘길 수 없다.

26.2 오염된 객체

모든 외부 세계(예를 들어 파일로부터 읽어 들인 문자열이나 환경 변수)로부터 파생된 루비 객체는 자동으로 오염된 것으로 간주된다. 프로그램에서 오염된 객체(tainted object)로부터 새로운 객체가 파생된다면 새로 만들어진 객체 또한 오염된 것으로 간주된다. 이러한 동작은 다음 예제에 잘 나타나 있다. 그리고 이전 어디에선가 외부 데이터를 가지고 있었던 객체도 오염된 것으로 간주된다. 오염 여부를 체크하는 일은 현재의 보안 수준과는 무관하게 이루어진다. 객체의 오염 여부는 Object#tainted? 메서드를 이용해서 알 수 있다.

```
# 내부 데이터

x1 = "a string"
x1.tainted?      # => false

x2 = x1[2, 4]
x2.tainted?      # => false

x1 =~ /([a-z])/  # => 0
$1.tainted?      # => false

# 외부 데이터

y1 = ENV["HOME"]
y1.tainted?      # => true
```

```
y2 = y1[2, 4]
y2.tainted?        # => true

y1 =~ /([a-z])/  # => 2
$1.tainted?        # => true
```

taint 메서드를 이용하면 객체를 강제로 오염시킬 수 있다. 안전 수준이 3보다 낮
다면, 객체의 untaint 메서드를 호출해서 오염되지 않은 것으로 만들 수도 있다.[2]
이런 일은 분명 바람직하지 않다.

26.3 신뢰할 수 있는 객체

루비 1.9에서는 안전성(safety)과 함께 신뢰성(trust)이라는 개념이 추가되었다.
모든 객체는 신뢰할 수 있거나(trusted) 신뢰할 수 없다(untrusted). 나아가 실
행중인 코드도 신뢰할 수 있거나 신뢰할 수 없다. 신뢰할 수 없는 코드 실행 중
에 생성된 객체는 신뢰할 수 없는(untrusted) 객체가 되며 또한 신뢰할 수 없는
상태의 객체만 변경할 수 있다. 즉 신뢰할 수 없는 코드를 실행할 수 있는 샌드
박스를 만들 수 있으며, 샌드박스에서는 샌드박스 외부의 객체에 어떠한 영향도
주지 못 한다.

이에 대해 좀 더 자세히 알아보자. 루비의 안전 수준이 3 미만일 때 생성된 객
체는 신뢰할 수 있다. 하지만 안전 수준이 3이나 4에서 생성되었을 때는 신뢰할
수 없다. 안전 수준 3이나 4에서 실행 중인 코드는 마찬가지로 신뢰할 수 없다.
신뢰할 수 없는 코드는 오직 신뢰할 수 없는 객체만을 변경할 수 있기 때문에 안
전 수준이 3이나 4인 코드는 이보다 낮은 안전 수준에서 작성한 객체를 변경할
수 없다.

```
dog = "dog is trusted"
cat = lambda { $SAFE = 3; "cat is untrusted" }.call

puts "dog.untrusted? = #{dog.untrusted?}"
puts "cat.untrusted? = #{cat.untrusted?}"

# 안전 수준 1에서 실행. 이러한 조작은 가능하다.
puts dog.upcase!
puts cat.upcase!

# 안전 수준 4에서 실행. cat은 변경할 수 있지만,
lambda { $SAFE = 4; cat.downcase! }.call
puts "cat is now '#{cat}'"

# dog는 변경할 수 없다.
```

---

2 untaint를 사용하지 않고 오염 상태를 없애는 데는 다른 방법이 필요하다. 이 방법을 찾아보는 일은 독자에
   게 남겨둔다.

```
lambda { $SAFE = 4; dog.downcase! }.call
puts "so we never get here"
```

실행 결과:

```
        from prog.rb:16:in `block in <main>'
        from prog.rb:16:in `call'
        from prog.rb:16:in `<main>'
dog.untrusted? = false
cat.untrusted? = true
DOG IS TRUSTED
CAT IS UNTRUSTED
cat is now 'cat is untrusted'
prog.rb:16:in `downcase!': Insecure: can't modify string (SecurityError)
```

객체를 신뢰할 수 있는 상태나 신뢰할 수 없는 상태로 설정하는 것은 Object#trust와 Object#untrust 메서드를 사용한다. 단, 이때 trust는 안전 수준이 3 이하여야만 사용 가능하며, untrust는 안전 수준이 4 이하여야만 실행 가능하다. 객체를 신뢰할 수 없다면 Object#untrusted? 메서드는 true를 반환한다.

26.4 안전 수준의 정의

$SAFE ≥ 1

- 환경 변수 RUBYLIB과 RUBYOPT를 처리하지 않고, 현재 디렉터리를 경로에 포함하지 않는다.
- 명령행 옵션 -e, -i, -I, -r, -s, -S, -x의 사용이 금지된다.
- 어떤 디렉터리가 전체에 대해 쓰기 가능 상태라면 $PATH로부터 새로운 프로세스를 실행할 수 없다.
- 오염된 문자열을 이름으로 하는 디렉터리는 생성하거나 chroot할 수 없다.
- 오염된 문자열은 glob에 사용할 수 없다.
- 오염된 문자열은 eval에 사용할 수 없다.
- 오염된 문자열을 이름으로 하는 파일은 load나 require에 사용할 수 없다 (load가 싸여 있지 않다면).
- 오염된 문자열을 이름으로 하는 파일이나 파이프를 생성하거나 상태를 질의할 수 없다.
- 오염된 문자열로 system 명령어나 exec를 수행할 수 없다.
- 오염된 문자열을 trap에 사용할 수 없다.

$SAFE ≥ 2

- 디렉터리를 변경하거나 만들거나 지울 수 없고 chroot도 사용할 수 없다.

- 전체에 대해 쓰기 가능한 디렉터리로부터 파일을 읽을 수 없다.
- ~로 시작하는 오염된 이름을 갖는 파일은 읽을 수 없다.
- File#chmod, File#chown, File#lstat, File.stat, File#truncate, File.umask, File#flock, IO#ioctl, IO#stat, Object#fork, Object#syscall, Object#trap 메서드를 사용할 수 없다. Process.setpgid, Process.setsid, Process. setpriority, 또는 Process.egid= 메서드를 사용할 수 없다.
- trap을 이용한 시그널 핸들링을 할 수 없다.

$SAFE ≥ 3

- 생성되는 모든 객체를 오염된 것으로 간주한다.
- 객체를 untaint할 수 없다.
- 객체의 신뢰 상태를 신뢰할 수 있는 상태로 설정할 수 없다.
- 객체는 신뢰할 수 없는 상태로 생성된다.

$SAFE ≥ 4

- 오염되지 않은 배열이나 해시, 문자열을 수정할 수 없다.
- 전역 변수를 수정할 수 없다.
- 오염되지 않은 객체의 인스턴스 변수에 접근할 수 없다.
- 환경 변수를 수정할 수 없다.
- 오염되지 않은 파일들을 닫거나 다시 여는 것은 금지된다.
- 오염되지 않은 객체를 동결할 수 없다.
- 메서드의 가시성(private/public/protected) 설정을 할 수 없다.
- 오염되지 않은 클래스나 모듈의 별칭(alias)을 만들 수 없다.
- 메타 정보를 얻을 수 없다(메서드나 변수의 리스트 등).
- 오염되지 않은 객체 모듈에 대해 메서드를 선언하거나 재정의하거나 제거 하거나 무효화할 수 없다.
- Object를 수정할 수 없다.
- 오염되지 않은 객체로부터 상수나 인스턴스 변수를 제거할 수 없다.
- 스레드를 생성할 수 없고, 현재 스레드 외에 스레드는 중단할 수 없고, abort_on_exception을 설정할 수 없다.
- 스레드 지역 변수를 가질 수 없다.
- 낮은 $SAFE 값을 갖는 스레드에서 예외를 발생시킬 수 없다.
- ThreadGroup 사이에서 스레드를 이동할 수 없다.

- exit, exit!, abort를 호출할 수 없다.
- 감싸진(wrapped) 파일만 로드할 수 있고, 오염되지 않은 모듈이나 클래스의 모듈을 포함할 수 없다.
- 심벌의 ID나 객체의 참조를 변환할 수 없다.
- 파일이나 파이프에 쓰기가 금지된다.
- autoload를 사용할 수 없다.
- 객체의 오염 상태를 오염된 것으로 설정할 수 없다.
- 객체의 신뢰 상태를 신뢰할 수 없는 상태로 설정할 수 없다.

부록 A

지원

오픈 소스 프로젝트의 가장 큰 장점 중 하나는 기술 지원이다. 대중 매체 기사에서 오픈 소스 프로젝트는 상용 제품처럼 기술 지원을 받을 수 없다고 비판하곤 하지만 이는 사실이 아니다. 업무에 찌들어 있고 인원도 부족한 고객 센터에 전화를 걸어 한 시간 동안 대답도 듣지 못한 채 대기용 음악이나 듣는 대신 오픈 소스 프로젝트는 더 나은 대안을 제시한다. 바로 루비 커뮤니티다. 루비를 만든 사람과 이 책의 저자, 그리고 수많은 루비 사용자가 기꺼이 여러분에게 필요한 도움을 줄 것이다.

루비 문법은 여전히 매우 안정적인 상태로 남아 있지만, 발전하는 다른 소프트웨어들과 마찬가지로 계속해서 새로운 기능이 추가되고 있다. 그 결과 출판된 책은 항상 온라인 문서보다 뒤처진 것이 되고 만다. 모든 소프트웨어에는 버그가 있기 마련이고, 물론 루비도 예외는 아니다. 많지는 않지만 이러한 버그는 갑자기 나타나곤 한다.

루비를 사용하는 도중 문제를 발견했다면, 메일링 리스트나 뉴스 그룹에 자유롭게 질문을 올리면 된다. 보통 이에 대한 지식을 가진 동료들로부터 적절한 대답을 들을 수 있다. 하지만 커다란 커뮤니티가 그렇듯이, 루비에 대한 이해가 부족한 사람들이 답변을 하기도 한다. 인터넷 위에서 다른 것들이 그러하듯이, 이 문제 역시 자신이 직접 판단할 필요가 있다.

질문을 할 때는 예의를 지키고 먼저 웹에 비슷한 질문이 있는지 검색해 보아야 한다. 대부분의 일반적인 문제에 대한 해답은 메일링 리스트나 누군가의 블로그에서 이미 찾아볼 수 있다. 그럼에도 불구하고 만족스런 답을 찾지 못했다면 직접 질문을 해 보자. 질문을 하면 놀라울 정도로 빠르게 정확한 답변이 돌아올 것이다.

A1.1 웹 사이트

웹은 정말로 빠르게 변하기 때문에 리스트를 짧게 유지하는 것은 불가능하다. 여기 언급된 사이트 중 한 곳을 방문해 보라. 거기서 다른 온라인 리소스에 대한 링크를 발견할 수 있을 것이다.

루비 공식 홈페이지는 http://www.ruby-lang.org이다.

수많은 루비 오픈 소스 프로젝트를 깃허브(http://github.com)에서 찾아볼 수 있을 것이다. http://rubygems.org는 공식적인 루비젬 저장소다(깃허브는 한때 루비젬에서 지원하는 공식적인 저장소였으나 현재는 그렇지 않다).

http://www.ruby-doc.org는 다양한 루비 문서를 볼 수 있는 포털이다. 대부분은 이 책의 이전 판에서 유래한다.

저자들이 현재 무엇을 하고 있는지에 대해서는 http://www.pragprog.com 사이트에서 확인할 수 있다.

A1.2 유즈넷 뉴스그룹

루비를 위한 뉴스그룹인 comp.lang.ruby가 있다. 이 그룹의 내용은 모두 아카이브되고 ruby-talk 메일링 리스트에 미러링된다. 이는 구글 그룹(Google Groups)을 통해 읽을 수 있다.

A1.3 메일링 리스트

루비에 대해 이야기하고 있는 메일링 리스트가 많이 있다. 앞의 세 가지는 영어를 사용하고 나머지는 주로 일본어이지만, 영어도 간간히 볼 수 있다.

ruby-talk@ruby-lang.org	루비에 대한 영어 토론장(comp.lang.ruby에 미러링됨)
ruby-doc@ruby-lang.org	문서화 표준과 도구
ruby-core@ruby-lang.org	루비 구현에 대한 영어 토론장
ruby-list@ruby-lang.org	루비 언어에 대한 일본어 토론장
ruby-dev@ruby-lang.org	루비 개발자를 위한 리스트
ruby-ext@ruby-lang.org	루비 확장 기능을 위한 리스트
ruby-math@ruby-lang.org	수학 분야의 리스트

메일링 리스트에 가입하기 위한 자세한 내용은 http://www.ruby-lang.org/의 메일링 리스트를 참고하기 바란다.

메일링 리스트는 다음 주소에 저장되며 검색도 가능하다. http://blade.
nagaokaut.ac.jp/ruby/ruby-talk/index.shtml, http://www.ruby-talk.org

A1.4 버그 리포트

루비를 사용하면서 버그를 발견했다면 루비 이슈 트래킹 시스템 http://
redmine.ruby-lang.org/에 들어가 보자. 새로운 버전이 나왔는지도 확인하기
바란다. 새로운 버전에서 직접 발견한 버그가 해결되어 있을 수도 있다.

버그를 보고하기 전에는 ruby-talk 메일링 리스트에 질문하는 것을 추천한다.
얼핏 버그라고 생각되는 부분이 사실은 언어의 기능인 경우도 많이 있다. 또한
루비는 복잡하기 때문에 몇몇 행동은 이해하기 어려울 수도 있다.

확실히 버그라고 판단했다면 루비 이슈 트래킹 시스템에 버그 리포트를 보내
면 된다. 버그를 보고할 때는 ruby -v의 출력 결과와 문제가 된 소스 코드를 첨
부하는 것이 좋다. 버그가 발생한 운영 체제를 알려주는 것도 도움이 된다. 직접
루비를 컴파일해서 사용하고 있다면 rbconfig.rb 파일을 첨부하는 것도 좋은 방
법이다.

irb에는 제한이 있기 때문에 irb 안에서만 문제가 되는 경우도 있다. 이를 확인
하기 위해 루비를 통해 직접 프로그램을 실행해 보기 바란다.

참고 문헌

[Fri97] Jeffrey E. F. Friedl. Mastering Regular Expressions. O'Reilly & Associates, Inc., Sebastopol, CA, 1997.

[GHJV95] Erich Gamma, Richard Helm, Ralph Johnson, and John Vlissides. Design Patterns: Elements of Reusable Object-Oriented Software. Addison-Wesley, Reading, MA, 1995.(『GoF의 디자인 패턴』, 김정아 옮김, 프로텍미디어, 2015)

[Mey97] Bertrand Meyer. Object-Oriented Software Construction. Prentice Hall, Englewood Cliffs, NJ, Second, 1997.